U0143088

探知新视界

刺杀斐迪南

1914年的萨拉热窝与 一桩改变世界的罗曼史

The Assassination
of
the Archduke:
Sarajevo 1914 and the
Romance
That Changed
the World

[美]格雷格·金
[英]休·伍尔曼斯
—— 著

阎智森
—— 译

译林出版社

图书在版编目（CIP）数据

　　刺杀斐迪南：1914年的萨拉热窝与一桩改变世界的
罗曼史 ／（美）格雷格·金（Greg King），（英）休·伍
尔曼斯（Sue Woolmans）著；阎智森译 . — 南京：译
林出版社，2023.1
　　书名原文：The Assassination of the Archduke:
Sarajevo 1914 and the Romance That Changed the
World
　　ISBN 978-7-5447-9588-3

　　Ⅰ.①刺…　Ⅱ.①格…　②休…　③阎…　Ⅲ.①萨拉热
窝事件(1914) - 研究　Ⅳ.①K543.4

中国国家版本馆 CIP 数据核字（2023）第 049695 号

著作权合同登记号　图字：10-2018-179 号

刺杀斐迪南：1914年的萨拉热窝与一桩改变世界的罗曼史
　　[美国] 格雷格·金　[英国] 休·伍尔曼斯／著　阎智森／译

责任编辑　王　蕾
装帧设计　韦　枫
校　　对　孙玉兰
责任印制　董　虎

原文出版　St. Martin's Press, 2013
出版发行　译林出版社
地　　址　南京市湖南路 1 号 A 楼
邮　　箱　yilin@yilin.com
网　　址　www.yilin.com
市场热线　025-86633278
排　　版　南京展望文化发展有限公司
印　　刷　徐州绪权印刷有限公司
开　　本　718 毫米 ×1000 毫米　1/16
印　　张　29.25
插　　页　12
版　　次　2023 年 1 月第 1 版
印　　次　2023 年 1 月第 1 次印刷
书　　号　ISBN 978-7-5447-9588-3
定　　价　108.00 元

谨以此书纪念莎琳·奥德兰。

——格雷格

谨以此书献给我亲爱的父亲伊恩·马约和我亲爱的母亲达夫妮·马约。

——休

哈布斯堡家族族谱

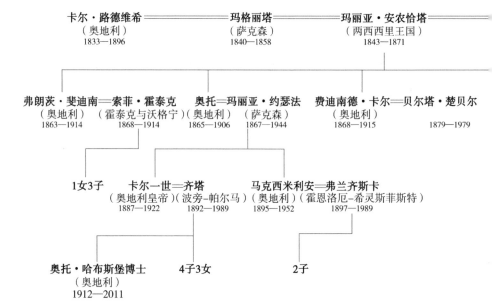

卡尔·路德维希　　玛格丽塔　　玛丽亚·安农恰塔
（奥地利）　　　（萨克森）　　（两西西里王国）
1833—1896　　　1840—1858　　1843—1871

弗朗茨·斐迪南＝索菲·霍泰克　　奥托＝玛丽亚·约瑟法　　费迪南德·卡尔＝贝尔塔·楚贝尔
（奥地利）　　（霍泰克与沃格宁）（奥地利）（萨克森）　　（奥地利）
1863—1914　　1868—1914　　1865—1906　1867—1944　　1868—1915　　　1879—1979

1女3子　　卡尔一世＝齐塔　　马克西米利安＝弗兰齐斯卡
（奥地利皇帝）（波旁–帕尔马）（奥地利）（霍恩洛厄–希灵斯菲斯特）
1887—1922　1892—1989　　1895—1952　1897—1989

奥托·哈布斯堡博士　　4子3女　　　　2子
（奥地利）
1912—2011

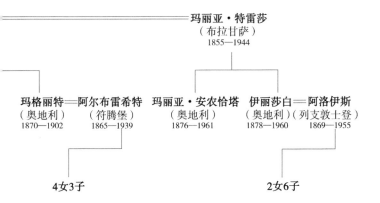

玛丽亚·特雷莎
（布拉甘萨）
1855—1944

玛格丽特＝阿尔布雷希特　玛丽亚·安农恰塔　伊丽莎白＝阿洛伊斯
（奥地利）　（符腾堡）　（奥地利）　（奥地利）（列支敦士登）
1870—1902　1865—1939　1876—1961　1878—1960　1869—1955

4女3子　　　　　　　　　　　2女6子

1900 年的奥匈帝国，图中标示出了弗朗茨·斐迪南大公生命中的重要之地

德 意 志 帝 国

俄 罗 斯 帝 国

加 利 西 亚

伦堡
（利沃夫）

布科维纳

特 兰 西 瓦 尼 亚

罗 马 尼 亚

锡纳亚

布加勒斯特

保 加 利 亚

多瑙河

波 希 米 亚

赫卢梅茨
德累斯顿
布拉格

西 里 西 亚

科诺皮什捷

布德韦斯
阿特施泰滕
摩拉维亚

维也纳
普雷斯堡
（布拉迪斯拉发）

布达佩斯

匈
牙
利

贝尔格莱德

塞 尔 维 亚

多瑙河

慕尼黑

蒂罗尔
梅尔扎诺
博尔扎诺

萨尔茨堡
伊施尔

布吕恩
巴赫尔特
地
利

克拉科茨
格林
克恩顿

厄草堡
（首盟普朗）

克
罗
地
亚

斯
洛
文
尼
亚

波 斯 尼 亚

达尔马提亚

萨拉热窝

黑 塞 哥 维 那

黑山

阿 尔 巴 尼 亚

米拉马雷
的里雅斯特
波拉

布里俄尼岛
威尼斯

亚 得 里 亚 海

圣莫里茨

瑞

意 大 利

目 录

前　言
索菲·冯·霍恩贝格[*]

我清楚地记得休·伍尔曼斯和格雷格·金发给我的第一封电子邮件。我靠在椅背上,考虑着到底该不该回复这封邮件。接着,我想起了一件发生在很久以前的事情。

我想那应该是在我姐姐的婚礼上。我跟祖母[†]站在露台上,看着正在耐心回答记者提问的"索菲姑姑"[‡](奥地利-埃斯特大公弗朗茨·斐迪南和霍恩贝格女公爵索菲的女儿)。我向祖母感叹道:"她怎么能忍受得了呢?"祖母回答说,多年前,她也问过一次,问她的这位大姑子为什么要费心回答那些问题。"反正记者们也听不进去,到时候还不是想怎么写就怎么写,你这又是何苦呢?"令祖母大为惊讶的是,索菲姑姑就像是在讲述一件天底下最正常不过的事

---

[*] 这位"索菲"是斐迪南大公的曾孙女。(本书脚注均为译者所加。)
[†] 斐迪南大公长子的妻子。
[‡] 原文如此。这里的"索菲姑姑"指的是斐迪南大公的女儿索菲,按照中国的辈分来说她应该是前言作者的姑祖母。

情，用轻描淡写的语气答道："但是，我必须站出来维护他。"这里的"他"指的是她的父亲斐迪南大公。

那以后，我读了许多有关我曾祖父的书，却很少有哪本书能对他做出公正的评价。休和格雷格的书则不同：这是一本关于我的曾祖父母和他们的私生活的书，也是一本关于萨拉热窝事件给霍恩贝格家族的孩子们带来的严重负面影响的书。

我祖父和他兄弟姐妹们的命运实在是有些非比寻常。他们过的是交织着不幸与苦难的日子，却总是带着勇气、坚韧与信念，昂首阔步，跨越一切坎坷与险途。他们都是知足常乐、心地善良、令人愉悦的人。不管怎样，我终究还是佩服他们的生活态度和价值立场。他们是第一次世界大战制造的首批孤儿，是年轻的捷克斯洛伐克共和国的首批牺牲品。他们被赶出自己的家园和祖国；他们的财产被非法没收，却从未获得任何形式的补偿。霍恩贝格兄弟是最早被关进达豪集中营的奥地利贵族。他们奋力挣扎，对抗歧视、偏见和不公。距今将近一百年前，第一次世界大战刚刚爆发的时候，他们的家——科诺皮什捷城堡——就被夺走了。这是一个国家在没有任何法律依据的情况下实施的盗窃罪行。盗窃就发生在同盟国的眼皮子底下，可即便当孩子们的合法监护人——图恩-霍恩施泰因侯爵雅罗斯拉夫——试图抗议并诉诸法庭的时候，同盟国仍旧丝毫不为所动。我的祖父马克斯·霍恩贝格继续着这项斗争。铁幕轰然倒塌之后，我也试图步他的后尘，接过他未竟的事业，为正义和我们的世代相传之物而战。然而，成功至今依然遥不可及。

感谢休·伍尔曼斯和格雷格·金的这本书以及他们为此而做的研究工作。这是一本向我无比钦佩、离我的心如此之近的人致敬的书。

2013年1月于卢森堡

致　谢

诚挚感谢伊丽莎白二世女王陛下准许我们出版来自皇家档案馆的资料。还要对皇家档案馆的记录官帕梅拉·克拉克和她手下的员工表示感谢，感谢他们为我们提供的一切帮助与好心支持。也要对皇家收藏馆照片部门的负责人莉萨·海韦表示感谢，感谢她耐心回答我们的问题。

感谢最尊贵的霍恩贝格公爵格奥尔格阁下慷慨地准许我们接触"弗朗茨·斐迪南大公遗物"——维也纳的奥地利家族、宫廷与国家档案馆内存放的他祖父弗朗茨·斐迪南大公的书信集和文件集。还要谢谢在我们探访期间提供帮助的国家档案馆员工。感谢最尊贵的霍恩贝格侯爵公子阿尔布雷希特阁下同我们分享有关自己家族的记忆。感谢最尊贵的霍恩贝格侯爵公子尼古劳斯阁下为我们的研究所做的贡献。

最尊贵的霍恩贝格侯爵小姐阿妮塔亲切地答应接受我们对她

的采访，准许我们不受任何限制地进入阿特施泰滕城堡内的弗朗茨·斐迪南大公博物馆，并使用她档案中的资料。衷心感谢她为本书提供的宝贵合作。感谢博物馆的布丽吉特·E.莱德魏因为我们的采访提供便利，耐心回答我们的问题，并找出我们所需的冷僻档案资料。

最尊贵的霍恩贝格侯爵小姐索菲和她的丈夫波泰斯塔男爵让-路易为我们提供了源源不断的支持、帮助与鼓励。事实证明，索菲夫人是一位不知疲倦的坚定支持者，慷慨地为我们贡献了她宝贵的时间和她对自己家族的了解。对他们夫妇二人，我们感激不尽。没有他们的慷慨相助与持续兴趣，本书定会减色不少。

在研究斐迪南大公的奥地利学者当中，教授弗拉迪米尔·艾歇尔堡博士无疑是一位泰斗级的人物。他把自己在这方面的知识毫无保留地分享给我们，并在很多可能会出错的地方为我们提供指导。我们要向他致以最深挚的谢意。

罗比·约阿希姆·格策在德国格劳豪镇欣特格劳豪城堡的博物馆与艺术品收藏馆担任艺术收藏品保管人。他为我们提供了一份宝贵的资料：霍恩贝格女公爵和她的妹妹奥克塔维亚之间的往来信件。米洛什·穆西尔、安德烈娅·莱斯科托娃和米罗斯拉娃·亚纳奇科娃在捷克共和国的大布雷兹诺负责管护霍泰克家族的资产。他们热情地欢迎我们来到霍泰克家族的庄园，同我们分享了许多信息。感谢他们的慷慨相助。我们还从图里男爵雷蒙多·科尔西处受惠良多：他亲切地准许我们引用他外祖母露西·费恩·温菲尔德书信中的文字。

在本书的研究与写作期间，不少人都为我们提供了极大的帮助。卡伦·罗思花费大量时间为我们翻译别国的著作，而且，她一直都是笔者所能拥有的最好的朋友。真诚地对她表示感谢。英国肯特郡皇家坦布里奇韦尔斯镇维多利亚住宿加早餐旅馆的哈罗德·布朗在一个抽屉里翻来找去，帮我们搜寻到一些重要的新资料。对此，我们也要表示感谢。珍妮特·阿什顿为我们提供了重要的研究资料，她提出的尖锐批评亦有助于指导我们的写作。感谢她为使本书变得更好而同我们分享的全部想法。彭妮·威尔逊几次通读本书的手稿。为了让本书的进展保持在正确的轨道上，尤其是当本书的写作偶尔因不必要的细节而陷于停滞的时候，是她建议我们进行一些重要的改动。让尼娜·埃旺也阅读了本书的手稿，她的勘误意见和读后感受对我们很有帮助。有必要把马克·安德森拿出来专门说一说。我们从他那里获得了许多根本无法从别处查阅到的冷僻书籍。他还为我们的图片研究提供了很大的帮助。我们真诚地珍视和他之间的友谊。在捷克语方面，全靠米莱娜·库拉尔的指导，因此，我们要对她说一声"Děkuji"（捷克语"谢谢"）。克里斯托夫·瓦绍代的慷慨相助无比宝贵。还必须向H.迈克·派尔斯致谢，是他的慷慨援助让我们的手稿最终得以成书。

我们的代理商多里·西蒙兹从一开始就对本书的想法饶有兴趣。在漫长且偶尔乱作一团的研究与写作过程中，他始终都在支持我们。我们在圣马丁出版社的编辑查尔斯·斯派塞以及伦敦麦克米伦出版公司的乔治娜·莫利对本书抱有很大信心，指引我们一路前行，直至本书的最终完成。圣马丁出版社的编辑助理阿普丽尔·奥斯本指导了本书手稿的最终完成，还耐心处理了无数的问题。

在本书的写作过程中，很多人都同我们分享了重要的收藏档案或私人资料，并耐心地回答了我们无数的问题。对以下企业和个人，我们不胜感激：弗朗西斯·罗伊·布里奇教授、伊里·赫拉莫斯塔博士、前温莎皇家档案馆员工弗朗西丝·戴蒙德、德国公共广播联盟驻奥地利与东南欧记者苏珊·格拉斯博士、贝萨妮·霍尔、维也纳军事史博物馆/军事史研究所的负责人克里斯托夫·哈切克博士、诺丁汉大学手稿与特藏部门的戴比·霍普金森、波特兰收藏馆的藏品管理员加雷思·休斯、哈钦森·梅因普赖斯初级律师事务所的阿拉斯泰尔·哈钦森、施万尔堡男爵维克托·库希纳、达豪档案馆的阿尔贝特·克诺尔、里卡多·马特奥斯·赛恩斯·德梅德拉诺、加利福尼亚佩珀代因大学的伊拉娜·米勒教授、伯明翰大学的"玛丽·居里学者"保罗·米勒教授、阿尔韦托·彭娜·罗德里格斯、牛津大学圣彼得学院的希蒙·波济姆斯基、约翰·勒尔教授、伊恩·夏皮罗、布拉格国立地方档案馆家族档案部的主任伊日·斯米特卡、列支敦士登亲王家族收藏馆下属档案馆与图书馆的阿图尔·施特格曼博士、王侯收藏品艺术服务有限责任与开放合伙人公司、诺丁汉郡沃克索普镇图书馆的图书馆服务顾问斯蒂芬·沙利文、比克斯安娜·塔姆、东萨塞克斯郡泰斯赫斯特村"王室周"活动的主席理查德·桑顿、奥地利国家图书馆照片档案与图片收藏部门的乌尔丽克·波尔尼茨基及其他员工。

我们要向以下人士致以谢意，感谢他们的有益协助与支持：贝克斯利希思和韦灵公共图书馆的员工，尤其是他们中的埃琳娜·克拉克和理查德·洛德；大英图书馆及其位于科林代尔的报纸分部的员工；西雅图的华盛顿大学苏萨罗和艾伦图书馆的员工；埃弗里特公共图书馆的员工。

许多生活在萨拉热窝的人都曾始终如一地慷慨助力我们的研究。有必要把他们中的一些人拿出来专门说一说：ZI公共关系咨询公司的塞奈达·伊拉里亚和萨尼娅·赫雷利亚、内尔米纳·莱蒂奇、萨拉伊奇蒂希克博物馆的阿夫迪奇·米尔萨德以及波斯尼亚和黑塞哥维那（波黑）美术馆的主管伊万·乌多维契奇博士。

还要向我们的同事和朋友表示最诚挚的感谢，感谢他们的支持、热心与理解：鲍勃·阿奇森、荷兰范霍赫斯特拉滕书店的阿内·巴克、黛安娜·德库西·爱尔兰和尼克·德库西·爱尔兰、乔·富尔曼教授、菲利普·古德曼、科里纳·阿尔、多丽丝·霍洛韦、保罗·库利科夫斯基、《王室》杂志的乔·利特尔、杰基·利斯、弗兰克·伦诺克斯-米勒德和卡特里娜·伦诺克斯-米勒德、黛安娜·曼达凯、朱迪思侯爵、苏珊·梅朗、罗布·莫斯海因、卡罗尔·马林德、罗宾·奥尔森、霍华德·普赖斯、斯特拉·拉姆斯登、罗斯瓦尔皇家图书馆的特德·罗斯瓦尔、托尼·罗思、华盛顿州埃弗里特市的录影带商店的布拉德·斯温森、德布拉·泰特、玛丽安娜·泰林克、约翰·温布尔斯、曼迪·黄（音译）和翁美华（音译）。

休·伍尔曼斯向她工作中的同事表示感谢：贾尔斯·阿斯彭、萨莉·布拉本、海伦·库克、奈杰尔·迪克斯、谢里尔·加布里埃尔、盖尔·戈登、科林·格兰特、史蒂夫·格林伍德、埃玛·哈思、萨拉·霍克利、维克·肯特、简·劳伦斯、海伦·李、马克·洛温、杰基·马杰勒姆、鲍勃·内特尔斯、乔·帕森斯、皮特·罗林斯、戴夫·鲁宾逊、迈克·舍伍德和托尼·沃德。

格雷格·金一如既往地感谢他的父母罗杰·金和海伦娜·金，感谢他们长久以来的支持、信任与慷慨。

最后但绝非最无关紧要的是，休·伍尔曼斯感谢她长期受苦的丈夫迈克·伍尔曼斯。本书写作期间，迈克一直被冷落、遭训斥、在挨饿，还曾在蜜月期间被诓去参观哈布斯堡家族的宫殿！尽管如此，他对我和格雷格的支持却从未停止。我对他的爱与感谢永世不变。

作者说明

　　在阅读本书的过程中，以英语为母语的读者或许会读到一些自己不大熟悉的奇怪头衔和尊称。从1863年到1875年，弗朗茨·斐迪南被世人称为"奥匈帝国的奥地利大公世子弗朗茨·斐迪南"。1875年后，对他的称呼变为"奥地利-埃斯特大公弗朗茨·斐迪南"。附加的后半部分意大利头衔是摩德纳公爵的遗产的一部分。1896年以后，人们通常称他为"皇位第一顺位继承人"。他从未获得"储君"（Kronprinz）的头衔。

　　为了解释索菲的头衔和尊称在本书前后的诸多变化，有必要在此作一特别说明。她出生时的头衔是霍泰克伯爵小姐索菲，1900年嫁给斐迪南大公后得到霍恩贝格女侯爵的头衔和"阁下"（Fürstliche Gnaden，Highness 的"非皇族"形式，大致相当于英文中的 Your Grace）的尊称。她的后代也将分享这一头衔和尊称。1905年6月8日，弗朗茨·约瑟夫一世皇帝授予索菲和她的孩子们"最尊贵的阁下"(Ihre Durchlaucht)的尊称。这个尊称意味着，从今往后，他们就不仅仅是普通贵族了，而是升格为奥匈帝国的低等皇室成员。1909年，索菲又单独获得了一个新的头衔和尊称：她的贵族等级提升为霍恩贝格女公爵，并享受"殿下"(Ihre Hoheit)的尊称。在奥地利，女公爵的贵族等级高于仅享有女侯爵、侯爵夫人或侯爵小姐头衔的人。不同于她在刚结婚时得到的"阁下"尊称，"殿下"的尊称让她显得与众不同，表明她是一位地位更加显赫的皇族女性成员。

斐迪南大公夫妇去世后，他们的长子马克斯被卡尔一世皇帝授予霍恩贝格公爵的世袭头衔，马克斯的子女也被授予侯爵公子或侯爵小姐的头衔。卡尔一世还在1917年授予马克斯"殿下"的皇室尊称。而这也就意味着，在奥地利世袭贵族家系内部，一个新的霍恩贝格公爵家族由此诞生。1918年革命般的剧变过后，新生的奥地利共和国剥夺了全体贵族之前的一切头衔，但出于行文一致性方面的考虑，我们在本书前后一直给人物冠以相宜的头衔。例如，我们称斐迪南大公健在孙辈中的长孙为"霍恩贝格公爵格奥尔格"，尽管该头衔早已不为奥地利所正式承认。与其使用某些稀奇古怪、绕来绕去的称呼方式，还是这样直接保留相应的头衔更礼貌一些。

在提到某些地名时，我们使用了斐迪南大公和索菲生前更加熟悉的德语拼写。例如，我们称他们在波希米亚的城堡为"Konopischt"，而非其在现代捷克语中的拼写"Konopiště"。对特别重要的地名，我们会在其后的括号内给出它们的现代名称。

出于行文一致性方面的考虑，所有的头衔均被改译为英文：由是，"aide-de-camp"(侍从武官)取代了德语中的"Fülgeladjutant"；"count"(伯爵)取代了德语中的"Graf"；"duke"(公爵)取代了德语中的"Herzog";"princess"（女侯爵、侯爵夫人、侯爵小姐、亲王夫人、亲王之女、公主等）取代了德语中的"Fürstin"或"Prinzessin"。伴随头衔的尊称同样适用这一规则。在德语中，索菲的头衔"霍恩贝格女公爵"写作"Herzogin von Hohenberg"。虽然保留"von"能为故事增添一抹文学气息，但如果已经把头衔翻译成了英文，却还保留"von"而不是使用英语中的"of"，会多少显得有些前后不搭。

币值已被转换为它们大致对应的现代货币价值。1892年之前，奥匈帝国的货币单位一直都是古尔登；帝国放弃金本位之后，克朗取代了古尔登。1古尔登等于2克朗。在本书涉及的各个年代，帝国克朗的汇率一直在变动，但总的来说其币值一直保持在4到6美元之间（按照2013年的美元数据）。把历史货币转换为现代币值是一项没法做到精确的工作，但我们始终坚持取中间值的原则，把1古尔登转换为10美元，把1克朗转换为5美元（按照2013年的美元数据）。

登场人物

哈布斯堡家族

伊丽莎白（1878—1960），奥地利女大公，卡尔·路德维希和玛丽亚·特雷莎的女儿，斐迪南大公同父异母的妹妹，1903年与列支敦士登亲王公子阿洛伊斯成婚。

费迪南德·卡尔（1868—1915），奥地利大公，卡尔·路德维希和玛丽亚·安农恰塔的第三子，斐迪南大公最小的弟弟，与平民贝尔塔·楚贝尔贵贱通婚。

弗朗茨·斐迪南（1863—1914），奥地利-埃斯特大公，1889年起为奥匈帝国皇位第一顺位继承人，卡尔·路德维希和玛丽亚·安农恰塔之子。

弗朗茨·约瑟夫一世（1830—1916），1848年起为奥地利皇帝。

弗里德里希（1856—1936），奥地利大公，1895年起为泰申公爵，与克罗伊公爵之女伊莎贝拉成婚。

伊莎贝拉（1856—1931），奥地利大公夫人，出生时的身份为被兼并*的克罗伊家族小姐，是伯爵小姐索菲·霍泰克当女官时的雇主。

卡尔一世（1887—1922），奥地利大公，斐迪南大公的侄子，弗朗茨·约瑟夫一世的侄孙†，1914年斐迪南大公遇刺身亡后成为奥匈帝国皇位的第一顺位继承人，1916年弗朗茨·约瑟夫一世去世后成为奥匈帝国皇帝，1911年与齐塔成婚。

卡尔·路德维希（1833—1896），奥地利大公，斐迪南大公的父亲，弗朗茨·约瑟夫一世的弟弟。

玛格丽特（1870—1902），奥地利女大公，卡尔·路德维希和玛丽亚·特雷莎的女儿，斐迪南大公的妹妹，1893年与符腾堡公爵阿尔布雷希特成婚。

玛丽亚·安农恰塔（1843—1871），奥地利大公夫人，出生时的身份为波旁-两西西里家族的两西西里王国公主，卡尔·路德维希的第二任妻子，斐迪南大公的生母。

玛丽亚·安农恰塔（1876—1961），奥地利女大公，卡尔·路德维希和玛丽亚·特雷莎的女儿，斐迪南大公同父异母的妹妹，终身未婚。

玛丽亚·克里斯蒂娜（1879—1962），奥地利女大公，弗里德里希和伊莎贝拉的女儿，1902年与上萨尔姆-下萨尔姆侯爵爵位继承人曼努埃尔成婚，其母本打算让她与斐迪南大公成婚。

玛丽亚·特雷莎（1855—1944），奥地利大公夫人，出生时的身

---

* 原文为"mediatized"，指（尤指神圣罗马帝国灭亡后，帝国原先的附庸）在保留原统治者头衔及其部分权力的情况下被他国兼并。

† 卡尔一世是弗朗茨·约瑟夫一世的弟弟卡尔·路德维希的次子奥托之子。

份为葡萄牙王国公主,卡尔·路德维希的第三任妻子,斐迪南大公的继母。

奥托(1865—1906),人送外号"美男子奥托",奥地利大公,卡尔·路德维希之子,斐迪南大公的弟弟,与萨克森王国公主玛丽·约瑟法成婚。

鲁道夫(1858—1889),弗朗茨·约瑟夫一世之子,奥匈帝国储君,1881年与比利时王国公主斯特法妮成婚。

斯特法妮(1864—1945),奥匈帝国储君妃,出生时的身份为比利时王国公主,1881年与鲁道夫成婚。1889年丧夫,1900年与匈牙利贵族埃莱梅尔·洛尼奥伊伯爵成婚。

齐塔(1892—1989),奥地利大公夫人与奥匈帝国皇后,卡尔一世的妻子,出生时的身份为波旁-帕尔马家族的帕尔马公爵小姐。

霍泰克与霍恩贝格家族

安娜,"阿妮塔"(1958年出生),霍恩贝格家族小姐,弗朗茨公爵和卢森堡大公之女伊丽莎白的长女,斐迪南大公的曾孙女,阿特施泰滕城堡的所有者。

博胡斯拉夫(1829—1896),霍特科夫与沃格宁的霍泰克伯爵,霍恩贝格女公爵索菲的父亲,娶妻弗希尼茨与泰陶的金斯基伯爵小姐威廉明娜,终身以外交官为业。

恩斯特(1904—1954),霍恩贝格侯爵公子,斐迪南大公和霍恩贝格女公爵的小儿子,1936年与玛丽-特雷莎·伍德"梅茜"成婚。

弗朗茨(1927—1977),第二任霍恩贝格公爵,马克西米利安的长子,斐迪南大公的孙子,1956年与卢森堡大公之女伊丽莎白成婚。

格奥尔格（1929年出生），第三任霍恩贝格公爵，马克西米利安的次子，斐迪南大公的孙子，1960年与奥尔施佩格-布罗伊纳侯爵小姐埃莱奥诺雷*成婚。

亨丽埃特（1880—1964），霍特科夫与沃格宁的霍泰克伯爵小姐，霍恩贝格女公爵索菲最小的妹妹，照顾过成为孤儿的索菲、马克斯和恩斯特，在姐姐卡罗利妮去世后与之前的姐夫诺斯蒂茨-里内克伯爵利奥波德成婚。

雅罗斯拉夫（1864—1925），图恩-霍恩施泰因侯爵，与霍恩贝格女公爵索菲的姐姐，霍特科夫与沃格宁的霍泰克伯爵小姐玛丽成婚，是斐迪南大公的打猎伙伴，还是索菲、马克斯和恩斯特的监护人。

马克西米利安（1902—1962），霍恩贝格侯爵公子和第一任霍恩贝格公爵，斐迪南大公和霍恩贝格女公爵的长子，1926年与瓦尔德堡·楚沃尔夫埃格-瓦德西伯爵之女玛丽亚·伊丽莎白·博纳成婚。

奥克塔维亚（1872—1946），霍恩贝格女公爵索菲的妹妹，与舍恩堡-格劳豪与瓦尔登堡伯爵约阿希姆成婚。

索菲（1868—1914），霍恩贝格女公爵，出生时的身份为霍特科夫与沃格宁的霍泰克伯爵小姐，1900年与斐迪南大公成婚。

索菲（1901—1990），霍恩贝格侯爵小姐，"小索菲"，斐迪南大公和霍恩贝格女公爵的第一个孩子，1920年与诺斯蒂茨-里内克伯爵弗里德里希成婚。

索菲（1960年出生），霍恩贝格侯爵小姐，霍恩贝格公爵弗朗茨

---

* 其父卡尔是奥尔施佩格-布罗伊纳侯爵家族的创建者。

和卢森堡大公之女伊丽莎白的小女儿，斐迪南大公的曾孙女，目前仍在为恢复家族对科诺皮什捷城堡的所有权而努力，1983年与波泰斯塔男爵让-路易成婚。

廷 臣

卡尔·冯·巴多尔夫上校（1865—1953），斐迪南大公军事总理府*的第二任首脑。

男爵马克斯·弗拉迪米尔·冯·贝克（1854—1943），斐迪南大公的教师，后成为其法学顾问。

亚历山大·布罗施·冯·阿勒瑙上校（1870—1914），斐迪南大公军事总理府的第一任首脑。

威廉·卡文迪什-本廷克（1857—1943），第六任波特兰公爵，英国地主和政治家，斐迪南大公的猎友。

伯爵弗朗茨·康拉德·冯·格岑多夫（1852—1925），奥地利武装力量总参谋长†，一再鼓吹与塞尔维亚开战，与斐迪南大公多有冲突。

医学博士维克托·艾森门格尔（1864—1932），斐迪南大公的私人医生。

弗朗茨·亚纳切克（1865—1955），斐迪南大公的家庭内务总管和最信任的仆人。

阿尔弗雷德·德·蒙泰诺沃侯爵（1854—1927），在皇帝弗朗茨·约瑟夫一世的宫廷任皇室侍从总长，是奥地利女大公玛丽·路易丝和奈佩格伯爵贵贱通婚的后代。

---

* 德语中写作"Militärkanzlei"，相当于斐迪南大公的影子政府。
† 德语中写作"Chef des Generalstabes für die gesamte bewaffnete Macht"。

奥斯卡·波蒂奥雷克(1853—1933),斐迪南大公和霍恩贝格女公爵1914年出访时的波斯尼亚和黑塞哥维那总督。

密谋者

内德利科·查布里诺维奇(1895—1916),波斯尼亚的塞尔维亚族革命者,青年波斯尼亚运动成员,在萨拉热窝向斐迪南大公和霍恩贝格女公爵投掷了炸弹。

瓦索·丘布里洛维奇(1897—1990),波斯尼亚的塞尔维亚族革命者,青年波斯尼亚运动成员。

德拉古廷·德米特里耶维奇,"阿匹斯"(1877—1917),"黑手"革命组织领导,是杀死塞尔维亚国王亚历山大和王后德拉加的幕后主导,与斐迪南大公的遇刺有牵连。

特里夫科·格拉贝日(1895—1918),波斯尼亚的塞尔维亚族革命者,青年波斯尼亚运动成员。

达尼洛·伊利奇(1891—1915),波斯尼亚的塞尔维亚族革命者,青年波斯尼亚运动成员,萨拉热窝刺杀行动的主要组织者。

穆罕默德·穆罕默德巴希奇(1886—1943),波斯尼亚的穆斯林革命者,刺客小组中唯一逃脱追捕的成员。

茨维特科·波波维奇(1896—1980),波斯尼亚的塞尔维亚族革命者,青年波斯尼亚运动成员。

加夫里洛·普林齐普(1894—1918),波斯尼亚的塞尔维亚族革命者,青年波斯尼亚运动成员,被时人当成刺客小组的领导,就是他开枪射杀了斐迪南大公和索菲。

引　言

　　这是一则童话般的爱情故事。故事的开头是这样的：很久很久以前，一位风度翩翩的年轻皇子（具有悠久历史的帝国皇位的第一顺位继承人）遇上了一位家境贫寒的贵族小姐。她的优雅与美丽偷走了他的心。心醉神迷的皇子违抗自己强大家族的意愿，对她展开了热烈的追求。可他的家族却认为，她根本就不是当未来皇后的料。尽管困难重重，两人之间的爱情终于还是等来了开花结果的那一天：皇子与自己的爱人结为了夫妻。婚后的生活有如田园牧歌一般。小两口一再回避存心吹毛求疵、闲言碎语不断、谴责他们行为的宫廷，立志从这冷嘲热讽的世界手中夺回完满的个人生活与感情生活，并为此进行了英勇的斗争。

　　奥匈帝国的弗朗茨·斐迪南大公和霍泰克伯爵小姐索菲之间的爱情故事一波三折：故事的开始笼罩在迷雾之中；两人的结合让故事获得了令人欢欣鼓舞的暂时胜利；从故事的开始到结束，同逆境与厄运的抗争一刻都不曾停止。两人的爱情故事在许多方面都无可否认地反映出传统童话中的某些固定情节与人物设定。斐迪南大公就仿佛童话故事中的白马王子，身世显赫，生而不凡，追求着被禁止的爱情；霍泰克伯爵小姐索菲则是他的灰姑娘，美丽动人，家境贫寒，全然不似伟大帝国未来统治者的合适伴侣。斐迪南大公的继母，奥地利大公夫人玛丽亚·特雷莎扮演了仙灵教母的角色，鼓励这对有情人直面哈布斯堡家族的一致反对；好斗的奥地利大公夫人伊莎贝拉则可作为典型的邪恶继母来看待，使唤灰姑娘一连干好几个小时屈辱卑下的粗活。帝国宫廷的皇室侍从总长阿尔弗雷德·德·蒙泰诺沃侯爵则活像一只史诗级的巨魔，对优雅而坚毅的索菲施以种种轻慢和侮辱。跟每一则真正优秀的童话故事一样，我们故事的男女主人公甚至还参加了一场流光溢彩的舞会：在一群惊讶到呆立在原地、面露难以置信表情的观众们的注视下，被禁止的爱情被公之于众。

1914年的夏天，现实生活出人意料地颠覆了我们的童话故事。十九岁的塞尔维亚民族主义者加夫里洛·普林齐普在萨拉热窝射出的两颗子弹，骤然间断送了斐迪南大公和索菲本该同无数爱情故事一样注定圆满的结局。两人合葬的白色大理石石棺上刻着这样一句话：**他们携手步入婚姻的殿堂，亦携手遭遇同样的宿命。** 去世之后，两人仍旧像生前一样伴随在彼此的左右。随着芥子气、堑壕战、机枪和潜艇逐渐侵占他们所熟悉的那个舒适的世界，这对当时世界上最著名的奥地利夫妇淹没在了历史的长河之中。

萨拉热窝的那个宿命般的日子距今已有百年之久。过去的一百年里，恐怕再没有哪对夫妇能像他们这样，在不经意间如此深刻地左右了整个现代纪元的格局。那两颗子弹夺去的绝不仅仅是斐迪南大公和索菲的生命，它们是第一次世界大战以及随之而来的一切骇人听闻之事的催化剂。如果没有萨拉热窝事件，俄国革命还会爆发吗？苏联或者纳粹德国还会建立吗？第二次世界大战或者冷战还会发生吗？这对夫妇殒命于1914年的那个星期天，可由此引发的历史震荡却回响至今。

那么，是什么让斐迪南大公和索菲显得如此难以捉摸呢？为什么他们的私人生活和真实性格至今依旧掩盖在阴影之下呢？这一点或许跟哈布斯堡家族的成员们自己多少有点关系。斐迪南大公所在的家族是一个拥有光辉灿烂遗产的骄傲皇朝，然而，跟俄国充满异域色彩的诡秘的罗曼诺夫皇朝比起来，哈布斯堡皇朝既缺少令人神往的魅力，也缺少夺人眼球的丑闻。在俄国，革命的血腥复仇让罗曼诺夫家族付出了惨重的代价；而在奥地利，被驱逐的哈布斯堡家族逐渐消失在世人的视野之外，此后几乎再无人问津。一提起末代沙皇尼古拉二世和他的妻子亚历山德拉，一种对过去时代的浪漫怀旧之情便油然而生。奥地利的斐迪南大公夫妇跟这对沙皇夫妇同处一个时代，同样一往情深，同样热烈相恋，下场同样悲惨，却被著名的刺杀事件夺去了风头。

不得不承认，在大多数人看来，弗朗茨·斐迪南大公实在算不得什么白马王子：他身患结核病，有一身令人不快的臭脾气，行事常常鲁莽而又冲动，很少有人喜欢他。在他的一生当中，他始终是一个难解的谜。一些比较年轻、思想不那么保守的人以及那些认识他、熟悉他的人却称赞这位大公是一个有思想、心态热情、愿意倾听对立声音的人。斐迪南大公有足够长的年月去揣摩他所要继承的这个国家，去思考存在于这个国家的诸多问题以及可能的解决方法。他不像自己的伯父弗朗茨·约瑟夫一世皇帝那样固守毫无生机与想象力的传统，而是决心推行全面的、根本性的巨大变革。从家族遗传和个人倾向上看，斐迪南大公并不是一位开明的自由主义者，但他是个聪明人，聪明到足以认清这样一个现实：只有拥抱现代化的政治理念，才有可能拯救这个摇摇欲坠的帝国。他的支持者们相信，如果要选出一个人来拯救过时已久的奥匈帝国君主政体，那么，此人非斐迪南大公莫属。

不过，大多数与他同时代的人对待这位神秘的大公可就没这么客气了。不少人都觉得他是一个极端残忍、脾气暴躁的人。某位侯爵的女眷抱怨称，斐迪南大公"眼界狭隘"，"生性多疑易怒、反复无常"，"行事专横"，"对宗教虔诚到了近乎偏执的程度"，是一个"咄咄逼人、狂热过头的教权主义者"。[1]人们私下里议论说，一旦登上皇位，斐迪南大公必将发起对少数民族和宗教少数派人士的镇压，开启一段严酷无情、开历史倒车、与暴政无异的统治。这在很大程度上俨然成为一桩历史定论。人们常说，斐迪南大公是一个丑角，一个有专制独裁倾向的人，一个军国主义战争贩子，"一个极端保守的反动分子"，缺乏个人魅力，一点正常人该有的喜怒哀乐情绪都没有。[2]

因此，当世人眼中的这个冷漠超然、严厉苛刻之人用他的坠入爱河表明，他也是一个有血有肉的正常人时，每个人都吃了一惊。霍泰克伯爵小姐索菲来自一个显赫的波希米亚贵族家庭。她或许漂亮而又富于魅力，但是，在一个痴迷于传统和礼数的帝国宫廷看来，想要跟哈布斯堡皇朝的奥地利大公家族成员这样高高在上的"稀有生物"门当户对地步入婚姻殿堂，她索菲还缺少点必需的头衔和贵族祖先。他是有朝一日要成为奥地利皇帝和匈牙利国王的人。用斐迪南大公的话说，就因为"家族谱系中某处微不足道的瑕疵”，她永远也没法跟他一同登上帝国的皇位。

公侯和帝王通常都有办法绕过这类爱情难题。未来的沙皇尼古拉二世虽然知道亚历山德拉并非适合于俄罗斯帝国的选择，甚至有可能让国家陷入危险的境地，却还是坚持表示自己非她不娶；英王爱德华八世一心痴迷于美国离婚女子沃利斯·辛普森；就连斐迪南大公的伯父弗朗茨·约瑟夫一世皇帝都曾不顾母亲的警告，执意与自己尚未成年的忧郁姨表妹伊丽莎白成婚。由此可见，一般情况下，再大的不利因素也不是火热恋情的对手。但另一方面，皇室/王室的爱情也必须时时处处与谨慎相伴，个人品质问题或者容易引发争议的性格导致有情人无法终成眷属的案例亦不在少数。不过，这一点在索菲身上并不成立。反对斐迪南大公迎娶索菲的种种理由，在沉溺于古老传统的奥地利皇室家族看来或许非同小可，可在其他许多人看来却根本无足轻重。她在个人品质方面没有任何缺陷，在行为举止上也不存在任何问题。反对她不是因为她本人有什么问题，而是因为，虽然她卓尔不凡的祖先们几个世纪以来一直忠心耿耿地侍奉着哈布斯堡家族，但在帝国宫廷看来，他们的地位仍旧不够显赫。随着全欧洲皇室/王室与贵族间等级差异的日益缩小，源于传宗接代必要性的“平等主义”立场，让许多非皇室/非王室的贵族之家也可以门当户对地跟哈布斯堡皇族成员谈婚论嫁。只是，这其中并不包括霍泰克家族。这个家族或许的确卓尔不凡，但还没有优秀到足以加入这个无上光荣的小圈子。

不愿被这处“微不足道的瑕疵”挡住爱情之路的斐迪南大公不屈不挠地坚持着，从悲戚的恳求到震动一时的自杀威胁，简直无所不用其极。当他终于赢得家族的首肯，如愿跟他的这位伯爵小姐步入婚姻的殿堂时，却恍然间发现，这胜利其实是以惨重的代价换来的：索菲将永远处于贵贱通婚中的卑贱一方，永远没法跟她的丈夫平起平坐，不能分享她丈夫的头衔或皇位，两人的后代也全都被剥夺了皇位的继承权。她甚至连死后都没法跟丈夫安葬在一起：即便是死了，两人的地位也是不相称的。她无权跟哈布斯堡家族的其他成员一样，入葬维也纳圣司提反主教座堂拥挤的地下室，享受"死后的永生"。

在之后的许多年里，类似的侮辱更是不在少数。不过，这也为索菲赢得了没那么吹毛求疵的其他社会阶层成员对她的同情。可另一些人——包括皇室家族和哈布斯堡宫廷——却把她涂抹为一个诡计多端、野心勃勃、对权力如饥似渴的女人，一心要看到自己被加冕为皇后的那一天。[3] 一位廷臣坚称，在一切大事小情上，斐迪南大公无不"受到他专横跋扈的妻子的怂恿与唆使"。著名作家丽贝卡·韦斯特更是恶毒地将她描绘为一个"气量狭小的泼妇"，不惜一切代价，拼了命也要让自己贵贱通婚生下的儿子被认可为皇位的继承人。[4]

事实当然并非如此。虽说斐迪南大公有着粗暴而生硬的公众形象，既无打算，也没能力让他未来的臣民们被他的魅力所倾倒，可私底下的他完全是另一副模样；而且，看起来，索菲唯一真正的"野心"始终都是让她的丈夫感到幸福，让她的三个孩子——索菲、马克斯和恩斯特——能有一个温暖的家。人们总不免拿他们跟那对更有名的俄国夫妇——尼古拉和亚历山德拉——相提并论。时间将慢慢揭示出，末代沙皇夫妇那充满浮华气息的理想化家庭生活不过是人们的想象。统治国家是一项耗时费力的工作，因此，末代沙皇和孩子们的交流互动时间相当有限；亚历山德拉的病态人格与常年患病，更是导致她只能以越来越忧郁的模样时断时续地出现在丈夫和孩子们的生活之中。与之相对的是，斐迪南大公和索菲一向热切拥抱着他们对家庭生活的爱。这是一个贵族把孩子丢给保姆照顾、育儿室被隔绝在宅邸的主要房间之外的时代，可索菲、马克斯和恩斯特却备受父母的宠爱乃至纵容：和父母一同用餐，跟最为重要与显赫的客人在一起聊天，享受着没有任何烦扰与忧虑的童年。生活宁静而又安逸，没有任何不忠或者婚姻不幸的迹象。只可惜，幸福美好的日子并没能长久地持续下去。

今天的人们回望1914年之前的年月时，头脑中很容易就会浮现出种种极富浪漫色彩、有如隔纱看物一般的怀旧主义画面。初看之下，那似乎的确是一个更简单、更纯粹的年代：新发明散发着无限的魅力，世界大势一派和平的气象。然而，事实却多少与之有所不同。1860年以来，各大强权通常都进行过几场或是至少进行过一场战争；现代军备竞赛正在如火如荼地展开；各地频发的入侵、革命、造反与镇压大有继续蔓延之势。今人常把1914年的夏天视作一个繁荣的全盛时代的终结，可在1914年之前的五十年里，暴力其实一刻也不曾真正停歇。刺杀与暗害屡见不鲜：1876年，土耳其苏丹阿卜杜勒-阿齐兹一世遇刺身亡；1881年，俄国沙皇亚历山大二世和美国总统詹姆斯·加菲尔德先后遇刺身亡；1894年，法国总统萨迪·卡诺遇刺身亡；1896年，波斯国王纳赛尔丁·卡扎尔遇刺身亡；1897年，西班牙首相安东尼奥·卡诺瓦斯·德尔·卡斯蒂略遇刺身亡；1898年，弗朗茨·约瑟夫一世皇帝的妻子，奥地利皇后伊丽莎白遇刺身亡；1900年，意大利国王翁贝托一世遇刺身亡；1901年，美国总统威廉·麦金莱遇刺身亡；1903年，塞尔维亚国王亚历山大和王后德拉加遇刺身亡；1905年，俄国的谢尔盖·亚历山德罗维奇大公遇刺身亡；1908年，葡萄牙国王卡洛斯一世和他的儿子，葡萄牙储君路易斯·费利佩遇刺身亡；1911年，俄国大臣会议主席（相当于首相）彼得·斯托雷平遇刺身亡；1913年，希腊国王乔治一世遇刺身亡。在这看似和平而又繁荣的所谓"全盛时代"，皇室/王室成员和政治家却纷纷因炸弹、子弹和匕首而大批大批地倒在血泊之中。

接二连三的政治暗杀在萨拉热窝事件上达到高潮。虽说当时大概不会有人料到，竟是这样一起事件最终引燃了第一次世界大战的导火索，但其实早在事件发生之前，欧洲大部分地区就已经隐隐察觉到了一丝莫名的不安，感觉欧洲大陆距离全面的战火与灾祸只差一粒小小的火星。德国总理奥托·冯·俾斯麦就曾做过类似的预言，并警告称，"发生在巴尔干半岛上的某件该死的蠢事"迟早会让整个欧洲都陷入一场万劫不复的战争。[5]他的预言在1914年的那个夏天应验了：斐迪南大公和索菲在萨拉热窝的遇刺开启了一个前所未有的大规模屠杀的时代。弗拉迪米尔·德迪耶尔写道："在现代历史上，恐怕再没有哪桩政治谋杀能导致如此严重的后果。"[6]

跟其他所有改变人类历史进程的事件一样，1914年的那个宿命般的日子至今依旧谜团重重，饱受民族主义论断的制约，被泛滥成灾的历史谬见所包围。据说，斐迪南大公出席波斯尼亚的军事演习，纯粹是为了给他的妻子一个接受民众欢呼与喝彩的机会。他违背一切常识，坚持要在6月28日访问萨拉热窝。6月28日是圣维特日，是1389年科索沃之战的开战之日。1389年，一群不速之客闯入塞尔维亚人的领土。那是奥斯曼帝国的侵略军。他们征服了这片土地，并迫使塞尔维亚沦为他们的附庸，但这并不妨碍科索沃之战的开战日成为塞尔维亚人的国庆日。因此，许多人都说，斐迪南大公此举就好像是存心要激怒刚刚被吞并、到处是反奥地利革命者的波斯尼亚一样。作家丽贝卡·韦斯特坚称，斐迪南大公"在塞尔维亚人庆祝国家节日之际，访问了一座靠近塞尔维亚边境的城市；做出此等欠考虑、失分寸、充满侵略性的行为，怎么看都是在自掘坟墓"。[7]

　　然而，上述观点均与事实存在较大出入。正如时人对斐迪南大公和索菲的一生抱有太多荒诞不经的错误观念一样，即便在一个世纪之后的今天，仍旧有不少类似的错误观念萦绕在萨拉热窝事件的周围。其实，斐迪南大公根本不愿踏上此次出访之行，并一再试图逃避这项令人不快的任务，只因他伯父弗朗茨·约瑟夫一世皇帝的逼迫才不得不上路。是萨拉热窝当局把6月28日这个充满煽动性的出访日期强加给了斐迪南大公。谈到对出访行程的规划，真正连一丁点常识也没有的，其实是波斯尼亚当地的奥匈帝国官员。呈交的报告中表达过对斐迪南大公夫妇安危的切实担忧，可当局却对此置若罔闻；潜在的暴力威胁未受理会；安保力量更是几乎为零。

　　人类历史上的重大事件背后总少不了阴谋论的影子：从末代沙皇尼古拉二世的小女儿，女大公阿纳斯塔西娅的最终命运，到美国总统约翰·F.肯尼迪的遇刺身亡，再到2001年的"9·11"恐怖袭击，概莫能外。因此，点燃第一次世界大战导火索的刺杀事件会引发争议与猜测，自然也在情理之中。臭名昭著的"黑手"组织在袭击的策划中究竟扮演了怎样的角色，塞尔维亚政府又是否跟袭击者串通一气——诸如此类的一般阴谋论早已屡见不鲜。长久以来，一直有人在私下里议论，刺杀当日，正在秘密进行之中的，其实还有某项更为恶毒的计划：为了不让烦人的斐迪南大公和他同样烦人的贵贱通婚妻子继续碍他们的事，奥匈帝国的官员们策划并操纵了这场旨在一劳永逸地除掉他们夫妇二人的阴谋。一想到斐迪南大公将来要当皇帝，肯定有帝国官员会忍不住要瑟瑟发抖。斐迪南改组并整顿帝国的计划让抱着保守观念不放的人感受到了威胁；也有许多人担心，虽然公开发布过相关的放弃声明，但是，斐迪南大公登基后会不会反悔，会不会设法把他贵贱通婚的妻子加冕为皇后，会不会寻机把他的长子指定为皇位继承人，都还是个未知数。其他参与到这项阴谋之中的帝国官员则无疑打算借此机会对塞尔维亚开战，除掉这个令帝国如芒在背的永久威胁。正如当时有人建议的那样，如果要为奥地利对贝尔格莱德的入侵提供口实，那么，还有比在萨拉热窝挑起事端更好的办法吗？

这是一个令人吃惊的理论，可弗朗茨·约瑟夫一世的儿媳，前储君妃斯特法妮却对此深信不疑。她坚称，奥地利国内的某些势力故意对早已发出的危险警告视而不见，萨拉热窝事件正是在这些势力的推波助澜之下发生的。此外，还有人把矛头指向俄罗斯帝国，认为事件的发生离不开俄罗斯帝国的积极鼓动与推进。作为塞尔维亚最强大的盟友，俄罗斯帝国确曾一心致力于铲除奥地利在巴尔干半岛的影响力。按照这则阴谋论说法，俄罗斯帝国忧心忡忡地认为，斐迪南大公登基后，原本千差万别的南斯拉夫各民族或将因此统一在哈布斯堡皇朝的旗帜之下，从而阻断罗曼诺夫皇朝在巴尔干半岛的扩张步伐。这两则阴谋论是萨拉热窝事件的来龙去脉不容回避的组成部分，值得人们用更加严肃的目光来看待。

有些问题或许永远也不得到解答，但有一点无可否认的是，萨拉热窝事件的枪声还未停歇，随之而来的创痛便迅速以燎原之势蔓延开去。到1914年8月的第一个星期，整个欧洲都已陷入战争。如果说斐迪南大公和索菲是战争的首批遇难者，那么，他们的三个孩子——索菲、马克斯和恩斯特——便是战争制造的首批孤儿。父母的遇刺身亡释放出无穷无尽的混乱，也让三个孩子饱尝磨难与辛酸；源于1914年的那个星期天的一切骇人听闻之事，更是让不得不忍受它们的三个孩子有苦难言。伴随20世纪前进的脚步，一个又一个不速之客接连闯进他们的生活：战争与革命，失去家园，流亡他乡，惊恐地躲避入侵的敌军，在残忍的独裁者手中受尽折磨。他们的悲惨故事与千百万同样身处困境之人的遭遇相呼应，一桩又一桩令人伤心欲绝的噩耗同坚定不移的信念和百折不挠的爱交织在一起。

以上所有这些元素——被禁止的爱恋、幸福的家庭生活、反抗高压体制的斗争、刺杀事件以及击败黑暗逆境的最终胜利——让斐迪南大公、索菲和他们三个孩子的故事有如一则现代童话，或大或小地影响了亿万人的生活。在此之前，已有许多人讲述过斐迪南大公的故事，有关萨拉热窝事件的书更是数不胜数。可问题在于，它们的作者总是心存偏见，将自己的夸张幻想和民族主义观点强行投射到斐迪南大公、索菲和刺杀他们的激进分子身上。想要洞穿流行了一个世纪之久的错误观念实在是一件难事。用斐迪南大公和索菲的曾孙女霍恩贝格侯爵小姐阿妮塔的话说："我刚到奥地利的时候，人们对斐迪南大公的看法全然都是误解。他的形象至今仍旧谈不上完美，但我们正试图改变这一切。"至于索菲，阿妮塔评论说："她是一个非常脚踏实地的人，非常开朗活泼，真可以说是一心扑在丈夫和孩子们的身上。她对一切都心满意足，十分沉静、虔诚，打心眼里为自己的生活感到高兴。"[8]

打破久已有之的成见从来都困难重重。不过，也有少数几部著作试图以精准的笔触描绘这对夫妇。它们中尤其值得一提的是1984年出版的《萨拉热窝遇难者》，作者是戈登·布鲁克-谢泼德。

这本书把大部分笔墨都放在了斐迪南大公的政治生涯上，不过，它也试图不偏不倚地探察这对夫妇的私人生活，尽管这探察往往浅尝辄止于将错误百出的故事重复一番。还有很多其他的著作虽以萨拉热窝事件为主题，却也对斐迪南大公和索菲进行了零零散散、浮光掠影般的描写，但结果显然是好坏参半。

　　萨拉热窝事件百年纪念之际，有必要从另外的视角来重新审视一下斐迪南大公与索菲。这一次，我们尽可能聚焦于他们的私人而非政治生活，致力于重现他们两人独处以及他们同孩子在一起时的样子。这是一个关于这对夫妇的恋情与婚姻的故事，也是一个关于公众和帝国宫廷如何看待他们、时人如何为他们的一生盖棺定论、这些定论又如何常常与事实相冲突的故事。最后，这也是一个关于索菲、马克斯和恩斯特的故事：父母的死有如打开了潘多拉的魔盒，释放出无尽的创痛；三个孩子之后的生活更是在许多方面成为这创痛的标志与象征。

　　有关这对夫妇的可靠信息少得惊人，理解他们、让他们鲜活地跃然于纸上的任务也多少因此而变得更加困难。在维也纳的奥地利家族、宫廷与国家档案馆，我们从斐迪南大公未出版的书信和文件（包括哈布斯堡家族内部的一些往来信件）中提取出不少可用的信息，然而，它们大多不过是对他私人生活的惊鸿一瞥，刚刚吊起我们的胃口便马上没了下文。斐迪南大公是一个很会写信的人，他和德皇威廉二世之间的亲密通信本该成为我们深入洞悉他婚姻生活的宝贵渠道，但遗憾的是，虽然我们手头有众多德皇写给斐迪南大公的信，可大公写给德皇的信却仿佛凭空消失了一般。虽然我们为此进行了广泛的搜寻，却没有一位历史学家能够确定它们究竟存放于何处。[9]

至于斐迪南大公和索菲之间的私人信件，情况同样好不到哪去。我们知道，无论是在恋情公开前的多年时间里，还是在就婚姻问题同掌权者进行漫长的协商与谈判期间，这对夫妇一直定期给对方写信。这些信件本该有助于我们以独特的个人视角来一窥他们的性格与恋情，然而，或许是为了保护父母内心的所思所想免遭玷污与妄测，他们的儿子马克斯后来几乎将这些信件尽数销毁。他们的女儿索菲设法这里一张明信片、那里一张便条地抢救出少量的残章断片，但遗憾的是，真正体现并定义他们之间关系的情书、心里话和亲密交流全都消失在了历史的长河之中。[10]

那个年代的皇室/王室要员和贵族名流大多从年轻时起就孜孜不倦、坚持不懈地写日记和日志。这固然是为了记录下当时发生的事件，但或许更重要的是，在维多利亚时代，这也是证明自己之前的时光并未在无所事事中虚度的一种方式。它们有着无可估量的重要价值，既有助于确定日期（尤其有助于确定斐迪南大公和索菲的早期接触究竟发生于何时），也有助于记录下两人因事态的动荡而产生的种种一闪而逝的感受。可不论是斐迪南大公还是索菲，都没有定期写日记的习惯。对历史来说，这无疑是一桩憾事。在斐迪南大公存留至今的文字中，唯一能算得上日记一类的东西，只有他1892年至1893年环游世界期间写下的日志。他极少在这份后来限量出版的日志中流露出自己内心的真实想法，自然更不会有他和索菲那时还并未产生的情愫。索菲从未养成写日志的习惯，几次尝试都以无可避免的放弃而告终，常常是一连几个月过去了，日志上却连半点简单的事件记录都没有。今捷克共和国境内的科诺皮什捷城堡是这对夫妇曾经的家。索菲1891年用过的一本日记本就存放在这座城堡里。遗憾的是，日记只有互不相干的短短几行内容。[11]

这对夫妇的几位至交留下了一些时而敏锐犀利、时而又戒心重重的回忆录。少量来自朋友、亲戚和廷臣的孤立信件或段落亦可成为有趣的窗口，让我们得以一窥斐迪南大公的性格、婚姻与家庭。这一点在索菲身上体现得尤为明显，因为，至少她的个人感受、期冀、乐事或懊丧方面，对如今的我们来说仍旧多多少少是一个谜。跟她关系密切的人极少谈起她。当她死于萨拉热窝并实际上几乎因此而跻身圣徒之列以后，更是再难有人不为痛失她的悲伤所左右，以不带任何多余感情色彩的冷静客观口吻谈起她生前的一切。即便是这对夫妇的三个孩子也难得在家人面前说起他们的父母。[12]幸运的是，我们得到了一批此前从未公开出版的密藏信件。这些信是索菲写给她的妹妹奥克塔维亚的。它们的存在，总算是让索菲在这则关于她的故事中发出了一些属于她自己的声音。

在本书中，我们利用从回忆录、档案资料、家族秘闻逸事、当时的报纸新闻及其他来源各异的材料中提取到的信息，编织出斐迪南大公和索菲色彩斑斓、复杂多面的共同生活图景。虽然这图景仍旧不时因缺乏可供参考的日记和信件而模糊到令人沮丧的程度，但我们已尽力在不作过分推测的情况下深入洞悉有关这对夫妇的一切。我们的故事从光彩夺目的波希米亚城堡和金碧辉煌的维也纳宫殿，一直讲到惨无人道的纳粹集中营，从维多利亚时代一直讲到摩登年代。从核心与本质上说，这本书讲述的是一个家庭的编年史。这个家族的胜利与悲剧不仅塑造，更代表了大半个动荡的20世纪。

序　幕
1889 年 1 月，维也纳

夜晚，大片大片的白色雪花飞舞着，飘落在维也纳全城的屋瓦上。一堆堆积雪在宽阔的林荫大道的映衬下闪着微光。这座背靠维也纳林山的丘陵、在多瑙河水系的臂弯中安眠的城市，看上去是那样宁静而又祥和。环城大道两侧，是一排排因冬季到来而变得光秃秃的椴树。驱车穿行在这成排的椴树之间，一番迷人的景象随之呈现在眼前：新哥特式建筑风格的市政厅，宏伟壮观的宫廷歌剧院，外形巨大的博物馆以及它那如行军队列般齐整的柱廊，因新古典主义简洁明快、线条凌厉的造型而略显阴沉的国会建筑，圣司提反主教座堂拔地而起的高耸尖塔以及绿色穹顶的查理教堂。此时的维也纳，恍若悬浮在成堆的积雪和乳白色的天空之间，被幽灵般的街灯闪出的光影所照亮，看起来威风凛凛、庄严高贵、令人生畏，完全是一副伟大帝国的首都该有的样子。

哈布斯堡皇朝以维也纳为场景和道具，在欧洲戏剧舞台上呼风唤雨，扮演主宰者的角色，已经有几个世纪的时间了。从阿尔卑斯山到地中海的温暖水域，从的里雅斯特的灿烂阳光到特兰西瓦尼亚、波希米亚和俄罗斯帝国边境的阴暗诡秘森林，哈布斯堡皇朝统治着一片无比广大的疆土。作为欧洲首屈一指的天主教宗族，哈布斯堡家族用交战、侵略和联姻等方式，把广布在各处的公国、侯国、封邑和省统一在其画着凶悍双头鹰的旗帜之下。它曾经的辉煌是无可否认的。几个世纪以来，哈布斯堡家族一直把持着神圣罗马帝国皇帝的位置。家族的成员不止一次登上过西班牙的王位，成为欧洲各国皇室和王室配偶的人更是不在少数。家族中还出过不少辉煌耀眼、足以跻身最杰出统治者行列的祖先，伟大的神圣罗马帝国皇帝查理五世和影响巨大的神圣罗马帝国皇后玛丽亚·特蕾西亚就是其中最好的例子。

拿破仑横扫全欧洲、击垮神圣罗马帝国之后，哈布斯堡家族的影响力开始由强盛一步步走向衰微。取代神圣罗马帝国的德意志邦联是一个由德意志诸邦组成的松散联盟。这让过去原本忠于神圣罗马帝国的各属邦陷入四分五裂的境地，也让皇朝越来越疲于应付日益高涨的民族主义浪潮以及各地频发的造反和叛乱。现在是1889年，距离"1848年革命"不过四十年，距离"七周战争"更是只有短短的二十多年。哈布斯堡家族差一点就在"1848年革命"中永远失去匈牙利，全靠俄国士兵的协助才把布达佩斯的起义镇压了下去。在"七周战争"中，匈牙利人加入对方的阵营，帮助日益强大和军国主义化的普鲁士王国在柯尼希格雷茨战役中击败哈布斯堡皇朝的部队。战争的失败标志着奥地利霸主地位的终结，同时也开启了一段极不稳定的奥匈联盟时期。在布达佩斯的敲诈和胁迫下，维也纳被迫于1867年接受"折中方案"，将帝国的领土拆分为彼此

平等的两部分，建立二元君主制的奥匈帝国。布达佩斯保留每十
年重新商谈一次该协定的权利，并一再迫使虚弱的维也纳作出新的
让步。这一切似乎都预示着，匈牙利终将无可避免地取得完全的自
治权。[1]

　　不过，至少在目前，匈牙利仍旧处于哈布斯堡皇朝的统治之下。
到1889年，哈布斯堡皇朝已经接连失去了托斯卡纳、帕尔马以及意
大利的伦巴第省和威尼斯省。远远落后于时代的帝国成了上辈子
的老古董，或者如一位智者所指出的那样，成了一个"杜撰出来的
虚构皇朝"。[2]共有五千万左右形形色色的臣民——奥地利德意志
人、马扎尔人、波希米亚人、意大利人、罗马尼亚人、摩拉维亚人和波
兰人——统一在哈布斯堡家族黑黄相间的旗帜之下，却不存在任何
足以将其联系在一起的共同纽带、语言或者民族身份认同。许多无
意向维也纳尽忠的民族开始越来越渴望摆脱被他们视为压迫者的
哈布斯堡皇朝。看起来，似乎每过去一年，权力的最后几点残迹便
又从骄傲的哈布斯堡皇朝手中溜走一分，剩下的，只有一个深植于
古老传统的统治家族。家族过去的辉煌早已被一连串失职的君主、
严重的近亲通婚以及令人沮丧的家族遗传性下巴发育异常所取代。

　　弗朗茨·约瑟夫一世站在权力的最顶端，领导着这个冲突不
断的国家。他是奥地利皇帝，匈牙利使徒国王，波希米亚、达尔马提
亚、克罗地亚、斯洛文尼亚、加利西亚与耶路撒冷国王，奥地利大公，
托斯卡纳、克拉科夫与特兰西瓦尼亚大公，洛泰林吉亚、萨尔茨堡与
布科维纳公爵——不过，这一连串没完没了的头衔，更多是在讲述
曾经的过去而非当下的现实。[3]此时，这位皇帝早已人过中年。曾
经的他风度翩翩，身材修长；而现在的他则秃顶，微驼，留着浓密的
白胡须，一双蓝眼睛总是一副没精打采的样子。对他治下的多数臣

民来说，从他们记事那天起就是他在执掌这个国家。谈起他的时候，人们总是用"全能者，更高等级的存在，其宝座高居于人类无法企及的国度"之类的说法来形容他。[4]权力的沦丧和接连不断的叛乱深深刺伤了他的心，并促使他转而退避到一个充斥着古老传统的世界，一个由无尽的华尔兹和甜腻的糕点构成的天地，一个可以不去理睬他不熟悉也不欢迎的摩登年代的地方。他这辈子只坐过一回小汽车，而且还是在来访的英王爱德华七世的强烈要求下才坐的。即便到八十四岁高龄时，他仍旧宁愿爬六层楼梯，也不愿将自己的身家性命托付给怎么看怎么可疑的现代电梯。[5]

变革的思想令他深恶痛绝。他更倾向于独来独往，更愿意不受质疑、与世隔绝地生活在自己的主张里。一位内部人士评论说，"一堵偏见之墙把所有具备独立思考能力的政治人物都隔绝在皇帝的视线之外"，令人不悦的观点和不受欢迎的现实统统被一个"由廷臣、军人和医护人员构成的小圈子"给屏蔽了。"这个时代汹涌澎湃、奔腾激荡的潮音，即便能勉强传到我们这位皇帝的耳朵里，恐怕也早已衰减为来自遥远之地的沙沙声。他从未真正参与到这样的生活当中。他不再能够理解这个时代，而时代则对此毫不理会，继续滚滚前行。"[6]维护旧秩序才是眼下唯一重要的事情。令人不快的思潮被置之不理，留待他的继任者去解决。这位皇帝欣然埋头于琐屑的文书工作，沉迷于官僚体制的细枝末节，而不是去直面有争议的问题。[7]他还是非黑即白的绝对化思维的产物。如一位廷臣所言，对弗朗茨·约瑟夫来说，"只存在一些最原始的概念：美丽，丑陋，死去，活着，健康，年轻，衰老，聪明，愚蠢。在他看来，以上这些都是势如水火、互不相容的，没法在一个和另一个之间架起沟通的桥梁……他的脑中没有任何'灰色地带、微妙差别'之类的概念"。[8]

从没有人用阴晴不定、喜怒无常之类的字眼指责过这位皇帝。他始终是一副和蔼可亲、谨小慎微、内敛克制的形象，可掩藏在这彬彬有礼的举止之下的，却是他冰冷、多疑、心胸狭窄的真实性格。他不喜欢对抗和冲突，更不能容忍抵触和反驳的存在。人人都害怕引起他的不满。1904年，未来的英王乔治五世在访问维也纳期间惊讶地发现，廷臣也好，皇族成员也好，似乎全都"对这位皇帝畏惧三分"。[9]说错一个词，少鞠一个躬，一个纽扣没有扣好，一枚勋章挂错了地方——这些对规矩的细微背离便足以让皇帝情绪爆发，将郁积在心中的怒火统统释放出来。一天夜里，皇帝的窒息症发作，喘不上气来。一名医生被人从睡梦中匆忙叫醒，奉召赶到宫中实施急救，可迎接他的却是呼哧呼哧喘着粗气的皇帝和皇帝冷若冰霜的表情：不知怎的，这位气都快喘不上来的皇帝竟有办法将医生狠狠训斥了一番，而原因仅仅在于医生出现在他的面前时并未按照惯例身着燕尾服。[10]一次，有人提议说，在皇宫中值勤的卫兵对哈布斯堡家族还不会走路的婴儿也要推枪行礼的做法可以休矣，却遭到皇帝的断然拒绝，因为，在他看来，这项提议是对帝国皇室家族尊贵地位的悍然攻击。[11]

私下里，弗朗茨·约瑟夫是一个有不少无聊习惯的人。他故意让自己居住的寝宫给人以某种斯巴达式的简朴清苦印象，可在这虚伪的惺惺作态背后，却是与斯巴达精神恰恰相反的优渥与奢华：他睡的是行军床，可用的却是最精致的床垫、床单和枕被套。他习惯每天凌晨四点就起来办公，中午独自用餐，下午散步，并相当不合潮流地早在下午五点就用晚餐。[12]他是一个性格孤僻、乐于独处的人，妻子频繁不在身边更是加剧了他的这种孤独。伊丽莎白皇后的日子多半是在远离维也纳的地方度过的。这两位姨表亲成婚时，巴伐利亚的公爵小姐伊丽莎白年仅十六岁。两人的结合遭到弗朗茨·约瑟夫强势的母亲，大公夫人索菲的强烈反对。巴伐利亚王室家族常常招摇而又浮夸，偶尔还会诞生出性格异于常人的怪胎，既倾向于神经过敏、一点就着，又倾向于沮丧消沉、抑郁发作——对于一个或将成为奥地利皇后的人来说，以上这些实在算不得什么值得期待的优良品质。然而，任何论调都没法阻止热恋中的弗朗茨·约瑟夫对爱情的追求。刚开始的时候，一切都是让人不禁为之屏住呼吸的浪漫；但接着，黑暗便来临了。

被亲切地称为"茜茜"的伊丽莎白俨然成为后人用以寄托浪漫怀旧之情的对象，在如今的维也纳更是几乎被奉为神明，可惜事实并不会这般感情用事。初入皇宫的她是一个尚未成熟、只顾自己不顾他人的小姑娘，帝国宫廷的生活让她觉得反感、拘束和压抑。对她的宠爱有加并不意味着弗朗茨·约瑟夫不会因其他女人而心猿意马，尤其是当她对婚后的性生活表现出恐惧的时候。恐惧旋即演变为极端的厌恶：有传言称，皇帝把性病传染给了他的妻子。[13] 羞愤难当、深觉遭到丈夫背叛的伊丽莎白成了她丈夫宫廷中实际上的陌生人，让她只想用一切办法逃离令她深恶痛绝的仪式性职责。拥有一段幸福美满婚姻的愿望落空之后，皇帝开始将重心转向一连串的情妇；虽然他表面上总是给人一种坚定不移的保守天主教徒的印象，但实际上，他甚至跟这些情妇有过不少私生子。[14] 其中最有名的无疑是他跟女演员卡塔琳娜·施拉特的婚外情。这位女演员成了他最亲密的知己，后来更是成为他情感慰藉的唯一源泉。

皇帝当时的臣民对待伊丽莎白可就不像她的现代崇拜者那样宽容了。她在外国度假胜地没完没了、长期不归的逗留旅居令他们大为愤怒，仿佛此举意味着她对奥地利这个接纳了她的第二故乡充满鄙视一般。世人对她美貌的赞许令她深陷其中无法自拔，甚至不惜为此活活把自己饿到表现出厌食症的危险境地。沉溺于自怜自艾和病态幻想中的她，只能靠创作大量水平堪忧的诗文打发时光。[15]

或许伊丽莎白的确有理由逃向远方。在施特劳斯的华尔兹和微笑的面庞间愉悦地旋转，类似这样的悠然时光在同哈布斯堡家族一起生活的日子里实在是少之又少。悲剧时有发生，不幸的阴云似乎一直笼罩在他们家族的头上：弗朗茨·约瑟夫和伊丽莎白的大女儿因疾病而早早夭折；皇帝的弟弟马克西米利安极不明智地接受了墨西哥帝国的皇位，只落得个遭人推翻、被行刑队枪决的下场；马克西米利安的遗孀卡洛塔也因丈夫的死而彻底精神失常，游荡在欧洲各地，见到谁就把她丈夫的横遭处决怪罪在谁的头上，最终被锁进一座位置偏僻的城堡；轻率地表露出自己对英俊少男的好感，喜穿做工考究的女士舞会礼裙——皇帝最小的弟弟路德维希·维克托因为身陷这两桩流言而被维也纳流放在外。[16]就连弗朗茨·约瑟夫本人都觉得他的家族令人不胜其烦、难以忍受。他的贴身男仆回忆说，他"只对自己的少数几个亲戚抱有好感"，而且，"他相当有理有据地认为，他们中许多人的行为都有失妥当"。结果是，他"对家族中的一些成员连一面也不想见"，"对家族中的其他成员也是越少见面越好"。[17]

还有弗朗茨·约瑟夫和伊丽莎白唯一的儿子鲁道夫。他在1858年的降生确保了哈布斯堡皇朝的延续，因而在当时成为一个值得庆祝的时刻，可鲁道夫的童年却跟快乐一点儿也沾不上边。弗朗茨·约瑟夫是一位严厉、冷漠、从不向孩子投出赞许目光的父亲，鲁道夫说的任何话、做的任何事似乎都没法令他感到满意。鲁道夫对自己的母亲心怀敬爱与崇拜，然而，伊丽莎白太过忧郁、太常沉溺于自怜自艾、太少陪伴在儿子的身边，以至于在她儿子的性格塑造方面一直处于缺席的状态。不过，在一点上，这母子俩还真可以说是一个模子里刻出来的。长大后的鲁道夫变成了一个沉溺在自己世界里的忧郁年轻人，并发展出通过更为阴暗的方式获得愉悦的特殊爱好：喜欢跟有夫之妇私通，乐于看到自己的国家发生政治上的不幸和变故。

为了给鲁道夫的生活强加以一定程度的秩序，弗朗茨·约瑟夫安排自己的儿子和比利时国王利奥波德二世的女儿斯特法妮成婚。两人在订婚一年之后结婚。在此期间，宫中的侍女发现，十五岁的准新娘仍未初潮。[18]鲁道夫魅力四射、光彩照人，而斯特法妮则显得不那么漂亮，更算不上那种能在婚姻生活中把自己丈夫的心牢牢拴住的女人。1883 年，他们的女儿伊丽莎白降生后不久，斯特法妮的突然患病成为两人的婚姻转折点。一切以再糟糕不过的方式迎来了终结：讽刺的是，鲁道夫跟自己的父亲一样，也把性病传染给了自己的妻子。此事不仅让她大为光火，还让她丧失了继续生育的能力。变得缄默不语的斯特法妮独自生起了闷气，鲁道夫则转而去寻求更加开朗活泼之人的陪伴。

鲁道夫和他的父亲构成了鲜明的对比。虽然鲁道夫总喜欢把自己幻想成一个颇具天赋的政治奇才，可实际上，他更像是一个对政治只有一知半解的半吊子。他在政治上一展拳脚的地方，是被他的父亲当作危险来看待的自由主义者小圈子。这个圈子里的人致力于煽动不同政见，反对弗朗茨·约瑟夫坚定的保守主义。鲁道夫的困境也是欧洲各地王公贵族之子共同的困境：发挥不了任何真正的作用，唯一能做的就是等待自己父亲的去世。没有职位，不被自己的父亲信任，就连或许能让他觉得自己还有一点用处的任务都不存在——这一切让奥匈帝国的储君陷入了深深的抑郁。快快不乐、阴郁暴躁、消极病态的他一头扎进情妇和吗啡的恶性循环之中，不仅疏远了自己的家庭，还患上了淋病。[19]

　　沉溺于官僚统治的古板守旧皇帝、避世隐居的忧郁皇后以及精神异常、名声扫地的储君构成了拉动国家的三驾马车。一片祥和的表象之下，迫在眉睫的灾难仿佛随时都有可能爆发。1889年1月的帝国宫廷似乎就以某种方式折射出这样的两面性。在粗心大意的旁观者看来，帝国宫廷依旧同往日一样浮华耀眼，是一个由无尽的华尔兹和无所顾忌的享乐构成的天地。然而，对某位来访的外国君主来说，帝国的宫廷散发着"衰老与死亡的"恶臭，是一个僵化已久的地方，充满"陈腐的面孔、枯萎的智力、颤抖的脑袋和气数已尽的膀胱"。[20]

　　这是一个在古老的传统和不变的规矩上方努力保持着平衡的世界，也是一个岌岌可危、摇摇欲坠的世界。只有那些能够骄傲地宣称自己家族盾徽上的纹章重排过十六次——不论是父系一方还是母系一方，上溯八代，代代都是贵族，贵族血脉没有因下娶或下嫁而出现中断——的人，才有资格进入帝国宫廷的最高机关任职。这项规矩一直被严格地贯彻和执行。奥地利驻德国大使的妻子可以觐见德皇，却不能进入维也纳的皇宫觐见奥地利皇帝，因为她缺少一连串必要的贵族祖先。身份显赫的贵族女士不止一次被排除在皇宫的舞会厅之外，并被礼貌而坚定地拒绝她们的人告知，她们的身份还不够显赫，没法加入舞会厅中正陶醉其间的精英圈子。文官不论官阶多高，武官不论军衔多高，只要没有达到这项贵族血脉的要求，就会在宫中备受冷落与怠慢。一次，英国一位著名公爵的年轻外甥女出席了帝国的一场舞会，却遭到现场其他来宾的一致抗议。他们抱怨说，没有任何贵族头衔的她，根本就不该被允许进皇宫的大门。夫妻二人一旦被帝国宫廷认定为贵贱通婚，就必然会出现地位较高的一方被要求不得携其配偶一同出席的情况。[21]

这种毫不掩饰的势利眼行为体现出帝国宫廷的另一个两面性。一位外交官说，维也纳人"开朗随和"，热衷于"音乐舞蹈、吃吃喝喝、欢笑玩乐"，"满足于在人生之河中懒洋洋地随波逐流，尽可能多地享受，尽可能少地烦恼"。[22]表面上的客客气气掩盖不了贵族阶层对自身特权的死咬不放，更掩盖不了他们对不为其社交圈所接受之人的极力排斥。维也纳的《新自由报》评论称，"现如今，新一代的上层贵族仍旧渴望驾驭并支配中产阶级，并妄图在对其一无所知的情况下统治他们……这里的贵族阶级呆板乏味、了无生气、远离凡尘、隔绝于世"。[23]一位来访者坚称，这些贵族在浅薄的追求中浑浑噩噩地消磨时光，每天"不是议论亲朋好友中谁又生孩子了、谁又结婚了、谁又去世了，就是议论皇室家族又说什么了、又做什么了"；还说"他们几乎从不读书，对艺术的了解也极其有限，没有任何一般的兴趣爱好，对政治方面的事情一窍不通，除非这事情关系到奥地利帝国的安定太平，而且，即便是这些关系到帝国的安定太平的事情，他们肯花心思去了解一二也不是为了获得新知、增长见识，而完全是为了满足他们的傲慢与自负"。[24]

1888年11月，皇后的父亲去世。1889年1月，为表哀悼，几轮惯常的皇家舞会被取消，可贵族气息浓厚的维也纳却故意投身到一轮又一轮大张旗鼓、极尽奢华的纵情享乐之中。这座施特劳斯华尔兹之城正恰如其名地享受着舞会厅堂带来的乐趣。城里有专门供商人跳舞的舞会，还有女管家舞会、美发师舞会、糕点师舞会和洗衣女工舞会：你能想象到的每一家协会和组织都打算用痛痛快快、肆无忌惮的寻欢作乐来庆祝这个冬天的社交季。对享乐主义的过分追求在1月的"四次元舞会"上达到顶峰：人群中穿行着打扮成巫婆的女子，闪烁的灯光直透出玫瑰园的天棚。[25]

一切似乎都是那样愉悦而又舒适。维也纳同往日一样华丽壮观，帝国安定而又稳固，哈布斯堡家族从光辉灿烂的山顶俯视着下方的芸芸众生。然而，这一切不过是笼罩在现实上的幻景。掩盖在表象——传统的扎赫尔蛋糕、温馨舒适的安逸生活以及无尽的施特劳斯华尔兹——之下的，是另一个世界，是维也纳位列欧洲各城市前茅的年自杀率。[26]维也纳是弗洛伊德和马勒的世界，是性爱和激情的世界，是烟雾缭绕的咖啡馆内为哲学忧虑所困扰的知识分子和艺术家们的世界，是反犹主义者和挤住在疾病横行的廉租公寓内的贫苦工人们的世界。一份报纸在1889年的新年伊始宣称，"空气中弥漫着普遍的不满情绪"，一股"忧郁的气息吹遍了我们的社会"。[27]1月还没过，这种不满情绪就在一场意料之外的悲剧中爆发，并彻底地撕去了哈布斯堡皇族为之扬扬得意的虚伪面纱。

第一章
皇座阴影下

　　随着1889年的来临，银装素裹的维也纳绽放出无限的魅力。在这魅力的辐射范围之外，一个身形瘦削、面色苍白、长着一双淡蓝色眼睛的年轻人也在享受着属于他的愉悦时光。在布拉格，走出布拉格城堡装饰华丽的套间之后，他先要跟第102波希米亚步兵团的小伙子们共进晚餐，接着又要出席当地官员小题大做的招待会，最后还要跟一心想要巴结他的贵族人士一同步入他们洛可可式风格的舞会厅。身为奥地利大公之子和弗朗茨·约瑟夫皇帝的侄子，他人的阿谀、谄媚与殷勤总是如影随形，从四面八方投来的审视与打量的目光更是永无休止。对这一切，他无比痛恨，却又无从逃离。高贵的出身把弗朗茨·斐迪南困在了这个由特权与职责编织而成的镀金笼子里。

　　二十五岁的弗朗茨·斐迪南把浅棕色的头发梳成整齐的中分，两撇又细又薄的八字胡神气活现，只可惜年龄的增长并没能帮助他摆脱遗传自母亲的敏感脆弱气质。他的父亲，大公卡尔·路德维希身体相当强壮，有着同样淡蓝色的眼睛，低垂的连鬓络腮胡几乎半遮住了他那张结实而坚定的脸。他总是礼貌谦恭、见识广博、斯文儒雅。用一位女士的话说，他"丝毫没有哈布斯堡家族通常的傲慢与自大"。[1]可外人的客套话终究掩盖不了现实：除了宗教以及与之相关的艺术和科学之外，卡尔·路德维希几乎对其他任何事情都没有兴趣。蒂罗尔全权总督的短暂任期结束后，对此兴趣寡然的他在军界和政界磕磕绊绊地几经辗转，最后终于得以退离工作岗位，全身心地投入私人生活之中。

1858年，卡尔·路德维希娇弱的第一任妻子，萨克森王国公主玛格丽塔，在他们结婚仅仅两年之后就去世了。二号新娘于1862年来到他的身边：她是已故的那不勒斯与两西西里王国国王费迪南多二世（因下令炮击不愿屈从于他的臣民而被人冠以"炸弹王"的绰号）的女儿玛丽亚·安农恰塔公主。当时只有十九岁的她头发乌黑、纤细苗条，丝毫没有继承她父亲火一般的激情。事实证明，她跟已故的玛格丽塔一样娇弱。结婚不到一年，她就被医生诊断出结核病。她虚弱的双肺让夫妻二人不得不为此来到格拉茨，希望山上清新的空气能够有助于恢复她经不起折腾的健康。

这位大公认为，"格拉茨是一个令人愉悦的地方，拥有较大型城市的一切便利，同时又丝毫没有其不好的一面"。[2]在这里，租住于屈恩堡宫的夫妇二人等待着他们第一个孩子的降生。孩子在1863年12月18日上午七点一刻来到人世。下午，塞考大主教为这名男婴做了洗礼。在卡尔·路德维希的母亲索菲的注视下，孩子的祖父兼教父弗朗茨·卡尔大公宣布，这位哈布斯堡家族的新成员取名弗朗茨·斐迪南·卡尔·路德维希·约瑟夫·马里亚。取名"弗朗茨”是为了纪念他已故的祖父，奥地利皇帝弗朗茨一世，取名“斐迪南”则是为了纪念他声名欠佳的外祖父，那不勒斯与两西西里王国国王费迪南多二世。[3]

更多的孩子相继降生：奥托生于1865年，费迪南德·卡尔生于1868年，玛格丽特·索菲生于1870年。弗朗茨·斐迪南在舒适安逸、不甚严格的氛围中度过了童年。一家人在维也纳极尽奢华的宫殿里过冬，在某间偏僻的猎人旅舍度过春秋两季，在阿特施泰滕城堡（位于维也纳以西约70英里处的多瑙河流域，靠近著名的梅尔克本笃会修道院）享受一个个田园牧歌般的夏天。[4]不过，一个不应忽略的事实是，日渐疲病交加的玛丽亚·安农恰塔在孩子们的生活中不过是幽灵般有名无实的存在。由于害怕把病传染给儿女，安农恰塔非但不允许他们接触她、亲吻她，甚至孩子们连长时间待在她的身边都不行。她成了家中实际上的陌生人，过着自我孤立的生活，身体一年比一年虚弱，直至死神终于在1871年5月，在她年仅二十八岁的时候就夺去了她的生命。[5]

安农恰塔在弗朗茨·斐迪南年仅七岁的时候就去世了。虽然她的早早离世并不完全让人意外，可弗朗茨·斐迪南无疑是怀念自己的母亲并为她的死而悲伤难过的。众人一致认为，这位年幼的大公之子是一个有点奇怪的孩子：孤僻内向，沉默寡言，经常自我反省。不过，这一切是否源于他母亲的早逝仍旧是一个谜。对弗朗茨·斐迪南和他的兄弟姐妹来说，幸运的是，一个很快就要加入他们一家人中间的新成员，将为这个家庭带来新的、全然比之前要稳定得多的影响。在两度丧妻、有四个孩子要养育的情况下，卡尔·路德维希仅仅等了两年就于1873年7月第三次步入婚姻的殿堂。他的新婚妻子玛丽亚·特雷莎是被驱逐的葡萄牙国王米格尔一世的女儿。如果说他的上一任妻子玛丽亚·安农恰塔向来以体弱多病、郁郁寡欢的形象示人的话，那么，玛丽亚·特雷莎则刚好与之相反：她身体结实、活泼好动、相貌出众，深色的秀发和一双亮晶晶的眼睛让她成为全欧洲最可爱的公主之一。[6]还不满十八岁的她比自己的丈夫小了将近二十岁。卡尔·路德维希对他的前两任妻子一心一意、充满耐心、钟爱有加，但在对待玛丽亚·特雷莎的时候，至少据传闻所言，他的态度起了一些变化。或许是由于年龄上的巨大差距，又或许是由于宫中的年轻官员肆无忌惮地对她投去垂涎的目光，但不论原因究竟为何，最终的结果是，据称，卡尔·路德维希从一个原本关怀、体谅自己妻子的丈夫变成了一个严厉苛刻、强迫妻子完全服从于他的偏执狂。他一再折磨自己的妻子，总的来说让她的生活变得悲惨而又痛苦。[7]

不论这些故事是否属实，有一点可以肯定的是，玛丽亚·特雷莎的确对她的这个新家庭产生了无比重大的影响。她给卡尔·路德维希生了两个女儿——1876年降生的玛丽亚·安农恰塔和1878年降生的伊丽莎白。但是，她从来不会区别对待丈夫前妻所生的四个孩子。只比弗朗茨·斐迪南大八岁的玛丽亚·特雷莎俨然成为他和他的兄弟姐妹之前从未真正拥有过的母亲，让他们第一次感受到了来自母亲的爱。[8]在弗朗茨·斐迪南的眼中，她就是他的母亲：他直截了当地叫她"妈妈"，而她也亲切地称呼他为"弗兰齐"。

年少的弗朗茨·斐迪南需要这样一份关注。从出生之日起，他就是一个纤细孱弱、令人捉摸不透的孩子，并不总是能够给人留下比较好的最初印象。1866年，见到三岁的他之后，他的伯父弗朗茨·约瑟夫皇帝写道："弗兰齐的心情不大好，不过，他说起话来倒是相当清楚流畅。"[9]每个人都注意到，他看上去是一个内向而又不善交际的孩子，就连对自己的兄弟姐妹都是一副拒人于千里之外的样子。费迪南德·卡尔和妹妹们的年纪都太小，没法成为他真正的玩伴。他比奥托年长，却在他这个弟弟的对比之下相形见绌：奥托的骑术比自己的哥哥更胜一筹，在他们的击剑课上更是表现出色。弗朗茨·斐迪南自我封闭、寡言少语，而奥托则外向活泼、朝气蓬勃。奥托喜欢热闹，而弗朗茨·斐迪南则更推崇一个人就能从事的爱好：长距离散步，孤身驾驴车出行，读书，午后跟他的宠物兔子单独玩耍。[10]打猎成了他最为热衷的嗜好。他独自一个人在森林里一待就是几个小时，观察并等待着一展身手的机会。年仅九岁的时候，他就猎杀了自己的第一个战果，并以此为开端，在猎杀野生动物、收集狩猎战利品方面取得了不俗的纪录。"我能想象到你该有多么心满意足。"他的堂哥，奥匈帝国储君鲁道夫写道。[11]

课堂学习也没能帮助弗朗茨·斐迪南走出自我封闭，融入外部世界。跟许多其他的王公贵族之子一样，他也是孤零零地在城堡的教室内接受私人教师的授课，被剥夺了跟其他男孩接触的机会，受制于严苛的教学作息时间表，每周都要从早到晚上六天课，只在零星的几个节日放假。一位刻板乏味、死气沉沉的前陆军军官德根费尔德伯爵费迪南德，负责监督教学是否严格按照繁重的课程安排进行。授课内容包括算术、德语、文法、科学、地理、历史、文学和宗教。[12]

丝毫不令人感到意外的是，在信奉保守天主教的哈布斯堡家族，这位大公之子接受了扎实的保守主义教育：反动观点被拿出来摆在他的面前，而与之相反的看法则受到压制。在这些顾虑的影响下，翁诺·克洛普教授的历史课程变得狭隘而又短视。自由主义政策与现代思想的危险之处，以及种种危言耸听的警告（凶恶的普鲁士正日益严峻地威胁到哈布斯堡君主政权的神圣使命）成为这些课程的标志性特征。克洛普教授担心相反的主张可能会影响到他的这名学生，他甚至在字面意义上重写了这位少年公子的教科书，以便过滤掉书中那些在他看来既讨厌又有害的政治观点。[13]

　　宗教方面的教导进一步巩固并强化了上述保守主义观点。依附于卡尔·路德维希一家的神职人员戈特弗里德·马沙尔，主动担起讲授天主教历史和教会信条的责任。虽然常常被形容为一个有自由主义倾向的人，可事实上，极度保守的马沙尔在授课时总是着重强调，身为信奉天主教的哈布斯堡家族的一员，这位年少的公子未来要承担怎样的宗教责任。[14]弗朗茨·斐迪南的天性让马沙尔的这项差事轻松了不少：在他还是个孩子的时候，他就对宗教异常虔诚，痴迷于教堂的宗教仪式，在皇宫礼拜堂的阴影里一站就是几个小时，只为沉浸在令人陶醉的神秘主义氛围之中。[15]本来就对宗教抱有的真挚信仰，再加上马沙尔的讲授，让天主教在弗朗茨·斐迪南的身上打下深深的烙印。对他来说，信仰不需要理性，凡是跟宗教沾边的事，他几乎从不会做深入的自我反省，天主教信仰足以帮他解决人生中一切值得思考的重大哲学问题。在他看来，没有任何理由质疑罗马教廷的教义与智慧。不过，他在很大程度上是一个愿意容忍不同信仰和宗教分歧的人。弗朗茨·斐迪南认为，有太多的人对自己的信仰不够诚恳、不够发自内心。明显表现出对宗教的虔诚之心的人总能赢得他的赞赏。一次，他这样评论道："毕竟，那[对自己的信仰是否虔诚]才是最重要的。至于这些人信仰的究竟是基督教还是伊斯兰教反倒没那么重要。"[16]

　　哈布斯堡家族的任何一位大公的母语都是德语，但除此之外，他们还要学习法语、英语、捷克语和乌戈尔语。然而，教授外语的种种努力大多在弗朗茨·斐迪南这里碰了壁。一位政府大臣认为，

"他缺乏语言天赋简直到了罕见的程度"。他对法语的掌握还算不错，可他的英语却一直说得不清不楚，没法让人听懂。偶尔，他似乎也能较为流利地说上几句，但每次都不过是昙花一现，接着就又磕磕绊绊，笨拙地想不起下面该用的词来。在尤其难学的乌戈尔语上，他的学习进度最为糟糕。弗朗茨·斐迪南终其一生都在学习匈牙利口语，却从没能真正熟练地使用此种语言。[17]

下午的时间被体操课、马术课、游泳课、击剑课和舞蹈课安排得满满当当。到了晚上，卡尔·路德维希教他艺术史，并邀请发明家、作家、诗人、音乐家和科学家做增长见识的讲座。[18]后来又添加了军事史、海军机动与调度、建筑学和工程学等课程，还有奥地利未来的总理大臣马克斯·弗拉迪米尔·贝克教他民法和宪法。[19]虽然把各方面的知识都巨细靡遗地灌输给了他，可学习的总体效果却好坏参半。这样的教育把弗朗茨·斐迪南塑造成了一个面面俱到的年轻人，对许多方面的知识都有泛泛的了解，可真正领会并深入理解的东西却少之又少。他鄙视算术和文学，爱好历史，但在所有课程里，要论最喜欢的，还是对建筑学的短暂研习。[20]老师们隔三岔五就抱怨说，他看起来落后而又迟钝，注意力涣散，不专心上课，一天到晚总是一副闷闷不乐、心事重重的样子。[21]或许责任一定程度上在于枯燥乏味、了无生趣的教育体系本身，但无可否认的是，没有任何人认为弗朗茨·斐迪南是一个当学者的料。他的日程表里被塞进了太多观点互相抵牾的课程和讲座，以至于"一切都是急匆匆、乱糟糟的"。结果是，他"什么都学了，却什么都不知道"。[22]

弗朗茨·斐迪南的未来命运和人生走向似乎从他出生的那天起就无可避免地被别人设计和规划好了：接受教育，度过一段军旅生涯，或许还要代表皇帝出席某些仪式性的活动。他继承皇位的可能性原本微乎其微。毕竟,他的伯父弗朗茨·约瑟夫皇帝尚在人世;他的堂哥,储君鲁道夫虽然眼下还是单身,但未来无疑将迎娶一位合适的配偶,并为哈布斯堡皇族增添新的皇位继承人。而且,他的父亲卡尔·路德维希在皇位继承顺序上是要优先于他的。就连弗朗茨·斐迪南接受的全方位教育都不曾预见到这种可能性。他过的是一眼就能望到头的日子:在愉悦舒适的氛围中消磨时光,致力于提升哈布斯堡皇朝的威望,想要探寻真正属于自己的爱好或者开辟过于偏离常轨的道路,可能性简直微乎其微。

十二岁那年,一个意想不到的机会真的降临到了他的头上。流亡在外的奥地利-埃斯特大公,摩德纳公爵弗朗切斯科五世在没有继承人的情况下去世。这位公爵在长达五百页的遗嘱中规定,哈布斯堡家族的任何一名男性成员,只要愿意在自己的头衔中加入"埃斯特",让埃斯特家族的香火得以延续下去,便可悉数继承他可观的财富和无数的地产。卡尔·路德维希觉得,他的儿子在皇位继承顺序上如此靠后,改个名字也没什么大不了的,于是就主动提出让弗朗茨·斐迪南继承埃斯特家族的遗产和姓氏。在头衔后面附上"埃斯特"让年少的公子感到不悦,尽管在当时,问题似乎不过是有些不方便而已。"埃斯特"毕竟是一个意大利头衔,跟他的继母一样,弗朗茨·斐迪南也对这个以牺牲哈布斯堡家族的领地为代价、不久前才刚刚完成统一的国家抱有偏见。到后来,他甚至公开表达过自己对"奥地利-埃斯特大公"这个头衔的厌恶,觉得这个意大利头衔不知怎的好像把他孤立了起来,让他成了哈布斯堡家族中的一个外人。更迫在眉睫的忧虑在于遗嘱的另一项条款:为继承此遗产,弗朗茨·斐迪南必须在一年之内掌握达到实际应用水平的意大利语。作为一个尤其不具备语言天赋的人,他只能在相应的课程中苦苦挣扎，努力掌握勉强够用的意大利语，终于在接受遗嘱执行人的测验时，达到了遗嘱所规定的要求。[23]

这下，至少在理论上，年少的弗朗茨·斐迪南成了世上最富有的大公之一。埃斯特家族的遗产包括：罗马近郊的著名文艺复兴风格庄园埃斯特别墅、帕多瓦近郊始建于16世纪的卡塔约城堡、维也纳的摩德纳宫、位于波希米亚赫卢梅茨镇的庄园及其他地产，外加数量庞大的武器、盔甲、艺术珍宝等收藏品。[24]乍看之下，前景似乎一片光明，可弗朗茨·斐迪南后来才发现，自己被遗嘱中的条款捆住了手脚。留给他的资产规模毋庸置疑，但他也因此背上了与之相比规模更大的财政负担。遗嘱中规定，他名下的一切资产均不得售卖，而需要支付给埃斯特家族亲属的年度遗产金、退休仆人的养老金以及形形色色的地产维护费，甚至超过了他每年的收入。[25]

值得欣慰的是，在弗朗茨·斐迪南的正规教育行将结束之际，起码军方为他准备了一份货真价实的奖励。1878年，他被自己的皇帝伯父任命为步兵团的名誉中尉。这项任命让他欣喜若狂。1883年，一次次的荣誉晋升和军职委任终于带来了些看得见、摸得着的结果：他被晋升为驻扎在恩斯的第4斐迪南皇帝龙骑兵团的一名中尉。[26]"我在身体和精神上都成了一名军官，"他骄傲地宣称，"在我看来，军人是世上最崇高、最光荣的职业。"现在，他正准备着手开拓这项唯一不至于有辱大公身份的事业。[27]

对之前一直自我封闭的斐迪南大公来说，参军标志着他人生中一个具有重大意义的转折点。他做每件事情的时候都万分小心。从出生那天起，他就一直在接受这样的教导：身为皇族成员的他必须卓立于世，与他人保持适当的距离，因为这些人渴望赢得他的青睐，对他溜须拍马，在彼此尚未熟络之际便急于拉他做朋友，不过是为了一己之私,为了借此捞取好处。他必须友好待人,却又不能与人太过亲密;必须为人正直,却又不得不时刻对人警惕。他所做的每一件事都关乎皇朝的尊严和脸面。允许发生在普通军官身上的一般过错和轻微判断失误,若是发生在了斐迪南大公的身上,肯定会被看作故意给皇帝脸上抹黑的严重罪行。

从气质和性情上说,年轻的斐迪南大公并不是一个活泼开朗、无忧无虑、能够迅速赢得他人的友谊、可以轻松融入陌生社交环境的人。虽然他在军队里的表现还算不错,可在旁人看来,他显得既孤高又狭隘。他较少与人交流是因为他性格内向而又腼腆,可他的军官同僚们却认为,这是他傲慢自大的表现;他对军事任务的一再推辞,是因为他担心自己能力不足,无法胜任相应的工作,可他的同僚们却认为,这是因为他根本不屑于去完成这样的任务。斐迪南大公基本没有什么跟其他人接触的机会,因而也就从没学习过该如何掩饰自己的情绪。在家的时候,他的脾气爆发或许会被一笑置之,可在这里,那些本以为他是个亲切友善、易于相处的哈布斯堡家族成员的人,却着实被他的情绪失控吓得不轻。斐迪南大公讨厌虚饰和伪装,从未试图赢得战友们的好感,并常常因此招来周围人对他的抱怨。斐迪南大公所缺少的恰恰是奥地利人最看重的一项品质——个人魅力。

年轻的斐迪南大公虽然和战友们一同参加喧闹的晚宴和饮酒游戏,却始终没法完全抛开自己沉默寡言、矜持内敛的天性。不过,这并不意味着他就没有纵情于声色的机会。斐迪南大公不算特别英俊:他的身体太过瘦弱单薄,两只大耳朵十分惹眼,眼皮严重下耷,看上去总是一副好像还没睡醒或者马上就要睡着的样子。年轻气盛、手握特权、生平第一次不必受看护人妨碍的他,正面对着一个陌生而又充满诱惑的世界——事实证明,这是一个他的弟弟奥托尤其擅长享受的世界。

奥托从来都是一个张扬而又浮夸的享乐主义者。斐迪南大公矜持内敛、安静温和,而奥托则一天到晚就知道插科打诨。一次,奥托寄给斐迪南大公一张明信片。明信片的正面画着一名水手,于是奥托就在明信片的背面写道:"来自水手的意外惊喜!"[28] 人送外号"美男子奥托"的他,被外界对他的关注冲昏了头脑。他有着难以抑制的施虐狂恶习,而且,他的"所作所为是尽人皆知的热门话题"。[29] 街头巷尾总是流传着各种与奥托有关的故事,虽然这些故事是否属实或许值得怀疑。据说,他一连几天不让动物们喝水,接着又让它们一口气摄入过量的水,然后在极度痛苦中死去;也有人说,他把赤身裸体的士兵绑在火炉上,看着他们的皮肤被烫出水泡;甚至还有小道消息称,一次,他意外杀害了一名军校学员:他将白兰地强行灌入这名学员的喉咙,直至后者因酒精中毒而死。[30]

虽然斐迪南大公抵挡住了诱惑,从未做出如此道德败坏的行为,但要说他连一件年轻人难免做出的荒唐事都没干过,那未免也有些夸大其词了。他当然也跳舞、喝酒、跟兄弟和军官同僚们打猎。除了大庭广众之下的出格举动之外,他私下里还有过一些性质更为私密的越轨行为。一次,斐迪南大公用略显下流的言辞,向一位名叫米齐·卡斯帕的女演员表达了自己对她妖娆身材和出众相貌的极大欣赏,而这位女演员不是别人,正是与斐迪南大公的堂哥鲁道夫同床共枕的情妇。此外,某位不知名的歌者或舞者很可能已经亲身带他了解过性爱的奥秘。[31]

1885年7月2日,一个名叫玛丽·容克的女子生下一名男婴,并给孩子取名海因里希。这名女子宣称,斐迪南大公是孩子的亲生父亲，并试图在次年4月将斐迪南大公告上当地的地方法庭。协商过后，斐迪南大公答应付她约15 000古尔登（大致相当于2013年的150 000美元），以此来换取她放弃所有进一步的要求。1889年4月29日，布拉格一家服装店二十一岁的女店员玛丽·哈恩生下一名男婴，并给孩子取名库尔特。跟容克一样，哈恩也坚称，斐迪南大公是孩子的父亲。一名廷臣查看完她的索赔要求之后，建议她说，如果她试图对簿公堂，那么她肯定会是输的那一方。哈布斯堡家族用钱封住了她的嘴。[32]

对哈布斯堡家族的成员来说，私生子根本算不上什么丑闻：就连弗朗茨·约瑟夫皇帝都跟自己的情妇育有私生子。而且，上述针对斐迪南大公的指控从未得到证实。或许两名女子的确曾与斐迪南大公有染，但无论孩子究竟是不是他亲生的，他都不可能为此冒对簿公堂、酿成丑闻的风险。[33]尽管如此，有关他行事放浪、胡作非为的谣言，还是进一步强化了维也纳人对他本就负面的刻板印象。考虑到斐迪南大公的堂兄鲁道夫本人的名声也正越来越不堪，他在此时竟站出来帮了斐迪南大公一把，实在是有些令人惊讶。这位储君再清楚不过地知道，流言蜚语是如何在帝国宫廷中传播开来并左右舆论的。虽然常疏于与人联系，可弗朗茨·约瑟夫皇帝却似乎总是有办法知道家族成员的最新丑闻：鲁道夫犯下的"条条罪状"就曾遭到他的严厉斥责。为了不让堂弟落得个跟自己类似的下场，鲁道夫警告斐迪南大公，不要把太多的时间花在骑兵团以外的地方，更不要将光阴浪费在声色犬马和自我放纵上，而是应"在充分享受健康身体的同时，永远保持明智，懂得适度与节制"[34]，"不该一大早就出去骑马打猎"，以免为皇帝对他的责难提供口实。[35]时不时地，就连斐迪南大公也不免对此提出抗议。1888年，他向鲁道夫抱怨说:"你必须承认,奥托和我受到了不公正的对待。如果有人在狩猎队伍中发现了我们或者看见我们偶尔去参加了几场不怎么像样的下流舞会,立马就会招来全维也纳宫廷和军方各界人士的一片喊打之声,对我们逃避职责的行为表示愤慨。"[36]

更多的警告来自阿尔布雷希特大公。这位年迈的纪律至上主义者负责执掌帝国的陆军。阿尔布雷希特打心眼里讨厌鲁道夫,并确信,斐迪南大公跟鲁道夫扯上太多关系绝不会有什么好结果。鲁道夫总是抱怨,"自己不得不忍受来自阿尔布雷希特的种种麻烦与不快"。阿尔布雷希特就是这样一个爱多管闲事、爱插手他人生活的人,因此,如果不够当心,斐迪南大公也将面临来自他的类似告诫。[37]有时,就算斐迪南大公没干出什么值得注意的事情,阿尔布雷希特也可能冷不丁就寄给他一封尖酸刻薄、语出伤人的信件。阿尔布雷希特抱怨说,斐迪南大公在某些老绅士的面前表现得过于冷淡矜持;阿尔布雷希特抱怨说,斐迪南大公对待年轻女子太过亲密友好[38];总之就是,好像不管斐迪南大公做什么,在阿尔布雷希特看来都有错。斐迪南大公尽力无视这一切,满足于在可预见的未来继续自己愉悦舒适、早已被安排得滴水不漏的既定日常生活。

然而,这一未来在1889年1月30日的早晨突然发生了变化。在储君鲁道夫位于迈尔林的猎人旅舍,他上锁的卧室大门被一再叩响,可里面却一直无人应答。没人愿意为此小题大做:卧室内是鲁道夫和他最新的情妇——年纪轻轻却乏味无趣的男爵小姐玛丽·韦切拉。最后,在卧室内连续几个小时都毫无动静的情况下,一名忧心忡忡的仆人撞开了大门。韦切拉躺在床垫上,冰冷的双手紧紧抓着一枝红色的玫瑰,头上有一处裂开的伤口。在床的另一侧,鲁道夫上半身四仰八叉地倒在床上,双腿耷拉在床边,雪白的床单上血迹斑斑。他的嘴里淌着血，身体被染成了可怕的殷红色，头盖骨的顶部被子弹掀飞。他和自己的情妇相约共赴黄泉：在将情妇杀死之后，鲁道夫在她的尸体旁边呆坐了几个小时，最后一枪打穿了自己的脑袋。[39]

迈尔林事件不亚于一出病态版的夸张通俗剧，像极了某些糟糕的爱情小说里才会出现的过于现实的场景。对哈布斯堡家族来说，最不可原谅的是，迈尔林事件散发出令人难以忍受的市侩气息。身为笃信天主教的哈布斯堡皇朝的储君，鲁道夫的自杀让帝国宫廷陷入一片恐慌。帝国宫廷本指望通过散布各种谣传、谎言和越来越荒诞不经的故事来掩盖令人不快的真相，但最终，维也纳方面还是被迫承认了发生的一切。既然弗朗茨·约瑟夫皇帝非但不给鲁道夫安排任何真正的职位，甚至不许鲁道夫表现出哪怕最轻微的变革迹象，那鲁道夫就用他的死来完成自己对冥顽不化的父亲的最终报复。除了抑郁和绝望这两个最明显的原因之外，鲁道夫自杀还与他的雄心壮志被一再挫败有关。在开枪自杀前，鲁道夫给自己的母亲、妻子和姐姐都分别写了信，并在信中解释了他自杀的原因，却唯独没给他疏远已久的父亲留下哪怕一句话。[40]

鲁道夫的自杀让世人为之愕然，但当斐迪南大公在那天午后不久撕开加急电报的封套时，恐怕再没有人能比他更为此而感到震惊了。[41]他立刻动身前往维也纳。到维也纳之后，他跟在自己堂兄的送葬队伍后面，走过冰冷而凄惨的街道。每走一步都让他更加清醒地意识到，他的生活已经被永远地改变了。几年前，鲁道夫还指着他开玩笑说："朝我们走过来的这个人未来会成为奥地利的皇帝。"[42]那时，这听起来似乎很荒谬；但现在，鲁道夫死了，而且，除非有权继承皇位的哈布斯堡家族男性成员全都死干净了，才轮得到这位已故储君的女儿伊丽莎白出场。挡在斐迪南大公和皇位之间的,只剩下他的父亲卡尔·路德维希。

虽然鲁道夫生前一直过着放荡而又堕落的生活,可他展现在世人面前的开朗形象以及他声名在外的自由主义倾向,却让他一直颇受公众的欢迎。相比之下,世人对斐迪南大公所知甚少。在外界看来,斐迪南大公非但比不上鲁道夫,甚至连他那虽骄奢淫逸却比他更受欢迎的弟弟奥托都不如。在大多数维也纳人的眼里,斐迪南大公总是一副"凝重、严厉、近乎阴沉可怕的样子"。在街头巷尾的小道消息中,他被描绘成一名狭隘的保守派分子和宗教偏执狂,如果有朝一日让他登上皇位,那对整个奥匈帝国来说都是一个不祥的信号。[43]

葬礼的煎熬刚刚过去,面见皇帝的考验又接踵而至。惨剧的余波尚未平息,失去儿子的悲痛正萦绕在心头,可弗朗茨·约瑟夫皇帝却不得不面对现实,迎接这个即将取代他儿子位置的人。伯侄二人的关系一向不怎么亲近,更不曾真正理解过对方。弗朗茨·约瑟夫既保守又传统,虽然斐迪南大公至少在最近这些年里也是这样一个人,可皇帝却对此另有怀疑。弗朗茨·约瑟夫认为,他的侄子背地里暗怀危险的自由主义思想,而他之所以会产生这种不着边际的担忧,不过是因为一些风言风语外加斐迪南大公和不幸的鲁道夫之间的友谊。皇帝始终未能克服个人偏见,并索性将他对已不在人世的鲁道夫的失望转嫁到尚在人世的斐迪南大公的身上。然而,身为传统的永恒捍卫者,弗朗茨·约瑟夫还是在命运面前低下了头。毕竟,卡尔·路德维希已年近六旬,而且,就算他能比自己的皇帝哥哥多活几年,他的统治也注定是短命的。斐迪南大公总有一天会无可避免地登上皇位,而且,这一天可能用不了多长时间就会来临。甚至有传言说，卡尔·路德维希试图解除自己的皇位继承权，可弗朗茨·约瑟夫实在太过怀疑自己侄子的脾气秉性和政治倾向，因此一再回绝了卡尔·路德维希的要求。[44]

伯侄二人草草结束了这场令双方都不自在的会面。离开时，这次会面明显给斐迪南大公留下这样一种印象：不知怎的，皇帝竟把鲁道夫的自杀归咎于他。据信，他曾在会面后抱怨说："就好像鲁道夫在迈尔林干的蠢事全都是我的错一样。我之前从来没有被如此冷冰冰地对待过，就好像光是看见我就会唤起令人不快的记忆。"斐迪南大公原本期望，就算不在名义上，他至少也应该在法理上被册封为"推定继承人"，可弗朗茨·约瑟夫却拒绝如此。似乎在弗朗茨·约瑟夫看来，让"自己的侄子顶替自己儿子的位置"是一种太过巨大的让步，太过令他痛彻心扉。用斐迪南大公的话说："我永远都不知道自己究竟是不是皇位第一顺位继承人。"[45]

弗朗茨·约瑟夫丝毫没有被这次会面所打动。他抱怨说，整个会面期间，他的侄子"脸色看起来十分苍白，而且似乎患有慢性咳喘病"。斐迪南大公没能唤起皇帝对他的信心。"我不怎么看好他，"弗朗茨·约瑟夫坦率地表示，"他实在没法跟鲁道夫相比，是个跟鲁道夫很不一样的人。"[46]当时，还没有人能够断定这两个年轻人究竟有多么不同。时间会为我们揭示斐迪南大公的优点与短处。不过，除了血缘之外，还有一件事将两人紧紧联系在一起：弗朗茨·约瑟夫这两个命运悲惨的"推定继承人"最后全都成了子弹的牺牲品。

第二章
壮游与患病

　　过去，斐迪南大公仗着自己年轻气盛，一再肆意妄为；而现在，因为迈尔林事件的发生，他不得不换上一副更深沉、更负责任的面孔，有意识地减少了自己外出打猎、纵情于越轨之事甚或更狂野的声色之娱（他的弟弟奥托显然热衷于此）的时间。不过，坊间依然盛传有关他情妇的消息。据说，他的情妇是一个名叫米拉·库格勒的年轻姑娘，而且，她就被斐迪南大公近水楼台地安排在离维也纳摩德纳宫不远的一栋公寓里。种种传闻促使年事已高却好管闲事的阿尔布雷希特大公给斐迪南大公发去更多的警告。阿尔布雷希特在信中坚称，斐迪南大公绝不能效仿"可怜的鲁道夫"，而是应该过跟他的未来地位相称的生活。[1]

　　阿尔布雷希特根本没必要担心。斐迪南大公回到了军中，被晋升为上校，负责指挥驻扎在匈牙利厄登堡（今肖普朗）的第9骠骑兵团。两年的骠骑兵团生活导致他终其一生都对匈牙利人充满偏见。

德语是奥匈帝国军队的官方语言,可斐迪南大公却吃惊地发现,匈牙利军官对此毫不理会,从来都是用乌戈尔语下达命令。一旦军队中某个波希米亚籍的士兵胆敢用自己的母语说哪怕一个词,立马就会遭到匈牙利人的无情殴打。[2]斐迪南大公认为,布达佩斯是煽动性民族主义思想滋生的温床,是一个缺乏忠诚、鼓吹反抗皇朝统治的危险之地。他抱怨称:"他们没完没了地用无凭无据的说法哄我们开心,说什么可以在匈牙利找到不少忠诚而又正直的帝国顺民。我再也不会相信这样的鬼话了。"[3]

糟糕的健康状况和躁动不安的内心把斐迪南大公从匈牙利解救了出来。1892年,肺部的病痛以及对未来职责的考虑,让斐迪南大公突然萌生了环游世界的想法。[4]此举既可以让他免受欧陆冬季严寒的煎熬,又可以开阔他的人生阅历。"一次充满冒险的历练有助于增长智慧"的说法丝毫没能打动弗朗茨·约瑟夫。皇帝认为,自己从未受益于这样一趟行迹如此之远的旅程,一样能够在皇位上完美履行自己的职责。斐迪南大公转而向一个他知道肯定会对此心生同情的人求援:他的伯母伊丽莎白。她一辈子都在欧洲大陆四处漫游,理解她的侄子渴望看一看这个世界的心情。在她向自己的丈夫说情之后,皇帝终于答应了斐迪南大公的请求。[5]

王公贵胄们往往会以一场与之类似的旅行来为他们的正规教育画上句号,但是,他们中极少有人能像斐迪南大公一样富于冒险精神。他的这次壮游是真正意义上的"环游世界之旅",完成了其他任何一位奥地利大公都未曾尝试过的事情。他在1892年12月15日启程,登上刚刚更换了新武器装备的巡洋舰"伊丽莎白皇后号"。当时的场面意外地令人动容:全家人都赶来为他送行。这是斐迪南大公第一次没能和家人在一起过圣诞。看着海岸线逐渐消失在视野之外，一股强烈的感情突然涌上他的心头。他在自己的日记——整个环游期间，他始终都在认认真真、郑重其事地写日记——中倾诉："从我的内心深处升起了对故土的无限眷恋之情，令人无法自拔……这大概就是我之前一直未曾知晓的思乡之情吧。"[6] 不过，这并不意味着他是孤身一人踏上行程的。一队规模可观的随行人员跟他一同登上了"伊丽莎白皇后号"巡洋舰，其中包括侍从、保镖、仆人和厨师，甚至还有一位动物标本剥制师。此外，他的族弟*利奥波德·费迪南德大公也加入了他的这趟旅程。在这趟充满冒险的旅程中，他们的任务是引导他远离危险，尽量让他过得舒适，抚平任何可能出现的外交争端，同时还要给这个心情飘忽不定的年轻人提供消遣和娱乐。[7]

一行人乘坐巡洋舰从的里雅斯特出发，沿达尔马提亚海岸驶向外海，在埃及稍作停留，而后直奔印度而去。为了避免引起不必要的注意，斐迪南大公在旅程的大部分时间里都化名霍恩贝格伯爵。不过，大使馆和当地官员照例用一场场精心编排的欢迎仪式来表示对他的问候，让他想不引起注意都不行。他在英属印度殖民地的逗留引发了伦敦方面无尽的担忧。上一年，未来的沙皇尼古拉二世拜访这个异域国度时，英国方面无意间因为座次先后的麻烦问题冒犯到了他。这次，在威尔士亲王本人的斡旋下，加尔各答和伦敦方面互通了十几封信件，终于获准把斐迪南大公安排在仅次于英属印度殖民地副王的上席。[8]

在英国殖民统治的这个前哨阵地，难以熟练使用英语让斐迪南大公处处受限。英国官员觉得他"体贴周到、和蔼可亲"，并欣然注

---

* 利奥波德·费迪南德是斐迪南大公的曾祖父神圣罗马帝国皇帝弗朗茨二世的弟弟托斯卡纳大公费迪南德三世的曾孙。

意到他"尽可能从仪式或典礼中解脱出来"的强烈愿望。[9]他游览了阿格拉和举世闻名的泰姬陵——这座献给爱情的纪念建筑显然深深触动了他。总的来说，不管走到哪，他都能给人留下不错的印象。"他的举止无可指摘，"副王罗伯茨勋爵*在报告中称，"更难能可贵的是，这一切在他身上显得十分自然，毫不做作。他对逗留期间接触到的每一个人——不论是欧洲人还是当地人——都表现得非常友好和体贴。"[10]

　　跟其他来到印度次大陆的贵族一样，斐迪南大公也在游览过程中猎杀了老虎、豹子和野猪。比起冗长乏味、令人难以忍受的仪式性晚宴，他无疑更喜欢打猎。不过，在锡兰的一次赶猎中，他差点被一头猛冲过来的大象夺去性命。[11]之后，他又在澳大利亚的内陆地区继续展开自己的狩猎活动。他最钟爱的猎物——袋鼠和鸸鹋——当即被制成标本并装船运回奥地利。[12]

　　然而，热闹的狩猎活动终究掩盖不了巡洋舰上日益尖锐的矛盾。海军上将霍尔蒂·米克洛什指出，他早就预料到，斐迪南大公和他的族弟利奥波德之间"性情差异巨大"，如果他们两人结伴而行，迟早会惹出麻烦。[13]利奥波德爽快地承认，他跟斐迪南大公"互相看对方不顺眼已经不是一天两天了"。在利奥波德看来，他的族兄是"一个下流胚"，一个"全然没有哪怕一星半点感性思维或者更微妙的情绪"的人。他说，斐迪南大公每天晚上都喝得烂醉，喊叫称很高兴看到鲁道夫结果了自己的性命，管皇帝叫"那个愚蠢的老男孩"，还琢磨着怎样才能"让那个老家伙不再碍事"。再也忍

---

* 此处疑有误。据译者查到的资料显示，当时的英属印度殖民地副王应该是第五任兰斯当侯爵亨利·佩蒂-菲茨莫里斯。这里的"罗伯茨勋爵"指的可能是英属印度殖民地陆军总司令，第一任罗伯茨伯爵弗雷德里克·罗伯茨。

受不了此类场景的利奥波德要求改乘另一艘船。考虑到利奥波德一向的夸大其词与哗众取宠，这番荒诞不经的说法实在难以让人信服。[14]

斐迪南大公去世很久以后，利奥波德才抛出这套与事实大相径庭的说辞。醉酒后的争吵和不得体的言论，其实是为了掩盖背后的某些真相。两人间的矛盾还有更深层次的原因，绝不仅仅是脾气不和这么简单。身为哈布斯堡的大公，利奥波德盛气凌人地利用自己的特殊地位，如势利小人一般，拒绝跟他的军官同僚在一起用餐。不得不登上军舰，跟随斐迪南大公踏上旅程，令他痛苦不堪。他没有一天不大声表示，希望船赶紧沉掉，以便解除他伴游的职责。更糟糕的是，据称，几位颇具魅力的年轻水手令利奥波德怦然心动。他不可能跟船上的军官交往，但假如对方是普通船员，那他就没什么好顾虑的了。他大部分时间都把自己和某位尤其英俊的军官候补生单独锁在房间里。为了避免传出更进一步的丑闻，斐迪南大公在悉尼把利奥波德赶下了船。[15]

船上的紧张局面成为过眼云烟之后，斐迪南大公重又踏上自己的旅程，先是来到香港，而后又前往日本。与天皇会面时，从当时摆好姿势后拍摄的照片中可以看出，穿着和服的斐迪南大公明显有些不太适应。[16]8月26日，他离开横滨，登上驶往北美大陆的加拿大远洋班轮"中国皇后号"。这艘太平洋航线上的班轮涂着鲜亮的白色外漆，跟他之前一直搭乘的奥地利军舰形成鲜明的对比。他混入普通头等舱乘客中间，在甲板上跟一位他刚刚结识的女士打网球，还抱怨说只有美国姑娘敢在晚上跟他一起跳舞。[17]

9月5日，船在温哥华靠岸，斐迪南大公生平第一次见到北美大陆。对生活在北美大陆的人来说，欧洲的皇位继承人充满令他们好奇的异域风情,实属平日里难得一见的"稀有生物"。因此,为了一睹斐迪南大公的真容,一个热情的姑娘推开众人,挤上邮轮,高喊道:"皇储! 皇储! 皇储在哪!"[18]斐迪南大公乘火车南下华盛顿州。可当他于9月19日抵达该州的斯波坎时却发现,火车被更加迫切地想要见到他的年轻姑娘们围了个水泄不通。这个略显古怪的城市恍若亚洲的某座荒凉萧索、鲜为人知的村落,让他感到十分好奇,可还没等他有机会深入探寻,就匆匆被人送上一列东去的私人普尔曼豪华列车。摇摇晃晃的列车载着他一路来到黄石。他抱怨说,温泉旅馆的大厅里挤满了随地吐烟草渣的好奇牛仔。他去看了著名的"老忠实间歇泉",但令他恼火的是,黄石国家公园的工作人员禁止他猎杀任何保护动物。他只能怀着沮丧的心情,把一只臭鼬、一头豪猪和几只松鼠作为他黄石之行的唯一狩猎战利品。[19]

斐迪南大公的火车抵达奥马哈时,记者们蜂拥而至,你推我搡,大声提问,还用力朝他伸出双手。这种完全陌生的体验令他大为不满。[20]来到芝加哥后,据当地新闻报道称,他享用了一顿丰盛的早餐,菜单上的内容有"各种水果、牛排、火腿煎蛋、野味和葡萄酒(包括香槟)"。[21]他觉得这座城市肮脏不堪,让人提不起兴趣。参观芝加哥哥伦布纪念博览会*时,不断推挤的人群惹得他大为恼火。不过,在遇到一群记者时,他聪明地掩饰住了自己内心的厌恶与反感。或许是英语的流利程度在旅行期间有所提高的缘故,据《芝加哥论坛报》报道,他能讲一口"很好的英语"。斐迪南大公评论说:"我在博览会上只逛了一小段时间……看到的不过是相对很少的一部分。有机会看见的一切令我感到十分满意。没法多待一阵,以便更好地

---

* 亦称"芝加哥世界博览会",简称"芝加哥博览会",是于1893年5月1日至10月3日在美国芝加哥举办的世界博览会,以纪念哥伦布发现新大陆400周年。

看一看这次博览会，实在是一桩憾事。"[22]

离开芝加哥后，斐迪南大公在中途做了短暂的停留，去看了尼亚加拉瀑布，而后才继续踏上前往纽约的行程。《纽约先驱论坛报》报道称，来到纽约的他"一如其他任何一位平凡无奇的普通公民，没有半点耀武扬威、趾高气扬的贵族架子"。[23]他在著名的德尔莫尼科餐厅用餐，去剧院看戏。然而，在他看来，纽约甚至比芝加哥还要喧闹嘈杂、令人泄气。似乎不管他走到哪，看见的都是一心只想着"无所不能的美元"的美国人。更恶劣的地方还在于，他惊讶地注意到，美国明明是一个幅员如此辽阔、经济如此繁荣的国家，却似乎从不打算在对穷人的救济上做任何的安排。"对工人阶级来说，"他写道，"自由仅仅意味着可以'自由地'忍饥挨饿。"[24]历时十个月、行程将近五万英里之后，斐迪南大公的冒险之旅终于画上了句号。一艘法国班轮载着斐迪南大公回到了他熟悉的欧洲海岸。同船抵达的还有三十七个塞满狩猎战利品的箱子、波利尼西亚岛民使用的武器、落基山脉的雪鞋、美洲原住民的手工艺品、华美的日本人形*以及东方的精雕玉器。[25]

这趟旅程让他确信了两件事。第一，他十分肯定地认为，奥地利需要一支更加强大的海军。大不列颠就是通过其海上力量征服了大半个世界的。虽然他没有征服世界的宏图伟志，但在他看来，一支现代海军至少能够帮助奥地利抗击其他外国势力对本国剩余沿海省份的军事干涉。第二，尽管对美国又爱又恨，但斐迪南大公从这个国家和它差异巨大的多元化人口构成中看出，他有朝一日要继承的帝国不妨把美国当成一个可能的蓝本。以中央集权为基础，

---

* 穿着和服、梳着日本传统发型、具有日本传统文化风格的人偶的统称。

各邦组成一个统一的联盟,这样的制度安排或将有助于解决长期困扰奥匈帝国的两大难题:千差万别的族群间难以弥合的裂隙和在民族身份认同上的你争我斗。

新闻界内容翔实而又不乏娱乐性的报道,让读者们也一同领略了斐迪南大公的这次环球冒险之旅。在他的前教师马克斯·弗拉迪米尔·贝克的指导下,斐迪南大公把自己冗长的旅行日记结集成书,以便让他未来的臣民对他有更多的了解。然而,书籍面世之后,其情感之细腻,文学水平之高,与斐迪南大公平日里在人们心目中冷冰冰的形象之间的反差实在太大,导致有很多人错误地认定,书是贝克代写的。斐迪南大公对此火冒三丈。他之前其实并没有出版这些每日记录的打算。在他看来,人们对他作者身份的质疑,简直就是令他无法容忍的人身攻击。他悲愤地评论说:"人们不加思考地盲目认定,拥有大公头衔就毫无例外地意味着此人必定是一个没脑子的傻瓜。"[26]

激动人心的环球之旅结束后,斐迪南大公回到了军中。这一次,他离开匈牙利,来到波希米亚,出任少将,指挥驻扎在布德韦斯(今捷克共和国境内的布杰约维采)的第38步兵旅。跟之前相比,现在的斐迪南变得有点更加易怒,对人生多了一点愤世嫉俗,对他所讨厌的事物也更加直言不讳了一点。他那令人颇感意外的多愁善感的一面,也被他用自己冷峻严厉的外表小心翼翼地掩藏了起来。偶尔的脾气爆发和浑身是刺的性格促使战友们给他起了个"食人魔"的绰号。[27]他并不完全像这个绰号所暗示的那样坏,但如果手下人不够称职,他仍然会表现得十分冷酷无情。一次,得知团部的军乐队无视一名年轻下士的葬礼,反而宁愿在当地的庆祝活动上露面,他的怒气像火山一样爆发,朝军乐队的指挥官吼道:"就为了在农民的舞会上多安排几名军乐队成员，你竟然让这名可怜的下士没有哀乐伴奏就葬入安息之地！真是彻头彻尾的耻辱！"受到训斥的军官很快便递交了辞呈。[28]

跟之前在匈牙利的时候一样，这段在波希米亚的军旅生活也因为他日渐糟糕的健康状况而被迫画上了句号。1895年夏天，斐迪南大公面色苍白，身体消瘦到危险的程度，还出现了咳血的症状，这才极不情愿地答应去看医生。维克托·艾森门格尔是维也纳施勒特诊所的一名年轻医师。他很快就诊断出，斐迪南大公患上了肺结核。不过，艾森门格尔小心地瞒过这位新来的病人，并未将患病的沉痛消息告知于他。结核病曾经夺去斐迪南大公生母的性命。现在，挽救斐迪南大公的重任落到了艾森门格尔一个人的肩上。艾森门格尔提议，一段强制休养期或将有助于治疗，却遭到斐迪南大公的宫廷侍从武姆布兰德伯爵莱奥的一阵奚落："这可太难办了。斐迪南大公早已习惯于与你给他的提议截然相反的生活方式。他几乎不可能在任何地方驻留超过一天。我已经连续两周没在床上睡过觉了，总是睡在火车上。"[29]

直到皇帝本人出面干预，才终于促成了这项提议。弗朗茨·约瑟夫在给自己侄子的信中写道："我必须以最迫切的方式提醒你注意这样一个事实：眼下，你最神圣的使命就是为了你的身体健康而活。你必须尽快去山间的一处幽静之地，在那里多多地放松自己……而且，最重要的是，你必须巨细靡遗地遵守主治医师的一切指示。这是能让你恢复健康的唯一方法。我希望——你就权当是多少看在我的分上——你能多一点耐心和坚持，尽管这可能会暂时让你的生活变得相当无聊。"[30]

斐迪南大公不情不愿地被艾森门格尔领进意大利多洛米蒂山

上一家偏僻的旅馆。艾森门格尔希望，山上的空气能够有助于改善斐迪南大公虚弱的双肺。强制性的休假在斐迪南大公看来却是莫大的煎熬。永远都闲不住的他靠射击附近几棵树的枝杈或者跟他的小猎狐犬穆基一起玩耍来打发时光。他终于抱怨起来。"没人能受得了这个！你就像对待野生动物一样把我关起来！"面对这位如此棘手的病人，艾森门格尔最终只得将罹患结核病的真相一五一十地告诉了斐迪南大公。阴沉着脸的斐迪南一言未发，但前来看望他的卡尔·路德维希可就不像他这样沉默不语了。斐迪南的父亲神色凝重地向艾森门格尔坦承道："我儿子的病怕是永远也好不了了。"[31]

大公夫人玛丽亚·特雷莎力劝艾森门格尔，在指示斐迪南大公干这干那时，语气应该更强硬一点，还给出一些微妙的示范，教导艾森门格尔如何用温柔的口吻提醒斐迪南大公做出改正："弗兰齐，走廊太冷了。来，把你的披肩围上。""弗兰齐，今天外面刮大风，把你的大衣穿上。""吸烟室里的烟太多了。""这么冷的时候你就不该在晚上出门了。"[32]斐迪南大公一向对她言听计从，然而，艾森门格尔可不像她一样，能对斐迪南大公施以感情上的控制。考虑到换一个不同的环境或许会更有效，艾森门格尔建议延长斐迪南大公的假期，去埃及待上一阵，一来转移一下注意力，二来当地温暖的天气对恢复健康也有好处。[33]

才到开罗，斐迪南大公就闹得有点不愉快。"我需要安静。"他坦言道，并要求不得举办任何接待或者欢迎仪式。然而，刚走进格齐拉旅馆的大厅，奥地利大使埃格雷格男爵海德勒就出现在斐迪南大公的面前。大使手里握着欢迎仪式的演讲稿，身边还围着一群大使馆官员，正满脸谄媚地朝斐迪南大公所在的方向慢慢挪动。

斐迪南大公飞快地穿过大厅，躲进自己的套房，并拒绝出来。他后来承认："我故意表现得如此恶劣，好让他们明白，没人能强迫我做任何事！"大使怒不可遏，声嘶力竭地坚称，斐迪南大公的行为证明他根本不适合继承皇位。在几星期之后的礼拜日弥撒上，大使终于报了一箭之仇。斐迪南大公要求跟教堂会众们坐在一起，可大使却对此毫不理会，径直将他引向教堂前方高于地面的特别位置，让他在整个弥撒期间始终处于"示众"的状态。斐迪南大公最恨的就是这个。他抱怨说："我受不了别人一直盯着我！"[34]

游览过博物馆和金字塔，又在开罗的巴扎购物一番之后，斐迪南大公坐上一条租来的小船，沿尼罗河顺流而下。最初，映入眼帘的景色尚能稍稍转移一下他的注意力：狭长而低浅的河流，挤在芦苇丛生的河岸边的小乞丐们，在古老的历史遗迹上方升起的月亮，甚至还有同船的几名肚皮舞舞女提供的表演（虽然斐迪南大公对此并不感兴趣）。[35]他觉得自己是被囚禁在了船上，并在给自己继母的信中写道："一整个月里，我独自忍受着这艘19世纪刑具的折磨！……简直无法用语言来形容，一如我对你那无法用语言来形容的想念……现在，我亲吻你的双手，万分期待着你的到来，只有你的到来才能让我免于陷入彻底的癫狂！"[36]

随着身体状况的逐渐好转，对疾病心生厌倦的他来到里维埃拉，与沙皇尼古拉二世的那个同样身患结核病的弟弟乔治·亚历山德罗维奇大公建立起友谊。令他惊讶的是，同为结核病人的乔治可以随意地去这里那里，想干什么就干什么，而他自己却要处处受制于艾森门格尔。他向艾森门格尔抱怨说："他［乔治］可以去赌场、去剧院、去舞会，而我却只能像现在这样被人关起来。我再也不会屈从下去了！"[37]事实上，正是艾森门格尔的谨慎小心救了斐迪南大公一命，而乔治大公则早早就被疾病夺去了生命；不过，在当时，斐迪南大公看到的只有自己持续处于与世隔绝的境地。一则来自布达佩斯的剪报让他的心情愈发跌入低谷。该报道称，斐迪南大公已然病入膏肓，如果他死了，那么，真正的匈牙利爱国者必将为此而欢欣鼓舞。他愤怒地写道："我觉得，这实在是无可理喻。在一个迄今为止仍旧处于君主制的国家，作为该国读者群最为广泛的报纸之一，竟然允许刊发这样一篇如此有损统治家族成员名声的污辱性报道，纵观世界，也就只有在匈牙利会发生这样的事情。"[38] 这份报道进一步强化了他对自己未来的马扎尔臣民的负面态度。

为治病而踏上的"流放"很快便在1896年5月让位于家族的当务之急。去埃及探望完斐迪南大公之后，卡尔·路德维希接着又在家人的陪同下来到巴勒斯坦。在巴勒斯坦，卡尔·路德维希明显是一时被宗教狂喜冲昏了头脑，竟然不顾警告，饮用了约旦河被污染的河水。回到维也纳之后，伤寒早已侵入他的身体。[39] 接到继母发来的电报，斐迪南大公匆匆登上一趟特快列车，可还没等他赶回维也纳，就传来了父亲已然去世的消息。父亲的死，再加上疾病的折磨，以及回到维也纳给他造成的心理压力，差点将他彻底击垮。担心结核病复发的艾森门格尔赶紧把斐迪南大公赶出了首都，继续先前的治疗。[40]

斐迪南大公不在维也纳的那段时间里发生的一系列事件，加深了他对帝国宫廷（尤其是对皇帝的皇室侍从总长阿尔弗雷德·德·蒙泰诺沃侯爵）总体上的厌恶。是因为斐迪南大公的脾气秉性令人捉摸不透，由此引发的潜在担忧导致了接下来发生的事情吗？还是人们害怕，斐迪南大公不是个一心想要摧毁旧秩序的危险自由主义分子，就是个必将对皇位安泰构成威胁的顽固反动分子？

抑或是因为他的患病导致某些人认定他不过是一个无足轻重的小角色(不论事实究竟如何,至少斐迪南大公本人是这么认为的)?他疑心,"宫中和政治上的敌人"正在利用他的患病来"孤立他","让他显得软弱又无能"。艾森门格尔认为,德·蒙泰诺沃能欣然干出"最残忍的行径",而且早就把斐迪南大公算作是"一个死人"了。[41] 他还伙同外交部长阿格诺尔·戈武霍夫斯基伯爵,试图将斐迪南大公排挤到一边,推举他的弟弟奥托为新的皇位继承人。[42]

这个主意实在是有些荒唐。到1896年,奥托已经被公认为哈布斯堡家族所有成员中名声最糟的一个。一名贵族坚称,奥托是"史上最恶劣的人之一"。[43] 在毫无感情可言的情况下,奥托与萨克森国王格奥尔格的女儿,萨克森王国公主玛丽·约瑟法结为夫妻。婚后,奥托对妻子极度不忠,而且丝毫没有对此遮遮掩掩的打算,在首都到处勾引妇女、出入妓院。[44] 弗朗茨·约瑟夫皇帝拒绝出面干预。相较于冷淡的斐迪南大公,弗朗茨·约瑟夫总是更偏爱奥托,并认为他侄子奥托闹出的丑闻不过是"年轻人难免干出的蠢事"[45] 而已。

在维也纳,霍夫堡皇宫——哈布斯堡家族在首都最主要的宫殿——内的一组小套房是斐迪南大公名下唯一的地产;而在戈武霍夫斯基的撺掇下,偌大的奥加腾宫——一处明显更适合皇位继承人居住的宏伟宅邸——却被皇帝大方地赏赐给了奥托。斐迪南大公的要求一再被无视,而奥托则获准组建了一个隶属于他个人的小朝廷。斐迪南大公仍旧隐身于公众的视线之外,而奥托则开始以皇帝的名义执行公务,就连部长的官方报告都转而由他来接收。1896年,沙皇尼古拉二世偕妻子对维也纳进行国事访问时,斐迪南大公被刻意排除在欢迎仪式和帝国晚宴之外。次年回访圣彼得堡时,弗朗茨·约瑟夫带奥托一同前往,却把斐迪南大公留在国内。[46]

在维也纳,这样的公开冷落不可能不引起注意。有谣言称,斐迪南大公很快就将被剥夺皇位继承权。通俗报刊言之凿凿地写道,他已然是生无可恋、离死不远了。[47]而斐迪南大公则坚称,这一切等于是企图"将他活埋"。[48]图恩-霍恩施泰因伯爵雅罗斯拉夫是斐迪南大公的打猎伙伴,而这位伯爵的妻子玛丽夫人日后将成为斐迪南大公的妻姐。斐迪南大公在给她的信中写道:"在他们眼中,我虽然还活着,却好像'已经过了有效期'——遭到如此对待让我倍感受伤和愤怒。在帝国宫廷看来,让我弟弟来继承皇位已经是板上钉钉的事了。"[49]在给侯爵夫人诺拉·富格尔的信中,斐迪南大公抱怨称:"我发现自己正被逼入这样一个可悲而又屈辱的境地:明明拥有皇位继承人的身份,却被置于堪称'带薪休假'的状态。因此,我想你应该能明白,我既不想在维也纳露面,也不打算在那里寻求什么。戈武霍夫斯基(我看他简直是把自己当成了某种神明)和他的追随者们想出各种令人难以置信的肮脏手段,就为了侮辱我,让我显得格格不入,干脆把我在社会道德层面上消灭掉。"他并未责怪意志薄弱的奥托,而是将怒火指向幕后的官员。"他们不再将我列入考虑,干脆无视我的存在。在我患病期间,如果他们能保持起码的礼貌,提前问我一下,这件事是否会让我产生困扰,那件事是否可以交由我的弟弟来处理,我肯定不至于像现在这样伤心难过。然而事实是,所有的命令都是背着我下达的,就好像我早就已经死了一样。"[50]

与人们的预料乃至期待相反,斐迪南大公恢复了健康。从疾病中重获新生的他比之前强壮了不少,身材也比之前魁梧了许多,胸膛宽阔而又结实,与先前苍白瘦削的病弱形象简直判若两人。事实上,在他于1897年出访伦敦,参加维多利亚女王的钻石大庆[*]时,爱丁堡公爵夫人就曾指出,他"长成了一个胖胖的、看起来很健康的男人"。[51] 1898年3月,维也纳的报纸宣布,斐迪南大公开始在皇帝的要求下承担某些公务,并获准使用维也纳宏伟气派、富丽堂皇的美景宫,还有与他的地位相称的皇室内务人员对他进行辅佐和侍奉。[52]

尽管有了这些变化,斐迪南大公却一直没能获得储君的头衔。人人都知道他未来要继承皇位,可弗朗茨·约瑟夫却似乎不愿把鲁道夫曾经持有的头衔授予他的这个侄子。在涉及未来安排的讨论中,皇帝总是三两句就把他搪塞过去。弗朗茨·约瑟夫讨厌令人不悦的场合,再加上他本来就不怎么喜欢自己的这个侄子,导致他一想到要跟侄子坐下来严肃认真地谈一谈后者未来所要扮演的角色,心里就有种尴尬而又局促不安的感觉,好像自己的舒适空间遭到了侵扰。他曾经向斐迪南大公吐露称:"跟你一样,我也早就感觉有必要和你讨论一下你在信中提出的所有问题以及除此之外的许多其他的问题。我之所以一再克制住自己坐下来跟你一起讨论的冲动,只是因为你身体欠佳,因为这么做可能有损你的健康,因为我们的讨论将是严肃而又并不完全令人愉快的。然而,希望你能够理解并相信,虽然我必须时刻牢记我的职责,为我们家族的福祉和君主制帝国的大局着想,但我不论做什么都是为了你好。"[53]

其实,斐迪南大公本可以成为弗朗茨·约瑟夫的有力支柱。1898年不仅见证了弗朗茨·约瑟夫在位五十周年,也见证了哈布斯堡家族统治末年经常发生的灾难性悲剧。这一年的9月10日,避

---

[*] 国王或女王在位六十周年纪念日。

世隐居的伊丽莎白皇后到日内瓦湖的岸边散步时,一名意大利无政府主义者突然冲出来用刀刺死了她。弗朗茨·约瑟夫悲痛万分地哭喊道:"没人知道我有多么爱她!"[54]虽然伊丽莎白皇后的频繁出国让她和斐迪南大公多少疏远了一些,可直到她去世前,两人的关系一直相当和睦,为彼此都带来了难能可贵的温暖。更让人遗憾的是,在未来数年的动荡岁月中,她本应该扮演至关重要的角色,起到支持与缓和的作用,对皇帝产生积极正面的影响,然而,这一切都因为她的遇刺身亡而化为泡影。

跟他的伯父一样,斐迪南大公也早就习惯了面对悲剧。在接连失去生母、生父、跟他关系最好的堂兄、理解他感受的伯母之后,他现在又跟自己的弟弟奥托日渐疏远了起来。在他患病期间,有人告诉他,他的弟弟奥托不仅出言贬损他的境况,还在公开场合嘲笑和奚落他。知道这一切让斐迪南大公的内心充满"极大的苦涩"。[55]斐迪南大公时而表现出一副随波逐流、漫无目的的样子,让外人觉得他始终是一个难解的谜。他既不像皇帝那样温文尔雅,也不像他的弟弟那样英俊潇洒;对大众来说,他是一个严肃而又冷漠的怪异之人。没人搞得懂他究竟是一个怎样的人:时而谦恭有礼,赢得众人的好感;时而又毫无预兆地突然发起脾气,把所有人都吓了一跳。他从来都没法掩饰自己对傻瓜和阿谀奉承之徒的蔑视。疾病和他人的恶意相待没少让他生气。被阴谋针对、被排挤到一边、被认为是无足轻重的小角色,这一切都让他十分受伤,也促使他形成了持续终生的多疑性格。[56]他曾经向一个人解释说:"你们最初总是倾向于把所有人都是当作天使来看待,直到经历了惨痛的教训才改变自己原先天真的想法。而我则刚好与你们相反,我觉得我遇到的每一个人都是恶棍或者无赖;假以时日,若他能证明自己并非如此,我对他的看法才会有所改观。"[57]

　　各种猜测越传越邪乎。有人怀疑,斐迪南大公可能跟他的已故堂兄鲁道夫一样,反对皇帝的保守政策;但也有同样多的人坚信,斐迪南大公是一个心胸狭窄的反动保守分子。这位令人好奇的大公似乎既让他未来的臣民们看到了希望,又让他们感到害怕。然而,他实在是太过神秘莫测,没人敢断言自己知道实情。唯一似乎能确定的是:他是一个铁石心肠的人,一个毫无个人魅力可言的人,一个厌恶一切正常人类情感的人。然而,这些早已深入人心的看法却被斐迪南大公恋爱的消息一举击碎。令公众大为惊讶的是,这位看似毫无感情的大公其实正处于一段恋情的中心,而这段恋情则注定将动摇哈布斯堡君主制的整个根基。

第三章
恋　情

"让别人去发动战争吧；而你，快乐的奥地利，联姻吧！"[1]这是帝国的非官方座右铭。然而，让帝国皇室家族大为惊慌的是，婚姻恰恰是斐迪南大公一直刻意避免触及的领域。他的妹妹玛格丽特·索菲十五年前就跟符腾堡公爵阿尔布雷希特结了婚，就连奥托都有妻子和两个儿子了。时间进入1899年，三十五岁的皇位第一顺位继承人仍旧是单身。

一位世纪之交的年代史编写者坚称："一再抵抗亲戚和奥地利政府的种种努力，不愿跟某位皇族之女草草结婚，导致这位大公的名字总是跟一定数量的风流韵事联系在一起。"[2]社会上屡屡流传出各种与他有关的谣言。一些小道消息错误地坚称，他爱上了鲁道夫的寡妻斯特法妮；宣称他有意同相貌平平的萨克森王子之女玛蒂尔德成婚的说法也没了下文。[3]把他跟巴黎伯爵的漂亮女儿，奥尔良的埃莱娜小姐撮合到一起的努力或许还更靠谱一点。一位外交官坚称："如果让他见到奥尔良的埃莱娜小姐，那么，小姐出众的外表和优良的品行或许能令他动心。"[4]

1894年出访伦敦期间，斐迪南大公没完没了地被安排与一位又一位新娘候选人见面。他在给自己未来的妻姐图恩-霍恩施泰因伯爵夫人玛丽的信中吐露："一大群指定未婚妻在我的面前走来走去，并表现出令人担忧的坚持不懈程度，让我觉得很不舒服。我坐在其中一位被迫四处寻觅伴侣的'包办婚姻受害者'旁边。她的父母满脸堆笑……全神贯注地仔细观察着我……但鉴于我跟他们交谈时选择的都是天气、丰收的前景、经济或者其他类似的话题，估计不大可能会给他们留下什么好印象。"[5]另一位新娘候选人让他觉得"十分有趣，但她在讲德语时常常会遇到困难"。在威尔士亲王设的一场午餐会上，斐迪南大公与埃莱娜小姐相遇了。他用毫不留情的讽刺挖苦语气写道，埃莱娜"以一种再自然不过、丝毫看不出有任何事前算计的方式如此突然地坐到了我的旁边"。在他看来，"到目前为止"，她是"这批人当中最漂亮、最有意思的一个，但缺点是她只会说法语。我只能用法语跟她聊天，并一再犯下语言错误，而这位好心的女士则以不变的耐心纠正我的错误。巴黎伯爵一面暗中观察自己的'未来女婿'，一面向女儿发出鼓励的信号。她的父母用香槟为女儿的健康干杯，仿佛是在期待着大喜之事的到来。用餐过程中，我尴尬得要命，我都能感觉到自己头上滴下的冷汗"。[6]然而，到最后，斐迪南大公仍旧不为所动，丝毫没有结婚的打算。

皇帝的侍从武官之一，马尔古蒂男爵阿尔贝特认为，斐迪南大公有意迎娶威尔士亲王的三个女儿之一。[7]马尔古蒂男爵指的究竟是威尔士亲王的二女儿维多利亚，还是小女儿莫德，我们就不得而知了，反正他的这个想法似乎也没有引起任何进一步的讨论。[8]迟至1900年1月，仍旧有人盯着单身的斐迪南大公不放：俄国势力强大而又野心勃勃的弗拉基米尔大公夫人心里就酝酿着这样的想法，有意把自己唯一的女儿叶连娜嫁予未来的奥匈帝国皇帝。[9]

斐迪南大公没法简单地在婚姻之事上随心所愿。作为帝国皇室家族的一名成员，他必须遵守1839年订立的"家族族规"。他的新娘必须是天主教徒，必须跟他的地位相当；除此之外，他还必须先得到皇帝的首肯。做不到以上几点意味着他将被逐出哈布斯堡皇朝，失去一切头衔和年金。有许多天主教王室家族可供他选择，比如巴伐利亚、西班牙、比利时或者葡萄牙的王室家族；此外，还有数不胜数的德意志新教统治家族可供选择，只要这些家族的新娘同意改信天主教即可。欧洲各地还散布着许许多多前统治家族，其领地虽然被兼并，但头衔得到保留，被认为与之前门第相当。根据1815年的《德意志邦联法》或者奥地利皇帝弗朗茨一世1825年的一项决定，这些前统治家族同样有权与皇族谈婚论嫁。因此，斐迪南大公甚至可以在这些前统治家族中选择一位新娘。这些传统和规矩一直被严格地奉行。斐迪南大公曾说："如果一个如我这般身份地位的人发自内心地爱上了谁，就准保会在谁的家族谱系中找到某个微不足道的不合规之处，导致二人无法结为夫妻。因此，最终出现的情况是，我们家族的丈夫和妻子之间总是有超过二十代的亲缘关系。结果是，生下来的孩子有一半都是白痴！"[10]

他害怕的并不是婚姻本身。早在1888年，他就在给自己堂兄鲁道夫的信中半开玩笑地表示，他已然"下了坚定的决心"，要向这位或者那位王公贵族之女求婚，尽管在他看来，她"不过是个'蜡娃娃'一样的女人"，徒有其表，华而不实。"因为，若想成为我们家族的杰出成员，过上怡然自得、无忧无虑的生活，除此之外，别无他法。"[11] "确实是到了该考虑婚姻问题的时候了。"后来，他同意听取一切有关婚姻的谈话，尽管他似乎并不愿为此采取任何实际行动。[12] 他的伯母伊丽莎白皇后警告他说，不要接受任何形式的包办婚姻。她坚称："你娶的只能是你爱的人。切记不要娶任何跟我们有血缘关系的人，不然你们生下的孩子一定会相当糟糕。"[13] 他向自己的密友侯爵夫人诺拉·富格尔吐露称，他"渴望宁静，渴望一处温度舒适的居所和一个家庭。但我有个大问题要问你：那么，我到底该娶谁好呢？我心中没有任何人选。侯爵夫人，你曾经对我说，我应该娶一位善良、聪慧、漂亮而又好心的女子为妻。这听起来不错，但是请你告诉我，该到哪里去找这样一位女子呢？悲哀的是，适婚的公侯之女中实在没有什么好的选择；她们全都还是孩子，都是十七八岁的姑娘，而且一个赛一个的丑。我太老了，既没时间也不打算亲自教导我的妻子。我很容易就能想象出我心目中的理想女性应该是什么样子，只有跟这样的人在一起才能让我也感受到幸福：她不能太年轻，她的性格与思维方式应该是完全成熟的。我不知道有任何这样的公侯之女存在"。[14]

或许他知道的公侯之女当中的确没有这样一位女子，但就在斐迪南大公写下这封信的时候，他发现了一位几乎满足他所有要求的女性。跟诺拉·富格尔一样，她也是一位贵族，是一位成熟、文雅、感性的女子，也是一位远离帝国宫廷的琐屑争吵与无谓担忧的伯爵之女。索菲·霍泰克的祖先可上溯至中世纪的波希米亚领主，与帝国的历史有着十分密切的联系。她甚至跟斐迪南大公一样流淌着哈布斯堡家族的血脉，尽管这血脉要一路追溯至13世纪的哈布斯堡伯爵阿尔贝特四世。其他联姻让霍泰克家族跟普鲁士的霍亨索伦王朝、巴登的藩侯家族以及列支敦士登的亲王家族都攀上了关系。胡斯战争*结束后，他们的许多波希米亚同胞都变成了新教徒，可霍泰克家族仍旧坚定地信奉天主教，以证明其一心忠诚于哈布斯堡家族的统治。作为回报，家族的两位先祖获得了著名的奥地利金羊毛勋章，成为金羊毛骑士团中的一员。霍泰克家族于1556年获封波希米亚男爵，于1723年获封波希米亚伯爵，于1745年获封帝国伯爵。[15] 跻身波希米亚最高贵族阶层的霍泰克家族，在王国的统治精英中占据着十分突出而又耀眼的位置：家族成员担任过省级最高长官、神圣罗马帝国皇后玛丽亚·特蕾西亚的政府大臣，以及神圣罗马帝国皇帝约瑟夫二世的廷臣。[16]

从表面上看，霍泰克家族的确辉煌而又卓越，前途一片光明。索菲完全可以自豪地宣称：家族盾徽上的纹章重排过十六次，有资格出任宫中身份限制最为严格的职位；家族中流淌的贵族血脉更是连续三十二代不曾间断。纵有如此显赫的家世，但如果要跟哈布斯堡家族联姻，霍泰克家族还缺少一项必不可少的条件：与帝国皇族门当户对的地位。霍泰克家族确曾产生过男爵、伯爵、廷臣和外交官，但在哈布斯堡家族看来，这并不意味着该家族有资格跟皇族平等地谈婚论嫁。此事没有任何回旋的余地。尽管如此，早已坠入爱河、满脑子都是爱情的斐迪南大公，还是不计后果地纵身投入了这场属于他自己的爱情童话之中。

斐迪南大公爱上的这位灰姑娘的确有很多迷人的地方。她不仅美丽动人、魅力十足，还见多识广、聪明过人、活泼开朗。然而，头

---

* 胡斯战争发生在1419年7月30日至1434年5月30日，起因于神圣罗马帝国领地波希米亚的宗教改革家扬·胡斯在康斯坦茨大公会议中被罗马天主教会判决为异端并以火刑处死，引起支持他的地方贵族和民众起兵对抗罗马天主教会以及支持天主教的神圣罗马帝国中央政府。

衔和显赫的祖先并不意味着生活中那些不甚美好的现实就统统与她无缘。一则优秀的童话总少不了主人公在年轻时遭遇艰难困苦与世事无常的情节,而索菲对此无疑有着十分深切的体会。她的祖父卡尔·霍泰克伯爵一生都沐浴在财富和特权之中。他在弗朗茨一世皇帝统治时期任外交官,还当过摩拉维亚的行政区长官、蒂罗尔的最高长官以及波希米亚的警察长。但当他于1868年去世后,财产落到了他健在子女中的大儿子手里。索菲的父亲博胡斯拉夫继承了大普里森(今大布雷兹诺)和奇维茨的庄园,可继承到的钱却少得可怜。1848年,十九岁的博胡斯拉夫追随父亲的脚步进入外交界,成为奥地利驻德累斯顿大使馆的一名随员。工作不到十年,他就成了家:1859年,他与弗希尼茨的金斯基伯爵之女,年轻漂亮的威廉明娜结为夫妻。金斯基家族是波希米亚最显赫的贵族之一,长期为帝国效力,还拥有悠久的艺术赞助史,赞助对象中甚至包括路德维希·冯·贝多芬。[17]博胡斯拉夫身材矮小,相貌也不出众,而他十九岁的妻子,人称"明齐"的威廉明娜则"十分迷人,聪慧异常,对她丈夫的事业帮助巨大"。[18]

外交官过着漂泊不定的生活,需要不停地搬家。1871年,博胡斯拉夫奉命前往布拉格,出任当地的临时全权总督之后,一家人才暂时过上了一段安定的生活,在偌大的布拉格城堡脚下的总督官邸里住了两个月。然而,波希米亚政府不顾争议,执意为波希米亚人争取帝国内部的平等地位,不仅导致了该届政府的垮台,也给一家人来之不易的安定生活画上了句号。外交任命把他从德累斯顿调到马德里,又从圣彼得堡调到布鲁塞尔。1868年春,他终于在斯图加特有了独当一面的机会,成为奥地利驻符腾堡王宫的大使。当年3月,威廉明娜产下一女。夫妇二人决定给她取名为霍特科夫与沃格宁的霍泰克伯爵小姐索菲·玛丽亚·约瑟菲娜·阿尔比娜。被家人亲切地唤作"索弗尔"的她有一个八岁的哥哥沃尔夫冈，以及年龄分别为七岁、五岁和三岁的三个姐姐兹登卡、玛丽和卡罗利娜。接下来又有四个孩子陆续降生：1871年降生后不久便夭折的特雷莎、1873年降生的奥克塔维亚、1874年降生的安东尼娅，以及1880年降生的亨丽埃特。

　　一家人相亲相爱，把家庭看得比什么都重要，尽管有限的经济能力意味着孩子们是在十分简朴的环境中成长起来的。伯爵之子博胡斯拉夫没继承到什么财产；他在奇维茨的波希米亚庄园是一处舒适的退隐之所，适合用来制造美好的回忆，却提供不了任何实际的收入；威廉明娜的嫁妆也不怎么丰厚。一家人全靠博胡斯拉夫当外交官的薪水过日子，然而，随员和秘书之类的职位只能带来微薄的经济回报。跟欧洲其他国家比起来，奥地利政府在给外交官员发薪水的时候是出了名的抠门。他23 600古尔登（大致相当于2013年的236 000美元）的大使津贴既不是发给他个人的，也不能用于支付他一家人的生活所需，而是只能用在大使馆的官方花费和代表奥匈帝国的正式款待上。在大多数情况下，这并不是什么问题，因为大使通常都出身于富裕的贵族阶层，但对没有任何私人财产的博胡斯拉夫来说，他只能精打细算，设法靠6 300古尔登（大致相当于2013年的63 000美元）的薪水来养育他的八个孩子。在马德里当大使，开销实在太大；仅仅几个月之后，博胡斯拉夫就申请转调至消费水平更适中的布鲁塞尔。即便如此，他仍旧不得不向银行借款，以支付搬家所需的费用。从某种程度上说，青年时期的索菲和传统民间故事中的女主人公简直如出一辙：一位时乖命蹇、正等待着被人拯救的美丽姑娘。博胡斯拉夫对金钱毫无概念，挥霍无度，以至于一家人常常被迫将就着过没钱的日子。奢侈品当然是不可能有了，就连仆人也寥寥无几；姑娘们穿的都是再朴素不过的衣裙；为了省钱，索菲和她的兄弟姐妹们出门时只能搭有轨电车。[19]

要想在未来过上稳定的生活，只能寄希望于博胡斯拉夫的外交本领。在布鲁塞尔，博胡斯拉夫是一位颇受欢迎的大使，他的妻子更是与比利时国王利奥波德二世的配偶玛丽·亨丽埃特王后（博胡斯拉夫的小女儿亨丽埃特正是以这位王后之名命名的）结下了友谊。得知储君鲁道夫正在寻找结婚对象，夫妇二人感到，这段友谊现在终于要派上用场了。他们旁敲侧击地表示，还有比国王十五岁的女儿斯特法妮更好的人选吗？她正值青春年少，并非毫无吸引力，同时又是一位天主教徒。在征得国王的允许之后，博胡斯拉夫把鲁道夫带到了布鲁塞尔。鲁道夫来到拉肯宫，在亲密的氛围中，跟比利时王室共进了一次早餐，博胡斯拉夫夫妇以及他们最年长的两个女儿作陪（夫妇二人认为，十三岁的索菲年龄尚小，不适合出现在这样的场合）。席间，鲁道夫仔细观察了一番他的新娘候选人。此时的鲁道夫尚没有胆量违抗父亲的意志，只能把婚约答应下来。博胡斯拉夫本以为牵线搭桥、促成联姻的功劳必将给他带来丰厚的回报：或许可以封他做个侯爵，解决一下他的财务问题，再安排给他一个前景更加光明的职位。然而，事情并未朝他期望的方向发展。鲁道夫和斯特法妮的婚姻破裂之后，一家人改善生活条件的希望也随之落空。[20]

财务困境最终迫使一家人从布鲁塞尔搬到了德累斯顿。在萨克森王宫里，没有打肿脸充胖子的必要；对于一位手头拮据的外交官来说，德累斯顿的生活成本也相对更加低廉。博胡斯拉夫唯一的儿子沃尔夫冈也进入了外交界。大姐兹登卡在维也纳谋了个给储君妃斯特法妮当宫廷女官的职位。1886年,三姐卡罗利娜与诺斯蒂茨-里内克伯爵利奥波德成婚。次年,二姐玛丽与图恩-霍恩施泰因伯爵雅罗斯拉夫成婚。尽管如此,家中仍旧有四个年轻的闺女没有着落。1888年,她们的母亲去世,责任落到了索菲的肩上。外交事业结束后,博胡斯拉夫并未返回奥地利,而是继续留在德累斯顿,以便让他的退休金能用得更久一些。[21]

日复一日的省吃俭用和节衣缩食决定性地塑造了索菲对整个世界的看法。她穿梭于欧洲各地,来到一座座魅力四射的首都,看着她的父母与王公贵胄在一起交际应酬,却鲜有纵情于享乐的机会。她热爱音乐,是一位颇有天赋的钢琴弹奏者。她很想去看戏剧和歌剧,却常因囊中羞涩而不敢把钱浪费在这些事情上。社交生活更是难上加难。出身霍泰克和金斯基家族,意味着结交其他贵族的大门始终向他们敞开,然而,按照当时的风俗,结交只能在考究的晚宴、璀璨的舞会、优雅的茶会或者精致的晚会上进行,可这一切对索菲和她的兄弟姐妹们来说实在是太过昂贵了。博胡斯拉夫夫妇从未以规模堪称奢华的方式款待他人,因此,愿意回请他们孩子的贵族自然也就寥寥无几。维也纳绝非一处宜人的好客之地,这里不仅到处充斥着流言蜚语,还对社会阶层有着严格的界定和区分。一名廷臣回忆称,一次,索菲和她的妹妹们前去参加某场聚会,可迎接她们的却是尖酸刻薄的维也纳人的一顿冷嘲热讽。她们独自前来,身边连一个为她们忙前忙后的侍女也没有;仆人们注意到,为了省钱,她们穿的都是用线缝补过的鞋子。[22]

到二十岁时,索菲已经出落成了一个人见人爱的妙龄少女,身材高挑而又苗条,乌黑的秀发浓密地盘在头顶,盖过前额的刘海儿映衬出她那双仿佛会说话的棕色眼睛。优雅胜过漂亮、端庄胜过美丽的索菲举止得体,沉静自若,气质不凡。她受过良好的教育,不仅学习并掌握了历史、文学、数学、宗教和科学等普通课程,还因为她父亲的缘故对政治事务有着敏锐的洞悉。她能流利地用德语、英语和法语跟人对话,还能磕磕绊绊地说一点捷克语。她舞跳得很优雅,还擅长油画、骑马和网球。她聪明,迷人,不做作,"十分平易近人",既成熟世故,又害羞内敛,有着近乎孩童般的乐观主义和顽皮的幽默感,深受她所有侄女、外甥和外甥女的喜爱。[23]

然而,索菲身上的种种优良品质仍旧敌不过无情的现实。她或许能引起某位低等贵族的注意,成为一名合适的结婚对象,可她的父亲却拿不出一笔足够丰厚的嫁妆来吸引有意之人上门求亲。除非真爱降临到她的身边,否则,在结婚之前,若想离开父亲,过上独立的生活,索菲只有两个可以接受的选择:穷困潦倒的贵族女性可以加入女修道院,成为一名修女,也可以在外面谋个职位,成为一名女官或者女家庭教师。索菲固然对宗教有着强烈的信仰,但如果现在就要她断绝希望,放弃前途更加光明的婚姻生活,未免有些为时尚早。另一方面,她完美地符合成为一名女官的一切要求。在奥地利宫廷,与其他国家不同的是,女官并非由老贵妇担任,而是需要这样的女性:她必须年轻,未婚,有贵族背景和语言天赋,还要有一张令人赏心悦目的脸,了解社交中的各种繁文缛节,最关键的是要有奴仆般逆来顺受、恭顺服帖的态度。[24]在维也纳打探了一番之后,索菲发现,弗里德里希大公的妻子伊莎贝拉正打算另招一名女官。西蒙·温普芬伯爵夫人是伊莎贝拉的女官长,主管她家庭内部的各项事务。索菲通过了这位伯爵夫人的考核。伊莎贝拉也很快就认定,索菲是对自己女官队伍的一个有益的补充。1888年8月10日,索菲正式以女官的身份成为伊莎贝拉家庭中的一员。[25]

　　1878年，长相凶恶、身材臃肿的克罗伊公爵之女伊莎贝拉与大公弗里德里希成婚，但令她惊慌失措的是，在之后的日子里，她竟然一连生了八个女儿。直到1897年，她才终于给弗里德里希生了一个儿子。在斐迪南大公和索菲的爱情童话中，伊莎贝拉无疑扮演着恶毒继母的角色。野心和自卑间的碰撞与冲突，在伊莎贝拉身上造成了灾难性的后果。她手下的一名女官抱怨称，伊莎贝拉是一个死不悔改的势利小人，"自以为是""不好伺候"。[26]就连她的丈夫都觉得她性情古怪，反复无常。为了逃离她阴晴不定的脾气，弗里德里希主动延长了自己在军团的驻留时间；他宁愿在练兵场上训练军士，也不愿跟在家中一手遮天的她共处一室。[27]

　　索菲很快就体会到，跟专横跋扈的伊莎贝拉一起生活绝非易事。伊莎贝拉明明坐拥巨量的财富，为人却十分小气：外出旅行时，为了省下雇侍女的钱，打扫房间这类卑下的粗活统统被她丢给自己的女官来干。有报告称，其中甚至还包括"某些让人不禁怀疑派女官去干是否得体的粗活"（这里指的大概是倒夜壶这种通常只有身份低微的女佣才会干的活）。她还喜欢傲然摆出一副体恤下属的姿态，把本打算丢掉的衣裙赠送给家中的内务人员，也不管她又肥又大的衣服到底适不适合这些身材苗条的年轻女士来穿。她的举止粗鲁而又恼人，要求甚多，巨细靡遗。索菲要答复寄来的信件，要时刻不离女主人的左右，要陪来伊莎贝拉家中小住的客人打网球，可她却从未因此说过一句抱怨的话。她本身或许也是一位贵族，但在伊莎贝拉的家里，她只是一名雇员兼仆从。伊莎贝拉绝不允许索菲忘记她们两个人在身份和地位上的巨大差异。[28]

　　事实上，正是伊莎贝拉的野心无意中在斐迪南大公和索菲之间种下了爱情的种子，让这段令人始料不及的恋情得以萌发并开花

结果。弗里德里希的两个妹妹，一个嫁给了西班牙国王，另一个嫁
给了巴伐利亚国王；弗里德里希本人也在1895年继承了泰申公爵
的头衔以及随之而来的巨额财富。在拥有了财富、影响力和一连串
让人叹为观止的雄伟宫殿之后，伊莎贝拉开始把目光投向仍旧未婚
的斐迪南大公。纵观整个奥匈帝国，还有比这更大的奖品吗？说到
他未来的皇后，还有比她的长女——大公之女玛丽亚·克里斯蒂
娜——更合适的人选吗？ 1890年代中期，一封封邀请函如雨点般
迅速而又猛烈地砸向斐迪南大公，邀请这位备受关注的单身汉同弗
里德里希、伊莎贝拉及其家人一道，来到他们的猎苑，参加他们的乡
间宅邸社交聚会。伊莎贝拉想当然地认为，斐迪南大公不可能不注
意到还不到二十岁的玛丽亚·克里斯蒂娜，不可能不被她有目共睹
的魅力和无懈可击的资质所吸引。

　　令人沮丧的是，斐迪南大公和索菲究竟在何时初次相遇，至今
仍旧是一个谜。他们的女儿从没向他们问过这个问题。多年以后，
他们的儿子马克斯几乎销毁了父母间全部的私人通信。此外，不
论是斐迪南大公还是索菲，都没有坚持写日记的习惯。[29]考虑到斐
迪南大公经常跟索菲的姐夫雅罗斯拉夫一起打猎，两人的初次相
遇很可能只是出于偶然。[30]第一项决定性的证据来自伊莎贝拉的
私人相册。其中一张相片显示，斐迪南大公和索菲一同出席了在
1892年末的某个时间举办的一场狩猎聚会。在接下来的几年里，
打猎途中，网球场上，斐迪南大公拜访位于普雷斯堡市（今布拉迪
斯拉发）费尔托罗尼镇的泰申宫期间，皆可见两人摆好姿势，出现
在同一张相片之中。[31]随着相遇次数的增加，两人也越来越为对方
所吸引。对斐迪南大公来说，索菲可以让他暂时逃离宫廷生活，享
受片刻的喘息之机。在政治和国际事务方面，索菲能侃侃而谈，发

表一些成熟而又有见地的看法；她还会讲笑话给他听，她的殷切关怀让斐迪南大公很是受用。如果远离了公共生活的严格约束，身边又有情投意合的伴侣，那么，斐迪南大公也能表现出让人心醉神迷的一面。仍旧年轻，还多少有些英俊，再加上等待着他去继承的金光闪闪的未来，意味着索菲很容易就把他当成了属于她自己的白马王子。

跟每一则真正优秀的童话故事一样，舞会成为这段恋情的标志性特征：在舞会上，王子终于找到了自己的真爱。传说，斐迪南大公和索菲正是在1894年布拉格的一场舞会上正式走到了一起的。斐迪南大公穿着笔挺的制服，刚一到场，就被年轻漂亮的索菲给迷住了。索菲在他的面前低身行屈膝礼，用她那双如天鹅绒般温柔的大眼睛目不转睛地盯着他，仿佛要用视线将他穿透一般。传说，在倍感意外的宾客们惊讶的目光中，他跟随她在洛可可式风格的舞会厅里转来转去，当晚的每一支舞都是跟她一起跳的。斐迪南大公不喜欢仪式性的活动，不喜欢有一千双眼睛同时盯着他，不喜欢在公开场合跳舞；可今晚，他却把这一切全都抛到了九霄云外。斐迪南大公怎么也不肯离开索菲半步，又是给她端香槟，又是同她低声耳语，甚至还跟她互相讲了一些非常私人的笑话。时人普遍认为，斐迪南大公是一个对女性魅力持全然抗拒态度的人，因此，他当晚表现出的丰富情感，着实让人感到有些非比寻常。在摇曳的烛光里，在一千朵玫瑰的芬芳中，爱情悄然绽放。[32]

上面这则传说确有其浪漫的一面，既引人入胜，又令人陶醉。遗憾的是，这则传说想象力固然丰富，但终究不过是虚构和杜撰的产物。不过，传说的核心部分的确埋藏着一定程度的事实：显然，在两人之间的恋情尚未对任何人公开之前，灰姑娘确曾和她的白

马王子参加过同一场舞会，也确实在舞会上一起跳了舞。1894年
4月，斐迪南大公和索菲同时参加了在维也纳的拉里施宫举办的一
场假面舞会。斐迪南大公后来还在给索菲的信中提到过这场舞会，
"在那场舞会上，我们如托钵僧一般狂舞，真是太美妙了"。[33]在维
也纳充斥着流言蜚语的舞会厅中共舞，实在算不上什么审慎之举，
好在当时人人都戴着面具，因此，在场的人似乎都没有意识到那一
晚究竟有着怎样重大的意义。接着，两人开始互相写信。4月的时
候，斐迪南大公还郑重其事地用"您"来称呼索菲；到夏天结束的
时候，他对她的称呼已经变成了"亲爱的索芙"。他可能向弟弟奥
托多少透露过一些他恋爱的事情。那一年晚些时候，奥托创作了一
幅索菲的漫画像，并且把画送给了她，索菲接着又把画寄给了斐迪
南大公。[34]

到1895年初，斐迪南大公已身患结核病，不得不接受艾森门格
尔的意见，外出疗养。艾森门格尔大夫注意到，他的这位皇室病人
为了写一些神秘的信件，不惜花费大把的时间，而且每天早晨都急
不可耐地等待着邮件的到来。[35]艾森门格尔大夫说："稍有延误便
会令他情绪激动，这些信件对他的心境无疑有着很大的影响。"[36]艾
森门格尔不知道斐迪南大公的神秘信件是写给索菲的，也不知道每
天早晨的信件是索菲寄来的。斐迪南大公来到埃及之后，两人的
通信也一直未曾中断。1896年5月，两人再次见面。不过，这次见
面纯粹是公事：索菲陪伊莎贝拉到维也纳参加卡尔·路德维希的
葬礼。[37]

距离斐迪南大公和索菲第一次见面已经过去好几年了。斐迪
南大公继续着他在伊莎贝拉和弗里德里希的家中无关痛痒的短暂
停留。在他们的家庭圈子里，斐迪南大公显得亲切而又合群，总是

表现出一副很高兴的样子，实则抓住每一个可能的机会跑去跟索菲在一起。他和索菲之间的关系也随之持续升温。伊莎贝拉的信中满是对"亲爱的弗兰齐"的建议和忠告，因为野心勃勃的她早就在心里偷偷把斐迪南大公当成了自己未来的女婿。她在给他的信中写道："我从各方面打听到，你的健康状况有了重大改善，若果真如此，那可真是让我无比欣慰。之前，你的病情有过明显的轻微反复，希望那只是暂时的。你现在的情况如何？有望一直保持健康吗？要是能尽快知道你最新的消息，那可真是让我太高兴了。可以请你发电报告诉我一些你的近况吗？"[38]

　　1896年行将结束之际，在对索菲情意绵绵的斐迪南大公看来，这位伯爵小姐一定显得比以往还要脆弱。离开外交岗位之后，博胡斯拉夫的健康状况开始急剧恶化。1896年11月，他在格尔利茨的一家私人诊所里去世，遗体被运回波希米亚，安葬在位于大普里森的家族庄园附近的瓦尔蒂舍。索菲的妹妹安东尼娅嫁给了武特瑙伯爵卡尔，可奥克塔维亚和亨丽埃特仍旧待嫁闺中，衣食无着。索菲尽可能地接济这两个妹妹，但是，两人的一切开销最终只能由大哥沃尔夫冈一个人来承担。沃尔夫冈没法靠微薄的公务员薪水养活她们，只能代表她们提出申请，希望帝国外交部能够"救济一笔特殊照顾金"。于是，他得到一笔每年1200克朗（大致相当于2013年的6 000美元）的抚养金。[39]

　　斐迪南大公是不是被爱情冲昏了头脑，把索菲的艰难处境与灰姑娘在童话中的遭遇直接等同起来了呢？索菲确实完美地具备成为童话故事女主角的一切条件：外强中干、难以相处的伊莎贝拉是一个再典型不过的"邪恶继母"，父母双亡的索菲只能任由这位"继母"摆布，前途未卜。或许正是出于这些原因，斐迪南大公才会把自己想象成行侠仗义的骑士，把索菲想象成黯然神伤、需要保护的脆弱公主。虽然在世人眼中，斐迪南大公是最不可能成为白马王子的人，可两人日益深厚的感情却让他与索菲心目中的白马王子形象越来越契合。这应该就是人们所说的"真爱"了吧。之后的年月里，斐迪南大公仍旧饱受结核病的困扰，可索菲却赌上自己的全部未来，相信他一定能恢复健康。她等啊等，永远都不知道会不会在某一天传来不幸的消息，告诉她斐迪南大公终于还是没能战胜病魔。即便他有朝一日真的康复了，他娶她为妻的概率又能有多少呢？在此期间，或许会有另一个男青年前来向她求婚，并许给她一个稳定的未来；不过，她似乎已经提前做好了拒绝其他求婚者的准备，非斐迪南大公不嫁。索菲毫不动摇，勇敢地抱定一线希望，相信命运女神终将出于某种未知的原因，以某种未知的方式，朝她和斐迪南大公之间迅速升温的爱情露出微笑。

斐迪南大公继续着他对泰申公爵一家隔三岔五的上门拜访，但伊莎贝拉可不是什么傻瓜。她想让斐迪南大公娶她的女儿为妻，可她也知道，真正吸引斐迪南大公前来的其实是索菲。她之所以抬出索菲，不过是想以她为诱饵，把斐迪南大公骗进她的家庭圈子。在邀请斐迪南大公跟她的家人一起打猎时，她总是在邀请函中加上一句："霍泰克伯爵小姐届时也将在场。"[40] 她每次给斐迪南大公写信都会假装在不经意间提到索菲，向斐迪南大公夸赞索菲工作勤勉，办事周到，从不忘给前来拜访的官员分发巧克力。[41] 伊莎贝拉甚至还带索菲一起去检查科诺皮什捷城堡（斐迪南大公在波希米亚境内最主要的地产）的改建情况。[42]

这位诡计多端的大公夫人是如何看待她的女官和她理想中的未来女婿之间的关系的呢？她肯定早就已经意识到了斐迪南大公

对索菲的感情，并肆无忌惮地以索菲的在场为诱饵，替自己谋取利益。两人的曾孙女霍恩贝格侯爵小姐索菲认为，事实很可能的确如此：伊莎贝拉以为两人不过是情人关系，以为斐迪南大公不过是把索菲纳为自己的情妇。她之所以容忍乃至纵容这一情况的发生，是因为她误以为这不过是一时的心血来潮，误以为斐迪南大公很快便会醒悟过来，并不得不承认，她的女儿玛丽亚·克里斯蒂娜才是皇室配偶的合适人选。在伊莎贝拉看来，为了女儿未来的幸福，即便用这种略显卑鄙的手段也没什么大不了的。然而，用两人的曾孙女索菲的话说，"当伊莎贝拉意识到，两人之间的关系远比她想象的要认真严肃得多的时候"，一切都已经太迟了。[43]

伊莎贝拉不知道的是，斐迪南大公早就对索菲有了十分不同的想法。1898年，他寄给索菲一张美景宫的明信片，并在背面写道："我们在维也纳的家的照片。"没人注意到这些，伊莎贝拉把索菲当诱饵的游戏还在继续上演，直到1899年4月里的那个命运般的一天：当斐迪南大公对普雷斯堡的泰申公爵一家又一次例行公事般的拜访结束之后，匆匆离开的他不小心落下了一些东西，其中就包括他的一只怀表。仆人将怀表交给了伊莎贝拉。伊莎贝拉本以为怀表内或许会放着自己女儿的照片，可她打开怀表之后却发现，里面放着的竟然是索菲的照片。[44]

时至今日，我们仍旧很难弄清接下来究竟发生了什么。根据多个不同版本的说法，盛怒之下，伊莎贝拉召集家中的全体内务人员，当着他们的面厉声痛斥索菲，把这些局促不安的内务人员吓得一个都不敢作声。伊莎贝拉对索菲进行了长时间的谩骂，并且在最后突然责令索菲立马走人，使得索菲甚至连收拾行李的时间都没有。[45]其实，局面并不是在一夜之间变成这样的：伊莎贝拉早就对斐迪南大公和索菲之间的关系有所怀疑,怀表不过是压垮骆驼的最后一根稻草,彻底断绝了她的一切希望与幻想。虽然不知道是不是因为怀表事件的缘故,但索菲的确离开了泰申公爵的家。1899年4月23日,她辞去了女官的职务。[46]

看起来,离开泰申公爵家之后,索菲先是匆忙来到维也纳,跟自己的大姐住在一起。也有说法称,她躲进了一所女修道院,然而,这个说法似乎不大经得起推敲。[47]不过,在她转而投奔自己的姐姐玛丽亚,并最终在德累斯顿安顿下来之前,这段时间的经历如此让她懊恼和气馁,以至于她确实有可能到女修道院寻求过暂时的庇护与慰藉。她的曾孙女霍恩贝格侯爵小姐索菲认为,按照她曾祖母的性格,确实有可能做出这样的举动,确实有可能寻求过精神上的指引,并为自己的处境祈祷。[48]考虑到伊莎贝拉难以抑制的怒火,以及她对局面的推波助澜与火上浇油,斐迪南大公和索菲确实该尽可能为自己的处境祈祷了。

第四章
"爱情的大获全胜"

　　暴怒的伊莎贝拉心急火燎地跑去向弗朗茨·约瑟夫皇帝抱怨斐迪南大公的恶劣行径。她歇斯底里地坚称,斐迪南大公愚弄她的家人,侮辱她的大女儿,甚至不惜酿出丑闻,只为跟她的女官继续私通。[1]这些自命清高的指责掩盖了她以索菲为诱饵的卑劣行径,也掩盖了她自始至终都对两人的关系所有了解的事实。斐迪南大公从未对她的女儿玛丽亚·克里斯蒂娜表露过爱意。然而,伊莎贝拉现在是铁了心要斐迪南大公受罚,要伯爵小姐索菲蒙羞。无奈之下,皇帝只得勉强同意跟他的这个侄子谈一谈。[2]他其实不大愿意为此跟斐迪南大公当面对峙。这不禁让人怀疑,或许在皇帝看来,整件事并不像伊莎贝拉说的那样惊天动地:斐迪南大公想必不过是把一位易受人摆布的伯爵小姐纳为自己的情妇,两人之间的风流韵事转眼就会成为过去。

　　然而,后来发生的事情证明,现实大大出乎了皇帝的意料。斐迪南大公遵从召见，入宫面见自己的伯父，听取他转述伊莎贝拉对自己的种种抱怨。按皇帝的想法，虽然发生了这样的事情，但是，几句道歉的话再加上时间的流逝，定将抚平任何挥之不去的怨愤。可斐迪南大公道出的真相却令皇帝大吃一惊：他从未对玛丽亚·克里斯蒂娜心生爱意，他和索菲并不是一时的男欢女爱，没有任何道歉的必要。不过，既然皇帝知道了索菲的事情，那也就意味着，皇帝应该知道，他不仅爱上了索菲，甚至有意娶她为妻。据说，皇帝惊恐万状地答道："不，这样的婚姻是不可能的！我永远都不会同意这桩婚姻！"斐迪南大公毫不动摇，坚称他已然向索菲表明了自己的心意，而且绝不打算违背自己许下的承诺。错愕不已的皇帝让他的侄子先行退下，回去用一周的时间再考虑一下。[3]

皇帝抱怨说："爱情会让人失去一切尊严。"[4]一周的时间过去了。再次面见皇帝时，斐迪南大公的态度反而比之前更加坚定。皇帝警告他说，这样一桩婚姻将危及国家和皇位的稳固。皇朝的威望和延续多年的古老传统正处于生死存亡的关头，绝不可能仅仅因为一段愚蠢的恋情就将其摒弃。斐迪南大公再一次表现出义无反顾的态度，拒绝放弃自己对索菲的爱。然而，如此情真意切的苦苦哀求却对弗朗茨·约瑟夫丝毫不起作用。现在，皇帝打出了自己的王牌：霍泰克家族根本没有资格与哈布斯堡皇族谈婚论嫁。无论是1815年的《德意志邦联法》，还是哈布斯堡家族的族规，都不承认霍泰克家族有与皇族平等谈婚论嫁的权利。不论斐迪南大公和索菲以何种形式组成婚姻关系，都将被视为贵贱通婚，都意味着承认索菲与自己的丈夫在地位上的不相称：索菲永远也没法成为皇室中的一员；未来，他们的子女也无法得到皇位的继承权。[5]

贵贱通婚并非毫无先例。意大利王国国王维托里奥·埃马努埃莱二世就曾于1896年与自己的情妇罗莎·韦尔切拉纳成婚，还为她创设了一个米拉菲奥里女伯爵的头衔；1880年，在原配夫人去世仅仅一个月之后，沙皇亚历山大二世就把亲王之女叶卡捷琳娜·多尔戈鲁卡娅娶进了门；1891年，俄国的米哈伊尔·米哈伊洛维奇大公与梅伦贝格女伯爵索菲贵贱通婚，并因此被永久流放至英国。连哈布斯堡皇族内部也出现过类似的贵贱通婚：1829年，约翰大公与邮政局长的女儿安娜·普洛赫尔成婚；海因里希大公与一位女歌手结为夫妻之后，弗朗茨·约瑟夫皇帝甚至还封她为女男爵。[6]

　　然而，正如一位历史学家所指出的那样，当时，贵贱通婚"被认为是一桩不亚于'不可饶恕罪'*的滔天大罪"。即便是相貌最为平庸的侯爵之女——如果她们并非出身贵族之家，可能她们想要嫁出去都难——最终也屡屡得以嫁入王室，成为王后。在皇室（王室）的金围栏之外婚娶必将招致灾祸。[7]对一位日后将成为皇帝的人来说，产生这样的想法更是令人难以置信。让自己的侄子回去用一年的时间仔细考虑一下，此举将带来怎样的后果与影响，是皇帝所能做出的最大让步。这是皇帝在向斐迪南大公传达一条虽未言明却再清楚不过的信息：缔结贵贱通婚的婚约和保留自己皇位继承人的身份，两者只能取其一。如果他选择索菲，他在皇室家族中的地位、他的大公头衔、他的收入和他的国土，都将因此而化为乌有。

　　斐迪南大公并不打算如此轻易地低头认命。他既不愿抛弃索菲，也不准备舍弃自己皇位继承人的位置。是玄妙莫测的天意助他成为皇位继承人的，轻易将其舍弃就等于是在挑战上帝本人的智

---

* 在天主教神学理论中，"不可饶恕罪"意指极端严重与邪恶的罪行，如果犯下该罪行的人不在死前为此而忏悔，必将在死后永堕地狱。

慧。因此，索菲和皇位，他哪一样都不打算放弃。和艾森门格尔的一次耐人寻味的交谈，凸显出他的决心是怎样的坚定。斐迪南大公对自己的结核病心存不安，想知道他是否健康到可以结婚，未来又会不会把病传给自己的孩子。因此，某天，他缠住艾森门格尔大夫不放，要后者保证上述情况一定不会发生。接着，虽然并未直接提到索菲的名字，可斐迪南大公却如此抱怨说："我终于找到了一个同我的身份地位相配的真心爱人。可现在，就因为她的家族谱系中存在某处微不足道的瑕疵，他们竟然制造出这么多闻所未闻的难题。不过，我定会将它们一一化解。"[8]

在斐迪南大公看来，那不过是一处"微不足道的瑕疵"，可皇帝和宫中的皇室侍从总长阿尔弗雷德·德·蒙泰诺沃侯爵却不这么想。讽刺的是，蒙泰诺沃本人正是贵贱通婚的产物。跟约瑟芬皇后解除婚约的拿破仑迎娶了蒙泰诺沃的祖母，奥地利女大公玛丽·路易丝。当这位法国前皇帝被流放到圣赫勒拿岛时，玛丽·路易丝选择留在欧洲大陆，并投入了她的总掌马官亚当·奈佩格伯爵的怀抱。她在名义上仍旧和拿破仑保持着婚姻关系，却给奈佩格伯爵生了一个私生子和一个私生女。拿破仑死后，她和奈佩格伯爵正式缔结了贵贱通婚的婚约。当时的奥地利皇帝为她的子女创设了德·蒙泰诺沃侯爵的头衔。皇室侍从总长蒙泰诺沃的父亲、弗朗茨·约瑟夫的姑表哥威廉侯爵*正是这些孩子中的一个。眼下，他现年四十五岁的儿子阿尔弗雷德·德·蒙泰诺沃正叱咤于维也纳的奥地利宫廷。[9]

长着鹰钩鼻的阿尔弗雷德·德·蒙泰诺沃从未忘记自己是奥

---

* 弗朗茨·约瑟夫皇帝的父亲是威廉侯爵的母亲玛丽·路易丝的弟弟。

地利皇帝的曾孙,更不曾忘记他的父亲是婚外情和不平等婚姻的产物。面对由此而生的自卑情结,他让自己变成了奥地利的头号势利小人,比自己社交圈中的哈布斯堡皇族成员还要排外,死抓着旧日的传统不放,严格奉行宫廷礼仪。他明知道自己遭到众人的一致鄙夷,却好像还因此而扬扬得意。皇帝的情妇卡塔琳娜·施拉特对他很是厌恶,皇帝最小的女儿玛丽·瓦莱丽和皇族中的许多其他成员也是如此。廷臣们憎恨他,宫中的仆人们觉得他自命不凡,社会上的人则对他心生畏惧。这个无以复加的势利小人迎娶了颇受人欢迎的伯爵小姐弗兰齐斯卡·金斯基(这位伯爵小姐是索菲的一个远亲),还坐拥巨额财富以及一座位于维也纳城内的精美宫殿,可他却几乎从不曾设宴招待他人,并自认为比普通奥地利贵族的社会地位要高一等。[10]

得到皇帝的首肯之后,蒙泰诺沃起草了一封给索菲的信。他先是试图用好言好语来劝诱她,一面对她不吝奉承之词,一面又向她大致描述,如果她不抛弃斐迪南大公,后者的人生将因此而变得多么艰难。作为皇帝忠实臣民的她肯定知道,贵贱通婚将如何有损皇权的威望。她的一己之私得到了满足,可这样一段婚姻不仅有损斐迪南大公本人,还将让国家陷入动荡。她难道看不出这是一场绝无可能的婚姻吗?最好现在就给这段恋情画上句号,让斐迪南大公摆脱婚约的束缚,将国家的利益置于个人幸福之上。[11]

这第一招还算比较温和,不过,为了确保计划的成功,蒙泰诺沃还在幕后搞了不少阴谋诡计。他试过恐吓手段,警告索菲的家人不要支持她接受斐迪南大公的求婚。如果他们二人的恋情继续发展下去,那么,她的哥哥沃尔夫冈在奥地利外交部门的工作将变得异常艰难。[12]据说,在听说这些明里暗里的威胁之后,斐迪南大公怒吼道:"这不公平!让我吃点苦头无所谓,但不能对我的未婚妻下手!"[13]

上面的手段失败之后,蒙泰诺沃露出了自己真正丑恶的一面。他坚称,索菲不过是一介平民,是一个蓄意蛊惑斐迪南大公的投机者,一心想要在将来的某一天看到自己被加冕为奥地利的皇后。他不遗余力地抹黑索菲,几乎到了难以抑制自己情绪的程度。他说索菲诡计多端,善于摆布操纵他人,是一个彻头彻尾的市侩阶级女性,不论从出身还是气质上来说,都不适合嫁入哈布斯堡皇族。他还跟大公夫人伊莎贝拉合兵一处,散布有关这位波希米亚伯爵小姐的荒唐谣言,在背后议论说,索菲根本没资格嫁给斐迪南大公,因为,她早就跟他上过床了,谁知道她还跟多少男人有过一腿。[14]很快,首都各地都在风传这类下流肮脏的谣言。[15]

宗教领域也未能幸免。在皇帝的授意下,斐迪南大公从前的老师戈特弗里德·马沙尔也纵身投入了这场阴谋之中。[16]他先是试图好言相劝,强迫自己的这位前学生在皇位和索菲之间做出选择。他坚称,如果皇帝准许了这段婚姻,那么,此举必将成为他统治期间犯下的最大的错误。[17]眼见劝说斐迪南大公不成,马沙尔又把目光转向索菲,利用她对宗教的虔诚来对付她。按她的曾孙女霍恩贝格侯爵小姐索菲的说法,马沙尔准备把利爪伸向曾祖母的"教义、信仰和忠诚"。[18]马沙尔对索菲进行了经济和精神上的双重劝诱:这位高级教士许诺,只要她肯离开斐迪南大公,皇帝必将对她的家人有所奖励,教宗也将对她心存感激,准保会让她去某座女修道院当院长,从而更好地完成上帝的旨意。他还说,如果她拒绝,则无异于是在质疑让斐迪南大公成为皇位继承人的上帝旨意。马沙尔的策略奏效了。索菲陷入深深的沮丧和不安。虽然她对斐迪南大公的爱并未改变,却不得不答应终结这段恋情。[19]

事态的突然转变令斐迪南大公怒不可遏。显然,他曾设法向索菲做出保证,他有意娶她为妻,因此,两人应该无视所有的反对之声。为了避免任何进一步的冲突和对抗,索菲离开了维也纳,从一个姐姐家搬到另一个姐姐家,希望借此躲避世人对她的关注,并让自己得以逃离此次危机的中心。为了继续保持联络,同时又不至于引来邮政官员们好奇的目光,她和斐迪南大公还为他们之间的通信制定了秘密代称。斐迪南大公在写信时化名霍恩贝格伯爵——不论何时,只要他有意隐藏自己哈布斯堡皇室成员的身份,就会使用这个名字。索菲也提前跟办事员打过招呼,凡是这位神秘贵族寄来的东西,一律都要直接交到她的手上。[20]

大公夫人玛丽亚·特雷莎虽身为继母,却一向支持斐迪南大公的选择。知晓这段恋情之后,她当即表示,她将坚定地站在斐迪南大公这一边。两个同父异母的妹妹也做出了相同的表态。玛丽亚·特雷莎两度在皇帝面前陈情,恳请他做出让步,可皇帝每次接待她时都不甚热情。听完弟妹的话,皇帝依旧丝毫不为所动,固执地表示,他绝不可能同意这样一桩婚姻。斐迪南大公不久后又得知,皇帝、伊莎贝拉、蒙泰诺沃、马沙尔及其他一些人早已成功地将他的弟弟奥托和费迪南德·卡尔策动为恋情的反对者。把一切都向奥托坦白之后,他这个风流成性、眼下正跟自己最新的情妇以相当公开的方式同居的弟弟竟歇斯底里地指责他的想法,简直让斐迪南大公吃惊到说不出话来。奥托坚称:"对你我这等身份地位之人来说,应尽的义务远在个人幸福之上。"奥托接着又说,身为哈布斯堡家族的大公,"娶一位伯爵小姐为妻",将对他的尊严造成无可想象的打击。费迪南德·卡尔那边的情况也好不到哪去:斐迪南大公的这个弟弟也只会机械地重复着同样的反对之词。[21]

哈布斯堡皇族的其他成员几乎一致对此表示谴责。斐迪南大公的一个亲戚如此评论道:"我可不会爱上给我打杂的跟班。"[22] 如一位作者所写的那样,皇族的女眷也联合起来反对斐迪南大公,因为,她们怎么也没法"原谅斐迪南大公在她们的小圈子之外选妻的行为"。[23] 大公夫人伊莎贝拉的一个亲戚写道:"有关霍泰克伯爵小姐的事情似乎令她沮丧万分。"[24] 她和其他怀有相同想法的女士们(其中甚至还包括鲁道夫的女儿,女大公伊丽莎白)联合起来往索菲脸上抹黑,说她是一个诡计多端的投机者,不顾一切地妄图看到自己被加冕为皇后。[25]

年迈的赖纳大公给斐迪南大公发去了一封颇有些先见之明的书信。他在信中警告称,他之所以反对这桩婚姻,并不是出于皇朝颜面上的考虑,而是因为他预见到未来不可避免的个人难题:

> 不妨试着投身于某些严肃的活动当中,让自己忙碌起来,然后认真思考一下,你打算迈出的那一步将导致怎样的结果。因为,我不认为这次结合能给你带来持久的幸福。看到你心爱的妻子处于相对弱势的不利地位必将使你感到痛苦。此外,若事情的发展跟你预想的不一样,你所期望的家庭幸福无从实现,一切必将变得更加难以忍受。每个人都会遇到人生中不可避免的痛苦时刻,但是,有些人的痛苦时刻总比另外一些人的痛苦时刻更为艰难。多想想自己应尽的职责有助于克服这些内心障碍。所处的地位越高,就越难弃职责于不顾,走上偏离本来方向的道路。[26]

在哈布斯堡皇族近乎一致的反对声浪中，储君妃斯特法妮无疑是一个值得关注的例外。她以个人名义表达了对斐迪南大公的理解和同情。1900年春，她也在为赢得皇室的首肯，为最终得以与宫廷侍从埃莱梅尔·洛尼奥伊贵贱通婚而战。此事虽然令皇帝惊恐万状，可他的态度最终还是缓和了下来，于1900年3月22日同意了这桩婚姻。储君妃仍旧保留自己之前的奥地利头衔，甚至还被允许在各种宫廷活动中露面。不过，地位远逊于她的丈夫自然不得与她一同出席。[27]

随着围绕斐迪南大公和索菲的丑闻越传越广，赞同者和反对者也各自结成了同盟。有关这段禁忌之恋的消息渗透进维也纳的大街小巷。宫中人士在私下里悄悄议论此事，学生们在烟雾缭绕的咖啡馆里你一句我一句地聊着此事的深层含义，似乎人人都被这出夸张的通俗剧给吸引住了。相关的报道很快出现在维也纳的各大报纸上。《时报》在1899年秋报道称："斐迪南大公和伯爵小姐索菲·霍泰克之间麻烦不断的恋情引发了铺天盖地的传言。"[28]某天，有传言称，斐迪南大公"已然下定了决心，准备缔结一段贵贱通婚的婚姻"；可转天就有报纸言之凿凿地报道称，斐迪南大公虽有意与索菲成婚，却"并不打算为此让渡任何皇位继承权利"。[29]现在，这段恋情的受关注程度正式上升到了一个世人皆为之而着迷的新高度。斐迪南大公当然曾试图争取舆论对他的支持，但沙皇尼古拉二世和德皇威廉二世曾出面与弗朗茨·约瑟夫皇帝就此事进行交涉的故事显然是凭空杜撰出来的。据说，斐迪南大公的继母曾写信给教宗利奥十三世，赞美索菲的德行，说她是一位虔诚的天主教徒，并强调称，在日渐风雨飘摇的奥匈帝国，这样一桩婚姻只会有助于巩固天主教会的地位。不论事情的真相究竟为何，有一点可以肯定的是，确实发生了些什么，让教宗下定决心采取行动：他敦促皇帝同意这桩婚姻，并声称，接连不断的风言风语只会有碍于皇朝的稳固。[30]在霍夫堡皇宫举办的1900年新年晚宴上，不断加剧的冲突几乎达到沸点。在皇室家族全体成员的注视下，举杯祝酒时，皇帝刻意把酒杯指向斐迪南大公的弟弟奥托十二岁的儿子卡尔，却对一脸煞白的斐迪南大公视而不见。在皇帝最小的女儿玛丽·瓦莱丽看来，这无异于公开将卡尔指定为自己更心仪的皇位继承人。[31]

晚宴上的这个小插曲促使斐迪南大公下定决心采取行动。他先是把目光转向时任帝国总理大臣的图恩伯爵弗朗茨，询问他对这桩婚姻的看法。身为索菲的远亲，图恩伯爵毫无意外地对联姻表示了支持。他论称，霍泰克家族的世系可追溯至数个世纪之前，没有理由认为他们不具备与皇族平等谈婚论嫁的权利。他还说，这桩婚姻无疑将加强皇权与波希米亚之间的联系。然而，9月份时，图恩伯爵辞去了总理大臣的职务。有传言称，是皇帝听说图恩伯爵对恋情持鼓励态度之后，强迫后者交出了职务。[32]

斐迪南大公并未因此而气馁。他又把秘密吐露给了自己的前教师马克斯·弗拉迪米尔·贝克。他坦言："这股爱情之火在我的内心已经熊熊燃烧了五年。它永远也不可能熄灭。"他还坚定地说，如果有必要，他会耐心地等到皇帝去世的那一天，然后再跟他心爱的伯爵小姐成婚。如果发生这样的情况，索菲将直接被加冕为皇后：在皇帝的婚姻大事方面，哈布斯堡家族的族规倒是出奇的沉默，没有什么二人必须门当户对之类的规定。不论皇帝娶谁为妻，此人都将自动被视为与皇帝门当户对之人。如果二人将来有了孩子，那么，他们的孩子也将不受任何影响地享有皇位的继承权。[33]

这些话令贝克深感忧虑。于是，他找到代替图恩伯爵出任总理大臣的恩斯特·冯·克贝尔,一同商议解决之道。4月9日,皇帝把一份哈布斯堡家族族规的副本递到这位新任总理大臣的手里,并询问他对斐迪南大公婚事的看法。闻听此事的斐迪南大公试图逼迫克贝尔就范,坚称如果他没能娶索菲为妻,那么,他肯定要么疯掉,要么自杀。斐迪南大公宣称:"我已然达到自己生理与心理承受能力的极限,接下来会发生什么事情,我可负不了责!"[34]

在克贝尔的帮助下,斐迪南大公起草了一封可以送交他的皇帝伯父一阅的书信:

一段时间以来,我发觉我所处的痛苦境地越来越压得我喘不过气来。我知道陛下您有一颗慈父般的心,因此,我再一次怀着最迫切的心情恳求您满足我最深切的愿望。我未来的一切,我的幸福、安宁和满足,可全都指望它了。我只能再一次跟您说起,我娶那位伯爵小姐为妻的想法并不是一时兴起,而是历经多年的磨难和苦楚才最终得以从我的内心喷薄而出的最深沉的爱慕。我觉得,参考我过去的举止行为,陛下应该能断定我将来会走上怎样的人生:我始终尽力做忠于陛下之事,不论是私下还是公开,从不敢违背陛下的意志;换作他人,若身处我这般绝望的窘境,早就阳奉阴违乃至公开反目了。我不能也不愿再娶其他任何女人为妻。我的心早就属于并将永远属于那位伯爵小姐,因此,与他人成婚的想法让我心生厌恶,我无力在没有爱的情况下与人结为夫妻,导致对方和我都没有办法获得幸福……陛下曾屈尊向我表达过这样的看法:我和伯爵小姐的婚姻或将有损于帝国的君主政体。恩请陛下允许我恭敬地指出,这桩婚姻可以把我变回一个幸福、享受工作、将全部精力都投入到大众福祉上的人,而非一个在不幸与寂寞中度日、被对爱的渴望所吞噬的人,从而让我得以更好地履行自己对君主政体的职责……请陛下相信,我拼尽全力,只为在艰难的情势下尽可能做到最好,但为达此目的,我必须有机会感受幸福。这也就是为什么我恳求陛下不要夺去我生命中这份难得的幸福,同意这桩我企盼已久的婚姻……只要我的健康状况还允许我听从陛下的差遣,我定当竭力为陛下提供坚定可靠的支持。不论是在明面上还是在暗地里,我永远都不会做出任何有违陛下意志的事。然而,这让我更有信心求诸陛下慈父般的心,求您把我这一生的幸福赐给我。[35]

哈布斯堡家族的另一位皇位继承人又因为某段麻烦的恋情而自杀身亡——这份恐惧如幽灵一般萦绕在皇帝的心头,并最终促使他采取行动。整个5月期间,皇帝一直在会见各类官员和法律界权威,并与之探讨可能的选择。6月12日,皇帝找来大公家族的全体高级成员,召开了一场旨在讨论当前局势的紧急会议。虽然他仍旧对斐迪南大公的婚事持反对态度,可眼下,他却对与会者解释说,他知道自己这个侄子已然下定决心,不达目的,誓不罢休。既然如此,他只能同意二人的结合,不过,在那之前,他先要为这桩婚姻定下一些限制条件。如果什么都不做,斐迪南大公或许会像他之前所威胁的那样,只需简单地等到自己正式登上皇位,然后再娶索菲为妻,并直接将她加冕为皇后。为了避免这样的可能性,有必要修订一下哈布斯堡家族的族规,有史以来第一次要求皇帝的配偶必须和皇帝本人门当户对。[36]

修订完族规之后,皇帝不再反对斐迪南大公与索菲的贵贱通婚，可问题并未因此而结束：匈牙利法律中没有贵贱通婚、夫妻二人地位不平等的概念。除非采取某些行动，不然，有朝一日，奥匈帝国能否继续存在都将成为一个未知数。未来，斐迪南大公或将登上皇位，以皇帝的身份统治国家，而索菲则将以皇帝配偶而非皇后的不平等身份出现在他的身边，两人的孩子也将被排除在奥地利皇室家族之外；但与此同时，索菲将在匈牙利被加冕为王后，她的后代也将在布达佩斯获得继承匈牙利王位的权利。若放任这样的可能性存在，奥匈帝国的二元君主制将永无宁日：斐迪南大公死后，奥匈帝国的统治权将一分为二，由皇室家族内部与他血缘关系最近的男性亲属继承奥地利的皇位，由他和索菲贵贱通婚的后代继承匈牙利的王位。几经商议之后，匈牙利的官员同意，只要斐迪南大公承认自己妻子的不平等地位，并宣布放弃子女的一切匈牙利王位继承权利，他们就承认贵贱通婚的概念。法律方面的漏洞这下就算是都堵上了。[37]

斐迪南大公对这些诡计阴谋浑然不知。他在给克贝尔的信中写道："我简直疯狂和绝望到了满嘴胡言乱语的程度。"[38]而后，在6月23日，他接到皇帝的召见令，命他入宫讨论与他婚事有关的情况。在这次会面中，皇帝把他在法律层面上搞的突然袭击向自己的侄子和盘托出：哈布斯堡家族的族规已经过修订；奥地利和匈牙利的总理大臣也同意，只要这桩婚姻是贵贱通婚，他们就认可斐迪南大公和索菲的结合。如果斐迪南大公不同意皇帝的条件，却仍执意娶索菲为妻，那么，他皇位继承人的地位就将不保；就算他等到自己登基之后再娶索菲为妻，由于族规的修订，索菲依旧无法被视为与他地位相当的皇后。如果他想让索菲马上就成为他的妻子，那么，唯一的出路就是以贵贱通婚的方式成婚。在举办婚礼之前，斐迪南大公还必须发下誓言,永不得提升索菲的贵族地位,永不得将皇位继承权授予两人未来的子女。斐迪南大公不情不愿地答应了皇帝的条件,尽管这条件将永远置他的妻子于不幸的境地,置他们未来的子女于被哈布斯堡家族的其他成员视如敝屣的阴影之下。摆在他面前的,是一个充满隐忧的未来,可处于狂喜之中的斐迪南大公却对此视若无睹。他在给索菲的信中写道:"你的弗兰齐真是高兴得要发疯了!想象一下吧,索芙。皇帝陛下今天下午两点钟召见了我,亲切地准许我于7月1日在赖希施塔特与你成婚。万岁!万岁!万岁!这意味着我29日就能投入你的怀抱,然后我们一同踏上前往赖希施塔特的旅程。"[39]

据称,皇帝曾警告他说:"侄子,希望你不会活到为此感到后悔的那一天。"[40]其实,私底下情况是,事态"完全无法想象的可怕"转变令皇帝既沮丧又气馁。如一位廷臣所指出的那样,皇帝"自视为维护其家族——这个家族斩获并占据欧洲第一家族的位置,已经有六百多年的时间了——威望与名声的天选之人"。他对这桩别人强迫他认可的婚姻怨恨有加。这份怨恨在伯侄二人之间制造出了一道"永远无法弥合的"鸿沟。[41]

放弃子女皇位继承权利的声明仪式于五天之后的6月28日举行。那是一个阴冷而又潮湿的早晨,斐迪南大公乘坐一辆封闭式马车来到霍夫堡皇宫。他身穿一件骑兵军官制服上衣,灰白而又严肃的脸上没有一丝血色。他走进一个房间。房间里满是在无言中等待皇帝到来的大公们。就连奥托和费迪南德·卡尔都没上前跟他们的哥哥说一句话。距离正午还有几分钟的时候,皇帝踏进房间,后面跟着一众在静默中列队鱼贯而入的枢密大臣。廷臣、部长、外交官员、帝国议院议员以及神职人员也在一旁注视着这场奇特的仪式。皇帝站在有紫色华盖的典礼台上宣布道：

> 朕已经顺遂自己的心意，认可了朕的侄子与伯爵小姐索菲·霍泰克的婚事，并以此作为朕对自己侄子特殊关爱的最新证明。这位伯爵小姐确为贵族世家的后裔，但依照皇室家族的惯例，霍泰克家族尚无权被视为可与皇族平等婚娶的众多家族之一。鉴于只有出生在上述家族中的女性才能被视为可与皇族平等婚娶之人，这桩婚姻必须被当作贵贱通婚来看待。若婚后蒙上帝的保佑有子女降生，这些孩子亦将无法享有皇室家族成员的权利。由是，为了永远确定这一点，斐迪南大公将于今日发誓承认下述一切内容：他承认自己与霍泰克伯爵小姐间的婚姻属于贵贱通婚，承认这桩婚姻因而无法被看作两个地位平等之人相结合的后果，承认婚后降生的子女永远也没有资格成为皇室家族的正式成员，没有资格享受与之相关的各种权利。[42]

外交部长阿格诺尔·戈武霍夫斯基宣读了斐迪南大公的声明：

> 孤自认为有义务宣布，孤与伯爵小姐索菲·霍泰克之间的婚姻并不是两个地位平等之人间的结合，也不符合哈布斯堡家族的族规，而是将从此刻起成为并将永远被视为贵贱通婚。作为结果，不论是孤的妻子，还是婚后蒙上帝之恩降生的子女，抑或是子女未来的任何后代，都不得像依照族规缔结平等的大公级别婚姻、与自己的大公级别丈夫地位相当的妻子以及他们的子女那样，要求享有与地位相称的权利、荣誉、头衔、盾徽或特

权……在对当前这份声明的含义及重要性已有充分了解的情况下，孤仅以这些话起誓，这份声明对孤的妻子、孩子以及孩子未来的后代具有恒久不变的约束力；孤还进一步起誓，孤永远不会试图撤回这份声明，也不会采取任何旨在削弱或消解其约束力的行动。[43]

斐迪南大公走近房间中央的圣坛，面对罗马教廷枢机、维也纳总主教安东·格鲁沙和罗马教廷枢机、匈牙利首席主教、神学博士勒林茨·施劳赫，摘下右手的手套，把手放在置于耶稣十字架受难像面前的声明副本上，庄重地许诺将遵守誓言的规定。在胸前画完十字之后，斐迪南大公就退下了圣坛。整个仪式不到三十分钟就结束了。[44]

现在，距离斐迪南大公和索菲的婚礼只剩下两天的时间。斐迪南大公把几件东西装入行囊之后，就满含感激的泪水作别贝克，先行离开了维也纳。[45]当晚，围绕皇位继承人的婚礼，本该开启一整轮传统庆祝活动：接待会，宴会，游行的马车驶过装点得喜气洋洋的街道，街道两侧站满欢呼的人群；圣奥古斯丁教堂内，还会举办一场精心策划、由维也纳总主教主持、皇帝及皇室家族成员都将到场的宗教仪式。[46]

风俗习惯、空前盛况、庆祝活动——这一切都跟斐迪南大公和索菲毫无关系。他们的婚礼甚至都不能在维也纳城内举行。大公夫人玛丽亚·特雷莎主动提出，婚礼可以在她位于赖希施塔特城堡（今捷克小镇扎库皮）的夏季居所内举行。赖希施塔特城堡是一座位于波希米亚北部的阴森堡垒，其最出名之处在于，斐迪南一世于1848年放弃皇位之后，选中这座堡垒作为自己的退隐之地。得知庆祝表演被蒙泰诺沃无一例外地统统禁止之后，她要当地人用国旗和彩旗把自家的房子装点起来。一向为人阴险恶毒的蒙泰诺沃甚至还指示当地官员，不得在斐迪南大公的火车驶入赖希施塔特的小车站时举行习惯性的欢迎仪式。就连总主教都没离开维也纳，不敢冒遭皇室抨击的风险主持皇位继承人的婚礼。[47]

皇帝不过是勉强同意了二人的结合。深信此举必将令哈布斯堡家族威严扫地的他不仅拒绝出席婚礼，甚至还带上自己的情妇卡塔琳娜·施拉特离开维也纳，到巴特伊施尔暂避风头。皇帝下定决心，要给斐迪南大公一个教训，让他在婚礼上丢尽面子。于是，皇帝放手让蒙泰诺沃去实施另一项小小的肮脏勾当：这下，就算哈布斯堡家族内部有人对皇帝的绝情态度心怀抵触，他们也没法出席斐迪南大公的婚礼了。德意志统治皇朝的远亲、巴登家族的侯爵夫人约瑟菲娜·霍亨索伦于6月19日去世。奥地利宫廷上下此前从未注意到她的存在，可现在却发布政令，要为她服十二天的公丧。在此期间，皇族成员不得出席任何庆祝类的活动。服丧期的倒数第二天恰好是举行婚礼的日子，显然是打算以此来确保皇朝的任何成员都没法出现在婚礼的现场。[48]

局面虽已如此，斐迪南大公却仍旧寄望于自己兄弟姐妹们的支持。然而，不论是奥托还是费迪南德·卡尔，都没有出席当天的婚礼；他的妹妹符腾堡公爵夫人玛格丽特亦对此敬而远之。"我真为他感到难过。"听闻斐迪南大公家人的缺席，贝克在自己的记录中写道。[49]在斐迪南大公的亲属当中，唯有他的继母玛丽亚·特雷莎和他两个同父异母的妹妹敢于挑战皇族的恶言相向，出席了在赖希施塔特的庆祝活动。6月30日星期六，斐迪南大公的火车驶入车站的时候，这母女三人就已经在站台上准备迎接他了。遵照来自维也

纳的命令，该省的行政长官并未出现在站台上，只有当地的镇长不
安地上前迎接皇位继承人的到来。虽然官方没有组织任何欢迎表
演，可在斐迪南大公去城堡的路上，小镇居民不仅在自家门口挂上
了旗子，还站立在街道两侧朝他欢呼致意。几个小时之后，从自己
堂哥——霍泰克伯爵卡尔·马里亚——位于大布热兹诺的庄园出
发前往此地的索菲也出现在了站台上。在城堡的庭院内，一群学童
为这对夫妇演唱了歌曲。在随后的家庭晚宴上，玛丽亚·特雷莎起
身向自己的继子和他的未婚妻祝酒，还把斐迪南大公已故生母留下
的一个精致的珠宝盒当作礼物送给了索菲。[50]

　　记者们瞅准公众对这则家喻户晓的现代爱情童话的感同身
受，用"幸福美满的大结局"之类的报道来博取世人的眼球，称其为
"骑士王子"和他的灰姑娘之间的"爱情的大获全胜"。[51]斐迪南大
公将"同自己心仪的女子一同步入贵贱通婚婚姻的殿堂"。对哈布
斯堡家族的皇位继承人来说，这无疑是一次史无前例的结合。[52]一
份捷克报纸言之凿凿地报道称："他为自己的爱情而战，不顾一切反
对，拒绝放弃自己的珍爱。我们可以放心地信任他这样的人，因为，
他定当投入同样多的精力，捍卫他所看重的一切。"[53]至于索菲，维
也纳的《新自由新闻》评论道："霍泰克伯爵小姐永远也没法被加冕
为皇后，却同样感受着皇后冠上荆棘的刺痛，因为，任何困扰她丈夫
的事情都不可能不为她所知。"[54]

　　1900年7月1日星期日破晓，赖希施塔特上方的天空晦暗不
明、阴雨绵绵。当天上午十点半，伴随着城堡尖塔传来的庆祝钟声，
婚礼游行队伍踏上了前往礼拜堂的行程。斐迪南大公穿着骑兵军
官的军礼服，金羊毛勋章和圣伊什特万大十字勋章骄傲地挂在白色
制服上衣的胸前位置。他的继母和两个同父异母的妹妹在身旁护

佑着他。接下来登场的人是索菲。由于担心此事或将有损于自己在奥地利文职系统内的职业生涯,她的哥哥沃尔夫冈怯懦地拒绝了妹妹的出席邀请。代替沃尔夫冈在游行队伍中挽着索菲胳膊的,是她的舅表妹夫兼前管护人勒文施泰因-韦尔特海姆-罗森贝格侯爵阿洛伊斯。索菲的堂兄卡尔·马里亚以霍泰克家族族长的身份紧随其后。[55]

一份报纸宣称,索菲看起来"妩媚多姿、美丽动人",甚至"有如少女一般"。[56]她身穿一件白色缎子礼裙,礼裙上装点着绣花真丝饰条、雪纺绸荷叶边、蕾丝花边以及用香桃木花和香橙花编成的环状花饰。她头上戴着用香橙花编成的花环,花环间可见皇帝赐给她的结婚礼物——一件钻石冠状头饰。头饰跟她脖子上戴的双排珍珠与钻石项链很是搭配。她手捧由布拉格出产的百合花、香桃木花和香橙花组成的花束,七英尺长的锦缎裙裾尽头是用仿古蕾丝和绢网缝制而成的如流苏一般的拖地纱。[57]

在一众侍臣、小镇官员和城堡女仆而非光彩照人的哈布斯堡家族女眷们的注视下,婚礼游行队伍步入圣方济各与圣谢拉菲姆礼拜堂。风琴奏响雷鸣般的音乐,回荡在画有湿壁画的墙壁和拱形天花板之间。玛丽亚·特雷莎的告解神父威廉·希基施站在"画面"的正当中,两侧是如画框一般的圣坛双柱,大理石圣坛前摆满了盆栽棕榈和当地学童采摘的野花。斐迪南大公和索菲迈步走近这位神父。神父高声宣布道:"建立牢不可破的感情纽带、通过婚姻将彼此结合在一起、满足你们内心最深切愿望的时间终于到来了。"交换誓言、许下承诺的时候,斐迪南大公和索菲的声音洪亮而又清晰。神父祈求上帝赐福于两人的戒指,愿它们能够"永远见证你们不为烦恼所扰的幸福婚姻——这也是千百万人,尤其是此刻正站在我们身边的那些人最衷心的愿望"。接着是祷告和唱赞美诗。当时的报纸写道,整场婚礼全然不见"宫廷的仪式感,也没有虚荣、盛况或者对奢华的炫耀",取而代之的是"尽可能以简单和朴素为特点"。[58]

婚礼到中午时分就结束了。来宾们在位于城堡一层角落的房间里摆好姿势,拍了几张合影。负责拍照的是索菲的堂哥霍泰克伯爵卡尔·马里亚。接着,大家退出房间,来到中世纪式的饭厅享用午宴。斐迪南大公被安排在一张长桌的中间,索菲坐在他的右边,他同父异母的妹妹玛丽亚·安农恰塔坐在他的左边,而他的继母玛丽亚·特雷莎则坐在新婚夫妇的对面。在第94步兵团乐队的伴奏下,大家一起享用沙拉、烤鹿肉、芦笋和香槟。如果不是大家在午宴的最后起身共唱了国歌,大概没有人会相信这其实是一场帝国皇室的大婚。[59]

皇帝虽未出席当天的婚礼,却设法让人感受到了他的存在。他把事情交给外交部长,命后者给赖希施塔特发去一封电报。电报上签的是他的侍从武官而非他本人的名字,就好像以他本人的名义发去电报会夹带过于明显的肯定意味一般。有朝一日,斐迪南大公将代表哈布斯堡-洛林家族登上皇帝的宝座,可索菲却永远也不可能登上皇后的宝座。她非但不能跟自己的丈夫平起平坐,甚至连改姓自己丈夫的姓氏都不行。电报中写道:"我十分荣幸地宣布,我侄子贵贱通婚的妻子将被无条件地提升至世袭侯爵的贵族地位,享受霍恩贝格的姓氏和侯爵阁下的头衔["殿下"的次一级、非皇族形式,大致相当于英语中的"阁下"(Your Grace)头衔]。"[60]

这是一封不带任何个人感情色彩的公文,礼貌的语言丝毫掩盖不了在伤口上撒盐的真实意图:发这封公文就是为了提醒索菲不要忘记自己的贵贱通婚地位。1245年,生活在德意志南部的安娜·霍恩贝格离开代代相传的城堡，与当时还羽翼未丰的哈布斯堡家族的族长成婚，并成为该家族的女族长。在此之前，斐迪南大公在外旅行，却又不想被人认出自己哈布斯堡皇族成员的身份时，就会化名"霍恩贝格伯爵"。皇帝的意思很明确：斐迪南大公化名"霍恩贝格"是为了逃避自己璀璨耀眼的家世和出身，可索菲和她未来生下的任何子女却将永远同这个名字联系在一起。[61]

当天下午两点，新婚夫妇冒着还在下个不停的细雨，登上驶往车站的马车。穿校服的学童朝驶过的马车抛掷野花，而马车上身着一袭夏日薄裙、头戴黑色草帽的索菲则躬身向他们致意。[62]谢过镇长之后，夫妇二人登上开启蜜月之旅的火车，前往斐迪南大公位于波希米亚境内的科诺皮什捷城堡。[63]斐迪南大公在给贝克的电报中吐露，这是"我们人生中最美好的一天"。[64]

第五章
"别让她以为这样她就算是我们中的一员了"

斐迪南大公和索菲在科诺皮什捷城堡尽情享受了两周的新婚时光，欣喜若狂地庆祝着他们恋情的最终胜利。婚礼结束一周之后，斐迪南大公在给他继母的信中写道：

现在，我们两人都幸福得难以言表，而这一切主要归功于你。若不是你高尚而又感人地把我们置于你的羽翼之下，真不知道我们今天会变成什么样！我们不停地谈起你。我们对你感激不尽。我们无以为报，只能向你保证，你做得非常出色，你两个孩子的余生都将在幸福中度过……索芙真是一位不可多得的好伴侣，我现在每天都过着快乐到无法用语言来形容的生活！她把我照顾得要多好有多好：我现在身体很棒，健健康康的，心里也不像从前那样不安了，仿佛整个人都重生了一般。她对你敬爱有加，整天把你挂在嘴边，说你是一个多么慈爱而又善良的人。我内心深处的直觉让我满怀信心地认定,我们两人的这份无法用语言来形容的幸福会一直持续到天荒地老。我亲爱的好妈妈,你决定帮助我真是再正确不过了!我每天都要跟索芙去礼拜堂两次,向敬爱的主祈祷,希望上帝能够回报我的好妈妈,回报你为我们做的一切。拥抱你和我的妹妹们。亲吻你的双手。我永远是你最忠实的爱子弗兰齐。[1]

夫妇二人的大多数时间都是在城堡的花园中度过的。两人沿着一条名为"上苦路"的小道来回漫步。之所以给这条小道取这个名字,是因为,两人之间的恋情刚刚暴露的时候,面对由此引发的轰动与众怒,索菲不得不退隐至德累斯顿的"上苦路",暂避于她姐姐的家中。两人是想以此来表明,他们的最终结合不是凭空得来的,而是靠漫长的忍耐和苦涩的斗争赢回来的。[2]两周的时间结束之后,两人离开科诺皮什捷,前往位于卡林西亚州勒林村的猎苑。他们尽可能不暴露自己的身份,流连于周边的村庄,参加弥撒,和对他们的身份毫不知情的夫妇在毗邻的森林里野餐。[3]

田园牧歌般的生活注定不可能永远持续下去。不久之前,维也纳的各大报纸还在庆祝斐迪南大公和索菲浪漫结合,庆祝爱情的大获全胜,可现在,它们却不约而同地报道起欧洲最新的王室丑闻。就在两人蜜月期间,塞尔维亚国王亚历山大突然宣布,他已然跟自己母亲的女官德拉加·马辛订下婚约。德拉加不过是一介平民,且素有人品可疑、不三不四的名声。在外人看来,她连半点王室配偶该有的样子都没有。此前,记者们下笔时大多有所保留,不敢对斐迪南大公的贵贱通婚横加指责,可现在,他们却任由恶毒之词在自己的笔下倾泻而出,用虽未言明却让人一眼便知的方式,把索菲和德拉加描绘为一类人。这些冷酷无情的事件记录者问道，一位国王怎么能娶一个地位远在自己之下的人为妻呢？亚历山大选择这样一个与自己毫不相称的配偶，是在自降王权的尊严和声威，只顾个人幸福，却置自己应尽的职责于不顾。在斐迪南大公看来，这些略加掩饰的报道无异于是在以近乎直白的方式向他的婚姻发起攻击。他本打算去找皇帝抱怨一番，却被索菲给拦了下来。索菲指出，抱怨根本无济于事，只会让他们显得神经过于敏感。[4]

9月，斐迪南大公和索菲返回维也纳，第一次住进美景宫。这座华而不实的"多种建筑风格大杂烩"本是萨伏依-卡里尼亚诺亲王欧仁（保护维也纳免遭土耳其人的征伐是这位武艺高超的职业雇佣兵一生最大的功绩）不大可能派得上用场的夏季居所，眼下则是城内最受维也纳人喜爱的巴洛克式建筑之一。美景宫始建于1717年，最初不过是城内的一块斜坡地，在建筑师约翰·卢卡斯·冯·希尔德布兰特的一手打造之下，才华丽变身为一片令人炫目的建筑群。"下美景宫"是一幢依斜坡地底边而建的单层观景楼，楼内的房间一律采用极其古典的装饰建筑风格。一座座花园在海拔逐渐升高的斜坡上拔地而起，"下美景宫"的保守之风也随之消失得无影无踪。越靠近坡顶，成排的椴树、椴树树荫下的砾石小路、大理石雕塑、花坛、宁静的倒影池以及飞流直入倒影池的小瀑布就越变得壮观和气派。雄踞在坡顶的"上美景宫"是一幢极具艺术想象力的建筑：窗户两侧装饰着女像雕刻柱和麻花形柱，四座圆顶亭楼标志出建筑的四角；随着岁月的流逝，绿色的铜质屋顶变得愈发柔和与宜人，同灰白色的石质外立面构成鲜明的对比。这一切是如此的震撼人心、令人生畏，以至于几个世纪以来竟无人敢在此居住。上一次有哈布斯堡皇族的人使用这座建筑还是130年前的1770年

4月：当时，玛丽亚·特蕾西亚皇后在这座建筑里为自己最小的女儿玛丽·安托瓦内特举行了告别晚宴。晚宴后不久，安托瓦内特便踏上行程，开启自己注定以悲剧首场的法国王后生涯。[5]

"上美景宫"的内部跟外观一样极尽奢华之能事。通往建筑主层的双排楼梯由白色大理石制成，恢宏而又大气，楼梯扶手处还装饰有体积庞大、手持精美绝伦的黑色锻铁灯笼的小天使雕像。在宫殿中央的"大理石厅"，镀金壁柱把红色大理石墙壁装点得格外耀眼，高高的天花板上悬挂着闪闪发光的水晶枝形吊灯。穿过法式的大门，来到花园上方的阳台，便可将周围城市的辽阔风景画卷尽收眼底，点缀其间的教堂尖顶似乎与远处"维也纳林山"间的幽暗青山融为了一体。不论走进"上美景宫"三层中的哪一层，映入眼帘的都是一个又一个精致非凡的房间：用灰泥制成的寓言故事浅浮雕，"视觉陷阱"画法的运用让天花板上的神祇交战壁画充满了三维的立体感，就连地板都是用多种色彩对比强烈的稀有木材铺就的。[6]

美景宫庄严而又典雅，简直灿烂辉煌到了极点，仿佛在低声诉说着一个英雄般的过往，勾起人无限的遐思。可要是把它当成家来使用，那美景宫可实在算不上是一处宜居之所。在此之前，斐迪南大公花了两年时间对其进行翻修，加装了浴室、电力系统、中央供暖系统和现代管道系统，这才让美景宫做好了在1900年9月迎接他新婚妻子到来的准备。夫妇二人俯瞰花园的私人套房里摆满了各种契合当时流行风尚与品味的物件：新洛可可风格的沙发和椅子上，套着与之极不搭调的皮革外罩；东方式的地毯上摊放着色彩鲜亮的英国印花棉布；盆栽棕榈同墙上图案密集繁复的织锦争奇斗艳；桌子被占得满满当当，摆着一张张框在相框里的相片、一盏盏灯罩上饰有流苏的台灯以及各式各样稀奇古怪的维多利亚时代小摆设。屋子的天花板被改低了一些,好让房间不至于显得太过空旷。[7]最为布尔乔亚式的趣味让居住环境变得相当舒适,却和巴洛克式的房间本身看起来完全不像在同一个世界。

9月初,皇帝来到美景宫。他此番前来,一是为了检视一下宫殿的翻修情况,更重要的是为了跟自己侄子的新婚妻子见上一面。"事情进行得相当顺利。"皇帝这样写道。他承认,索菲"表现得很自然,也很稳重",却又毫不留情地加上一句,可她"看上去已经不再年轻了"。[8]这注定是一段充满暴风骤雨和不确定性的婚姻,皇室家族成员虽然当面表现得亲切而又友好,可掩盖在这之下的不满和反对,却几乎渗透进斐迪南大公和索菲生活的方方面面。两人结婚之初,皇帝依旧对此怨愤不已,觉得这是在硬逼着他做出有违意愿的让步。据说,他私下里称索菲为"住在美景宫的那个女人"。甚至还有真假难辨的说法称,皇帝曾这样表达过自己的心声:"这桩婚姻让我的晚年生活毁于一旦,真希望它能被宣布为无效。"[9]

某位廷臣写道,有些人视索菲为"擅自闯进帝国皇室家族的入侵者"。[10]斐迪南大公的两个弟弟——奥托和费迪南德·卡尔——试图装出一副索菲压根儿就不存在的样子,尽可能避免任何可能被迫与她见面的场合。皇族女性成员尤其恶毒,坚称索菲"非要强行挤进她根本不配加入的精英圈子"。[11]一位历史学家指出:"正是因为她的女官身份,才会引发帝国宫廷的关注,才会因将皇位继承人诱入情网,招致自视比她优越之人的怨愤;正是因为她的女官身份,她们才会联合起来攻击她、羞辱她。"[12]这些有权有势的女人想出一条毒辣的奸计:索菲一举办晚宴或者小型招待会,这些大公家族女眷就立马在同一天晚上策划大型活动;按照礼节,索菲的宾客们不得不因此放弃她对他们的邀请。[13]

只有前储君妃斯特法妮愿意与这对夫妇交好。可她的女儿伊丽莎白却"让自己陷入极端的恨意和深深的轻蔑",散布"恶意中伤索菲的谣言和故事"。[14]伊丽莎白曾抱怨称,一次,她跟索菲共同出席了某位贵族的招待会,并被迫在招待会上向索菲致意。伊丽莎白故意傲慢无礼地抱怨说:"想象一下吧,[为了跟我打招呼]**她**竟然隔着桌子朝我这边探过身来!"[15]索菲之前的女主人、大公夫人伊莎贝拉的态度也好不到哪去。她视索菲为不受欢迎的暴发户,并极尽所能让索菲遭受"相对寒酸和吝啬"的待遇。[16]

有关这对新婚夫妇的风言风语传遍了整个维也纳,而且,以得意扬扬的语气口口相传的负面谣言无疑占了大多数。其中一个流传甚广的故事是这样说的:一天,警方在城中发现了一只逃出笼子的鹦鹉。一番围追堵截之后,就在警察快要抓住它的时候,这只鹦鹉突然爆出一连串令众人惊恐不已的咒骂,把所有的大公女眷都骂为"荡妇",还抱怨说,皇帝"怕是到了一百岁都死不了"。据说,这只鹦鹉是从美景宫里飞出来的,那么,照此推断,教鹦鹉讲这些怪话的人自然就是斐迪南大公和索菲了。[17]

这些荒唐的故事充其量只能算是"背景音",来自帝国官方的羞辱和轻慢转眼间就将像雨点一般劈头盖脸地砸在斐迪南大公新婚妻子的头上。一名作者轻描淡写地称其为"礼仪和程序方面的小刁难",然而,这哪里是什么"小刁难",根本就是有意在这对夫妇背后捅刀子,是不得人心的阿尔弗雷德·德·蒙泰诺沃侯爵在皇帝的默许之下,把刀子捅进斐迪南大公和索菲毫无防备的身体。[18]在宫中担任皇室侍从总长的蒙泰诺沃之前就极力反对斐迪南大公和索菲的结合;面对两人已然成婚的既成事实,他的想法却丝毫没有因此而发生改变。除了四处散播索菲早在结婚前就跟斐迪南大公上过床的谣言之外，他还把新任霍恩贝格女侯爵的照片发布到社会上供人传阅。在发布之前，他命令自己手下的官员把这些照片全都修了一遍，在索菲的脸上多加了不少皱纹，不放过任何一个让她显得缺乏魅力的机会。[19]

蒙泰诺沃甚至不惜搬出并利用哈布斯堡家族的宫廷礼仪。这套脱胎于17、18世纪的西班牙宫廷，以程序繁杂和等级分明而著称的礼仪，虽然是哈布斯堡皇朝一度成为欧洲至高统治家族的见证，可眼下却跟象征昔日辉煌的历史遗迹毫无二致。蒙泰诺沃无非是打算以遵循过时已久的礼仪和程序为借口，掩盖自己羞辱索菲的真实目的。一次，斐迪南大公就索菲遭遇的轻视与慢待向蒙泰诺沃表示了不满，却得到这样一番生硬而又傲慢的回答："仁慈的殿下必须承认，凡是我有能力决定的问题，我发表观点并坚持己见时一向毫不迟疑……如果在这些问题上出现了分歧，自当交由皇帝陛下来做最终的定夺……我必须时刻牢记，我是为宫中的上层人士服务的最高等级官员……我之所以跟殿下提这些，无非是想让您明白，在您所说的这些问题上，我向来都凭良心办事，除此之外再无任何其他的选择，还希望殿下不要因此而责备于我。"[20]

蒙泰诺沃正是以上述发言为纲领，制定了一系列旨在钳制索菲生活的条条框框的。作为贵贱通婚婚姻中地位较低的一方，其他哈布斯堡家族的夫人们享受的特权，索菲几乎一样也享受不到；就算难得做出让步，准许她享受一次特权，也从不忘以这样或者那样的方式确保她进一步认清自己和斐迪南大公之间的地位差距。索菲不得在公开场合和她的丈夫一同露面。不论斐迪南大公是去参加赛马会，去为博物馆剪彩，去工厂巡视，还是去主持学校的落成典礼，索菲都只能待在家里或者在远处的阴影中徘徊，不得向任何人亮明自己大公之妻的身份。仪仗队向斐迪南大公行礼时，索菲必须闪到一边，因为与斐迪南大公贵贱通婚的索菲不算哈布斯堡皇族的正式成员，没有资格接受仪仗队的行礼致意。唱国歌欢迎斐迪南大公的到来时，索菲自然也必须躲到一旁。在官员为斐迪南大公举办的正式欢迎致辞或者引见仪式上，索菲必须站在距离她丈夫足够远的地方，以免给人留下错误的印象，让人误以为她已在某种程度上获得官方的认可。斐迪南大公甚至不能在任何官方演讲中提到索菲的名字。索菲不能陪斐迪南大公一同参加赛马会，因为在帝国官方看来，她甚至连跟斐迪南大公一同坐进专为皇族成员预留的包厢都不配。[21]

受制于蒙泰诺沃的条条框框，不论是戏院或者歌剧院，还是芭蕾舞表演或者交响乐演出，专为皇族成员预留的包厢统统跟索菲无缘。可上述地点恰恰是维也纳冬日社交季最基本、最必不可少的组成部分。哈布斯堡家族的成员来到宫廷歌剧院，在左右两侧用青铜和大理石制成的巨大枝形烛台的照耀下，登上用雪花石膏建造的私人楼梯，在白色和金色相间的皇族成员包厢落座，俨然是一副无比光彩夺目、恢宏壮丽的景象。可这景象中却丝毫不见索菲的影子。[22]索菲非但无权进入皇家池座，甚至连坐在靠近她丈夫的地方都不行，因为戏院和歌剧院正厅后排的26个包厢只向最高社会等级的人士开放，索菲只能另寻座位。[23]与此同时，斐迪南大公亦不得屈尊落座于普通包厢，而这也就意味着，两人永远也不可能出双入对地在戏院或者歌剧院内观看演出。就算是去私人戏院看娱乐节目，索菲也无权跟自己的丈夫坐在一起，以免给人留下两人地位相当的错误印象。[24]

哈布斯堡家族的成员自不必说，但除他们之外，不论是外国使节，还是与帝国宫廷有约的演员和歌唱家，甚至是给皇族子女上课的家庭教师，外出时乘坐的都是有镀金轮辐的宫廷马车。可唯独索菲不行，唯独索菲被排除在宫廷马车的使用范围之外。[25] 在维也纳城内，她甚至连跟自己的丈夫乘坐同一辆交通工具的权利都没有。索菲别无选择，只能转而乘坐专供宫廷女官使用的马车，尽管在伊莎贝拉手下当女官时的不快记忆势必将因此而一次又一次地浮上心头。[26]

只要斐迪南大公人还在美景宫，宫外就时刻有制服光鲜而又笔挺的卫兵在站岗放哨。可一旦他有会面、午宴或者其他的安排需要外出，那么，他前脚刚一踏出美景宫，蒙泰诺沃就立马故意让卫兵统统撤岗：在帝国宫廷看来，斐迪南大公不在的时候，不把她赶出美景宫就已经够对得起她了，还让卫兵继续在宫外守着她，未免也太抬举她了。[27]

但凡是斐迪南大公以官方身份主办的接待会或者晚宴，就算举办地是美景宫这样的私人宅邸，索菲也一律不得参加。帝国宫廷认为，外交使节、外国皇室（王室）成员和外国政要均在索菲狭窄的可交际范围之外。[28] 可这并不意味着没有人会注意到索菲的缺席。因为，蒙泰诺沃的条条框框中规定，宴席上必须时刻留有索菲的位置。用餐过程中，那把无人落座的椅子实在是要多显眼有多显眼，宛若一道裸露在外的开裂伤口，深深刺痛着斐迪南大公骄傲的心以及他对妻子的爱。[29]

1900 年秋，波斯国王出访维也纳，随后举办的舞会标志着，索菲将以斐迪南大公之妻的身份第一次在帝国宫廷公开亮相。明显被排挤在外的索菲本就是维也纳上下热议的话题，蒙泰诺沃针对斐迪南大公夫妇展开的无休无止的战争,更是让舞会厅也变成了双方交锋的战场。据说,一位大公女眷曾这样警告蒙泰诺沃:"别让她以为这样她就算是我们中的一员了。"其实,不管她说不说,蒙泰诺沃都不会让这样一个羞辱索菲的大好机会白白浪费。[30]

古老的霍夫堡皇宫灯火辉煌。数千位令人无比艳羡的幸运儿手持舞会邀请函,登上铺着深红色地毯、两侧站列着士兵的大理石楼梯,浩浩荡荡地步入石柱林立的巨型厅堂。"这些厅堂大到似乎既不见墙壁,也不见天花板。"精心布置成瀑布状的玫瑰花和兰花让空气中洋溢着宜人的花香。男士们身穿挂着金色穗带、以貂皮和狐狸皮镶边的各色军官制服,率先进入大厅。不多时,随后入场的女士们也加入他们的队伍之中。女士们时髦的丝质低胸露肩礼裙在地上沙沙作响。在众人的头顶,一千根蜡烛随同如群星般璀璨的水晶吊灯一齐旋转。女士们脖子上挂着的钻石项链,男士们擦得锃亮、佩戴在上衣前胸的勋章,在蜡烛柔光的照耀下熠熠生辉。[31]

被猩红色的制服包裹得严严实实的主礼官拿出他那用象牙和白银制成的手杖,大声地敲了三下门。他的突然出现让整个大厅立刻安静了下来。[32]伴随皇帝的现身,在场的众人纷纷鞠躬或者屈膝行礼。通常来说,皇帝本该牵着斐迪南大公的继母玛丽亚·特雷莎的手,带她随自己一同入场。因为她是奥匈帝国大地上身份等级最高的女性,是帝国皇位继承人的母亲。可不论是她还是她的女儿们,均未得到帝国宫廷的邀请,而这母女几人恰恰是哈布斯堡家族中唯一支持并出席斐迪南大公婚礼的人。作为代替,皇帝挽着大公夫人伊莎贝拉的手步入大厅。在许多人看来,皇帝对伊莎贝拉的垂青无异于是在以近乎直白的方式表达自己对斐迪南大公婚姻的坚决反对。[33]接着入场的是波斯国王。之后进入大厅的是:以斐迪南大公为首的大公们,大公家族的女眷,已故皇后的高级锦衣侍女,与皇族地位相当的公爵家族的女眷,与皇族地位相当的侯爵家族的女眷,上述公爵或者侯爵家族的遗孀,皇族女眷与上述公爵或者侯爵家族联姻后生下的子女。直到最后才轮到索菲入场。她戴着皇帝赠予她的钻石头冠,不能挽着她丈夫的手,只能转而挽着一名宫廷侍从的手入场。前述大公家族的女性成员及其他与皇族同样尊贵的贵族女性入场时,都是站在队伍的右边,挽着陪她们一同参加舞会的男士的右手;可索菲却被要求走在队伍的左边,以表明她和其他人之间的地位差距。[34]围绕索菲在帝国宫廷的初次亮相,蒙泰诺沃还强加给她最后一项羞辱:在前面的人列队进入大厅的过程中,大厅的双开门一直完全敞开着;可当索菲出现在门口时,其中一扇门却故意被重重地关上,以表明她没有资格享受跟之前的人相同的礼节,并迫使她只得侧着身子勉强通过入口。[35]

卑劣而又下作的羞辱手段引发了意想不到的结果:用斐迪南大公夫妇的曾孙女霍恩贝格侯爵小姐索菲的话说,这只会让众人更多地把注意力集中在霍恩贝格女侯爵的身上,并纷纷对她抱以同情。[36]索菲没有显出任何不安或者不适的迹象。她以无比沉着而又优雅的姿态穿过舞会厅,就连她最强硬的敌人都不禁吃了一惊。斐迪南大公只能在一旁默默地看着这一切的发生,把怒火强压在心底,无可奈何地攥紧而后又松开自己的拳头。[37]

舞会上的出色表现一展索菲的尊贵与端庄,可即便如此,几天后的国宴仍旧照例将她拒之门外。更让斐迪南大公感到糟心的是,蒙泰诺沃故意把他的座位安排在伊莎贝拉和她的女儿玛丽亚·克里斯蒂娜之间。波斯国王离开前,还要再为他举办一次舞会。在来宾们的注视下,大双开门的一扇门又一次在索菲走近时被砰的一声关上。这次，她在入口处呆立了几秒钟，因窘迫而泛起的红晕迅速爬满她的整个面颊。接着，她突然转身离开了皇宫。有人告诉斐迪南大公，索菲因身体不适而先行离开了。直到两人回到美景宫之后，索菲才向斐迪南大公吐露了实情：到门口之后，索菲发现周围只有自己孤零零一个人，全然不见本该陪伴她一同进入房间的军官或者宫廷侍从的影子，在屈辱中转身离开实属无奈之举。次日清晨，夫妇二人在毫无征兆的情况下突然离开维也纳。走之前，生了一肚子闷气的斐迪南大公甩给蒙泰诺沃一封怒气冲冲的信件，警告蒙泰诺沃今后不得再发生此类差池，并提醒这位侯爵不要忘记，他的祖辈最初不过是未婚先育的私生子，在玛丽·路易丝和奈佩格伯爵的贵贱通婚被官方认可之后，才获得相应的合法地位。[38]

蒙泰诺沃立马借机装出一副蒙羞受辱的样子，跑到皇帝面前，宣称皇位继承人冒犯了他，并以辞职相威胁。他坚称，舞会上发生的一切不过是小小的无心之过。在皇帝的要求下，蒙泰诺沃起草了一封给斐迪南大公的道歉信。然而，这段经历过后，蒙泰诺沃非但没有改过自新，反而变本加厉起来。有皇帝站在他这一边之后，他甚至开始毫不掩饰自己对斐迪南大公夫妇的厌恶。[39]

这些鸡毛蒜皮、小题大做的条条框框或许并非出自皇帝本人之手，但无可否认的是，为确保它们的强制贯彻与落实，蒙泰诺沃的确被赋予了超乎寻常的自由裁量空间。常有人替皇帝辩解称，这纯粹是因为他年纪太大了，即便有心也无力挑战束手束脚的约束性章程。据说，某次当斐迪南大公因类似的事端而大发脾气、暴跳如雷之时，为了尽可能开导他、宽慰他、让他平静下来，索菲就曾用"皇帝年纪那么大，身体又那么虚弱"这样的说辞来试图缓解他心中的仇恨与敌意。[40]在斐迪南大公夫妇的曾孙女霍恩贝格侯爵小姐索菲看来，皇帝的默许乃是因为他"眼光狭隘，顽固不化，对变更规章与制度畏惧到了一定程度，生怕因此而出现差池，但我并不认为他心怀歹念或者恶意"。[41]

或许事实的确像她所说的那样，但皇帝至少可以把这些条条框框稍微放宽一些。他日后对索菲的种种妥协与让步表明，他并不是传统观点所描绘的那种在礼仪和规矩面前束手无策的软弱囚徒。他极少出面干涉蒙泰诺沃的行动。事实上，正如不止一位廷臣所指出的那样，帝国宫廷举办的一切活动，其仪式与流程的方方面面，不管是大事还是小情，皆需经过皇帝本人的批准。有关索菲的问题必曾呈交至他的面前，最终该如何处置和定夺全凭他一个人说了算。[42]

蒙泰诺沃的情况又如何呢？乍看之下，他似乎无非就是个对章程热情过了头的家伙，拟定了无穷无尽的限制性规定，并把它们强加到别人的头上。有些作者替他开脱称，他"不过是在一个专横跋扈的社交体系中扮演了一个专横跋扈的执行者角色"，并将索菲受到的"所谓侮辱"轻描淡写地一笔带过。可这实在是难以让人信服。[43]蒙泰诺沃侯爵对斐迪南大公强烈的个人厌恶，为阻止斐迪南大公的婚姻而采取的种种行动，散播不利于索菲的流言时的高涨热情，借职务之便刁难索菲时那副近乎得意扬扬的嘴脸，无不表明他的内心早已被狭隘的恨意所占据。私下里，他始终固执而又不怀好意地称索菲为"那个女官"，就好像光是提到索菲的名字或者新头衔便会让他恨得咬牙切齿一般。不幸的是，蒙泰诺沃的确有能力影响这对新婚夫妇的生活。他们的曾孙女侯爵小姐索菲认为，蒙泰诺沃"绝对是恶意为之，打着奉命行事的旗号死抓住章程不放，以便让自己多少显得有点价值"。[44]

至于斐迪南大公，他想必怎么也不会料到，帝国宫廷竟会利用索菲的贵贱通婚地位来羞辱她。他知道面前必然有这样或者那样的困难，却笃定地认为敌意自会因时间的推移而慢慢缓解。他大概以为，如果给索菲一个证明自己的机会，让她赢得满腹狐疑的皇室家族的欣赏，那么，对他婚姻最初的反对之声必将渐渐散去。即便此计不成，可说老实话，他伯父又能再活多久呢？几年，也许吧。在这几年里，日子可能偶尔有难熬的时候，但一切终将会过去。

斐迪南大公和索菲究竟想要什么呢？可以肯定的是，两人并没有立索菲为皇后的野心；但他们很可能憧憬过，或许有那么一天，索菲能得到一位大公之妻应有的尊重。这不过是简单的尊严问题，不过是想让索菲获得与斐迪南大公配偶的身份相匹配的地位。太多人错误地将其与野心混为一谈，自以为读懂了两人内心的渴望，觉得这两人必是有意彻底抹去索菲的贵贱通婚身份。当尊重并未如预期般到来时，斐迪南大公不由得怒上心头。据说，斐迪南大公记有一份名单，名单上写着每一个怠慢过索菲或者拒绝跟索菲交际之人的名字，并对此发表评论称："等我当上皇帝之后，**我**一定要让**他们**见识见识我的厉害！"[45]

意识到索菲在维也纳的境况很难有所改观之后，斐迪南大公有如挨了当头一棒。如他的一位朋友所言："最让他感到难受的是，这境况正是由于他并非门当户对的婚姻所致。"[46]另一方面，索菲则尽可能用安慰来抵消他的焦虑和不安。不过，她也在私下里向自己的妹妹奥克塔维亚吐露，情况的确"很糟糕"。最要紧的是，她实在不愿看到自己的丈夫如此伤心。[47]不论事态如何转变，她总能保持沉着和稳重，以极少有人理解的优雅与大度来面对一切侮辱性的条条框框。她的曾孙女侯爵小姐阿妮塔将这份淡然归因于"她从容不迫的天性以及她对宗教的虔诚信仰。她从没像他那样伤得那么深。

她唯一的目标就是让他高兴起来"。[48]

1901年初，索菲发现自己怀孕了。于是，两人退隐至科诺皮什捷，准备迎接他们的第一个孩子。7月24日星期三，索菲开始分娩。几个小时过去了，斐迪南大公依旧在卧室外来回踱步，心里紧张得要命。索菲已经三十三岁了，虽然有妹妹安东尼娅、一位名叫洛特的产科医生和助产士卡罗琳·沃夫德在一旁照料她，可据斐迪南大公后来透露，痛苦的分娩迟迟不见结束，还是把他"吓得半死"。一声啼哭终于宣告了孩子的降生。生的是个女儿。分娩过程困难重重，初为人母的索菲卧床休养了整整一个星期。在这一个星期里，斐迪南大公每天都给她带来大把大把的玫瑰花。"原谅我只能用铅笔给你写这封信，"他向艾森门格尔解释道，"我正伏在妻子的床上，用铅笔更容易一些。虽然孩子有些难产，但感谢上帝一切都圆满地结束了。洛特大夫干得棒极了。小家伙身体很壮实，也很讨人喜欢，我们都兴奋得不行。"大公夫人玛丽亚·特雷莎急忙赶到科诺皮什捷，以教母的身份站在新生儿的旁边。在受洗命名仪式上，小家伙取名霍恩贝格侯爵小姐索菲·玛丽亚·弗兰齐斯卡·安东尼娅·伊格纳蒂娅·阿尔贝塔。在家庭内部，大伙通常叫她"小索菲"或"小拇指"。[49]

女儿降生之后，斐迪南大公越发为妻子在维也纳的待遇感到愤愤不平。帝国的首都冷若冰霜，不近人情，金玉其外，败絮其中，让斐迪南大公本该如田园牧歌般幸福美满的生活时刻处于被无情打断的危险之中。于是，他做出一项关乎命运的决定，殊不知，这决定将进一步加深他和自己未来臣民间的隔阂。遍布蛛网的古老帝国宫廷留给他的只有痛苦与不幸的记忆，既没有任何足以吸引他的地方，也没有什么光明的前景可言。因此，从1901年起，斐迪南大公和他的女侯爵索菲开始尽可能减少住在美景宫的时间；到后来，若非官方职责所迫，两人干脆连美景宫的门都不会进。他们转而在家庭生活和彼此身上寻找慰藉和意义，以坚定的姿态对抗充满敌意的世界。斐迪南大公坦言："我的索芙就是我的全世界，是我的未来和我快乐的源泉。我简直不敢想象要是没了她该怎么活！"[50]

第六章
流言的旋涡

1902年9月29日，索菲在美景宫停留期间生下她的第二个孩子。这次生的是个儿子，取名马克西米利安·卡尔·弗朗茨·米夏埃尔·胡贝特·安东·伊格纳蒂乌斯·约瑟夫·马里亚，出生时的身份是霍恩贝格侯爵之子，跟他的姐姐一样享受"侯爵阁下"的头衔。一份报纸向维也纳方面保证，"尊夫人和她的孩子均处于最佳的健康状态"。更让人意外的是，斐迪南大公的从叔父*卡尔·斯特凡大公虽是哈布斯堡皇族的男性成员，却甘愿充当孩子的教父。[1]在美景宫的小礼拜堂，劳伦茨·迈尔神父主持了新生儿的受洗命名仪式。迈尔神父是霍夫堡皇宫的司祭，一度负责听取皇帝本人的告解。不难想见，身为宗教与官方的双重权威，从他嘴里说出来的话该有怎样的分量。他在受洗命名仪式上发表了一番轻率的言论，让

---

* 斐迪南大公的曾祖父和此人的祖父是亲兄弟。

斐迪南大公和索菲陷入了无穷无尽的麻烦。迈尔神父表态称，族规里没有哪一条写着父亲可以替尚未出生的孩子发下放弃自身权利的誓言。鉴于斐迪南大公1900年时正是这样做的，迈尔神父宣布，誓言无效，马克斯可以继承皇位。有关这番言论的消息迅速传遍了整个维也纳，人们纷纷"对斐迪南大公投去怀疑的目光"。[2]

1904年5月17日，他的第二个儿子恩斯特·阿尔方斯·弗朗茨·伊格纳茨·约瑟夫·马里亚·安东在科诺皮什捷降生后，类似的流言再度甚嚣尘上。没人知道究竟该怎么想：有朝一日，斐迪南大公也去世之后，帝国是不是就该轮到他的两个儿子来继承了呢？甚至有猜测称，教宗或许会给他提供某种豁免，为他扫清障碍，让他可以毫无顾忌地拒绝承认1900年签下的协议。[3]单是这想法本身便足以把皇帝吓得不轻。据称，他曾经这样跟身边的人说："我不禁害怕起来。虽说我侄子婚前发过誓，婚后生下的子女将自动放弃一切皇位继承权利，可等我死了以后，谁又敢保证他会不会置之于不顾，干出危及皇朝正统血脉的事来呢？这意味着什么根本不必我多说。这意味着在我的家族内部播下分歧与争吵的种子。"[4]

这份忧心忡忡的猜测忽略了一个最关键的因素：处于风暴中心的斐迪南大公本人究竟是怎么想的。他以自己的宗教信仰为担保，发下必将信守放弃声明的誓言，单凭这一点便足以断定，不论到了什么时候，他都不可能撤回自己的承诺。他的私人医生艾森门格尔坚定地表示，斐迪南大公"有很深的宗教情结"，"违背誓言这种事，他甚至连想都不敢想"。[5]在这一点上，就连一向批评他的人都不得不承认，斐迪南大公"如此看重荣誉，如此虔诚于天主教信仰，打破手按《圣经》发下的誓言，不像是他这种人会干出来的事"。[6]不论何时有人向他抛出这个问题，他都会给出相同的答复：他的两个儿子注定要成为手握大片土地的贵族，"可以在衣食无忧的条件下尽情享受生活"，但一切也就到此为止了。[7]有一次，斐迪南大公这样跟身边的人说："哈布斯堡家族的皇冠是一顶荆棘之冠，若非生来就处在那个位置上，便不该心生无谓的妄想。撤回放弃权利的声明，这样的念头我**连一次都没有过**！"[8]然而，维也纳的宫廷如温床一般持续推动着事件的发酵，平淡无奇的事实哪里是阴谋诡计和恶毒流言的对手。斐迪南大公和索菲不再抛头露面，摆出一副回归个人生活的退隐之姿，可两人的这种自我隔绝反倒令谣言更加猖獗。就连艾森门格尔都不得不承认，斐迪南大公成了"全奥地利最遭恨的人之一"。[9]一位维也纳贵族回忆说："流言始于霍夫堡皇宫内的某个幽暗而又隐蔽的角落，以刊印出版或者口口相传的方式向外散布，既飘忽不定，又无处不在。流言的内容总是变来变去，却在各大政治派系的煽风点火之下，因受害者本人的回避态度而一再死灰复燃。流言先是变成众人的普遍看法，而后又变成公认的事实，最后则变成不容置疑的历史。对抗它的种种尝试全都被无情地粉碎了。"[10]

在斐迪南大公和索菲的问题上，维也纳的报界大多和帝国宫廷持相同的立场。它们编织出一个又一个黑暗而又不祥的故事，把斐迪南大公涂抹成一个自大的妄想狂，甚至把他说成一个精神错乱的疯子。[11]一则流言信誓旦旦地说，这对夫妇之所以如此频繁地离开维也纳，是为了把斐迪南大公偷偷关进某家位置偏僻的精神病院。当时流传着各种荒诞不经的故事：有的说，斐迪南大公一连几天都在玩给孩子买的玩具，其间还不停地喃喃自语；有的说，他提着一把左轮手枪，朝钟表和家具射击；有的说，某次，他一怒之下，用剑把他所在的火车车厢的内饰劈成了两段；有的说，他隔三岔五就虐待自己的仆人，追得他们在惊吓中四处乱跑；还有的说，他家里的半数成员其实都是精神病大夫。[12]

在一向致力于设计陷害这对夫妇的维也纳宫廷，类似这样的无稽之谈曾经盛行一时。然而，之所以有人愿意相信这些故事，恰恰是因为斐迪南大公显得太过遥不可及，太过不善交际，太少出现在公众的面前。作家斯蒂芬·茨威格在他的自传中回忆称："在奥地利，对任何想要真正受欢迎的人来说，最为重要的是，必须拥有迷人的性格、友善的举止以及与生俱来的魅力。"可这些恰恰是斐迪南大公身上所没有的。茨威格还称："我在剧院里见过他。他就坐在自己的包厢里，身体强壮，膀大腰圆，眼神冰冷，目不斜视，既不曾善意地对观众投去哪怕一瞥，也不曾以热情的掌声来表达对演员的鼓励。你从没见过他笑，也从没在照片上见过他心情放松时的样子。"[13]

斐迪南大公缺乏在公开场合扮演白马王子的天分和才能，更没见他为赢得民众的赞誉而付出过什么努力。伯爵奥托卡尔·切尔宁说："报社或者其他类似的机关一向习惯于制造有利或不利于某人的公众舆论，可他却从不愿屈尊主动向它们示好。他的自尊心不允许他为了受欢迎而低声下气地求人帮忙。"[14]他是尽职尽责的好丈夫、好父亲，是持自由主义观点的开明人士，甚至有望在继承皇位之后重构摇摇欲坠的奥匈帝国，可他却宁愿将自己的这些优点统统掩藏起来。维也纳的街谈巷议令他多有不快，可他却仍然大度地表示，民众愿意信什么就信什么吧，并对此评论称："那些真正了解我的人绝不会相信这些事情，而其他人终有一天也必将了解我的为人。"[15]

索菲也没能逃过流言的恶语相加。谣言将索菲描绘成一个受

"狭隘的怒火"驱使的自命不凡之徒,"像训练士兵的教官一样顽冥不化、不知变通","沉浸在势利小人般的野心之中",一心只想着有朝一日能看到自己被加冕为皇后。[16]皇帝的侍从武官马尔古蒂男爵阿尔贝特全盘接受了帝国宫廷对索菲的偏见,对斐迪南大公娶了个"为人强势、专横跋扈的妻子"之类的说法深信不疑,并煞有介事地表示,索菲"作为贵贱通婚婚姻中的卑贱一方,本该小心翼翼地伫立在幕后,安分守己地扮演好妻子的角色,可她却丝毫没有这方面的意思。相反,她总是带着一股过分的狂热,挖空心思、不遗余力地干这干那,却并不总是具备足以驾驭这份狂热的机敏与老练"。[17]

有时,不过是发生了些最微不足道的插曲,却被死抓着它们不放的批评者们夸张到了骇人听闻的程度。两人结婚几年之后,正在波希米亚境内巡游的弗朗茨·约瑟夫皇帝打算顺路到科诺皮什捷附近稍作停留。接到消息的斐迪南大公前去迎接他的伯父,却在事先未作任何通禀的情况下擅自带索菲一同前往。马尔古蒂记录称:"在场的人一眼就能看出,跟索菲交谈时,我们年迈的君主显得浑身都不自在。"帝国专列终于缓缓驶离站台,可皇帝身边的侍臣却仍旧"惊愕与忐忑"到连句整话都说不出来:在他们看来,索菲出人意料的现身证明,她心中的确暗藏着不小的野心。皇帝的首席副官爱德华·帕尔伯爵甚至将她与米拉菲奥里女伯爵相提并论。米拉菲奥里是意大利王国国王维托里奥·埃马努埃莱二世曾经的情妇和现在的妻子。与国王贵贱通婚的她名声一向不佳,为世人所不齿。这番不中听的评论很快便走漏了出去,并传回索菲的耳朵里。愤怒的索菲跑去跟马尔古蒂当面对峙,并放话称:"你去给我告诉帕尔伯爵,他的话是对我的侮辱,我才不是什么米拉菲奥里女伯爵呢!"在这件事情当中,被人拿来跟诡计多端的王室情妇相提并论的索菲才是被冒犯的一方，可帝国宫廷却借这段插曲来对付她，坚称这证明她的"野心就像脱缰的野马，以她非凡的才智，相信很快就会有办法将野心转变为现实"。[18]

这些火药味十足的无端指控虽经不起推敲，却十分符合民众对她的普遍认知和她在民众心目中的形象，甚至被不少人当成公认的事实来看待。"我必须站出来替索菲说句公道话，"索菲老熟人的普勒斯侯爵夫人黛西写道，"我相信，她从未对政治或者皇位抱有任何的野心。"[19]事实也的确如此：她没有什么为自己或者自己的儿子夺权的大阴谋；她讨厌成为众人关注的焦点，自然更不可能千方百计地主动往聚光灯底下钻；让自己的丈夫和孩子过得开心和幸福就是她最大的"野心"。如她的曾孙女侯爵小姐阿妮塔所言，她"从没有分开众人、冲上前台、抢尽风头之类的企图"，一向谨言慎行，知道批评者们时刻都在盯着她的一举一动，尽量不给他们留下任何可能用来攻击她和她丈夫的口实。[20]

斐迪南大公也从不允许索菲插手自己的政治决断。他坚称："女人就该老老实实地待在厨房、地窖和床上。"[21]他的私人秘书保罗·尼基奇-布勒语气肯定地称表示，索菲

从未对自己的丈夫产生民众所认为的那种强大而又灾难性的影响。斐迪南大公自信满满，极有主见，即便在不值一提的小事上，也不愿受他人意志的左右——在这方面，就连他最亲最爱的妻子也不例外。可以想见，她甚至不曾以旁敲侧击的方式试探一二：除了跟家庭生活直接相关的事情之外，她一概不闻不问；只要话题稍稍触及百姓和政治，她便立马闭口不谈……不过，在两人的私生活中，也不止一次出现过这样的情况：索

> 菲耗尽心力，鼓足勇气，毅然决然地在丈夫面前亮明自己的主
> 张，而且似乎一时占据了上风；可还没等她来得及庆祝自己的
> 胜利，斐迪南大公转眼便又坚持起符合自己观点、与之截然相
> 反的主张。但索菲对此从没有半句怨言，总是心平气和地对丈
> 夫的决定表示接受。[22]

斐迪南大公偶尔也会征询自己妻子的意见，而索菲或许也对他
施加了某些微妙的影响，但种种迹象都表明，索菲从未在斐迪南大
公看待帝国政治问题的态度方面扮演过任何值得一提的角色。

不少类似的谎言都是从持敌对态度的帝国宫廷里流传出来的。
这不仅直截了当地凸显出帝国宫廷对两人婚姻的一贯反对，更说明
它的无所适从与不知所措，不知道该以何种礼仪规格对待索菲为
宜。两人在维也纳的生活常常受制于这种不确定性。帝国宫廷也
不情不愿地做出过一些小小的让步，可这让步却往往或有意或无
意地弄巧成拙，演变成对索菲更进一步的羞辱。1902年，索菲获准
参加皇室家族的新年晚宴，维也纳的报界还专门对此做了报道（不
过，邀请并未因此而固定为常态，在接下来的十年里，新年晚宴时
而对索菲敞开大门，时而又将她拒之门外）。[23] 然而，这看似善意的
恩惠很快就将演变成存心让人不快的摧残和折磨。帝国宫廷恨不
得让所有人都知道她是贵贱通婚婚姻中的卑贱一方：她不能坐在
自己丈夫的身边；有记录称，她甚至不能跟其他来宾对面而坐，而
是被尴尬地安排在长桌尽头一个孤零零的角落。[24] 据说，在某场类
似的晚宴上，索菲刚坐下没多久，就有宫廷侍从走过来在她的耳边
用低低的声音对她说，她错误地坐到了太过显眼的位置上，并要求
她在众目睽睽之下改坐到桌尾去。[25] 深得皇帝信任的贴身男仆欧

根·克特尔说过，在这类晚宴上，气氛"总是紧绷到了极点"。皇帝
本来就对设宴招待亲戚一事深恶痛绝，索菲的存在更是让他的这种
厌恶只增不减，因此，在这类晚宴上，他向来都是我行我素，很少顾
及其他来宾的感受。[26]用餐时，他的盘子总是最先被端上桌。待他
如风卷残云一般迅速将盘中的食物一扫而空之后，不管别的来宾吃
没吃完，侍者们都会一拥而上，把桌子收拾干净。这下可苦了坐在
桌尾的索菲：她的盘子总是最后被端上桌；在侍者趾高气扬地走过
来收走她的盘子之前，她有机会吃上一两口就该谢天谢地了。[27]

对某些人来说，索菲就像阴魂不散的怨灵一样，明知道自己不
招人待见，却还是死缠着帝国宫廷不放。一位驻维也纳的外国大使
回忆称："第一次邀请霍恩贝格女侯爵前来赴宴的时候，需要我们挨
个去定夺的各种小问题简直多如牛毛。该不该像对待其他大公夫
人那样在楼梯底下迎接她呢？该不该让她走在女主人的前面呢？
如果她与丈夫一同前来，是该让她像大公夫人一样跟丈夫并肩走上
楼梯，还是该让她走在他的后面呢？所有这些看起来或许无关紧
要的细枝末节其实都有着无与伦比的重要性。"[28]不过，值得欣慰的
是，公众舆论正开始越来越多地站在她这一边，反对刻意刁难她的
蒙泰诺沃。新闻界如实报道了蒙泰诺沃对她的种种轻视与慢待，还
总是不吝笔墨，把她每次露面时的穿着打扮都详细描述一番，就连
她拍张新的官方坐照都会立马登上报纸。[29]虽然民意如此，可直到
斐迪南大公婚后第五年，皇帝才第一次在给自己侄子的信中提到索
菲的名字：他在信的末尾写道："向霍恩贝格女侯爵致以热情的问
候。"[30]几个月之后，就在索菲居住的美景宫，有一场专为儿童举办
的贺宴。在皇帝的特许之下，索菲得以出席此次贺宴。不过，直到
1905年7月21日，皇帝看似雷打不动的保留态度才显露出第一丝

解冻的迹象：帝国宫廷发布谕令，授予索菲和她的孩子"最尊贵的阁下"的尊称。这个尊称让他们从普通的国家贵族一跃成为帝国的低等皇室成员。[31]索菲在帝国官方活动中的入场顺序亦将因此而发生改变。在宫廷典礼上，她虽然依旧排在大公家族女眷、公爵家族女眷、侯爵家族女眷、公爵或者侯爵家族的配偶、公爵或者侯爵家族的遗孀、与皇族地位相当的公爵或者侯爵家族的子女的后面，却可以走在已故皇后的锦衣侍女前面，再也不用像之前舞会时那样最后一个入场了。[32]

帝国宫廷反复无常、有如精神分裂一般的对待方式——上一刻明明还在对索菲示好，下一刻却转而侮辱起她来——深深刺痛着斐迪南大公的内心。在他看来，居心叵测的帝国宫廷，尤其是心狠手辣的蒙泰诺沃，是"一切罪恶的根源"，像扎进索菲后背的芒刺，搅得她永无宁日。按照斐迪南大公的计划，等他坐上皇位之后，一定要对帝国宫廷来一次彻底的清算，把他觉得该为他妻子受到的侮辱负责的那些人统统开除——这一点早就已经不是什么秘密了。[33]蒙泰诺沃知道自己早就被斐迪南大公给盯上了。他甚至连辞呈都已经写好了，就放在他桌子的抽屉里，留待有朝一日斐迪南大公登基后使用。[34]

蒙泰诺沃能保住现在的位置，全靠皇帝对他一如既往的恩宠。十年前，他企图削弱斐迪南大公的皇位继承人地位，以便为斐迪南大公的弟弟奥托创造有利机会。然而，自世纪之交（1900年）以来，这些机会的可能性变得越来越渺茫。虽因与索菲结婚一事而暂时断绝了关系，可斐迪南大公却成功地赶在自己的妹妹符腾堡公爵夫人玛格丽特去世前与她达成了和解（玛格丽特在1902年去世，可能死于胃癌）。而眼下，在1905年的维也纳，他的弟弟奥托也正处于弥留之际。[35]

　　沉湎于酒色的生活方式让原本英俊的奥托付出了惨重的代价。他的妻子玛丽·约瑟法给他生下两个儿子，可人人都知道，对奥托来说，这段婚姻不过是一个笑话。他很快就变回整夜饮酒作乐、与情人为伴的老样子，其中一个女芭蕾舞演员甚至还给他生下过好几个私生子。[36]玛丽·约瑟法对此一向忍气吞声，直到某一天夜里，奥托带着他醉醺醺的朋友闯进她的卧室，并嘲笑说，他其实一直觉得他的妻子丑得要命，一点魅力都没有，她才终于忍无可忍。奥托被勒令住到别处，但按照帝国礼仪的规定，出席任何宫廷活动时，两人还是必须出双入对，假装什么事情都没有发生。[37]

　　虽然皇帝对奥托大失所望，并一再向他发出警告，可奥托却丝毫不为所动。事到如今，被纵容惯了的奥托怕是永远也改不掉任性的毛病了。他之所以会患上梅毒，或许正是因为这些越来越没有下限、越来越为人所不齿的出格举动。比如，某天夜里，他突然出现在名气正旺、汇聚众多上流社会人物的维也纳萨赫酒店：只见他一身酒气，除了头上的军帽和腰间的佩剑之外片缕未着，气定神闲地在酒店内四处闲晃。[38]因此，当梅毒逐渐侵蚀掉他一向引以为傲的英俊面庞并迫使他不得不戴上用皮革做的假鼻子时，不仅旁人鲜少向他投去怜悯的目光，就连他的妻子都不曾对他抱有多少同情。到医生为他做气管切开术的时候，他从公众的视野中消失已经有一段时间了。他躲到维也纳人看不见的地方，在那里度过自己饱受病痛折磨的最后时光。妻子早已无视他的存在，照顾他的是他圣徒般的继母和他最后的情妇路易丝·鲁滨逊。为了掩盖自己可疑的过去经历，路易丝披上修女的道服，并自称玛尔塔修女，然而，这不过是毫无意义的自欺欺人而已。[39]

　　奥托的凄惨处境让斐迪南大公陷入了道德上的两难。兄弟二人的继母托人给斐迪南大公带话，告诉他奥托已然时日无多。斐迪南大公究竟该不该去跟他的弟弟见上最后一面呢？虽然奥托自己明明就过着风流成性的日子，可他却始终无法原谅自己哥哥与索菲的贵贱通婚。他谴责两人的结合，拒绝参加婚礼，就连跟获得霍恩贝格女侯爵头衔的索菲见上一面都不愿意。当斐迪南大公拒绝在奥托临终之际出现在他身边的时候，此举立马被解读为赤裸裸的报复，并且，跟与这对夫妇有关的太多风言风语一样，一切都被栽在索菲头上，把事情说成是被报复心驱使的索菲对自己的小叔子奥托的有意惩罚。然而，事实并非这般冷酷无情。无可否认的是，这背后确有一丝苦涩与愤恨之心在作祟，但是，跟奥托过去的背叛在斐迪南大公心里留下的伤痕比起来，道德上的茫然无措才是导致他不愿出现在奥托床侧的真正原因。在奥托临终前的这段时间里，他的情妇路易丝始终陪伴在他的身边，而斐迪南大公既不打算见到这位与自己的弟弟通奸的外室，更不打算与她一同分担失去亲人的悲伤。就连奥托的发妻都不愿到床前见她的丈夫最后一面。一想到将由此而引发的令人极度不适、足以造成心灵创伤的对峙，对宗教怀有深切虔诚的斐迪南大公便立马断绝了去见自己弟弟的念头。1906年11月1日，奥托终于撒手人寰，享年四十一岁。当天，斐迪南大公并未出现在奥托床前，而是领着索菲来到美景宫的小礼拜堂。在小礼拜堂内，两人跪在一处，一同为奥托祈祷。[40]平日里含蓄而又内敛的斐迪南大公向一位朋友吐露称："我和奥托之前有多亲近，我和他怎样一同度过童年和青年时光，这些你应该都是清楚的。所以你也就不难想象，我都经历了些什么，我的心里该有多难受……可怜的奥托在过去的一年里遭了不少罪，他的死对他来说是一种真正的解脱……愿上帝赐予他永恒的安息。"[41]

　　斐迪南大公最小的弟弟费迪南德·卡尔也从公众的视线中消失了。这名少言寡语、亲切友善的年轻人一心致力于文学、艺术和科学。跟奥托一样，他也因为斐迪南大公的婚事而与后者渐渐疏远，甚至一直在有意回避自己的哥哥。直到某一天，费迪南德·卡尔自己也在爱情方面栽了跟头。之前，斐迪南大公在赖希施塔特举办婚礼的时候，费迪南德·卡尔毫不留情地拒绝了自己哥哥的出席邀请。但就在婚礼结束后不久，费迪南德·卡尔自己却无可救药地爱上了一位维也纳教授聪慧、优雅而又美丽的女儿贝尔塔·楚贝尔。他把自己有意娶她为妻的想法坦露给斐迪南大公，并着实令后者吃了一惊。要知道，索菲的出身固然与斐迪南大公不相称，可她至少还是贵族阶层的成员。可以想见，费迪南德·卡尔在皇帝那边的情况比斐迪南大公当年也好不到哪去：皇帝是看在斐迪南大公皇位继承人的特殊身份上，才勉强同意了后者与索菲超越礼制的结合；反观费迪南德·卡尔，不过是一名微不足道的大公，肩上也没有任何重担，又有什么理由来说动皇帝批准他的贵贱通婚呢？[42]

　　费迪南德·卡尔之前一直强烈反对斐迪南大公与索菲的结合，并称这桩婚姻"有失皇室家族的尊贵身份"；可现在，他却希望在与心爱的女人成婚这件事上得到自己哥哥的祝福。两兄弟之间一度出现"暴力场面"，可任何一方都不愿首先作出让步。[43]为避免事态进一步升级，费迪南德·卡尔于1904年以身患结核病为由离开帝国军队，和贝尔塔退隐至蒂罗尔，过上了属于自己的生活。虽然不断传出有关两人的谣言，可每当有人找他对峙时，他都会极力辩驳称，自己并未与这位年轻的女士秘密成婚，她是他情人之类的说法更是无稽之谈。真相终于在1911年大白于天下：就在这一年，费迪南德·卡尔承认，他早已娶贝尔塔为妻，但为了掩盖两人的结合，一直没有跟皇帝和他的哥哥说实话。皇帝在给斐迪南大公的信中写道："费迪南德的行为严重违背了他七年前向我许下的不会娶贝尔塔小姐为妻的承诺，在未经我允许的情况下就与她步入婚姻的殿堂。"皇帝还在信的结尾加上一句："我强烈敦促你将此事严格保密，只有你我二人可以知晓。"[44] 真正让斐迪南大公吃惊的，并不是这桩婚姻本身（因为他早就已经对此有所怀疑了），而是自己弟弟对皇帝的蓄意欺瞒。对自己的哥哥说谎是一件事，可谁要是敢对皇帝撒谎，那在斐迪南大公看来简直就是堪比奉行异教的滔天大罪。[45] 深感自己遭到背叛的并不止斐迪南大公一人。皇帝对此的反应是：剥夺费迪南德·卡尔的全部收入、一切荣誉以及他的大公头衔，并将他永久驱逐出奥地利。费迪南德·卡尔此后改名"费迪南德·布尔格"，和他的爱妻在蒂罗尔平静地度过了余生。[46]

这种"为爱不顾一切"的风气在哈布斯堡家族内部正变得越来越普遍。1902年，曾在斐迪南大公乘船环游世界的过程中伴其同行（直至此人在澳大利亚被斐迪南大公赶下船）的利奥波德·费迪南德大公发出声明，宣布放弃自己的头衔，改名利奥波德·韦尔夫林，跑到瑞士跟一名邮局局长的女儿结了婚（尽管这位特立独行的女性似乎有在公开场合裸露身体的恼人癖好）。几乎与此同时，他的妹妹（女大公路易丝）也撇下自己的萨克森公国储君丈夫，带着孩子们的法国家庭教师逃到了瑞士。跟丈夫正式离婚几年之后，她跟一位意大利音乐家结婚的消息再度震惊了整个欧洲大陆。

诸如此类的丑闻无疑让斐迪南大公和索菲的婚姻显得比以往更加光明。被当成炫耀资本的情妇、非婚生子女、死于梅毒以及宣布离婚的皇室成员——跟他们比起来，斐迪南大公和波希米亚伯爵小姐的贵贱通婚俨然成为责任与体面的典范。纵然有那么多失之偏颇的闲言碎语，把索菲抹黑成一个工于心计的投机者，可她却从未在老气横秋的帝国宫廷里出过哪怕一次差错。对这桩婚姻最初的怀疑开始渐渐消散。时间或许永远也没法抚平刻意制造的伤口，不计前嫌、坦诚相拥更是难上加难。但是，逝去的岁月似乎正在向他们昭示：未来，必然会有越来越多的人逐渐接受这对帝国最不寻常而又最热烈相恋的皇室夫妇。

第七章
态度软化

在奥托撒手人寰、费迪南德·卡尔也名誉扫地的情况下，皇帝迫于无奈，只好用更加积极的目光来看待斐迪南大公和索菲的婚姻。不过，"无奈妥协"与"张开双臂、全盘接受"显然不是一个概念。皇帝曾坚决地对自己的首席副官爱德华·帕尔伯爵表示，"万万不可原谅"这两人的结合，还表示，他"会永远用最难听的字眼来责备不得不批准这桩婚姻的自己"。[1]话虽如此，可年华的老去却让日益显露出疲态的皇帝既无力，也不愿在既成事实上白费功夫。跟斐迪南大公结婚之后，索菲从未制造过任何惹眼的场面，没出过哪怕一次差错，更不曾唆使自己的丈夫为争权夺利而大吵大闹，让那些想看她笑话的人全都落了空。当时的一份报纸是这样写的："从来到帝国首都的那一天起，她就一直挣扎在艰难的处境之中，不得不借助奇迹般的毅力、才智和机敏，学会无视失望的情绪与众人的羞辱。在深爱着她的丈夫的支持与帮助下，女侯爵索菲用迷人而又可爱的方式不断上演着这样的奇迹；她美好的品质中不存在任何尖锐之处。所有人都被她的聪慧与魅力所征服。"[2]她的真诚，她对性情急躁的斐迪南大公所起到的安抚作用，以及两人有目共睹的热烈相恋，都让反对者原本强硬的态度开始一步步软化。

在帝国的宫廷中，允许斐迪南大公和索菲一同现身的场合依旧少得可怜，而且，即便是在这些场合中，给人留下的也经常是恩惠与刻意羞辱交织在一起的矛盾印象。1909年，受邀参加一场宫廷舞会的索菲发现，一直没把她放在眼里的蒙泰诺沃这次还是没有安排陪她一同入场的男宾。这一回，她没有选择在屈辱中逃离现场，而是高昂起头，仪态端庄地独自踏进舞会厅。一位大公家族的年轻男性成员显然是出于怜悯，立马跑上前去挽住她的胳膊，全然不曾考虑此举背后的政治意涵。第二天，各种埋怨与抗议之声一齐朝蒙泰诺沃袭来。提出抗议的不仅有怒火中烧的斐迪南大公，还有好几位大公家族的女眷。在她们看来，索菲根本不配挽着大公家族男性成员的胳膊入场，帝国的礼仪制度容不得半点僭越。[3]

舞会事件过去六个月之后，索菲第一次在官方组织的正式场合履行了自己的职责：在的里雅斯特，她主持了新无畏舰"拉德茨基号"的受洗命名仪式。斐迪南大公很是高兴；看起来，针对自己妻子的限制与敌意似乎正在渐渐消退。只可惜，现实并不如他所想象的那般宽宏大量。1909年8月是拿破仑的军队被赶出蒂罗尔的一百周年纪念。皇帝和斐迪南大公都预定要出席当天的纪念仪式，可蒂罗尔州委会捎带着也给索菲发去邀请的消息却让帝国宫廷陷入一片恐慌。皇帝坚称，州委会邀请索菲不过是跟她客气一下，并表示，索菲"不应参加此次纪念活动"，因为，她的存在"难以同庆祝仪式的规定相协调"。作为代替，仪式结束之后，有一项作为尾声的活动可供索菲参加。这小小的妥协或许用意是好的，可在现实中只会让人倍感屈辱。皇帝向他的侄子保证，索菲"是我们家族圈子中的一员，而且，我会很高兴在非对外的家族聚会上见到她"。[4]不论刻意与否，这背后的信息大抵是明确的：关起门来，索菲多少还算得上是一位可以接受的皇室配偶，但在公众面前，必须跟她划清界限，维持她在帝国宫廷眼中低人一等的形象，以免让帝国上上下下对她产生任何不必要的误解。

一旦涉及外国王室，这套本就复杂的双重标准无疑将进一步引发世人对此的强烈关注。访问维也纳的外国君主和王子可以在私下里拜会和问候斐迪南大公与索菲，索菲也可在访问期间应他们的邀请，出席任何正式活动，但应邀回访外国宫廷却是被严令禁止的。1902年1月，斐迪南大公出访圣彼得堡，以便当面对册封他为俄罗斯帝国禁卫骑兵团将军的沙皇尼古拉二世表示感谢，可索菲却不能陪他一同前往。[5]她奇异的处境让很多人都倍感迷茫与困惑。1904年，未来的英王乔治五世和他的妻子玛丽对维也纳进行国事访问时，帝国官方的招待会将索菲拒之门外。然而，很可能是在乔治的强烈坚持下（因为他的妻子显然对那位同自己地位相当的波希米亚女子不甚热情），这对英国夫妇来到美景宫，私下拜会了斐迪南大公和索菲。虽然玛丽本人也是贵贱通婚的产物，可自身的过往与不当婚姻的影响却始终令她难以忘怀（日后，她的担心成了现实：为了跟美国离婚女子沃利斯·辛普森成婚，她的儿子爱德华八世放弃了王位）。拜会进行得很顺利，可不得不像走钢丝一般处处小心的现实，却再一次凸显出到访的外国王室所要面对的麻烦。拒绝与索菲会面或许能讨现任皇帝的欢心，却也可能因此冒犯到下一任皇帝。类似上面这样的私人会面代表了某种令人不安的妥协，既对索菲的斐迪南大公之妻地位表示了微妙的认可，又不必冒惹怒皇帝的风险。然而，德皇威廉二世、乔治的父亲英王爱德华七世以及爱说三道四的英国记者亨利·威克姆·斯蒂德私下里都表示，每个人早晚都要接受这样一个现实：不管世人愿不愿意，等斐迪南大公继位之后，索菲都将顺理成章地随之成为帝国的皇后。[6]

在当时，能够以如此民主的方式来思考问题的王室宫廷实在是少之又少。1906年5月，为参加西班牙国王阿方索十三世和维多利亚女王的外孙女、巴腾贝格亲王之女维多利亚·欧根妮（她的父亲是贵贱通婚的后代，所以她也算是半个贵贱通婚的后代）的婚礼，斐迪南大公踏上前往马德里的旅程。西班牙方面在马德里的王宫为斐迪南大公专门举办了一场盛大的欢迎晚宴，可索菲却连婚礼本身都不能参加。阻力不仅来自章程上的麻烦，还在于，阿方索的母亲克里斯蒂娜王太后是伊莎贝拉大公夫人的小姑子。让令人望而生畏的伊莎贝拉和她的前女官在流光溢彩的王室婚礼上共处一室，如此充满潜在危险的画面立刻就让人打消了邀请索菲的念头。和斐迪南大公乘坐同一列火车的索菲只能止步于靠近西班牙边界的法国城市比亚里茨。下车之后，她化名阿特施泰滕伯爵夫人，住进当地的一家旅馆，而她的丈夫则继续朝马德里进发。[7]

情况本就让斐迪南大公十分恼火，列车内糟糕的环境更加剧了他的痛苦。列车抵达西班牙首都时，迎接他的是将近摄氏43度的高温；他住的旅店既没通电，也没有现代上下水，家具内臭虫与虱子泛滥成灾。[8]5月31日婚礼当天，他和未来的比利时国王阿尔贝一世以及魁梧健壮的俄国大公弗拉基米尔乘坐同一辆毫无舒适性可言的马车。他们在马车队列中的位置相对靠后，因此，一名恐怖分子朝西班牙国王和他的新王后乘坐的带篷四轮马车投掷的炸弹并未伤及斐迪南大公。爆炸的热浪迎面而来，紧接着是烟雾、尖叫与恐慌。马匹倒毙在地上，马车两边鲜血直流的随行侍者茫然无措地坐在地上，一颗被从肩膀处齐根斩断的头颅用毫无生气的眼睛注视着街道，就连王后的白色婚纱都沾满了鲜血。各国君主们平静地换乘另外的马车继续沿街道行进。跟在他们后面的斐迪南大公怀着惴惴不安的心情朝人群招手致意，不知不觉间跟自己不祥的未来做了一次短暂的近距离接触。

这类华丽壮观而又险象环生的场合一向与索菲无缘。直到1909年，一项来自罗马尼亚、出乎所有人意料的邀请才终于让事情有了转机。罗马尼亚国王卡罗尔一世问斐迪南大公和他的"配偶"愿不愿意赏光来他和他王后这里做一次私人旅行。外国现任君主请索菲以官方身份出场，这可是破天荒头一遭。罗马尼亚国王的邀请顿时让帝国宫廷陷入一片恐慌。在维也纳官方看来，索菲不过是个无名小卒，绝没有资格以"配偶"的身份与她的丈夫一同出现在如此隆重的场合。如果欧洲某国的宫廷认可并以平等的方式对待索菲，那么，不论这代表的是私人还是官方态度，斐迪南大公都必然会动用他的影响力，为索菲争取更加过分的邀请。长此以往，类似的会面必将为索菲赢得各国宫廷的赞誉，让奥匈帝国对她不知疲倦的否定全部付诸东流，帝国宫廷想要继续把她排除在外也将变得越来越难。按程序来说，此类外事访问必须先征得皇帝本人的同意，可让皇帝大伤脑筋的既成事实现在就摆在他的面前。他当然可以让自己的侄子单独前往，但是，在罗马尼亚国王刻意将索菲纳入邀请的情况下仍刻意将索菲排除在外，不仅有招致外国王室不悦、酿成外交丑闻的风险，更有可能引发对索菲窘迫处境的不必要同情。在没有任何回旋余地的情况下，皇帝别无选择，只好同意了对方的邀请。虽然是私人访问，可这毕竟是索菲第一次前往外国宫廷，第一次有接待方正式承认她奥匈帝国皇位继承人之妻的身份。[9]

罗马尼亚王室宫廷的礼仪及其他难题的复杂程度早有先例，因此，斐迪南大公和索菲在行程中绕过布加勒斯特，来到锡纳亚镇附近喀尔巴阡山上的夏宫佩莱什城堡，直接拜会国王和王后。对索菲来说，这是她第一次用真名而非化名陪同自己的丈夫出访他国。听闻邀请被接受之后，卡罗尔国王向斐迪南大公保证说，对即将到来的访问，他"无比高兴"。他最后还保证说，"亲爱的表兄*，我的太太和我期待结识你亲爱的妻子，我们会张开双臂，像欢迎你一样欢迎她的到来"。这番话彻底打消了斐迪南大公此前一直挥之不去的顾虑。[10]

7月10日，帝国列车停靠在罗马尼亚边境的一座小镇。等候在站台上的罗马尼亚储君费迪南德（卡罗尔国王哥哥的儿子）和他的妻子玛丽欢迎了斐迪南大公和索菲的到来。仪仗队立正敬礼，军乐队奏响奥匈帝国和罗马尼亚王国的国歌，斐迪南大公第一次在有妻子陪伴的情况下走过红毯。罗马尼亚首相向两人鞠躬致意。晴空下，一个小姑娘将手中的花束献给索菲。卡罗尔国王之前警告过费迪南德和玛丽，要他们"必须在所有方面都表现出善意"，好好招待来访的皇室夫妇。两人表面上对此言听计从，暗地里却仍旧对索菲持保留态度。[11]玛丽既是维多利亚女王的孙女，又是沙皇亚历山大二世的外孙女。她以一位继位者之妻对另一位继位者之妻的方式平等地接待了索菲，可她后来却抱怨称，一个是贵贱通婚中较为低

---

* 原文如此，但据译者查到的资料显示，卡罗尔国王应该是弗朗茨·约瑟夫皇帝而非斐迪南大公的表兄。具体来说，卡罗尔国王应该是弗朗茨·约瑟夫皇帝的从表兄弟。弗朗茨·约瑟夫皇帝的外祖母和卡罗尔国王的外祖父是亲姐弟。

贱的一方,"一个是与自己的丈夫出身相当的王室配偶,这两者之间显然有着不容任何质疑的天壤之别,尤其是在后者乃是俄国与英国统治家族的直系后代的情况下"。[12]

无论如何,罗马尼亚储君夫妇的姿态至少还算是令人愉快的。他们带领两位客人坐上等候已久的马车,一同踏上前往锡纳亚的旅程。在动身前往佩莱什城堡之前,一行人先在锡纳亚稍作停留。在锡纳亚修道院前,约300名来自特兰西瓦尼亚的罗马尼亚人用鲜花和合唱表演表达了对他们的欢迎。[13]卡罗尔国王和伊丽莎白王后在佩莱什城堡热烈欢迎了斐迪南大公和索菲的到来。佩莱什是一座巨大的、中世纪建筑风格的猎苑,又细又高的塔楼在环绕城堡的群山间拔地而起。王后走上前去,将刚行了一半屈膝礼的索菲揽入怀中,热情地亲吻她的面颊,把索菲弄得一脸尴尬。[14]

伊丽莎白王后是一位略显古怪的人物。她酷爱诗歌,"对贵贱通婚怀有超乎寻常的深切同情"。国王和斐迪南大公边抽雪茄边讨论政治,而伊丽莎白王后的百般关注则几乎让索菲有些喘不过气来。在储君妃玛丽看来,作为贵贱通婚中较为低贱的一方,这位多少带有些异域色彩的皇室配偶"是一位和蔼而又友善的女士,也是'花瓶'般的存在,身材很高,有着典型的维也纳人的长相"。玛丽还坚称,索菲的"行为举止刻板而又传统"。这评价实在太过微妙,真不知道该算是对索菲的贬损还是褒奖。有些时候,铺天盖地的关注和小题大做的嘘寒问暖可能会让她显得"相当手足无措",但就连玛丽都承认,索菲拥有"无可挑剔的处事本领","既不会显得过于卑躬屈膝,也不会显得过于突兀直白","完美地扮演了自己的角色,让各方都由衷地感到满意"。[15]这一点就连国王本人都表示赞同。他这样写道,索菲"魅力十足,自身的艰难处境对她根本构不成任何问题"。[16]

　　让斐迪南大公大喜过望的是，在城堡的土耳其大厅举办的宴会上，他的妻子并没有像在维也纳一样屈坐在桌尾，而是被郑重其事地安排在国王右边的贵宾位置。戏剧演出、轻歌剧演出以及更多的庆祝晚宴让之后的几个晚上显得格外充实。斐迪南大公的兴致很高：检阅完山地团的第三营之后，他又是亲自开车，又是进山远足，还陪储君夫妇野餐，爬上绳梯进入王后命人在枝杈间建造的小凉亭，陪她一起喝茶，共同度过了一段美好的时光。[17]最让斐迪南大公感到欣慰的是，他心爱的妻子能够得到如此的尊重与体贴。他的秘书不无敬佩地表示，索菲安然度过了"如炮火洗礼一般的严峻考验"，而这也道出了在场几乎所有人的心声。[18]

　　事实上，反倒是斐迪南大公本人无意间造成了此次罗马尼亚之行中唯一的不和谐因素。旅行途中，斐迪南大公遇到一群难民。他们刚刚从匈牙利控制下的特兰西瓦尼亚逃离出来，正有意归顺卡罗尔国王。这些人中有一位名叫奥雷尔·波波维奇的历史学家。他在自己的著作中建议，应该把哈布斯堡帝国拆分为由半自治的州组成的邦联。他的建议引起斐迪南大公的关注。斐迪南大公倾听了这位历史学家对实行铁腕统治、镇压少数民族马扎尔人的控诉，并表示，早年在匈牙利的不悦经历让他深知此言非虚。匈牙利人大为光火，并要求斐迪南大公向他们致歉。遭到他的严词拒绝之后，匈牙利人用他们自己的方式对他进行了报复。列车载着斐迪南大公和索菲经过匈牙利控制下的特兰西瓦尼亚时，铁路两侧及站台上的欢迎人群统统被匈牙利士兵用刺刀驱离。[19]

　　四个月之后，索菲迎来了一场比罗马尼亚之行意义更加深远的胜利。德皇威廉二世公开欢迎斐迪南大公和索菲来柏林旅行；更为重要的是，此次柏林之行虽未被冠以国事访问之名，在规格上却丝毫不逊色于一国元首对另一国的正式官方访问。斐迪南大公与威廉之间的关系一直阴晴不定，常常十分紧张，偶尔还会出现水火不容的情况。德国固然是奥匈帝国的主要盟友，可德国却不怎么受维也纳人的欢迎。威廉二世是一个性格复杂的人物，饱受低人一等的自卑情绪之苦。斐迪南大公的自卑情绪源于自己妻子受到的不公待遇，而威廉的自卑情绪则有更深层的原因。威廉的左臂在出生时严重错位，形同残废。他的母亲——维多利亚女王的长女——视他的畸形为软弱的象征。严酷的童年以及不同人灌输给他的互相冲突的观念，把威廉变成了一个生性好斗的吹牛大王。然而，他粗暴而又生硬的性格之下，其实掩藏着被他人接纳的强烈愿望。

斐迪南大公不喜欢徒有其表的排场，而德皇则沉醉于恢宏的仪式和典礼。斐迪南大公的品味较为朴素，而威廉则把穿上各种华丽的制服、趾高气扬地走来走去当成一种享受。斐迪南大公沉静而又内敛，可威廉不仅喜欢跟人谈天说地（虽然谈论的话题总是离不开他自己），更乐于成为众人关注的中心（用一名作者的话说，"参加婚礼时，他恨不得新娘就是他自己；参加葬礼时，他恨不得躺在棺材里的尸首就是他自己"）。[20]不过，两人却一致热衷于打猎和布尔乔亚式的家庭生活，尽管对德皇来说，家庭生活在很大程度上不过是一场浮夸的表演。

在斐迪南大公为争取世人对索菲的认可而进行的持久斗争中，德皇竟然在无意间成为他最大的助力，恐怕是谁也预料不到的。1898年，列车进入柏林火车站之后，斐迪南人公发现德皇正站在月台上等着他。威廉看着他走下火车，目不转睛地死盯了他一会儿，然后高声宣布："别以为我是来接你的！我真正要等的人是意大利王国的储君。"[21] 威廉的反应如此滑稽，难怪斐迪南大公会在背地里称他为"欧洲最大的小丑"。[22]

两人关系的转机出现在1903年9月。威廉刚刚拜访完弗里德里希大公和他的妻子伊莎贝拉，满脑子都是这夫妇二人讲给他的有关索菲的骇人听闻故事以及他们对她所谓的可耻过往的控诉。在返程的路上途经维也纳时，他原本决心避开索菲，可他的总理伯恩哈德·冯·比洛侯爵却警告他不应冒犯斐迪南大公。威廉坚称："如果我在这里退让，那么，迟早有一天，我会目睹我的儿子把女官或者女仆娶进家门！"列车驶进维也纳时，比洛对他耳语道："陛下现在正面临一个选择。您既可以和未来的奥匈帝国皇帝成为朋友，也可以为自己制造一个敌意越来越深的死对头。"弗朗茨·约瑟夫皇帝和他的侄子斐迪南大公就等在月台上，德皇只用几秒钟便做出了选择。问候完皇帝之后，威廉转向斐迪南大公，说道："何时我才能有幸向您的夫人表达我对她的敬意？"[23] 当天下午，威廉陪同斐迪南大公和他的妻子一起在美景宫喝了茶，一段友谊就此诞生。[24]

德皇不过是摆出了一个小小的姿态，却有效缓解了斐迪南大公的疑虑，两人很快就成了看似亲密的朋友。他们开始定期打猎并交换热情洋溢的信件。在信中，威廉始终称斐迪南大公为"亲爱的弗兰齐"。威廉唯一的女儿维多利亚·路易丝后来写道，他对斐迪南大公的聪明才智有着"很高的评价"，"可斐迪南大公自己的国家却好像意外地没有注意到这一点"。[25] 现在，德皇有机会以一种相当公开的方式巩固他和斐迪南大公之间的友谊。他相信，只要给予索菲足够的尊重，就能为他一劳永逸地赢得斐迪南大公的感谢与支持。

11月11日，在柏林的安哈尔特火车站，德皇张开双臂，向踏出列车的斐迪南大公致以热烈的欢迎（讽刺的是，那场与这两个男人紧密交织在一起的灾难性大战刚好在九年后的同一天落下帷幕）。乐队沿深红色的地毯一字排开，哈布斯堡家族与霍亨索伦家族的旗帜在疾风中猎猎飘扬，一名来自"弗朗茨皇帝步兵团"的仪仗兵在斐迪南大公面前立正推枪行礼。索菲下车后，德皇立马冲到她的面前，又是鞠躬，又是吻手，还递给她好大一捧兰花。德皇对这位贵贱通婚者的尊重姿态让全欧洲的报界都跟着兴奋了起来。[26]

跟在罗马尼亚时不同，这一次，索菲从容地接受了众人的热烈关注。据在场的一名观察者称，索菲身穿一件淡紫色的天鹅绒礼裙，头戴一顶饰有鸵鸟毛的大帽子，陪同自己的丈夫走过月台，"看起来十分优雅，给人留下了很好的第一印象"。[27]场面固然震撼人心，可索菲的贵贱通婚地位总会以微妙的方式显露出来。奥古丝塔·维多利亚皇后和储君妃采齐莉均未到场，代她们尽地主之谊的是德皇另一个儿子的夫人，皇子妃艾特尔·弗里德里希。[28]

当晚，奥古丝塔·维多利亚皇后倒是在波茨坦现了身，并欢迎了前来访问的斐迪南大公和索菲。德皇在新宫安排了一场盛大的宴会，但问题也随之而来。要是按照地位高低安排座次，索菲又将被不留情面地甩到长桌的桌尾，只能远远地看着坐在中间位置上的斐迪南大公、德皇夫妇以及他们的子女。德皇深知，这样只会让斐迪南大公的心情更加糟糕。为了解决这个难题，他命人撤去传统的长宴会桌，代之以数张较小的圆桌，并宣布，他和他的妻子要跟奥地利访客坐同一张桌子。索菲穿着带毛边的橘色礼裙到场时，德皇甚至亲自挽着她的胳膊，领她坐到自己右边的贵宾位置上。[29]

威廉和斐迪南大公离开柏林，出去打了好几天的猎。在此期

间，德皇家族似乎完全接纳了索菲。储君妃采齐莉以她个人的名义
在大理石宫举办了一场宴会，并邀请索菲坐在皇后和德皇妹妹（希
腊王国储君妃索菲）的中间。[30]皇子妃艾特尔·弗里德里希陪索菲
游览了柏林和波茨坦，随她一同参加了一所女子学校的招待会，还
在一旁注视她为一座新孤儿院主持了落成仪式。柏林之行给斐迪
南大公和索菲留下了相当正面的印象，其影响更是几乎可以用大获
全胜来形容。[31]离开柏林时，斐迪南大公动情地表达了自己对威廉
的感谢："我会永远把你和过去的这几天牢牢地记在心里。"[32]

德皇的鞠躬和当众吻手以及之后的宴会和观光，是整个柏林之
行中最大的亮点。这些亮点让斐迪南大公的内心得到了极大的满
足。然而，这样的胜利却让维也纳人（或者至少是生活在维也纳的
某些群体）怨愤难平。用一位外交官的话说，有关柏林之行的种种
细节在维也纳的各大报纸上刊载出来之后，好几位大公家族的女眷
立马火冒三丈地表示，一向被她们蔑称为"女仆"的索菲竟然得到
如此高规格的礼遇，实在是岂有此理。她们抱怨称，德皇对待索菲
简直就像是在对待奥匈帝国未来的皇后。[33]

罗马尼亚和柏林之行的影响是不可磨灭的，是再多恼羞成怒的
流言蜚语也抹杀不了的。索菲成功趟过了两片潜在的雷区。九年
来，面对别人的羞辱、冷落以及无休无止的怀疑，她总是平静而又豁
达地坦然接受。这既反映出她性格中深沉的一面，也让所有妄图否
定斐迪南大公婚姻的人哑口无言。接下来发生的事情如此出人意
料，让这对夫妇和批评他们的人全都吃了一惊。

或许是出于对必然趋势的无奈认可，又或许是有意把它当成一
种奖励，但无论真正的原因究竟为何，有一点可以肯定的是，索菲在
1909年11月4日这一天被弗朗茨·约瑟夫皇帝擢升为女公爵。皇

帝在给自己侄子的信中写道:"我认为,把霍恩贝格女公爵的头衔和'殿下'的尊称授予你贵贱通婚的配偶,对我来说是一个不大不小的荣幸。在我的皇宫内,我进一步赋予她权利,让她在优先顺序上不再位列大公家族的全体成员之后,而是位列所有荣获星十字勋章的女大公中年龄最小者之后。"[34]

在奥匈帝国,女公爵的等级高于仅享有女侯爵、侯爵夫人或者侯爵小姐头衔的人。索菲的尊称从1905年授予她的贵族式的"最尊贵的阁下"变为专供高等皇室成员使用的"殿下"。依据奥地利复杂的尊称体系,这意味着索菲的尊威有了长足的提升。[35]有了这个尊称,索菲不仅超越了女公爵、女侯爵以及与皇族地位相当的其他家族的子女,甚至还一并超越了年龄尚小的未成年女大公。斐迪南大公更是难以抑制自己的雀跃之情。结婚九年之后,这对夫妇的内务人员和仆人终于开始用"殿下"来称呼他们的女主人。斐迪南大公宣布,任何错用旧尊称来称呼她的人都必须为他孩子的存钱罐贡献零钱。可他转头就把刚立的规矩忘了个一干二净,自己先乐呵呵地往存钱罐里塞了好几枚硬币。[36]

还有更多令人欣慰的转变正在发生。皇帝下令,自1910年1月1日起,相关军队人员应向索菲推枪行礼,卫兵也不再因美景宫里只有索菲一人而撤岗。索菲有权成为慈善机构和团体的赞助人。帝国宫廷的音乐总监卡尔·齐雷尔甚至专门为她谱写了一曲"索弗尔华尔兹"。其他作曲家也纷纷效仿,创作了一大批用她的名字命名的华尔兹、波尔卡和小调。她还站在自己丈夫旁边,第一次以妻子的身份陪同他参加军事典礼。[37]夫妇二人满怀希望地回到维也纳和美景宫,准备迎接冬日社交季的到来。

第一次以霍恩贝格女公爵的身份在帝国宫廷亮相,本该成为索菲人生中一个重要的胜利时刻,可她却在给自己妹妹奥克塔维亚的信中倾诉称,"近来,我的处境很是艰难,简直跟我刚嫁过来的时候差不多",这次亮相让她真切地体会到了什么叫"真正的进退两难"。[38]维也纳人的兴奋之情极为高涨:刚刚被封为霍恩贝格女公爵的索菲在皇宫里过得好不好?她的出场先后顺序会有什么变化吗?观看华尔兹表演的时候,她有没有可能跟皇室家族一同坐在正厅后排的高级包厢?1月18日晚上,近四千名来宾涌入霍夫堡,热切期盼着这些问题的答案。[39]然而,索菲还是像往常一样,跟在大公家族全体女性成员的后面入场。她向自己的妹妹奥克塔维亚吐露称:"最让我尴尬的是,我没法加入队列中去,只能待在最后面……太显眼了!"当天,她身着一袭黑白相间的锦缎礼裙,身披白色骆驼毛镶边的薄纱,天蓝色的冠状头饰"看起来十分高贵",在她的头顶上熠熠放光。虽然没能跟皇室家族坐在一起,但是,随着夜色的渐渐加深,可以看见她正在和身边的人亲切地聊天。弗朗茨·约瑟夫皇帝一度顺路来到她的座旁,和她简单交谈了几句。[40]皇室家族准备一道去吃晚饭的时候,索菲才挽着萨克森-科堡-科哈里侯爵公子路德维希的胳膊,第一次加入他们中间。[41]对公众关起门来之后,多半是在居心不良的蒙泰诺沃的刻意安排下,索菲不仅跟伊莎贝拉大公夫人的两个女儿在同一张桌吃饭,而且就坐在她们两人中间。[42]她在给自己妹妹的信中承认:"不难想象,当这一切终于结束的时候,我有多么高兴。"[43]

然而,整个社会仍旧疑神疑鬼地与她保持着距离。一位侯爵的女眷向一位英国外交官透露,在索菲结婚之前,两人曾经十分要好,但现在,她既不能给索菲写信,也不能跟索菲说话,甚至不敢当众承认两人的朋友关系。因为,始终有无数双吹毛求疵的眼睛在盯着索菲,不放过任何可能演变为丑闻的端倪。这位外交官在给英国外交部的汇报中表示,大多数贵族女性都秉持着与之相同的原则,坚持认为索菲"应该拒绝斐迪南大公的求婚"。[44]

随着夏季的来临,斐迪南大公和索菲短暂回到维也纳城内,准备慢慢试一试水,探查一下民众对索菲的接受程度。索菲在给自己妹妹奥克塔维亚的信中坦率地表示,"有机会再次参加竞技赛马会和打吡大赛实在是一件乐事。这里果然是一个截然不同的世界,人多到难以置信"。她认为这里的一切都"十分有趣",不过,她最后又补充道,美中不足的是,天气"热得人都要化了"。[45]

几个月之后,英王爱德华七世驾崩。斐迪南大公希望他的妻子能够随他一同去伦敦参加葬礼。可帝国的行政官员却指出,根据以往的传统,这样的葬礼一般不会邀请皇室或者王室的配偶参加,而且,许多外国的皇亲国戚都没有接到邀请。斐迪南大公接着又建议,可以让他的妻子以私人而非官方身份陪他一道出行。但这也会带来难以解决的问题。如果乔治五世置其他外国代表于不顾,却唯独邀请索菲,日后或将招致他国的不满。此外,如果新王后玛丽接待了索菲,而其他皇室或者王室的配偶却无权享受这样的礼遇,那岂不成了对索菲莫名其妙的过分偏袒。可如果在索菲逗留伦敦期间权当她不存在,又会在无意中冷落甚至慢待了她。[46]

斐迪南大公总是希望别人能把他的妻子考虑在内。他的心情固然可以理解,但这一次,他所寻求的并不是外国王室的认可,而是公然要求对方打破既定章程,破格接待索菲。他动身去伦敦的时候本来就有些烦躁,旅途中发生的不愉快更是让他的火气只增不减。在他乘坐的列车上,有几位同样准备前去吊唁的外国皇室/王室成员,其中就包括不久前刚刚自封为保加利亚沙皇的斐迪南一世。两人都反感对方,因此,在列车载着他们跨越欧洲大陆的过程中,斐迪南大公和斐迪南一世之间的你争我斗几乎一刻都不曾停止。先是斐迪南大公成功说服列车工作人员把他的私人车厢安排在前面,而斐迪南一世则以禁止斐迪南大公经由自己的车厢前往餐车作为报复。[47]

即便到了伦敦,情况也不见任何好转。对已故的英王爱德华七世,斐迪南大公在给一位朋友的信中评价称:"我只希望,在政治家之路上,他的儿子能比他多少强一点。"[48]送葬时,新国王乔治五世骑马跟在父亲的灵柩后面,身旁是他的姑表哥德皇威廉二世,再后面是希腊、挪威、西班牙、丹麦、葡萄牙和比利时的国王以及先王的两个孙子——爱德华(未来的爱德华八世,退位后改封为温莎公爵)和他的弟弟乔治(未来的乔治六世)。斐迪南大公只能屈居于第三排,走在比利时国王阿尔贝一世和奥斯曼帝国的继承人中间。这里几乎没有一件事合他的心意。[49]他抱怨说,"送葬异常耗费体力、让人疲惫",而且,这么热的天,让一众皇子、王子和小国君主一连几个小时在"骄阳炙烤下的伦敦街头"供人围观,"实在是一项几乎丝毫不替人考虑的过分要求"。在他看来,眼前的盛况"与其说像葬礼,倒不如说更像加冕礼或者凯旋式","目之所及,到处都闪着金光银光,除了紫色就是猩红色",许多其他来宾的存在,更是让他提不起兴致来。他嘲笑说,沙皇斐迪南一世是一个"虚伪做作、完全靠不住的家伙,一副彻头彻尾的可怜虫气质",看起来"像一头猪"。他信誓旦旦地表示,塞尔维亚储君长得像"吉卜赛坏蛋",还说美国总统西奥多·罗斯福缺乏应有的礼貌。[50]

斐迪南大公误以为帝国的行政官员是为了侮辱索菲才故意禁止她与自己同行的,而这无疑影响了他的判断力,让这趟伦敦之行显得格外糟糕。回到奥地利之后，他开始比以往更加警惕对索菲的任何怠慢。他不忍看到，上一秒，索菲还沐浴在有目共睹的恩宠之下，下一秒，用心险恶的流言蜚语和牢骚满腹的哈布斯堡家族成员就又找上门来。斐迪南大公和索菲相当不客气地故意避开次年1月16日的帝国宫廷舞会。缺席的原因交由维也纳的《帝国邮报》来替他们解释。该报的观点称："一般人可能无法理解，按照现行的宫廷礼仪规范给皇位继承人的配偶安排出场位置，为什么会被认为是不必要的痛苦。根据该礼仪规范的要求，皇位继承人的妻子不但要排在皇室家族已婚女性的后面，就连年龄尚小的未婚女大公都排在她的前面。考虑到好几位年轻的女大公这一年是第一次参加宫廷舞会，迄今为止一向被严格奉行的礼仪规范可能会让索菲变得比以往更加扎眼。霍恩贝格女公爵索菲就算不为自己着想，至少也应该体谅一下她高贵的丈夫，设法避免这样让人痛苦的场合。他们为什么会缺席今年的宫廷舞会，这下也就该一清二楚了。"[51]

这一年夏天发生的事情进一步证明了帝国宫廷在对待索菲时的矛盾态度和心理。多年前乘船环游世界的时候，斐迪南大公深深震撼于英国海军的规模，更震撼于其在庞大殖民帝国的统治与扩张中所发挥的重要作用。虽然奥地利并没有类似的扩张主义计划，但斐迪南大公相信，他的国家需要一支能够与列强一较高下的海上力量。晋升为"皇家与王家海军"元帅之后，在他的监督和推进下，帝国的海军正逐步由羽翼未丰的小舰队转变为高效的作战力量。作为这支新舰队的旗舰，无畏舰"齐心协力号"的下水本该成为他个人的胜利时刻。然而，无情的事实再一次以令人生厌的方式提醒他：在掌权者看来，为索菲的特殊情况作出一次又一次让步实属无可奈何，她这样的人永远也不配得到帝国官方的正式认可。斐迪南大公、他同父异母的妹妹玛丽亚·安农恰塔和索菲一同出席了在的里雅斯特举行的下水仪式，可官方公布的计划案却故意略去了索菲的名字。[52]

不过，索菲和皇室家族之间一度看似不可逾越的鸿沟其实正在慢慢缩小。在帝国宫廷，她的现身总是伴随着矛盾与争议，但某些皇族成员先前的不屑一顾与冷若冰霜终于开始消融和解冻。虽然哈布斯堡家族的某些成员此前就在他们给斐迪南大公的信中顺便提到过索菲，可那充其量只能算是些无关紧要的只言片语。直到1907年，弗里德里希大公才打破多年的沉寂，在给斐迪南大公的信中写道："真的非常感谢你妻子的友好问候。对此，我致以最衷心的回应。"[53]索菲被提升为女公爵之后，问候的话语也随之升级为更加亲切友好的"向你和索菲致以衷心的问候"。[54]这一点就连鲁道夫的女儿和索菲的前敌人伊丽莎白女大公也不例外。1911年，她给斐迪南大公寄去一封信，并在信的结尾处写道："亲吻索菲的手。"[55]

这些礼貌的问候不仅反映出索菲地位的变化，更反映出，人们一年比一年意识到，斐迪南大公不久便将继位和登基的可能性正变得越来越大。十年前，当弗朗茨·约瑟夫皇帝的身体依旧硬朗结实、强健有力时，起来反对这桩婚姻并不是什么难事。但现在，事情已经从简单的个人态度升级为给不给自己留后路的问题了：斐迪南大公可能很快就会成为皇帝，很快就会把他们的前途命运捏在手里；因为索菲而进一步疏远他，对自己一点好处也没有。他们的态度之所以开始软化，或许也是因为，虽然他们不愿意承认，但索菲的出众能力确实令人钦佩：明明有那么多针对她的恶意侮辱和火药味十足的诡计阴谋，可她却始终处变不惊、应对自如。不过，归根结底，对哈布斯堡家族的成员来说，他们的态度之所以会发生转变，并不是因为他们突然良心发现，更多的还是出于对一己私利的顾虑。

然而，有一个人是例外，那就是斐迪南大公年轻的侄子卡尔大公。奥托死后，代为照料他两个儿子的斐迪南大公一直不遗余力地扮演着监护人的角色。斐迪南大公曾经吐露称："这项任务对我来说并非易事，但我会尽自己的一切所能，把他们培养成优秀的基督徒、奥地利人和哈布斯堡家族成员。"[56]有朝一日，若斐迪南大公登上皇位，那么，卡尔就将成为新的皇位继承人。弗朗茨·约瑟夫皇帝始终不允许自己的侄子斐迪南大公参与政事；而斐迪南大公则秉持与之截然相反的原则，一向对自己的侄子卡尔推心置腹，从不会将他排除在外。

年轻的卡尔并未被多年的险恶谣言所蛊惑，同斐迪南大公和索菲日益亲密起来，跟他们一起度假，并拒绝了索菲的前女主人伊莎贝拉大公夫人同时发来的邀请。[57]卡尔在一封信中向他的伯父保证："我将一如既往地忠诚于你。你和伯母一直对我亲切有加，因此，哪怕我尽自己的最大所能，在一切可能的事情上都按照你的意愿去办，充其量也只能算是象征性的回报。"[58]年轻的卡尔一再表现出对自己"亲爱的伯父"的真心爱戴，而且，他对索菲似乎也怀有同等程度的爱戴。给斐迪南大公写信时，他总会自然而然地在结尾处加上一句"代我亲吻伯母的手"。[59]为了感谢他的这份忠诚，斐迪南大公坚定地许诺："等我当上皇帝之后，一定要把卡尔接到霍夫堡，让他与我一同处理国事。"[60]

1911年10月21日，卡尔与波旁-帕尔马家族的帕尔马公爵之女齐塔在施瓦曹城堡举行了婚礼。斐迪南大公和索菲一同出席了他们的婚礼。两对夫妇之间的关系很快就变得异常亲密。一同度过几周的时间之后，卡尔在给斐迪南大公的信中写道："亲爱的伯父！

亲爱的伯母！请原谅我只能在远行的列车上用铅笔给你们写这封信。但我实在是太感动了，觉得自己非写这封信不可。我要衷心感谢你们为了让我能够称心如意而做的一切……尤其要感谢你们对新娘亲切有加的热烈欢迎，感谢你们的爱与好意。你们绝对想象不到，如此赞成我的心之所选让我有多么开心……我再次向你们保证，我会尽一切可能，绝不辜负你们对我的期望。"[61]

当时，齐塔也像她的丈夫一样，乐于同斐迪南大公和索菲在一起共度时光。她后来回忆说，一同观看某出戏剧时，她趁幕间休息的时候走到索菲跟前，本能地吻了索菲的手。索菲低声对她说道："请你千万不要再当众这样做了！那些想给我制造麻烦的人等的就是这样的机会。之前，甚至有人会因此而通过邮局给我寄恐吓信。"[62]然而，随着时间的推移，齐塔开始变得闪烁其词，不再承认两对夫妇之间曾经的亲密与要好。作为一名坚定的天主教徒，极端守旧的齐塔对自己的丈夫有着很强的占有欲。她总是戴着保守主义的有色眼镜，即便最好心好意的举动常常也会被她的偏见扭曲。显然，有关斐迪南大公和索菲的种种风言风语很快便传到她的耳朵里。在这些风言风语中，斐迪南大公被描绘成一个再典型不过的"邪恶叔叔"：他和索菲一起，故意怂恿卡尔走上浮浪不经、玩世不恭的人生道路，不遗余力地引导其一步步毁掉自己，以便最终能够把他们的儿子马克斯扶上皇位。[63]

这纯粹是胡说八道，可齐塔却对此深信不疑。更加莫名其妙的是，她甚至把丈夫在结婚前便已失身给其他女人的事情也归罪于斐迪南大公。斐迪南大公曾经这样警告自己的侄子："千万要管好你自己，提防身边的女人！"卡尔的父亲奥托跟情人住在一起，有过不少私生子，最终因梅毒而死相凄惨；卡尔绝不能走上父亲的老路，而是应时时对上帝祈祷,愿他给予自己力量。斐迪南大公坚定地表示,要是卡尔实在压抑不住的欲火,那至少要确保自己做好防护措施,不要染上任何性病。这不过是斐迪南大公对卡尔的道德说教,可齐塔却认为,这分明是在变相鼓励自己未来的丈夫包养情妇。[64] 考虑到齐塔对斐迪南大公的这种非理性的怨愤,她后来对他做出的不少可疑的负面评价显然都有失公允、不足为信。

时人声称,斐迪南大公对卡尔心存嫉妒。1911年,皇帝让卡尔而非斐迪南大公代表自己出席英王乔治五世和玛丽王后的加冕礼。据说,斐迪南大公曾一度为此把场面闹得很难堪,并抱怨称,新闻界不该在有关加冕礼的报道中提到卡尔的名字。可实际上,派卡尔去加冕礼恰恰是斐迪南大公本人的主意。他在给蒙泰诺沃的信中写道,"我必须请求陛下,把这项代表皇帝出席加冕礼的重要任务托付给我的侄子卡尔",并表示,卡尔"必将尽职尽责地履行这项使命",若卡尔能代替自己前往,他必将"不胜感激"。[65] 虽然他已经尽了自己最大的努力,却仍旧逃脱不了被荒谬至极的流言蜚语刺伤的命运。

第八章

"科诺皮什捷曾经是我们的家"

多年以后，斐迪南大公和索菲的女儿满怀深情地回忆道，科诺皮什捷"曾经是我们的家，是承载着我们最初记忆的地方，是我们进行一切日常活动的安乐窝"。[1]科诺皮什捷位于布拉格东南约30英里处，在一座名为贝内绍（今贝内绍夫）的小镇附近。它坐落在一个小山坡的山顶，掩映在山上繁茂的树木间，俯瞰着下方森林密布、被一条湍急的河流一分为二的平原。科诺皮什捷是他们一家人的庇护所。随着时间的流逝，这座曾经的中世纪城堡正变得越来越让人感到亲切和舒适，是逃离维也纳城的恼人八卦和帝国宫廷的诡计阴谋的绝佳避难所。

1887年，斐迪南大公以1 200万克朗（按照2013年的兑换比计算，约合6 000万美元）的价格买了下这座始建于公元12世纪的建筑。他一向热衷于历史悠久、具有浓厚英雄主义气息的建筑，因此，这座源于中世纪、塔楼巍峨、居高临下的城堡很是合他的胃口。他花了一大笔钱升级并改造了这座城堡，以使其适应现代生活的需要。约瑟夫·莫克尔是斐迪南大公最喜欢的建筑师，而且，这位建筑师同样对哥特复兴式建筑风格情有独钟。斐迪南大公按照莫克尔的天才设计翻新了内部的房间，安装了新的供水、供电、中央供暖和污水处理系统，还添置了一部电梯和十二间有冷热自来水的浴室，使科诺皮什捷一跃成为全欧洲最现代化的城堡。为了拓宽视野，斐迪南大公下令将城堡的附属村搬迁到别处，此举看似有些霸道，但对村民们来说，一时的不便换来的是更好的住房、一座现代化的啤酒厂以及一座为当地人提供电力的新发电站。斐迪南大公还购入额外的土地、一座炼糖厂、几座采石场以及大片的森林，不仅为当地人提供了更多的就业机会，还帮助科诺皮什捷从一处单纯的居所转型为可以自给自足的现代企业。[2]

在科诺皮什捷的生活展现出某种低调的奢华和自在的大气，却并不因此而显得耀武扬威、高高在上，出奇地适合一位未来的皇帝。冬天和夏天时，清晨的第一缕阳光在略显阴沉的城堡上方投下斑驳的阴影，映照出它白色的外墙、巨大的圆柱形塔楼和红瓦的屋顶。斐迪南大公刚买下它的时候，老城堡早已被泥土填满的原护城河里住着一窝棕熊。它们憨态可掬的样子总能逗得来访的客人忍不住开怀大笑，但那里的气味变得越来越糟糕，斐迪南大公最终不得不让人把这窝棕熊转交给美泉宫的动物园。[3]

天刚破晓，整个科诺皮什捷城堡就已经忙活了起来。要让这里的一切都臻于完美，不仅需要大把大把的钞票，还需要人数堪比一支小股部队的55名雇工。有管家、男仆、女佣、厨师、面包师、私人医生、神父、保姆、家庭教师、厨娘、园丁、林务员、木匠、卫兵、马车夫、马匹饲养员、汽车司机和机修工负责照顾城堡的主人，并维持城堡的正常运转。甚至还有专门的私人摄影师勤勤恳恳地跟在斐迪南大公和他的家人后面,用镜头捕捉下他们生活的点点滴滴。有些雇工是通过跟帝国宫廷的接触被安排到这里来的,也有一些是因为有家人在从事这方面的工作而靠关系进来的。除此之外,斐迪南大公和索菲还采取更为现代的方式,依靠位于布拉格的克莱佩特科娃招聘公司,让公司把有意从事内务工作的求职者派到科诺皮什捷参加面试。[4]

斐迪南大公的首席贴身男仆约翰·于普特纳每天一大早就来到城堡的三楼,穿过挂满鹿角饰品的走廊,来到斐迪南大公一家人的卧房,轻轻叫醒他的主人。[5]斐迪南大公一向起得很早。为了不把妻子吵醒,起床之后,他总是蹑手蹑脚地走进与索菲共用的盥洗室,披上晨衣,然后坐下来让他的私人理发师梅利希为他刮脸。正如他的私人医生艾森门格尔所指出的那样,斐迪南大公一度浓密的头发"正变得越来越稀疏,隐隐预示着谢顶的危险"。斐迪南大公老是担心自己会过早地彻底变成秃子。他找遍了所能想象到的各种偏方,甚至还让艾森门格尔调查过美国报纸刊登的广告,看看上面提到的所谓奇迹般的防脱发疗法是不是真的。[6]沐浴和刮脸之后,斐迪南大公穿好正装。他虽然对军队无比热忱,却很少在私下里穿军装。他更喜欢舒适的棉布和毛线裤子、亚麻布衬衣和粗花呢夹克。只有在重要来宾面前或者某些仪式性的场合,他才会从自己为数众多的笨重军礼服中选一套穿上。

在正式开始一天的生活之前,斐迪南大公常会先到孩子们的房间去看一看。要知道,在那个时代,皇室/王室和贵族的子女大都过着与世隔绝的生活,由保姆和家庭教师负责照看,离自己的亲生父母远远的,只有在喝下午茶和正式问候的时候才难得能跟他们见上一面。斐迪南大公和索菲则与此截然不同。被内务人员和仆人们尊称为"小殿下"的三个孩子,并未被隔绝或者限制在远离父母的房间。[7] 当不得不与孩子们分开时,斐迪南大公和索菲每天都会给他们写信或者发电报。[8] "爸爸"也许会给他们发去"给你们许多拥抱"的电报,而"妈妈"发来的电报中则可能写着"给你们很多温暖的拥抱"。[9] 用伯爵奥托卡尔·切尔宁的话说,斐迪南大公"跟所有慈爱的父亲一样,用他所能想象到的一切方式关心疼爱自己的孩子"。[10] 他的女儿夸他"棒极了",并指出,"他只要一有机会就带着我们一起行动,不仅带我们一起出门旅行,等我们长到足够大之后,还带我们一起到家附近打猎"。[11] 他的女儿还说,母亲索菲更是不可或缺的:她俨然"是家庭的中心,一家人能够和睦相处全是她一个人的功劳"。[12] 她亲自给孩子们喂奶和洗澡,还和她的丈夫一起,在孩子们的成长过程中扮演着指导者和引路人的角色。夫妇二人十分宠爱他们。在他们家庭内部,小索菲被昵称为"小拇指",马克西米利安被昵称为"马克西",恩斯特被昵称为"埃尔尼"和"布卢卢"。[13]

斐迪南大公总是尽可能到育儿室跟孩子们一起吃早餐。他一边大口大口地吃着惯常的早餐——吐司、茶和两个煮鸡蛋——一边浏览当天的报纸。当他又像往常一样,在孩子们身边逗留太久的时候,他的私人秘书保罗·尼基奇-布勒就会走进育儿室,把早晨刚送来的邮件摆在小圆桌上。这和谐的家庭生活场面终究会被无可避免地打断:孩子们穿好上下搭配的水手服之后,就离开房间去上课了,而他们的父亲也只好不情愿地跟着离开,正式开始一大的工作。[14]

斐迪南大公的办公室略显昏暗,装饰风格十分男性化,能透过窗户俯瞰下方的城堡花园。皮椅、几件瓷器、老虎皮、东方地毯和上百件各式各样的纪念品让房间显得满满当当。办公桌正对面的墙上挂着约瑟夫·科保伊1901年为索菲绘制的大幅画像。画中的索菲穿着一件白色低胸礼裙，礼裙外还披着飘逸的薄纱。旁边还挂着一幅波希米亚艺术家弗兰蒂泽克·德沃夏克为斐迪南大公和小索菲绘制的油画。画中的斐迪南大公坐在椅子上，小索菲则用胳膊搂住自己的父亲，并用两只眼睛注视着画框外的观者。[15]两幅画不仅反映出斐迪南大公对家人的爱，更反映出他在艺术方面的品味。他在艺术上是一位不折不扣的传统主义者，讨厌19世纪末开始流行的"新艺术运动"，更喜欢古老的条顿骑士团时期的艺术作品以及奥地利乡村的粗犷民间艺术，并尤其欣赏阿洛伊斯·容维尔特、奥古斯特·兰贝格和亚历山大·基希纳的传统狩猎画和海上舰船画。[16]

　　尼基奇-布勒、他的副官莫赛男爵安德烈亚斯或者他的首席侍从武官亚历山大·布罗施少校走进办公室，把当天的日程安排和从维也纳寄来的一切重要文件交给他。斐迪南大公仔细阅读呈递给他的报告，并用优雅却细密而又难以辨认的字体在报告上做批注，还经常对报告中的一些细节部分问上半天。他说话时的腔调跟一般人很不一样，有一种贵族式的简洁干脆，而且，他在说话前总是字斟句酌，掂量好了之后才开口（至少在大多数人面前是这样）。如果有什么事情惹到了他，那么，他远近闻名的暴烈脾气很可能会立马发作。人们私下里总是对此议论纷纷。斐迪南大公自己也知道这是他性格上的一个缺陷，并试图减少自己发脾气的次数，但犯下的错误和漏洞百出的观点还是十有八九会遭遇到他"言语攻击般的尖刻回应"。[17]然而，正如对他再熟悉不过的私人医生艾森门格尔所指出的那样，"夸张和一概而论不过是斐迪南大公的一种说话方式",他的怒气常常很快就会过去,并转而去寻求别人的原谅。[18]
他往往根据自己的情绪和好恶,迅速对一个人的优劣做出判断。那
些被他认为能力不足的人很少能再次赢得他的青睐,但他也尊重敢
讲真话乃至挑战他观点的人。尼基奇-布勒也说:"在绝大多数话题
上,都可以跟他进行冷静而又公开的讨论。他每次都是第一个后悔
自己臭脾气又犯了的人,并愿意尽一切可能来与对方和解……他不
仅能够坦然地接受真相,并公开表示,哪怕真相不那么令人愉快,也
要对他据实以告。"[19]

每天早上,索菲的侍女埃莉泽·菲亚拉或者克特·布劳恩施泰
因都会过来服侍她,用镀银并刻有她家族盾徽的刷子和梳子帮她把
头发弄成时髦的蓬帕杜式发型。[20]她身上的每一个地方都表现出
爱德华七世时代贵妇的端庄与得体。她习惯穿紧身胸衣,紧绷的系
带让她的腰部更显纤细。几年间的接连怀孕丝毫没能影响她的仪
态万方。虽然年华的逝去让她的身材日渐发福,但几乎和丈夫一样
高的索菲仍旧表现出惊人的灵活与敏捷。结了婚、做了母亲之后,
她的气质更显华贵与轩昂,俨然成为"美好时代"理想女性形象的
典范。如她的一位亲戚所说,她明亮的双眸和优雅的举止展露出
"非常女性化的魅力"。[21]

在穿衣打扮方面的讲究进一步彰显出她作为皇室成员的尊贵
和威仪。白天,她最喜欢穿柔软、素雅、白色或者浅色的衣服,蕾丝
饰条或者彩色薄纱是衣服上唯一的装饰。下午出去骑马或者散步
时,她还会额外带上仔细卷好的遮阳伞、装饰着羽毛的大阔边帽和
白色的长手套。到了晚上,她又会改穿做工更加精致的丝绸或者天
鹅绒礼裙,真皮镶边的礼裙上点缀着细腻而又复杂的刺绣和珠饰。
跟那个年代其他的时尚女性一样,索菲也是维也纳的施皮策、马尔

施和德雷科尔等服装店里的常客；除此之外，她还从巴黎的帕坎女士、杜塞先生和沃思先生等著名服装设计师那里订购精心缝制的整套服装。[22]

索菲一直有很浓烈的宗教情结。虽然一直怀揣着真切的愿望，但无论是斐迪南大公还是索菲，生前都没能亲自来到罗马，接受教宗本人的祝福。为了弥补一再未能成行的遗憾，两人屡屡要求别人代表他们面见教宗。[23]1910年，妹妹奥克塔维亚去罗马的时候，索菲就在给她的信中写道："你和圣父交谈过了吗？跟他说话的时候有提到我们吗？"[24]索菲把"之前答应给你的'耶稣圣心图'"寄给奥克塔维亚，并在信中加上一句："这图真能打动人心，我敢说，任谁拿到它都会喜欢得不得了。"[25]每天清晨，索菲都会参加在城堡的圣于贝尔礼拜堂举行的弥撒。她在祭坛屏风——这组雕刻异常精美的哥特式祭坛屏风是专门从因斯布鲁克定做的——前跪下祈祷，手里紧紧攥着教宗送给她的耶稣受难十字架和青金石制成的玫瑰经念珠。[26]她坚持要家里的仆人和内务人员也跟着她参加每天的祈祷和圣餐仪式。这对夫妇的私人告解神父拉尼抱怨说，索菲简直热情过了头，非要人把对宗教的虔诚当众表现出来。毫无疑问，每天都要参加这样的宗教仪式肯定让不少仆人心有怨言，但要是没有什么说得过去的理由，谁也不敢贸然向索菲抱怨，以免招来她严厉的责备。[27]一次，一名来科诺皮什捷城堡的兽医准备在星期天一大早启程离开。索菲担心，兽医或将因此错过弥撒，派人去查了列车时刻表，结果发现，列车的抵达和弥撒礼在时间上有冲突。索菲觉得，麻烦城堡里的自己人总比无视兽医的宗教义务要好。于是，拉尼不得不早早起床，在兽医启程前专门为他提前做了弥散。[28]

索菲的极力坚持源于真正的虔诚。借助自己的特殊地位，索菲低调地开展过不少慈善活动。她之所以这样谨慎小心,不光是因为她无意追求公众对她的赞誉,更因为,在世人眼中,她仍旧是一个多少有些争议的人物。[29] 不过,用她的曾孙女侯爵小姐阿妮塔的话说,纵使有这样或者那样的不利因素,索菲最终还是设法取得了一定的成功,"支持了不少基督教团体和女修道院,还在其他宗教和教育慈善活动中扮演了非常重要的角色。正是因为她的低调资助,奥地利境内的好几所修道院和隐修院才得以重新开放"。[30]

索菲终日操劳于家庭生活的方方面面。在斐迪南大公忙于工作的时候,索菲不仅要处理往来的信件,和厨师长罗贝尔·多雷商讨当天的饭菜安排,还要跟担任夫妇二人的"皇室侍从总长"的大管家鲁默斯基希男爵一起照管家务。[31] 不过,真正掌握家中大权的并不是鲁默斯基希,而是一个名叫弗朗茨·亚纳切克的波希米亚农民。亚纳切克最初不过是埃卡特绍的皇室猎苑里的一名驱猎夫,来到科诺皮什捷城堡之后,他摇身一变,成了斐迪南大公的贴身男仆。亚纳切克最终被斐迪南大公晋升为城堡的总管家,负责处理家里的几乎一切大事小情。斐迪南大公坚称:"只有没日没夜地被人驱使着干活,才能让亚纳切克心满意足。"[32]

当然,亚纳切克本人到底愿不愿意没完没了地听候斐迪南大公的差遣,我们就不得而知了。不过,斐迪南大公的这些话促使民间普遍认为,他和索菲必然是一对吹毛求疵、难以取悦的主顾。据说,斐迪南大公"严厉而又苛刻,还经常对他的仆人动粗"。[33] 时至今日,科诺皮什捷城堡的导游仍旧津津乐道于讲述这对夫妇一再对仆人提出的各种不合理的要求。家政服务工作的确不是一个轻松的行业。仆人们的工资固然低廉,但这不足以构成批评斐迪南大公夫妇的理由,因为其他皇室成员的家里也都普遍如此;而且,相比之下，斐迪南大公夫妇不仅为仆人们提供膳宿、制服和免费的医疗，未来还要付给他们退休金，并定期在每年的圣诞节期间慷慨地赠予他们各种礼物。[34]

兰尤斯·冯·韦伦堡伯爵之女维尔马曾担任索菲的女官长。她对自己的女主人赞不绝口、毫无怨言，称索菲为"高贵的灵魂"，并补充说，"我真心全意地忠诚并奉献于她［索菲］"。索菲用钱一向谨慎，并在家中严格地奉行相关的规矩，但很少有人因此而提出抱怨。[35]深得皇帝信任的贴身男仆欧根·克特尔因为身份地位的特殊总能听到各种流言，可他却坚称，"斐迪南大公和他的妻子全都用极为善良的方式对待"手下所有的仆人，"让仆人们过着最为舒适的生活"。[36]这对夫妇的仆人大多异常忠心耿耿，甚至在两人去世后仍旧选择留在三个孩子的身边。[37]

孩子们上午有课要上。在城堡里，他们的套房紧挨着父母的房间。除了卧室之外，孩子们的套房还包括：一间挂着印花棉布、专供小索菲使用的音乐室，一间堆满船模、玩具锡兵、洋娃娃、绘画颜料的游戏室（里面甚至还有一顶北美印第安人式的圆锥形帐篷供他们在里面玩耍）和一间有书桌的教室。[38]斐迪南大公的秘书觉得，"孩子们安宁祥和的未来"让大公羡慕不已。在斐迪南大公为孩子们准备的全套教育课程中，丝毫看不出有任何打算培养皇位未来继承人的迹象。他想让儿子们享受的，是那种自由自在、无拘无束的乡绅生活，而不是帝国曾经强加给他的那种人为捏造、虚伪做作的宫廷生活。他对自己的女儿也有与之类似的打算。他相信，如果自己女儿未来的伴侣是一个拥有合适社会地位并且与她真心相爱的人，那么，这样的结合绝对比基于皇室家族女性成员身份的政治联姻要幸福一千倍，因为，通过政治联姻获得幸福的概率简直微乎其微,婚后生变的情况更是司空见惯。[39]他希望孩子们成长为具有独立思考能力的个体,"既能尽情地享受生活,不必担心物质上的不足",但与此同时,又能尽量不被打扰、默默无闻地生活下去。[40]

对此,小索菲也表示过赞同:"我们从小就觉得自己没有什么异于常人的特别之处。"[41]斐迪南大公和索菲想让他们的孩子有教养,但并不打算因此而惯坏他们。斐迪南大公的女儿说:"父亲对我们很严格,但从不会严厉或者不公正地对待我们。"[42]孩子们的生活中没有任何不必要的客套和礼节。他们接受的教育是:拒绝一切形式的自我优越感和势利眼行为,对仆人要以礼相待,尽可能协助他们,时常感谢他们。结果是,据说,他们是哈布斯堡家族那一代人中举止最佳、教养最好的三个。[43]

小索菲的老师是一位来自法国的女家庭教师,两个男孩子的课则主要由捷克神父奥托·斯坦科夫斯基博士来上。他们的母亲总是担心老师会不会对孩子产生不好的影响。准备雇用一位新的保姆时,她在给自己妹妹的信中写道:"愿上帝保佑她是个适合孩子们灵魂的正确选择。"[44]孩子们学习算术、历史、地理、科学、宗教和文法,还要学法语、捷克语、英语和乌戈尔语。除此之外,还有音乐课、马术课、体操课和舞蹈课。小索菲继承了母亲的艺术天赋,成了一名造诣非凡的画家和钢琴家。[45]随着他们的长大,至少对两个男孩子来说,私人家庭教育迟早有一天要让位于学校教育。斐迪南大公选中了维也纳城内的一所专为非富即贵之人的后代开办的贵族中学——苏格兰高级中学。这是一所沿袭英国教育模式的本笃会寄宿制学校,斐迪南大公的父亲就曾毕业于此,并对该校的课程安排评价颇高。哲学、高等数学和西方古典文学都是该校学生要学习的科目。学校让斐迪南大公的两个儿子有机会跟千差万别、各式各样的同学打交道，其中甚至不乏家境殷实的犹太商人和实业家们的后代。[46]

　　上午的课程结束后，孩子们几乎总是跟父亲一起享用正式的午宴。下午的安排相对轻松。有时，斐迪南大公也许会带客人们参观一下他在城堡二层开设的小博物馆。博物馆内陈列着他从摩德纳公爵那里继承来的军事装备、武器、盔甲和艺术品。[47]不过，大多数情况下（尤其是当拜访者中有人跟他一样热衷于园艺的时候），他更喜欢把下午的时间用在外出打猎或者巡视庭院上。[48]他常常一整个下午都待在庭院里，琢磨着要在哪里再栽植些树或者命人砍倒另外哪些树。每当下决心要砍树时，他的心里总是充满无奈与不舍。要是让他知道有哪棵树是因为养护工的疏忽大意才枯萎坏死的，他立马就会火冒三丈。用他的话说："这片森林迟早有一天是属于我的孩子们的，我可不想让他们的遗产缩水。"[49]他教育孩子们要热爱土地，并在他们正确说出树木、花朵和灌木的名字时给予他们奖励。用一位熟人的话说，斐迪南大公"用生动有趣的方式，把有关经济、林学、狩猎和捕鱼的各方面知识统统传授给了他的三个孩子，以至于孩子们对各种实用技能的掌握程度常常令不明就里的外人感到讶异。"[50]一次，斐迪南大公抓到一名正在他的林子里偷木头的当地农民，并准备立即将其送交权力机关。可在骑马回城堡的路上，他突然改了主意。他说："既然今天是圣诞节，再加上我听说那家人真的很穷，实在不该让他为此而受到惩罚。为了让他日后不至于再起歹心，再来我的林子里偷木头，我要你给他送去足够过冬的柴火，再给他的老婆送去10克朗［按2013年的兑换比计算，约合50美元］，权当是我的孩子们送给她的圣诞礼物。"[51]

　　这件事千真万确地发生过。历史总是把斐迪南大公和索菲贬低为一毛不拔的小气鬼，说斐迪南大公"用近乎恐吓的方式迫使经销商按打折价把各种物件出售给他"。[52]一个与斐迪南大公同时代的人一面说大公在财务交易中一再"被人欺骗，蒙受了惨重的损失"，一面又坚称大公在花钱方面是"出了名的吝啬"。甚至有抱怨称，索菲竟然小气到被人看见坐上一辆只有一匹马拉的马车：批评者坚称，任何体面的贵妇都不可能坐少于两匹马拉的马车。[53]话虽如此，可斐迪南大公的确始终为孩子们未来会不会缺钱花而担心。作为帝国的皇室成员，他对金钱没有任何实际的经验乃至概念，游览埃及时跟人讨价还价的经历让他误以为这就是商业世界的全部运作方式。别人替他办事时，总是想法设法多找他要钱，误以为未来的皇帝必然有用之不竭的财力资源。这导致斐迪南大公频繁遭遇欺诈，被人诓走大笔的钱财。[54]

腰缠万贯的皇室贵胄在外人面前哭穷，总有种虚伪的味道；可斐迪南大公抱怨自己囊中羞涩，却多多少少是实情。人们想当然地认为，继承了埃斯特家族的遗产势必令他富可敌国，可实际上，光是遗嘱中规定的捐赠金和维护费就超过了当年的全部收入。一直到1914年，遗产的大部分年度收益仍旧被斐迪南大公一分不少地转交给摩德纳公爵的遗孀。[55]除此之外，在买下科诺皮什捷城堡的同时，斐迪南大公还答应继续支付数额不菲的退休金给此前在这片土地上工作过的人。购买合同甚至迫使他继续给没有实际工作的闲人发放薪水：比如，有个人每天只有在正午时分开炮报时这一项工作，可问题是，那门炮早在多年以前就从城堡运到别的地方去了。[56]

在对金钱的价值几乎没有任何概念的情况下，斐迪南大公经常在建筑项目上或者在给自己的妻子儿女买礼物时一掷千金，用钱毫无节制，等回过头来才赫然发现，自己已然陷入可怕的财政困境。

结果是,他不得不一边盯着孩子们岌岌可危的未来,一边学着省钱和节约。摩德纳公爵在遗嘱中规定,埃斯特家族的所有遗产均不得对外出售。此外,作为贵贱通婚的后代,他的三个孩子被排除在这份遗产的合法继承者之外;未来,它们只能转而由他弟弟的儿子卡尔来继承。出于同样的原因,孩子们一分钱也别想从帝国的国库里拿到。他们的遗产只能来自斐迪南大公的私有地产和个人收入。考虑到孩子们的未来完全系于城堡周边的土地,他们的父亲时而在金钱上表现得过于谨慎也就不足为奇了。[57]

在城堡的庭院里种树是为了获得收益,而在花园里栽花则纯粹是为了享受。花园是斐迪南大公在两位宫廷园艺学家的帮助下亲自构思和布局的,也是整座城堡里最让他感到快乐的地方。他命人筑坝截断了位于城堡下方的一条小河,造出两个大池塘,吸引鹿和其他猎物来这里饮水。在由万年青和冷杉木构成的小森林后面,还藏着一座他于1913年下令建造的高山植物园。埃斯特家族收藏的古典雕塑点缀在花园的各处,一座景观喷泉把水直溅到树梢。在蜿蜒的溪流上建起的小桥中,还有一座用他妻子的名字命名的"索菲桥"。在所有这些构成要素中,要论最有名的,无疑当属斐迪南大公的"玫瑰园"。从1898年开始,他就和维也纳的宫廷园艺师卡尔·默斯纳密切合作,在城堡南边的梯地上建起匠心独具的圆形花圃。数千朵在此竞相绽放的玫瑰分属采集自世界各地的两百多个不同的品种,被斐迪南大公一一欣然移栽到波希米亚的土壤里。如果说科诺皮什捷城堡是他真正的家,那么,"玫瑰园"则是他最大的骄傲和快乐的源泉。[58]

黄昏将至的时候,孩子们通常会到花园里跟父母会合,然后一起徒步或者乘马车在树林间穿行。小索菲、马克斯和恩斯特喜欢都骑马，可他们的父亲却另有所好。斐迪南大公不善骑马，更愿意亲自驾驶一辆小小的双轮轻便马车。[59] 不过，他真正喜欢的其实是小轿车。他有一辆保时捷-洛纳、一辆戴姆勒和一辆梅赛德斯奔驰专供长途旅行使用。他常以最高时速在乡间的道路上疾驰，把农民和动物全都吓得四散奔逃。冬天，一家人时而在结冰的池塘上滑冰，时而在积雪覆盖的土丘上玩雪橇。春天，他们一起打网球（斐迪南大公和索菲都是这项运动的好手）、一起游泳。孩子们在更小的时候还养过一条圣伯纳德宠物犬。不过，在这条狗某天因为过于兴奋而突然朝两个男孩子扑去之后，斐迪南大公把所有的宠物都赶出了城堡。斐迪南大公偶尔还会在临近黄昏时带孩子们去参加音乐会、去剧院看戏或者去布拉格的马戏团玩一圈，为波澜不惊的愉悦日常生活增添几分宜人的新意。[60]

外出归来、梳洗完毕之后，孩子们总是到"玫瑰沙龙"和父母一起喝茶。"玫瑰沙龙"是索菲在这座老城堡里唯一的心灵归宿。"玫瑰沙龙"的墙上挂着印花织物，枝形吊灯的辉光把整个房间都照得闪闪发亮，周围随处可见加了厚软垫的新洛可可式风格的沙发和椅子，还有装饰华丽的陶瓷火炉用以取暖。灯罩上有流苏的台灯、索菲最喜欢的黄色玫瑰、棕榈盆栽、油画和一家人的相片几乎占据了其余的每一寸空间。房间到处体现着爱德华七世时代的英伦风格，非常舒适，也非常女性化。[61] 享用完糕点之后，孩子们在父母的密切注视下到地毯的角落玩耍，索菲在一旁做针线活，而斐迪南大公则一边抽烟，一边出声读书。[62]

晚餐很少演变成正式的晚宴。尽管如此，斐迪南大公仍旧不可避免地要换上他的军官制服或者全套晚礼服，索菲也换上一身缀满珠宝的精致礼裙。斐迪南大公给索菲买了数不清的珠宝饰品：一串又一串的珍珠，钻石胸针，带吊坠的耳环，项饰，珠宝制成的闪亮枝状头饰以及更加闪亮的项链。加上皇帝送给她的那个，索菲一共有五顶头冠，只有在正式的场合才会戴。其中，她最喜欢的似乎是由钻石和蓝宝石制成、束发带的绑扎位置较低的那顶头冠。除了戴在头上之外，这顶头冠还能像项链一样戴在脖子上。[63]

没有客人的时候，一家人就在紧挨"玫瑰沙龙"的小饭厅里用餐。斐迪南大公更推崇简单的食物：匈牙利红烩浓汤、烤猪肉、水煮牛肉、鹿肉和野味、德式酸菜、煎肝、花椰菜、通心粉和马铃薯丸子是餐桌上最常出现的食物。斐迪南大公习惯拿啤酒和饭菜一起下肚。他不喜欢葡萄酒或者烈酒，不过香槟是一个例外。只有家里来客人的时候才会上咖啡，因为斐迪南大公和索菲都不怎么喜欢喝咖啡，而是对茶偏爱有加。[64]

如果夫妇二人有客人要招待，那餐桌上就是另外一幅光景了。即便有客人在场，孩子们也照样跟父母在同一张桌子上享用晚餐。只有在最为正式的场合，他们才会跟父母分开用餐，而且，即便是在这个时候，孩子们也总能在父母的默许下，到门口好奇地张望一番，看看来的究竟是何等优雅的贵宾，并用可爱的绅士鞠躬礼和女士屈膝礼向对方打招呼。[65]非富即贵的客人和精心烹制的菜肴必然要有合适的用餐地点来与之相配：在洛布科维奇大厅，身着号衣的侍者端来用奶油沙司焖煮、正咕嘟咕嘟冒着气泡的法式大餐，就连用餐者头顶的天花板上都是以神话中的盛宴为主题的壁画。如果只有斐迪南大公和家人在场，那么，他们更倾向于使用相对普通的陶瓷和水晶玻璃餐具，上面除了斐迪南大公的姓名首字母之外再没有其他任何多余的装饰。为客人们端上一道道菜肴时，使用的则是饰有哈布斯堡家族金冠双头鹰纹章的高级餐盘。一次，斐迪南大公一口气订购了五十套昂贵的波希米亚水晶玻璃餐具。工厂代表指出，为餐具添加装饰图案会增加成本。可斐迪南大公却对此毫不理会，并告诉对方，钱对他来说根本不是问题。"弗兰齐，弗兰齐，"索菲在他耳边低声说道，"对维也纳的商人可千万不能说这种话！"[66]

用餐完毕之后，索菲和女士们一同退场，而斐迪南大公则继续以主人的身份逗留在餐桌旁，一边喝波尔图葡萄酒，一边讨论政治。[67]不过，到最后，所有人都会无可避免地来到"玫瑰沙龙"。斐迪南大公从一个表面镀银并刻有他姓名首字母的黄铜雪茄盒里拿出一支从维也纳购买的阿尔泰斯雪茄，到一旁开心地吞云吐雾起来。[68]他是个抽烟很凶的老烟枪，每年只有在耶稣受难日这一天才会难得一见地连续一整天不抽烟，以示对天主教的尊重。[69]兴致好的时候，索菲还会用钢琴为客人们弹上一曲，不过，这对斐迪南大公来说却无异于对牛弹琴。虽然别人或许会沉醉于从索菲指尖流淌出的古典曲目，可斐迪南大公却怎么也欣赏不了这样的音乐。他跟皇帝一样，意外地钟情于布尔乔亚式的通俗音乐，讨厌大多数古典音乐，对瓦格纳尤其恨之入骨。[70]他喜欢轻歌剧、维也纳的舞曲、流行小调和伤感的情歌。当时有不少人都知道，斐迪南大公经常驻足于维也纳的街头，只为聆听手摇式小型管风琴奏出的音乐，脸上还不时露出心满意足的表情。[71]

这样的晚上总少不了小索菲、马克斯和恩斯特的身影。三个孩子也会以他们的方式尽一尽地主之谊：时而表演一点戏剧中的场景，时而朗诵诗歌，时而用他们正在学习的各种语言把文学作品的选段背给客人们听。[72]斐迪南大公和索菲偶尔也会加入他们中间。一次，斐迪南大公扮成法国国王路易十四的样子，索菲则换上一身俗艳的衣裙，扮成一位吉卜赛女郎；两人刚一亮相，就把在场的所有来宾全都给逗笑了。[73]斐迪南大公曾说:"结束一天辛苦而又漫长的工作,回到家人身边之后,看见妻子正在做针线活,看见孩子们在一旁开心地玩耍,我才能放心地把焦虑和烦恼全都丢在门外,沐浴在眼前美好到几乎有点不真实的幸福氛围之中。"[74]

斐迪南大公承认:"孩子们是我快乐的源泉和最大的骄傲。我是如此地爱着他们,以至于我整天都坐在他们身边,夸奖和称赞他们。晚上在家的时候,我一边抽烟,一边读报纸;索芙做针线活,孩子们则一边满地打滚,一边把桌子上的东西全都掀倒在地;一切都是那样地让人开心而又惬意。"[75]在这里,帝国皇室的端庄、体统和礼仪经常消失得无影无踪。世人眼中的斐迪南大公总是一副拒人于千里之外的样子,谜一般地神秘莫测;可当他与家人独处的时候,他那发自内心的、咆哮般的笑声经常响彻整个房间。他不仅爱讲笑话,还总喜欢拿自己打趣。他最爱讲的一则有关他自己的趣闻逸事是这样的:一次,某位名不见经传的德国侯爵在不知道斐迪南大公究竟长什么的情况下,竟然对斐迪南大公本人抱怨说,他"跟某个叫弗朗茨·斐迪南的无聊讨厌鬼"约好了要一起出去打猎。[76]一天晚上,斐迪南大公和索菲一时兴起,竟然在附近留声机音乐的伴奏下,领着客人们排成一条长龙,集体跳康茄舞,并带着他们在城堡的各个房间绕来绕去。当斐迪南大公带头进入某位女客人的房间时,发现这位客人的女仆刚洗完内衣,正把它挂在枝形吊灯上晾晒;女仆被突然闯入的众人吓得不起,而斐迪南大公则笑得直不起腰。[77]

索菲总是亲自哄孩子们上床睡觉,并和他们一起念睡前祈祷。艾森门格尔医生回忆称,这个小小的家庭承载了斐迪南大公的全部生命,是他用以"缓解政治生活中刺激因素和暴风骤雨的避难所"。[78]斐迪南大公一脸幸福地向他的继母吐露称,"'小拇指'〔小索菲〕可爱到让人恨不得一口把她吃下去;马克西是个聪明而又讨人喜欢的孩子;埃尔尼也好极了,以后准能长成个美男子。"[79]

斐迪南大公和索菲共用一间卧室,睡在两张成对的黄铜单人床上。两张床全都靠墙摆放,墙上挂着印花棉布和以宗教为主题的油画。乍看之下,这间卧室非但称不上"避难所",甚至连私人空间都算不上:斐迪南大公经常带着露出一脸吃惊表情的客人穿过这个本该被藏匿起来、不受外人打扰的房间,来到紧挨卧室的洗手间;他之所以这么做,是因为洗手间的窗户刚好是在城堡里欣赏下方的花园时视野最好的地方。[80]他和索菲有时会在正式就寝之前先读一会儿书。要是让外界知道斐迪南大公讨厌歌德和席勒,却经常贪婪地阅读法国文学以及奥地利作家费利克斯·达恩和彼得·罗泽格的感伤小说,没准儿会有助于颠覆他在世人心目中冰冷而又严厉的负面形象。除此之外,斐迪南大公还喜欢读有关老城堡和著名花园的书,而索菲则如饥似渴地阅读她托人从伦敦寄来的最新书籍。[81]

亲眼见过这对夫妇私下里的生活环境和生活状态的人都无一例外地承认,两人的婚姻很幸福,从没有传出过任何有关不忠、失望或者吵架的风言风语。两人从始至终都全身心地爱着对方。[82]单从表面上看,两人在性格上似乎迥然相异,几乎没有任何共同之处。他在公开场合冰冷而又漠然的行为举止,再加上种种有关他反动保守思想的流言,尤其是他那出了名的暴脾气,都让世人觉得他的怒气似乎就徘徊在他的皮肤之下,随时可能爆发成一连串山呼海啸般的咒骂。斐迪南大公知道易怒是他性格中最糟糕的特点,因此,发完脾气之后,他经常会诚心诚意地向对方道歉。虽然当面顶撞过他的人——尤其是那些他认为侮辱了他心爱的妻子的人——可能永远也得不到他的原谅，但是，如果他之前表现得过于急躁，那么，过后他总是愿意承认观点上的差异并转变他过去的想法。[83]索菲知道该怎么安抚自己的丈夫：温柔地揽住他的胳膊，并在他耳边轻声地叫他"弗兰齐"。1910年索菲生日那天，斐迪南大公送给她一枚小小的钻石胸针。这枚胸针在形状上很像一只正在咧嘴傻笑的小羊[84]，而且，它似乎能让两人想起某件只有他们自己才知道的趣闻逸事，因此，当斐迪南大公远近闻名的暴脾气又处于酝酿之中的时候，索菲就会刻意抚摸自己的胸针，用这个动作来给自己的丈夫发信号，恳请他镇静下来。[85]

　　婚后，索菲的人生似乎被永久定格在了一方狭小的天地，压抑到令人窒息的艰难处境或许令她的压力倍增、身心俱疲，可她从没有表达过丝毫的悔意，甚至连一句含沙射影的抱怨都没有。跟她的丈夫一样，她也多多少少是一个难解的谜。她来自一个跟灰姑娘一样穷困的家庭，却仿佛经历了一场真实世界的爱情童话，与一位不折不扣的白马王子走到了一起，然而，她说过的话却极少被记录下来，她面对挫败和失意时的感受全都不为人知。她肯定一再承受过巨大的压力，却从她对天主教的信仰中获得力量，始终保持着镇静、自立和坚定，用积极乐观的态度面对人生。[86]

　　事实上，索菲正逐渐把自己变成一位完美的贵族家庭主妇，把传统条顿美德中的"厨房、孩子和教堂"要求（妇女应该并且只应围着灶台、儿女和信仰转）谨记于心，尽一切可能让自己的丈夫高兴。1900年以后，奥地利天主教会在提倡并宣扬理想的妇女形象时称，女人应该做尽职而又听话的好妻子和好母亲，并强调，她们应该把顾家和自我牺牲作为自己的至高追求。[87]尼基奇-布勒回忆称，索菲欣然接受了这些理念，"面对自己所要扮演的困难角色，她总是在知识和信仰所允许的范围内，尽可能做到最好。她不仅是一位深情款款、爱意浓浓的伴侣，更是一位理解自己丈夫多重性格的知心人，虽然这经常意味着她不得不诚心诚意地否定自己"。[88]

在这里，尼基奇-布勒把索菲出于使命感与责任感、欣然为自己丈夫做出的改变，错当成了出于无奈的自我否定。她为自己的丈夫创造了一个全新的生活，一片远离宫廷的烦扰和政治继承压力的世外桃源。用一位熟人的话说，她的"智慧、善良和美好令人钦佩，是她把这个家完美地凝聚在一起"。[89]如她的曾孙女侯爵小姐阿妮塔所说，斐迪南大公的兴趣逐渐变成了索菲的兴趣。不论自己的丈夫想做什么，索菲都会热心相助，并从两人对目标的共同追求中找到属于她自己的幸福。[90]

对这一点，斐迪南大公总是表现出由衷的感激。他向自己的继母吐露称："你根本想象不到我和家人在一起的时候有多开心。真不知道该如何感谢给予我这一切幸福的上帝。除了上帝之外，我最该感谢的就是你，我最亲爱的妈妈。没有你在各个方面的帮助，我肯定获得不了这样的幸福。迎娶索芙是我这辈子做出的最英明的决定。她是我的一切，是我的妻子、顾问、医生和朋友——用一句话来说，她就是我今生全部的幸福……我们之间的爱仍旧像结婚第一天那样强烈，任谁也别想损害我们的幸福哪怕一秒钟。"[91]

第九章
"就连死亡也休想将你我分离"

对斐迪南大公和索菲的小家庭来说,年复一年的日常生活虽然有种种循规蹈矩般的固定安排,但总的来说还是令人愉悦的。他们通常在科诺皮什捷城堡里欢度圣诞。1909年圣诞节期间,索菲在给她妹妹奥克塔维亚的信中写道:"我们的圣诞夜充满温暖,能让人感受到真正意义上的家庭幸福。圣诞夜永远都会是我人生中最大的快乐之一。我简直没法向任何人说清我到底有多么享受圣诞夜,而这一切都要感谢救世主基督。"她还满心欢喜地提到自己收到的各种"绝妙的礼物":用以挂在手镯上的小饰物、花盆、一盏台灯和一幅她孩子们的微型人像画。[1]1912年,斐迪南大公在给他手下一名员工的信中写道:"送给你的那颗小圣诞树能让你如此开心,我甚是欣慰。我只是想借此向你表明,即便在圣诞节期间,我们也都惦念着你。感谢上帝,我们一家人全都好好的。我们度过了一个温馨的圣诞,孩子们全都兴高采烈、喜不自胜,也给我和索菲带来了无尽的欢乐。"[2]

新年伊始，为迎接冬日社交季的到来，一家人常到维也纳的美景宫小住一阵。然而，索菲的尴尬地位和帝国宫廷对她的一再刁难，促使他们越来越倾向于选择其他的冬日消遣方式。在之后的冬天里，身为雪上运动爱好者的他们开始将目光投向位于圣莫里茨的时髦度假胜地。他们来到一座依偎在积雪覆盖的群山间的旅店，在旅店的一组大套房里安顿下来。斐迪南大公披上一件厚厚的大衣，穿上羊毛灯笼裤，还得意扬扬地戴上一顶苏格兰圆扁帽，索菲和孩子们则裹在皮衣和防寒护耳帽里。在斐迪南大公的带领下，一家人时而到结冰的池塘上滑冰，时而到周围的雪坡上滑雪。[3]

春天，他们通常前往更靠南的地方。如果能得到许可，他们就一同登上帝国邮轮"拉克罗马号"，前往位于亚得里亚海沿岸的时髦度假胜地布里俄尼。到布里俄尼之后，他们在一家能俯瞰大海的旅馆里登记入住，在海滩上消磨时光，在海浪间玩耍嬉戏。[4]1910年拜访布里俄尼期间，索菲在给她的妹妹奥克塔维亚的信中写道："弗兰齐状态不错。他喜欢这里，我也觉得这是个休养生息的好地方……这里温度舒适的气候让人恍若置身于印度内陆！"[5]如果有可能的话，斐迪南大公和索菲总是乐于到的里雅斯特庆祝复活节，在一座美丽的白色哥特式城堡里安顿下来。这座城堡是弗朗茨·约瑟夫皇帝命途多舛的弟弟马克西米利安下令修建的，地点选在格里尼亚诺湾岸边的一处高地上。[6]这座名为"米拉马雷"的城堡归皇室所有，而这也就无可避免地意味着，若想入住其中，必先卑躬屈膝地请求帝国宫廷的许可。一次，蒙泰诺沃在信中断然拒绝了斐迪南大公带家人前往"米拉马雷"的要求，并解释称，要想入住，必须先得到来自皇帝本人的"最高专门命令"。[7]

还有一次,鲁道夫的女儿伊丽莎白和她的孩子们正住在城堡里。她先是满口答应离开,给斐迪南大公一家人腾地方,却在最后一刻突然变卦,说她的孩子生病了,现在不能搬出去。斐迪南大公怀疑她不过是跟平常一样没事找事,存心给别人添麻烦,于是就派艾森门格尔医生先行前往的里雅斯特,为伊丽莎白提供诊疗意见。事情进行得并不顺利。伊丽莎白语带愤怒地对医生说道:"你就是个间谍,是来监视我们的!"直到艾森门格尔汇报称,孩子们都已经恢复得差不多了,完全可以离开城堡之后,伊丽莎白才不情不愿地答应搬出去,并故意拖延到最后一刻再启程,好给斐迪南大公和索菲制造尽可能多的麻烦。[8]

"米拉马雷"城堡周围的乡野恍若一处美丽的热带天堂。斐迪南大公热衷于开车载着一家人找个偏僻的地方野餐,然而,除了美妙的风光之外,乡野间还出没着不少意大利民族主义分子。用斐迪南大公手下员工的话说,这些潜在的刺客肯定非常乐意向在这里不受欢迎的哈布斯堡家族成员投掷炸弹或者开枪射击。对此,斐迪南大公自有一套略带哲学意味的理论。"我知道你的话有几分道理,但我不愿因此就像娇弱的花草一样被置于温室之中。我们的性命时刻处于危险之中。我们只需简单地将信心寄托在上帝身上就好了。"[9]

暮春之际,他们可能会短暂地返回科诺皮什捷,去维也纳参加几场赛马会,周末和贵族朋友们或者索菲的娘家人一起到乡间的庄园里打猎。虽然斐迪南大公在社会上也有不少熟人,可深得他信任的密友却寥寥无几。他自幼接受的就是这样的教育:身为哈布斯堡家族的一员,必须学会在没有朋友可以依靠、没法得到他人慰藉的情况下活下去,以免因为对他人的不当信任而惨遭对方的背叛和利用。斐迪南大公甚至曾信誓旦旦地表示，唯有艾森门格尔医生和贴身男仆亚纳切克才算得上是他真正的朋友。结果是，在大多数情况下，斐迪南大公只跟一个小圈子里的几位贵族朋友、他妹妹的丈夫符腾堡公爵阿尔布雷希特以及索菲的姐夫和妹夫们来往，因为，斐迪南大公知道，他们都是考虑周全、行事谨慎、值得信赖的人。[10]

初夏时节，一家人来到阿特施泰滕城堡。年少时，斐迪南大公的夏天也是在阿特施泰滕度过的，因此，对他来说，这几乎可以说是把他过去熟悉的生活模式又重复了一遍。阿特施泰滕城堡高踞在一个绿意盎然的山坡上，俯瞰着下方一座位于多瑙河畔、名为"珀希拉恩"的村庄。父亲去世之后，斐迪南大公继承了这座中世纪城堡，并着手将其改造成一处现代化的居所。面对这座在日光的照耀下熠熠生辉的白色建筑，他着眼于未来，把四角塔楼的尖顶换成了球茎状的洋葱顶，安装了浴室和中央供暖系统，还把几处梯台式花园的规模拓宽了不少。[11]斐迪南大公决定，他和索菲去世之后，两人的遗体将安葬于此。

这项决定的产生其实源于一场悲剧。斐迪南大公和索菲都希望能拥有一个膝下儿女成群的大家庭，因此，发现索菲于1908年再度怀孕之后，夫妇二人全都欣喜万分。[12]最初，一切都顺顺利利，可索菲毕竟是在四十岁的时候才怀上这第四个孩子的，而且，流感导致的并发症也在这时开始发作。11月7日下午八点，索菲在月份未足之际提早分娩。斐迪南大公在给一位朋友的信中写道："明明是个如此强壮而又好看的男孩子，却在生下来的时候就死了。一想到我们之前是多么满心欢喜地期待着第四个孩子的到来，我心里就说不出的难受！"[13]这次生育极大损耗了索菲的健康。医生告诉她，她以后恐怕不能再要孩子了。[14]孩子当然要入土为安，但鉴于斐迪南大公的妻子儿女并不为哈布斯堡家族所承认,他自然也就没法依照传统,以普通皇室成员的身份入葬维也纳嘉布遣会教堂的地下室——斐迪南大公可以安息于此,可他的妻子和后代却被拒之门外。不论在生前还是死后,斐迪南大公都有意让索菲始终陪伴在自己的左右。他曾经在一次谈话间这样表达过自己的观点:"你可以把这话说给任何人听:就连死亡也休想将你我分离!"[15]

科诺皮什捷是夫妇二人最钟爱的居所,但问题是,这座城堡远在波希米亚,可斐迪南大公却希望自己死后能安葬在奥地利境内。于是,他在机缘巧合之下选中阿特施泰滕城堡:若有朝一日他先行离世,这里便将成为索菲的寡居之所和一家人的安息之地。他命人开凿布满岩石的山坡,在城堡现有的巴洛克式使徒圣雅各礼拜堂之下修建一处新的地下室。有了这处带拱顶的私密空间,夫妇二人不幸夭折的儿子终于可以在不受争议的情况下体面地下葬了。[16]斐迪南大公让永远处于忙碌之中的亚纳切克主管工程建设,并对完工后的整体效果很是满意。斐迪南大公指出:"这里的通风和采光都不错,正如我所喜欢的那样。就是入口设计得不太好,弯拐得太急了。抬棺人一准儿会在拐弯时碰到棺材,搞得我死后都不得安宁!"[17]

索菲小的时候,夏天会经常随一家人前往位于比利时的度假胜地布兰肯贝赫。布兰肯贝赫并不是什么特别时髦的地方,但正是因为缺乏社会声望,才让不那么富裕的人也能承担得起这份花销,而花销正是她父亲做选择时最主要的考虑。斐迪南大公当然有能力像其他上流社会精英一样,带家人去比亚里茨、马林巴德、戛纳或者多维尔之类的地方度假,可这些地方不仅沉闷无趣,还满是妄自尊大、心高气傲的贵族人士。于是,斐迪南大公决定,7月的布兰肯贝赫恰好可以满足他妻子儿女的避世需求，远离没完没了地拿着放大镜指摘他们的社会以及由此导致的生活压力。这里的生活显然是非正式和放松的。他们住进一家可以俯瞰下方海浪的旅馆。每天早上，他们都徒步从山上跋涉至下方的沙滩。到岸边之后，斐迪南大公通常先要在一张与周遭格格不入的小办公桌上工作几个小时，一边阅读官方文件，一边看着他的妻子儿女在浪花间嬉闹玩耍，在岸边堆建沙堡。斐迪南大公总是在午后加入他们中间，脱下自己的夹克和裤子，换上一身蓝色的毛线泳衣，纵身跃入海中。索菲的妹妹亨丽埃特也经常加入他们，陪他们一起度假。除了在海边嬉戏之外，斐迪南大公还带妻子儿女访问比利时王室家族（他的堂哥和斯特法妮成婚之后，斐迪南大公自然也就跟比利时王室成了姻亲），在布鲁塞尔的博物馆和画廊里悠闲地漫步。[18]

晚春和初秋时节，一家人常常前往位于波希米亚南部城市维延高（今特热邦）附近的一个名叫赫卢梅茨的镇子，在那里的一处新古典主义建筑风格的宅邸里住上几个星期。一望无际的庄园领地内不仅有数条缓缓流淌的溪水，还有好几片沼泽湖泊，不仅是钓鱼的好地方，还是猎杀野鸡和丘鹬的好去处。这里也是斐迪南大公邀请同他关系不那么亲密的熟人参加乡间宅邸社交聚会的地方。这处庄园是作为埃斯特家族的遗产之一移交给他的，但这也造成了一个问题。根据摩德纳公爵遗嘱上的规定，这处地产只能由哈布斯堡家族的成员来继承，而这也就意味着，斐迪南大公最终不得不设法和他侄子卡尔找到一个适当的解决办法。卡尔可以在自己名字后面缀上"埃斯特"的头衔，并继承摩德纳公爵丰厚的遗产；作为交换，马克斯和恩斯特则分别获得科诺皮什捷城堡和赫卢梅茨庄园的继承权。[19]

在赫卢梅茨，可供狩猎的对象毕竟有限，没法让斐迪南大公尽兴。因此,8月到10月期间,一家人通常前往某处偏僻的猎苑,以便让斐迪南大公有机会充分释放他对打猎的热爱。在公众看来,斐迪南大公虽然如谜一般神秘莫测,但有一件事是他们再清楚不过的,那就是他真的很爱打猎。批评他的人将其描绘为一种病态般的痴迷。丽贝卡·韦斯特坚称:"虽然他没法亲手射杀自己的敌人,却可以在打猎的过程中找到些许宽慰。猎杀目标什么的,对他来说根本无所谓……他就是喜欢没完没了地杀啊杀啊杀,完全不同于那些为了获取食物或者为了跟原始生活方式保持亲近的猎人……他用自己的这种屠宰能力来表达他对几乎整个世界的仇恨。事实上,我们完全可以放心大胆地认为,他对全世界都抱有这样的恨意。"[20] 这套难以让人信服的政治宣传辞令竟渐渐演变为世所公认的"事实真相":斐迪南大公是一个冷酷无情的家伙,为了满足自己的杀戮欲望,能欣然让数千毫无防备的动物大批大批地倒在血泊之中。

时人普遍认为,斐迪南大公是"全国上下射击技术最为高超的人之一"。他装备上自己的曼利夏步枪或者从布拉格的诺沃特尼枪支制造厂寄来的枪支,一连几个小时在森林和田野间游荡,猎杀牡鹿、岩羚羊、野兔、山鹬、野鸡、野猪、熊、雄狍、狐狸、野鸭、野鹅——总之就是一切活物都不放过。[21] 斐迪南大公对狩猎的热情毋庸置疑:他一生总共猎杀了274 889只动物(他在瑞典猎杀的另外13头驼鹿未计入其中)。[22] 在对野生动物保护十分敏感的现代人看来,这个数字未免有些太过分了,但在狩猎上的追求其实是哈布斯堡家族的一项传统。定期打猎的人当中甚至还包括弗朗茨·约瑟夫皇帝本人,不过,身为统治者的他公务繁多,总是欲纵情于狩猎而不能;而斐迪南大公则没有这样的时间限制,所以才有更多的机会积累起如此惊人的战果。

　　如果想不偏不倚地看待斐迪南大公令人瞠目结舌的猎杀数字，那就有必要稍稍介绍一下当时的历史背景。当时正值爱德华七世时代最辉光的岁月，是一个上自皇帝和国王，下至一般的贵族，全都十分热衷于这种有组织的大规模屠戮的时代。不论是在英格兰还是在欧洲大陆，要是不安排大规模的狩猎活动就称不上是一场合格的乡间宅邸社交聚会。以英王爱德华七世为例，光是在其位于桑德灵厄姆的庄园，他每年就要猎杀7 000只野鸡。1904年的某次王室狩猎会上，在短短一天时间里，就有超过1 300只山鹬被猎杀。[23]英国的里彭侯爵在他的狩猎生涯中总计猎杀了556 813只动物，战绩超过斐迪南大公的贵族更是不在少数。[24]这是一项运动，不是毫无道理的单纯杀戮，是为了锻炼枪法和射击技术，而不是为了大批大批地屠宰动物。正因如此，斐迪南大公才会被狩猎所深深吸引。他的战绩之所以会膨胀到略显夸张的程度，是因为他的双肺太过虚弱，没法亲自追踪猎物，只能靠助猎者把动物驱赶到他所在的方向。[25]他对狩猎的痴迷，同他对艺术收藏、花园、建筑和家庭生活的痴迷，并没有本质上的区别。他是一个痴迷于很多事物的人，更重要的是，他有大把的时间和金钱，让他可以尽情地投身其中。

　　斐迪南大公偶尔会带家人前往位于维也纳以东的多瑙河流域，住进埃卡特绍的一座属于哈布斯堡家族的猎苑。这座小巧精致的猎苑有着巴洛克式的建筑风格，是玛丽亚·特蕾西亚皇后命人修建的。附近树林里到处都是野鹿，可旅舍本身却早已是年久失修、破落不堪。斐迪南大公对其进行了一番修复，却很少有机会能在这里多住些时日。他们更常去的是一家位于卡林西亚州勒林村的猎苑。这座低矮的猎苑坐落在阿尔卑斯山绍尔段的山脚下。猎苑周围的森林全都归亨克尔·唐纳斯马克伯爵所有，因此，斐迪南大公必须到这位伯爵那里租赁狩猎许可。虽然这里的乡间有不少岩羚羊和其他雄兽,但不论斐迪南大公怎么跟这位伯爵协商,后者都不愿延长租期或者对租约进行其他斐迪南大公觉得必要的修改。[26]

为了获得一处属于他自己的狩猎庄园,斐迪南大公于1908年把布吕恩巴赫宫买了下来。布吕恩巴赫位于萨尔茨堡市附近,坐落在上柯尼希山山脚下的一个山谷里,是一个宁静而又祥和的地方,周围的阿尔卑斯山间常有牡鹿和岩羚羊出没。总是急于扮演业余建筑师角色的斐迪南大公立马着手对其进行扩建。他为这座始建于16世纪的建筑新加了一层楼,并在新加的这层楼里添置了数个房间和浴室以及一间私人祈祷室。这里的地理自然环境有如田园牧歌一般:中间是一小片草地,外围是花岗岩山脉,再往外则是一望无际的松林。布吕恩巴赫宫很快便成为最受一家人欢迎的度假目的地:斐迪南大公有了打猎的地方,他的妻子儿女则可以到附近的森林里野餐。[27]

一家人都十分喜欢萨尔茨堡和蒂罗尔轻松友好的非正式氛围。在蒂罗尔,雄心勃勃的斐迪南大公出钱重修了始建于中世纪时期的安布拉斯城堡。他经常在安布拉斯度过夏日时光,甚至一度考虑过在这里安家。[28]他总是乐于探索交通不便、隔绝于世的村落,不拘礼节地随意同当地人交谈,和手下的员工同喝一盆匈牙利红烩浓汤,把旅店老板都吓了一跳。[29]他还喜欢到县集市和小商店里逛一逛,把当地的手工艺品和古董文物纳入他的收藏。他真可谓一位不知疲倦的收藏者。用伯爵奥托卡尔·切尔宁的话说:"很少有人能像这位大公一样,掌握许多方面和领域的艺术知识。没有哪位经销商能骗过他的眼睛,把现代物件当古董文物卖给他。他对艺术的品位同他对艺术的了解一样高明。"[30]他买过油画、花窗玻璃、工艺美术品、雕塑、民间艺术品、家具、武器、盔甲、勋章、钱币、矿石、陶瓷制品、钟表、墓碑、中世纪刑具和教堂里的老祭坛——总之就是他中意的一切都可能被他买下来。他的收藏品中还包括3 750尊圣乔治的雕像。他的曾孙女侯爵小姐索菲指出,圣乔治同恶龙的殊死搏杀,是身患肺结核的斐迪南大公同病魔斗争的一种写照。[31]

除了收藏之外,斐迪南大公还对建筑保护抱有同样高涨的热情。在他主持过的较为重大的建筑保护项目中,除了对安布拉斯城堡的修复之外,还有对陶费斯城堡和萨尔茨堡圣彼得墓园的重修。他的一个亲戚回忆称:"一种狂热的破坏欲已然如脱缰的野马一般席卷各地。只有当老一辈的人纷纷离世,新一辈的人意识到,大量无可替代的文化瑰宝被消灭殆尽,必须努力保护其他尚存于世的瑰宝的时候,这场浩劫才有偃旗息鼓的可能。斐迪南大公对珍贵建筑保护的大力倡导和支持,是他一生最大的功绩之一。"[32]为了在如今的奥地利和其英雄般的过去之间构筑起坚固而又可见的纽带,斐迪南大公不仅带头领导建筑保护委员会,还经常出面干预打着"重修"旗号的可疑项目——在他看来,这些项目分明是以重修为名,对国内的修道院、教堂和城堡行全盘推倒重建之实。[33]

每年,除了这些愉快的固定安排之外,他们偶尔还会离开奥地利,到外国去游历一番。1912年,英国皇家园艺学会在伦敦举办了一场盛大的展出,成为日后享誉世界的"切尔西花展"的前身。作为一位热忱而又投入的园艺爱好者,斐迪南大公自然迫不及待地想要参加这次盛会。在他向皇帝提出申请之后,后者表示,他可以带索菲一同前往,但前提是,他们必须以私人身份出行,并在途中化名阿特施泰滕伯爵和伯爵夫人。索菲的表外甥女*巴耶-拉图尔伯爵

---

* 索菲的母亲的哥哥的外孙女。

夫人伊丽莎白以女官的身份随索菲一同前往伦敦。夫妇二人于5月17日抵达伦敦后,乘小汽车来到丽兹酒店,住进一组能俯瞰"绿园"的套房。[34]

在接下来的一个星期里,斐迪南大公和索菲开始游览和观赏这次花展。虽然他们表现得像是一对以私人身份到此的普通游客,可实际上,他们的一举一动早就被刊登在了该城报纸的显要位置。在一天的时间里,他们不仅把伦敦基尤区的著名植物园逛了个遍,还到泰晤士河河畔的汉普顿宫里参观了一圈。他们饱览了华莱士收藏馆内灿烂夺目的丰富藏品,查看了城外的几所乡间别墅,还到新近开张的维多利亚宫剧院欣赏了安娜·帕夫洛娃的舞蹈。[35]他在给一位朋友的信中的写道:"我度过了一段美妙的时光,陶醉在我最痴迷两大嗜好之中:艺术和园艺。"[36]

虽然夫妇二人不得不以化名出行,并时不时地遭遇程序和礼节上的难题,可奥地利驻英国大使门斯多夫伯爵阿尔贝特还是把一切都安排得滴水不漏。事实上,阿尔贝特甚至还设法完成了一项惊人的壮举:虽然玛丽王后始终对索菲的贵贱通婚地位放不下心,但跟英国王室沾亲带故的阿尔贝特却不知道用什么办法说动了英王乔治五世,促使后者同意邀请斐迪南大公和索菲参加王室的一场午餐会。5月23日,王后亲自迎接斐迪南大公和索菲来到白金汉宫。英王的寡母亚历山德拉王太后也随他们一同参加了这次午餐会。用餐完毕之后,玛丽王后扮演起导游的角色,带夫妇二人参观了白金汉宫。英王觉得,他们两人"都非常有魅力"。更让他高兴的是,与这两人在公众心目中的丑陋形象相反,他们"让自己显得非常讨人喜欢"。[37]他们在交流上可能会有些障碍,因为斐迪南大公的英语和英王的德语都不怎么流利,而这也就意味着,在整个访问过程中,只能由他们的妻子暂时充当翻译的角色。英王后来坦言,他和王后都十分享受那个下午。斐迪南大公亲切而又和蔼,索菲更是展现出"非凡的魅力"。就连玛丽王后都放弃了先入为主的成见,承认她和她的丈夫都"非常喜欢索菲"。斐迪南大公告诉阿尔贝特,他在和英王交谈时轻松极了,因为,他们之间"有太多太多共同的兴趣和好恶,真是太惬意了。国王和我简直就是心有灵犀"。[38]

第六任波特兰公爵威廉·卡文迪什-本延克不仅是皇家园艺学会的会长和"切尔西花展"的主办人,当他身处欧洲大陆时,还是斐迪南大公的狩猎小圈子中的一员。此外,他和索菲的几个亲戚也保持着相当友好的关系。他向这对夫妇提出,离开伦敦之后,他们可以来诺丁汉郡一趟,到他的乡间宅邸"韦尔贝克修道院"*小住几日。和蔼可亲而又谦逊质朴的公爵夫人威妮弗雷德欢迎两位客人来到这座妙趣横生的宅邸,并带他们参观位于地下的会客室、画廊和地道。这次小住巩固并加深了两对夫妇间的友谊,斐迪南大公还邀请对方来他的科诺皮什捷城堡里做客。这次英国之行进行得异常顺利。阿尔贝特欣然记录道,离开英国时,斐迪南大公"对一切都感到很高兴,处于最美好、最称心如意的情绪之中"。[39]这趟行程给双方都留下了相当良好的印象,也为次年的二度出访铺平了道路:在英王和王后的邀请下,斐迪南大公和索菲于第二年再次来到英国,对英国王室进行了一次亲密友好的拜会。对夫妇二人来说,这次拜会不亚于一次意义深远的重大胜利。

---

* 韦尔贝克修道院本是一处普雷蒙特雷会修道院,在"解散修道院"运动中被亨利八世收归国有,而后几经转手,于1607年被卡文迪什家族购入,并被家族成员改造成一处乡间宅邸,只有修道院时期的地下室和内墙被保留了下来。

第十章
见习皇帝

　　私人生活和家庭幸福给斐迪南大公提供了一定程度的获得感和满足感，但他的最终命运仍旧取决于帝国的政治走向。在牵扯到政治的事情上，他一向谨慎小心，1901年的大挫败更是给了他一个惨痛的教训。那一年的4月8日，斐迪南大公同意担任"天主教学校联盟"的名义赞助人。乍看之下，对一位虔诚于天主教的哈布斯堡家族成员来说，这似乎不过是一件无关痛痒的小事，但此举一出，立马在报界引发巨大的轰动。批评者们怒气冲冲地表示，自由主义者一心致力于减少罗马教会对帝国的影响，弱化教宗与哈布斯堡家族统治者之间由来已久的纽带，可斐迪南大公却如此堂而皇之地与天主教会站在一起，无异于是在向社会上的自由主义声音公然宣战。这一观点并非毫无根据。格奥尔格·冯·舍内雷尔是主张奥地利与罗马教会决裂的主要鼓吹者之一。他也是一名毫不掩饰的亲德分子，呼吁大规模改信新教，甚至倾向于让奥匈帝国和德意志帝国合并为一个国家。而斐迪南大公则跟其他许多人一样,以"远离罗马就是远离奥地利"为自己的座右铭。[1]

在正式接受名义赞助人头衔的演讲中,斐迪南大公盛赞了该团体的"虔诚爱国事业"。[2]在新教徒人口众多的匈牙利,抗议的声浪最为激烈。弗朗茨·约瑟夫皇帝怒不可遏,立马给斐迪南大公写信称,接受名义赞助人头衔的行为严重威胁到了国内局势的安宁和稳定。皇帝认为,这是"极度草率和不明智的"。盛怒之下,他甚至颁布命令称,未来,没有他的事先同意,皇室家族成员一概不得接受任何名义赞助人的头衔。[3]

时人坚称,索菲才是这件事的幕后黑手,是她妄图借助天主教会替自己培植势力和影响力。[4]他们担心,斐迪南大公恐沦为天主教会手中的一颗重要棋子,唯其马首是瞻;然而,这个看法本身就有失公允。斐迪南大公曾经信誓旦旦地表示:"如果圣父[天主教徒对教宗的尊称]试图利用他在天主教会中的影响力来反对我的主张,那么,我也绝不会退缩,即便是要与他断绝关系也在所不惜。"[5]

斐迪南大公在政治上最广为人知的同盟者也成为他最大的争议之一。他曾经大力称赞过颇受欢迎的维也纳市长卡尔·卢埃格尔。卢埃格尔的国家主义和赤裸裸的反犹主义论调帮他赢得了城内许多人的青睐,其中就包括年轻时的希特勒。卢埃格尔是一个充满争议的人物,既是一个用恶毒的反犹主义话术来为自己谋取选票、开拓事业的政客,也是一个在私下里有不少犹太朋友的人。[6]跟大多数世纪之交的皇室和王室成员一样,斐迪南大公也怀有一定程度的反犹主义态度。不过,对他来说,这并非源于宗教上偏见和歧视(事实上,他对正统犹太教徒显而易见的虔诚一向十分欣赏),而是源于这样一种观念：这些犹太人虽身处奥匈帝国，却一心忠诚于别国，老是在背后搞一些见不得人的阴谋，与帝国的天主教、国家主义和保守主义治国方略势如水火、不共戴天。[7]最重要的是，斐迪南大公之所以喜欢卢埃格尔，并不是因为赞同后者的任何反犹主义论调，而是因为这位市长广为人知的反匈牙利态度，更因为卢埃格尔曾经骄傲地指出，是他一手挫败了马扎尔极端分子在社会上公开宣扬自己主张的企图。[8]

斐迪南大公把大部分政治精力都放在了他自己的秘书处，也就是著名的"军事总理府"上。"军事总理府"的办公地点在维也纳的"下美景宫"，是制定、论证和计划各类政策的地方，以便在未来加以部署和实施。"军事总理府"逐渐发展为一个效率极高的办事机构，旨在为斐迪南大公提供军事和政治上的建议，并帮助他掌握相应的实用知识和学问，以应对他登基之后可能遇到的各种问题。事实上，这里不仅协助他真正完成了自己的学业，还为他提供了一个吸收来自帝国官方以外的观点和影响的渠道。他担心，帝国政府的各位部长们提供给他的"不过是一幅单方面的、不甚可靠的图景，并没有把社会现状和实际情况反映出来"。他之所以收集分歧巨大的观点，分析国内顶尖学者的报告，是因为他想在"完全独立于弗朗茨·约瑟夫皇帝的政府"的情况下为自己的最终登基做准备。[9]

领导"军事总理府"的亚历山大·布罗施·冯·阿勒瑙少校是一位生于1870年的贵族子弟，也是斐迪南大公的首席侍从武官。[10]他才思敏捷、工作投入而又圆滑老练，随着"军事总理府"规模的扩大，再加上斐迪南大公愈发迫切地要求阅读一切官方文件和文书，布罗施少校日益成为该机构不可或缺的一部分。此前，皇帝一直试图将斐迪南大公尽可能孤立起来，不许他阅读政府公文，而布罗施则坚持认为，除了皇帝觉得适合其继承人阅读的报告之外，其余所有报告也应一并送至"军事总理府"。斐迪南大公不仅对布罗施赞赏有加，还十分尊重后者提出的观点和建议。[11]

反过来，布罗施也对斐迪南大公有了很深的了解，并对斐迪南大公的性格做了盖棺定论般的概括：

> 斐迪南大公对他人的建议始终保持开放的态度，事实上，让他相信"这对他来说是一件好事"简直易如反掌，不过，要是他从一开始就对说话人心存怀疑，那就另当别论了。除此之外，提建议时还必须讲求方式方法，因为，斐迪南大公在任何情况下都不会容忍别人对他的当面顶撞。另一方面，他又比大多数人都更愿意接受未经任何粉饰的真相；实际上，反倒是他经常要求别人把真相毫无保留地告诉他。因此，如果一个人知道该如何以他能够接受的方式与他相处，避免顶撞到他，同时又让他感受到自己的真诚坦率与直言不讳，那就几乎没有什么是这个人不能让他替自己办到的。这理所当然地意味着要使用很多手段和技巧，还要选对正确的时机；换句话说就是，实际操作起来既烦人又累人……斐迪南大公天赋极高，拥有令人难以置信的快速洞察力和一双慧眼——这份天赋在军事领域体现得尤其明显。他从未拘泥或者迷失于对各种军事细节的学习；尤其值得一提的是，他始终不曾通过自学来拓展自己的知识，这既是因为他的体力和精力太差，也是因为他似乎永远都不知道该怎么靠自己来学习。尽管如此，单凭教师传授给他的基础知识，就完全足够他对战略战术和作战行动进行最为正确

和快速的评估，并做出有效的决定。他的这些评估和决定完全是下意识的自发反应，而通常情况下，只有经过异常刻苦的书本学习才有可能形成这样的自发反应……斐迪南大公几乎总有办法本能地做出最恰当的决定……他的性格过于尖锐，在对人和对事做出评价和判断时，往往言辞犀利、口无遮拦，还多少有些鲁莽和草率，用不公正的态度和方式对待他人的情况也因此时有发生。不过，一旦他意识到这一点，就会毫不犹豫地纠正自己的错误……在与他共事的人面前，斐迪南大公总能展现出一种神奇的亲和力。在我同他共事的整整六年里，我没听他说过一句粗话，没见他做过一个不友好的手势。一旦你设法赢得了他的信任（这自然要花相当长的时间），那么，他对你的这份信任就会无限度地永远持续下去。[12]

布罗施于1911年离开"军事总理府"，重新成为一名普通的军人，可斐迪南大公仍旧始终与他保持着联系，寻求他的建议，还向他保证，他们之间的友谊会一直持续下去。布罗施在斐迪南大公的信中坦言，他之所以离开"军事总理府"，是为了跟他病弱的未婚妻有更多的时间相处。对此，斐迪南大公回信称：

我仅在此给予你最热情的感谢，感谢你详尽细致的长信。信的内容让我吃惊不小。你竟然这么长时间都不曾对我吐露真情，不曾向我透露你的心事，这我就要好好批评你一下了。想到长久以来你一边如此殚精竭虑地以最忠诚的方式为我服务，一边把如此巨大的悲伤和如此之多的忧虑一个人埋在心里，我真是难过的要命！对这些悲伤和忧虑守口如瓶是你所能做的最大的牺牲。我的心中满是对你最大的敬意，因为，我知道，你的意图是怎样的高尚，我更知道，你要为此付出和经历什么！去年秋天的时候，要是我对你未婚妻病情的严重程度和你内心的焦虑程度多少有些概念就好了，那样一来，我肯定会允许你请假离开。现在，我只能真心地对此表示遗憾，遗憾我当时没能意识到你所面临的困难和烦恼。我是在对此一无所知的情况下才一再把你召到我身边、要你为我服务的！亲爱的布罗施，我衷心地为你祝福，愿你一切顺利，好运相随……亲爱的布罗施，我再一次以最热烈的方式祝你幸福，我的妻子儿女也以最诚挚的方式给予你相同的祝愿。请告知我婚礼的举办时间，我们都非常乐意与你共度你找到幸福和满足的那一天，并当面给予你最诚挚的祝愿。[13]

卡尔·巴多尔夫上校接替了布罗施的职位，成为"军事总理府"的新任首脑，皇帝本人的秘书处对"军事总理府"日益严重的不满与怨愤也一并交由巴多尔夫来应付。"军事总理府"从许多方面来说都有点像一个"影子政府"，不仅培植自己的官员、军人和政客，寻求他们的观点和影响力，还试图制定打算在未来实行的政策。一位历史学家记录称，在弗朗茨·约瑟夫皇帝看来，"美景宫［军事总理府］的出现等同于另立政治中心，仿佛它的存在直接挑战了他对君主制的整个概念。他从不打算把政府的权责分享给别人"。[14]皇帝还时不时地禁止手下的官员把政治上的最新动态简要报告给他的侄子，也不允许"军事总理府"经手相关的国家公文。1907年与匈牙利重新商订"折中方案"的条款时就发生过这样的情况。[15]皇帝的初衷或许是好的，或许只是想预先阻止一切可能的麻烦，以免闹出任何不愉快的场面，以免因为他侄子的一时冲动造成外交上的任何不利局面；可在斐迪南大公看来，皇帝的行为恰恰印证了他最大的担忧：他的伯父故意把重要的国家大事隐瞒起来，把他蒙在鼓里，可迟早有一天（而且这一天或许很快就会到来），这些事都会变成他必须独自一人承担的责任。叔侄间的竞争和对立如此激烈，以至于斐迪南大公的秘书处经常被时人称为"反对派内阁"。[16]对此心知肚明的前总理大臣恩斯特·冯·克贝尔评论称："我们不仅有两个议会，现在还有了两个皇帝！"[17]

皇帝冷漠无情的态度让斐迪南大公的气力和才干始终得不到用武之地。马尔古蒂说过，在弗朗茨·约瑟夫皇帝看来，任何企图让他和自己的继承人以富有成效的方式携手合作的打算，都是"根本没有半点可能性"的痴心妄想。他无法理解自己侄子的观点，"帝国过时已久、亟须变革"之类的主张令他深恶痛绝。[18]甚至有谣言称，皇帝试图贿赂他的侄子，以换取后者发布相关的声明，放弃自己的继承人位置，从而避免如皇帝所预想的那样，在未来开启一段灾难般的统治任期。[19]

伯侄二人间的关系本就不甚亲近，斐迪南大公的贵贱通婚更是进一步强化了皇帝对他一切负面看法。在谈到斐迪南大公的时候，皇帝曾经态度坚定地表示："你又不是不知道他是个多么奇怪而又令人捉摸不透的家伙！"皇帝认为，斐迪南大公太过独断专行，太倾向于自由主义，对变革的态度太过开放；他不仅怀疑斐迪南大公对权力如饥似渴，还担心脆弱的平衡随时会被自己的侄子打破，导致整个帝国分崩离析。而斐迪南大公这边则抱怨称，皇帝经常像对待宫中"最卑贱的仆役"一般对待他。[20]沟通与合作的失败，其实双方都有责任：一方太过拘泥于传统和过时的规矩；另一方则太过犀利和强硬，不懂得该如何用婉转的方式来表达自己的观点，总是信心满满地试图用自己的论点打动信奉保守主义的皇帝。因此，最后的结果是，双方始终都无法理解对方。

马尔古蒂回忆称，斐迪南大公不厌其烦地向皇帝提出"许多最有帮助的建议。它们最大的价值并不在于建议本身是否可行，而是在于它们开阔了斐迪南大公的视野，而皇帝本人则太过欣然埋头于细节和琐事之中，屡屡出现'只见树木，不见森林'的情况。有鉴于此，若斐迪南大公愿意配合，这一切本该对年迈的皇帝起到巨大的价值，甚至可能带来意料之外的好处"。[21]然而，事情却并未向这个方向发展。皇帝太老了，在保守之路上走得太远了，以至于不愿意考虑任何其他的可能性。他坚信只有他自己明白什么才是最好的，根本没兴趣听他侄子冒出的新点子。

斐迪南大公曾经建议称，作为管理皇朝财政福利的重要机构，陈旧过时的"帝国俸邑局"亟须一次彻底的现代化改革。在检查各类地产、收入和投资的过程中，他发现了不少贪污、浪费和失职的情况。[22]当面同皇帝就这一问题展开讨论的请求被拒绝之后，斐迪南大公起草了一份十页的调查大纲，提出消除浪费、增进收入的改革建议。皇帝的回应相当冷淡。他在给自己侄子的信中写道："我从蒙泰诺沃侯爵处得知，你最近提交了一份关于'家族基金'的报告，并希望得到我的答复。我现在可以把这个答复给你了……在仔细考量过这个问题的方方面面之后，我的结论是，鉴于这套久经考验的管理体系在过去那么多年的时间里一直很好地为我们服务，身为这份我们共同的'家族基金'的负责人和守护人，我不能仅仅因为你对它如此失望就允许你拿它做实验。"[23]

斐迪南大公的曾孙女侯爵小姐索菲说："弗朗茨·约瑟夫皇

帝把在鲁道夫身上做过的事，在他［斐迪南大公］的身上又做了一遍：皇帝什么事也不告诉他。他们两人之间几乎没有任何交流，因此，想要弄清楚到底发生了什么，并向皇帝提供相应的建议，实在是困难重重。"[24]斐迪南大公抱怨称，他"只能从报纸上了解正在发生的一切"，皇帝"从来"不听他的，就连最低微的男仆都比他"知道的多"。[25]这一切着实令人沮丧透顶。一位官员回忆称："他［斐迪南大公］满怀热切的渴望，可遭遇到的却是冰冷的约束和限制；他对未来有着清晰的洞察，可他的这些洞察却被斥责为无能的臆测。对他的活力和干劲的无情压制让他心神不宁、焦虑万分。他时刻都被这样一份担忧所困扰：等到他登基的时候恐怕已经太迟了，一切都无可挽回地走上了错误的道路。"[26]

而另一方面，斐迪南大公又对皇帝忠诚、尊敬、尽职乃至虔诚到了近乎谄媚的程度。他在给富格尔侯爵夫人的信中这样写道："你知道我对我的皇帝抱有怎样的爱和崇敬，正是这份爱促使我在国内和国际政治事务上发表我自己的观点，因为，我希望以此来向我的皇帝和我的国家尽忠效力。"[27]他真诚地相信，是上帝选中弗朗茨·约瑟夫来统治这个国家（在他看来，自己能当上皇位继承人，想必也是上帝的选择），因此，在牵扯到皇帝本人的时候，他一向十分谨慎小心。仅仅为了避免闹出不愉快的冲突和对峙，皇帝经常动不动就屈从于争论不休的政客，斐迪南大公对此很是厌恶，可他却从未批评过皇帝。[28]他接受并尊重皇帝的一切决定，对皇帝抱有非同寻常的尊敬。艾森门格尔医生说，斐迪南大公的"军事、皇朝、宗教和君主制情结，理所当然、天经地义一般地导致他没法对皇帝采取敌视的态度。他不是一个能把想法和观点压在心里不说的人，可我非但没听他抨击过皇帝，就连最含沙射影的讽刺都闻所未闻。

相反，要是皇帝对他表示了赞许和认可，甚或是对他说了一个亲切的词，他都会欣然把这件事传扬出去"。[29]斐迪南大公的孙子霍恩贝格公爵格奥尔格补充说："不论有何种政治或者人情上的原因，他［斐迪南大公］的脑海里都不可能产生一丝对抗皇帝的念头……反对皇帝，违抗他的命令，甚或与他争吵，都是绝无可能和无法想象的。"[30]

斐迪南大公意识到，他从没有接受过当皇帝的训练，于是，他开始想办法自己钻研为君之道。他遍读各种以政治为主题的图书、报纸和演讲集，浏览每一份能拿到手的公文和官方备忘录，并靠"军事总理府"来为他介绍过硬的人才和靠谱的主张。[31]一位英国外交官在报告中写道："社会上普遍认为，此二元君主制国家的一些政治领军人物对他［斐迪南大公］的能力抱有很高的评价，他的少数几位密友更是对他的谦恭有礼和风度魅力不吝溢美之词。然而，可能是由于他天生的矜持内敛性格，再加上推定继承人几乎必然会陷入的艰难处境，导致斐迪南大公总是保持着小心翼翼、谨言慎行、严防死守的态度，因此，对广大普通民众来说，'一个近于全然陌生的未知数'或许是对他最好的描述。"[32]前总理大臣克贝尔推测，一旦登上皇位，斐迪南大公必然会展现出他的自由主义倾向；而陆军大臣则认为，他在24小时之内所做的让步，恐怕比弗朗茨·约瑟夫皇帝执政24年内做出的让步还要多。[33]马尔古蒂绝对算不上是斐迪南大公的仰慕者，可就连他都认为，"凭借他［斐迪南大公］善于变通的才智，以及无须海量文件的协助就能明辨政治形势和问题所在的强大判断力"，斐迪南大公没准儿真的有可能实现他为自己定下的几乎不可能完成的任务：把古老的帝国转变为一个现代化的国家。[34]

在斐迪南大公看来，可以确定的是，不做出些改变是不行的。虽然他对前景基本持保守态度，但他担心，国家间的相互竞争和前进的脚步，将无可避免地把古老的帝国远远地抛在时代的后面。现在，他开始把重心转向可能发生的事情，转向怎样才能在最好地保存哈布斯堡皇朝至高无上统治地位的前提下进行这些无可避免的改变。在他看来，匈牙利的存在永远让奥地利如芒在背。他从未忘记自己在匈牙利的时光，从未忘记拒绝用德语下达命令的匈牙利军官，从未忘记布达佩斯的报纸是怎样欣然刊文称"他已然是病入膏肓、离死不远了"，更未忘记全体匈牙利人怎样歌颂"1848年革命"，怎样歌颂他们为脱离哈布斯堡家族的统治而做出的种种努力。[35]他曾经抱怨称："所谓'体面的匈牙利人'压根儿就不存在。所有匈牙利人——不论是部长、侯爵或者主教，还是商贩、农夫、马童或者仆役——都是危险的革命分子和彻头彻尾的混蛋（需要订正一下：匈牙利主教不在'混蛋'之列，不过，他仍然是一个危险的共和主义者）。"[36]

斐迪南大公不仅有意在登基之后好好对付他眼中的"匈牙利叛徒"，还为此构想了一个不亚于完全重组整个帝国的宏大方案。[37]最初，他考虑过拆解古老的二元君主制，重新划定地图，为帝国加入一个由南斯拉夫人区、斯洛文尼亚和克罗地亚组成的新王国。第三个王国的存在，既有助于降低匈牙利人的影响力，又有助于实现帝国内部各民族间关系的平等。[38]用马尔古蒂的话说，在弗朗茨·约瑟夫看来，这个方案简直就是对现有秩序的一种大逆不道的亵渎。[39]

最终，斐迪南大公因为太过不切实际而放弃了这个方案。取而代之的是一个以他的美国之行为灵感的方案：把帝国转变为一系列松散的邦国,邦国可以在维也纳中央政府的领导下实行地方自治。[40]他在1912年时宣称:"这是对帝国君主制唯一的救赎。"[41]罗马尼亚教授奥雷尔·波波维奇在他1906年的著作《大奥地利合众国》中为我们描绘了这样一幅路线图:十五个依靠各自的多数民族和主要语言组织起来的邦国,通过一个重新改组的议会与维也纳的中央政府联系在一起,各邦的财政、外交和军事事务皆由皇帝来定夺。[42]若此方案得以实施,那么,匈牙利就将失去它用以扼住维也纳咽喉的筹码,而斯拉夫人及其他少数民族则将赢得平等的公民权和政治代表权。当马尔古蒂指出,把二元君主制帝国转变为联邦制帝国的立法改革可能会有多么困难时,斐迪南大公坚定地表示,这一切都可以"通过武力"来实现。[43]

在帝国的外交政策上,斐迪南大公表现出令人意外的温和与怀柔姿态。从1882年起,"三国同盟"就把奥匈帝国、德国和意大利以一种令人不安的方式捆绑在一起。普鲁士赤裸裸的军国主义总是让斐迪南大公心惊胆战。他多次表达过对柏林方面的战争叫嚣与武力恫吓的忧惧,害怕有一天这终将导致一场波及全欧洲的战争。意大利在他的眼里已不再可靠。他忘不了意大利是如何在不到五十年前,以牺牲数个原本属于哈布斯堡家族的省份为代价来完成自身的统一的,更忘不了意大利是怎样不断威胁斩断三国间的同盟,转而与法国站到一边的。他甚至拒绝佩戴随"埃斯特"这一头衔一并移交给他的意大利勋章。不过,跟他的皇帝伯父不同的是,斐迪南大公认为,不管接受与否,意大利的统一和哈布斯堡家族的省份沦丧都已成为无可更改的既成事实。他或许会用暴烈的言论来发泄自己对意大利的失望,用"有必要振兴奥地利羽翼未丰的海军,以便更好地驾驭意大利,免得它再生事端"之类的说辞来制造些噪声，可他却从未真正严肃地建议奥地利应当从意大利手中夺回它失去的领土。[44]

斐迪南大公最想恢复的是奥地利、德国和俄国之间失落多年的同盟。三个帝国此前曾多次团结在一起：最初是1815年的"神圣同盟"，而后是1873年的"三帝同盟"。可现如今，这些联系和纽带早已沦为政治和外交阴谋的牺牲品。斐迪南大公觉得，如果能设法重新构筑起三国的同盟，那欧洲的和平就有了保障。问题主要出在俄国身上，从1890年代起，它就把自己和法兰西共和国捆绑在一起。斐迪南大公对1894年登基的年轻沙皇尼古拉二世充满期待，认为他有望同此人建立起友谊，从而确保欧洲局势的稳定。他敦促奥地利驻圣彼得堡大使，应该"致力于在我们和俄罗斯之间打造起所能想象到的最好的关系。与俄罗斯达成一份完备的协议，在三个皇帝之间建立起联盟，维护和平并巩固君主制度——是我毕生的三大理想。我会永远对此充满热情，并尽全力为之奋斗"。[45]即便俄奥两大帝国陷入争执与不和，斐迪南大公也始终不改其在哈布斯堡家族、霍亨索伦家族和罗曼诺夫家族间构筑起联盟的梦想。[46]如果他能处在一个不同的位置，让他得以积极追寻并实现自己的梦想，那么，20世纪的历史或许会因此变得大不相同。

斐迪南大公登基后的计划和打算始终笼罩在迷雾之中。他究竟会不会真的遵守自己誓约中的条款，当时就有人公开表示过质疑；即便到了今天，仍旧有历史学家坚称，斐迪南大公极有可能在登基后背弃自己当初立下的誓言。[47]匈牙利人更是不断制造噪声称，有朝一日，他们或许将不再承认斐迪南大公和索菲属于贵贱通婚，从而为索菲的王后加冕仪式和马克斯的最终登基为王扫清障碍。[48]布达佩斯的"独立党"甚至发表声明称，他们不相信斐迪南大公会受誓约的节制。"一旦我们加冕他为王，也就等于同时加冕了他的妻子。匈牙利不能没有王后。"[49]

这个问题在斐迪南大公生前自然一直没有得到解决，可无谓的猜测在他去世后继续萦绕在这个问题上，实在应该部分归咎于齐塔皇后后来的某些可疑的言论。虽然斐迪南大公一再向他的侄子卡尔保证，他定将尊重并履行自己的誓言，可齐塔却坚称，这并不足以打消她心中的疑虑：

> 有时，从他嘴里蹦出来的某句偶然的评论，便足以使我产生或对或错的怀疑。比如，我记得有一次，当我和弗兰齐伯父谈到某位工作异常勤勉的地产经纪人时，他突然对我说："那家伙工作太努力了。除非是为了自己的孩子，要不然，我是真的没法理解为什么有人甘愿做到这种地步。"从这样的评论中不难读出，说这句话的时候，他准是想到了他自己的情况和他自己的孩子。我敢打赌，我丈夫的心中肯定也怀有同样的忧惧。他觉得，在登上皇位之后，他的伯父或许会采取某种手段，让儿子们也能继承皇位，酿成几乎无法收场的恶果：卡尔大公仍旧是推定继承人，但由于匈牙利人这个因素，帝国恐怕会在未来君主的人选方面分裂为两个对立的阵营。[50]

斐迪南大公之前明明已经做了那么多保证，可齐塔还是完全按照自己的意愿去解读他的无心之言。她永远也没法放弃这个由来已久的荒唐想法：正是因为斐迪南大公不要陷入女性危险诱惑的警告，才导致她的丈夫移情别恋、误入歧途。卡尔可以公然出轨，她却只能忍气吞声——由此引发的极端嫉恨情绪在她的心中燃起一股对"弗兰齐伯父"的异样怀疑，导致她看什么都觉得有阴谋。斐迪南大公的登基计划书于1926年出版，可即便是有了这份无可辩驳的相反证据，齐塔仍旧坚称自己的怀疑态度。"计划书"由多份不同的草稿构成，撰写人是布罗施，并经过他人修订。斐迪南大公的这份"登基宣言"决定性地驳斥了说他有意背弃誓言的无端猜测。

以"奥匈帝国皇帝弗朗茨二世"的称号登基之后，斐迪南大公许诺，将赋予他的全体臣民"平等参与帝国公共事务的权利"，扩大宗教自由，并打算在政治地位不平等的问题得到解决之前，推迟他在布达佩斯的加冕。接着是有关皇位继承人和索菲的问题。斐迪南大公援引并承诺继续维护他在1900年立下的誓言，并指定奥地利大公家族之子卡尔为他的继承人。马克斯和恩斯特既没有继承权，也没有索取继承权的权利。他还明确宣布，索菲将被册封为"霍恩贝格女公爵殿下"。索菲虽然被授予第一夫人的地位，凭借皇帝伴侣的身份享受跟皇帝一样的优先顺序，却永远不能加冕为皇后或者王后。[51]

这就是斐迪南大公登基之后的样子：没有关于皇位继承人的争议，索菲也不会被加冕为皇后或者王后。要是他真的活到了那一天，实施了自己的改革方案，把二元君主制帝国重组为联邦制帝国，这个国家又会变成一副什么样子呢？这或许是一个永远也没有答案的问题，但讽刺的是，卡尔和齐塔两人的长子却认为他知道这个问题的答案。已故的奥托大公坚称，弗朗茨·斐迪南，"只有他一个人是特别的"，要是他能活到实现自己计划的那一天，那么，他完全可以挽救这个帝国，巩固君主制的地位。[52]

第十一章
外交与玫瑰

1913年的到来充满了希望。用某人的话来说，这似乎是"一个安宁祥和、高枕无忧的黄金年代"。[1]贵族化的欧洲仍旧沐浴在兴旺、荣誉和传统之中。在俄国，罗曼诺夫家族正忙着庆祝皇朝的三百周年纪念。在柏林，德皇唯一的女儿在一场奢华的婚礼上出嫁；欧洲各国互为姻亲的皇室/王室成员最后一次在不必互相提防的情况下齐聚一堂，共赴这场流光溢彩的盛会。然而，世界的发展潮流正在慢慢转变。曾经的那个古老、秩序井然的世界正在悄然发生变化：小汽车和真空吸尘器，雷格泰姆音乐*和"新艺术运动"，伊莎多拉·邓肯†以及一对对大胆地跳起新探戈的情侣。与此同时，打扮优雅、身着礼裙的女士仍旧和衣冠楚楚、制服笔挺的官员跳着悠扬的华尔兹，大公和侯爵们仍旧在蒙特卡洛金碧辉煌的赌场里一

---

* Ragtime，1900年左右出现的一种爵士乐。
† 美国舞蹈家，现代舞的创始人，是世界上第一位披头赤脚在舞台上表演的艺术家。

掷千金。不过，"泰坦尼克号"在前一年的沉没，多少还是动摇了他们对阶级特权自鸣得意的态度。

斐迪南大公在心中憧憬着即将到来的统治，畅想着对帝国惊天动地般的重组，对他来说，从一个时代到另一个时代的微妙变迁似乎充满了无限的可能性。他还算年富力强，到这一年的12月刚好满五十岁。为了纪念这一时刻，他做了一件对他来说几乎不可想象的事情：作为对公众舆论的罕见让步，他批准了一部有点类似于他个人传记的出版物。这部传记由维也纳的期刊《奥地利评论》负责出版。为此，《奥地利评论》专门发行了一期篇幅不短、配有大量插图的专刊，名为《我们的皇位继承人，弗朗茨·斐迪南大公》。其中刊载了多篇由斐迪南大公的密友撰写并经斐迪南大公本人核准的短文，为好奇的民众长篇累牍、分门别类地描述了大公的青年时代、军旅生涯、环球旅行以及他对打猎和建筑的强烈热情。刊内还配有大量照片，向公众展示了他的妻子儿女私下里放松时的样子。[2]

长远的未来似乎正在斐迪南大公的面前徐徐展开。在这个未来里，他终于登上了皇位，得以施展他的抱负，对奥匈帝国的构成进行惊天动地的改变。岁月让他变得愈发健壮，曾经瘦弱单薄的体魄早已转变为宽厚结实的胸膛和高大魁梧的身躯，看起来强而有力，而非肥胖松垂。他的健康状况仍时有恶化，常年的开枪射击还导致他的听力日趋下降。[3]索菲在给她妹妹奥克塔维亚的信中写道："对弗兰齐来说，让医生检查完耳朵之后，真是让他松了一口气。"大夫说："考虑到他［斐迪南大公］已经三年没来诊治过耳朵了，它们只是有些轻微的恶化真该好好感谢一下上帝。"[4]一阵咳嗽让他陷入无尽的担忧，害怕自己是不是结核病又复发了。注意到自己的舌头上长了一个小小的病灶点之后，他立马叫艾森门格尔大夫过来给他看一看。艾森门格尔很快便向他保证,那不过是一个肿块,没什么可担心的。直到24个小时之后,斐迪南大公才开始惊慌失措起来。他在给艾森门格尔的信中写道:"我知道自己是疑病症发作,可我还是突然间想到,或许,我舌头上长的果然是癌症肿瘤!我现在怎么也摆脱不了这个想法了。请你十分坦率地写两行句子宽慰我一下。不过,若是你有任何怀疑,切勿对我有所隐瞒。希望能立刻收到你的回信。"[5]

随着岁月的流逝,索菲也在悄然发生变化。四十五岁的她身材变得比之前更加丰满了,她优雅的头发也隐约显露出变得灰白的迹象。面对帝国宫廷的羞辱,她淡然处之,佯装未见,可她的丈夫却因此饱受折磨。多年以来,时时目睹丈夫的这副样子,她的心里肯定也不好受;再加上她先后四次怀孕,让她的身体开始偶尔变得虚弱。她用喝红酒来改善自己的缺铁症,还找大夫开过偏头痛药片、镇静剂和通便剂的处方。索菲真的像某些人所说的那样,是因为生活中有一个难以相处的丈夫,才患上了多种身心疾病吗?[6]鉴于索菲接受的种种治疗,她确实有可能活在焦虑之中。不过,如她这般身份地位的人,又能有几个是完全无忧无虑的呢?在遵从哈布斯堡宫廷的指示,接受自己在这世上的尴尬位置时,索菲看起来总是一脸平静,淡然处之,可不论是多么了不起的女人,恐怕都不可能不偶尔因为这些侮辱而怒火中烧;就算她不为自己受到的屈辱而愤怒,至少也会为自己的丈夫如此受伤而愤怒。在这些时候,镇静剂和偏头痛药片无疑有助于缓解生活的压力。不过,她的曾孙女霍恩贝格侯爵小姐阿妮塔认为,这些约主要是在索菲艰难的怀孕之后以及她绝经之后用的。侯爵家族之女阿妮塔指出,所有的证据都显示,索菲"沉稳而又平和,绝不是那种容易歇斯底里或者情绪爆发的人"。[7]

　　唯一真正的健康问题在于她的心脏。索菲的父母都有心脏病，她也开始越来越容易出现心悸和气促的情况。大夫给她开了砷基药液的处方，以治疗她的这些症状。我们完全有理由猜测，镇静剂可能也是在她患病的这几段时期里开具的。[8] 1914年春天的某段时期，她病得尤其严重，一连几个星期都下不了床。幸运的是，正如德皇威廉二世在给斐迪南大公的一份电报中提到的那样，危险很快就过去了，不过，威廉二世还是送上了他"最诚挚的问候和最美好的祝福，愿她早日康复"。[9]

　　小索菲、马克斯和恩斯特也一天天地长大了。之前一年，斐迪南大公在给布罗施的信中写道："我只有最好的消息要报告给你。感谢上帝，我们都好极了。孩子们都在以无与伦比的方式茁壮成长着。恩斯特今年就要上高级中学了。"[10] 一家人的长相都十分出众。公众对他们私生活的种种信息有着强烈的好奇。贵贱通婚固然让索菲和三个孩子处于不利的地位，可有朝一日，就算他们成不了真正的皇室成员，至少也将变成皇帝本人的家人。在维也纳，商店里总是定期售卖这对夫妇和他们孩子的明信片，杂志和报纸更是想尽办法搜罗关于他们的有趣消息，热情洋溢地描绘他们幸福的家庭生活，以飨读者。斐迪南大公觉得，这简直跟对索菲的恶毒流言一样让他难以置信。他视家庭生活为严格的私事，讨厌不受欢迎的人擅自侵入这处私人领域。一天，斐迪南大公正让孩子骑在他的肩膀上，却不想被某位好打听闲事的记者给瞧见了。斐迪南大公立刻大发雷霆，认为类似这样的场面是完全属于他个人的，是神圣而又不可侵犯的。某份出版物写道，"小拇指"（小索菲）把报纸拿给她的父亲，然后跟父亲在同一张桌子上享用早餐。斐迪南大公对此不屑一顾，认为这纯粹是在拍他的马屁。[11]

孩子们全都避世隐居，处于公众的视线之外，跟他们的父亲一样，在大多数奥地利人的眼中像一个难解的谜。1908年，在弗朗茨·约瑟夫皇帝登基六十周年的庆典上，三个孩子才罕见地公开露了一次面。他们受邀同其他皇室后裔一道，在公众面前表演儿童节目。可即便是这个时候，他们的贵贱通婚地位仍旧被刻意凸显出来：他们的名字位于演出名单的末尾，排在年纪最小的皇室成员之后；官方节目单上还侮辱性地略去了他们的侯爵和女侯爵头衔以及"最尊贵的阁下"的尊称，就好像他们不过是普通的霍恩贝格先生和霍恩贝格小姐而已。

斐迪南大公和索菲让孩子们生活在近乎与世隔绝的安全环境里，可偶发的不愉快事件却一再对此构成威胁。一次，索菲带三个孩子来到波希米亚，去看他们父亲的军事演习。一则针对他们的流言很快就传播开来。流言称，为了让小索菲、马克斯和恩斯特找个视野更好的位置，索菲命令士兵们退回原处，重新进行一次冲锋。这纯粹是无稽之谈，可十六位帝国议会成员却真的为此联名签署了一份动议，指责索菲和三个孩子无端干扰军事行动。[12]面对这样的外部环境，生活在阴影里反而更容易一些。那些制造流言蜚语的人，时刻都在严厉地紧盯着索菲，寻找一切真实的或者虚假的口实，只要能给索菲脸上抹黑，甚至不惜把她无辜的孩子也拖进捏造的丑闻里。

小索菲回忆称："我们从没问过父母所面临的困境。在我的印象中，他们也从来没有坐下来，把这些困境解释给我们听。父母一直对此闭口不谈，仿佛它们根本不存在一般。不过，我们对此其实都心知肚明。跟父母一起去皇宫的时候，我们总是很不安，因为，我们能感觉到，不知道为什么，我们仿佛瞬间成了与众不同的异类。

即便在专为孩子们举办的聚会上，我们有时也会被单独安排在特殊的位置上。家里从来没有因此而产生过任何紧张的气氛，不过，我们不去谈论某些事情并不意味着我们察觉不到。"[13]直到1912年，三个孩子才真正跟皇帝见了一面。当时，美景宫正在进行翻修，一家人只能暂时搬到他们位于霍夫堡的套房里。[14]一天，斐迪南大公必须去庭院里巡视卫兵。孩子们也想瞧一瞧，于是，他们挤在走廊的一扇窗户旁，从远处看着他们的父亲。突然，他们听见一阵骚动，看见年迈的皇帝正拖着缓慢的步子沿着过道走来。孩子们吓坏了，立马逃回自己的房间。然而，那天晚些时候，跟索菲结婚十二年之后，斐迪南大公终于鼓起勇气，询问他的伯父，可不可以准许他把孩子们带来，跟皇帝见上一面。皇帝竟然意外地同意了。当三个孩子朝他们面前这位充满神秘色彩的人物鞠躬或者屈膝行礼，拖着沉重的步子走进来的时候，皇帝看着他们，语带挖苦地说："我想，我们今天早上应该见过面了，是不是？"在父母生前，这是三个孩子跟皇帝见过的唯一一面。[15]

困难时来时去。1911年末，一份报纸刊文称："维也纳宫廷爆发了一场严重的对立。下周，斐迪南大公和他的妻子霍恩贝格女公爵将离开首都，到布里俄尼暂避两个月的风头。事情并不像看起来那般无关紧要。这说明，未来的皇帝在维也纳的宫廷舞会上听到了他人的闲言碎语。当初，为了步入贵贱通婚婚姻，他如此盲目地立下誓言；如今，这誓言所导致的结果却令他倍感痛心。"[16]斐迪南大公在向一位神父告解时说，他总是"尤其避免参加在维也纳举办的社交聚会"，因为"维也纳的贵族从未原谅他与索菲的贵贱通婚"。[17]

1913年的春天给索菲本就尴尬的处境带来了新的困难。德皇威廉二世唯一的女儿将于5月在柏林出嫁，可斐迪南大公和索菲却均未受邀出席这场婚礼。斐迪南大公想不明白,为什么他们没有收到请柬。邀请索菲固然意味着礼仪上的困难和麻烦,但是,在他看来,这些问题都是可以解决的。直到后来他才知道事情的真相:德皇把有意邀请斐迪南大公和索菲的消息通知给维也纳的宫廷之后,弗朗茨·约瑟夫皇帝亲自要求德国方面撤销这份邀请。显然,皇帝仍旧心存忌惮,怕索菲或将在这场满是皇族/贵宾的盛会上,给众人留下太过良好的印象。[18]为了弥补这次计划之外的冷落和怠慢,威廉二世于当年11月到亲自来到科诺皮什捷城堡,拜访了斐迪南大公和索菲,还表现出一副过分关切友善的样子,白天陪斐迪南大公打猎,晚上则没完没了地奉承和讨好索菲。[19]

在这一年结束之前,还有另一场外交大捷在等待着他们。1912年,斐迪南大公和索菲的不列颠之行结束后,波特兰公爵告诉英王乔治五世,他准备在1913年秋天邀请这对夫妇来他的"韦尔贝克修道院"打猎。闻听此言,乔治五世决定,他也要邀请这对夫妇前来拜访。请柬寄来的时候,这对夫妇正在比利时度假。斐迪南大公"怀着最大的喜悦",热切地接受了"这份仁慈而又友好的邀请",并要求奥地利大使用"尽可能温暖的话语"告诉这位国王,他和索菲对这项提议"相当地、异常地欣喜"。[20]

这是一次个人名义的出访,没有国事访问时的盛况和仪式。虽然形式上难以跟索菲1909年在德皇的宫廷受到的巨大礼遇相媲美,但性质上却更加私人和亲密。在斐迪南大公看来,这样的安排才是最好的,并宣称:

> 以这样一种形式邀请我们来到美丽的英格兰,以这样一种方式欢迎我们同国王和王后会面,真是再合适不过了。如此

一来，我们便可一同度过数个舒适而又惬意的小时，比在官方
场合能看到和了解到的东西要多得多……对我来说，官方场合
（晚宴、祝酒、接待会、剧院演出等，都让我有一种快要生病的恶
心感，恨不得马上去死）简直就是一场噩梦，若非职责所需，我
根本不想参加。跟这些可怕的标准访问以及它们有害神经和
健康的访问流程比起来，这样的非正式访问对统治者和皇子间
关系的加深才更为有益。国王做了件再恰当不过的事情，我对
此尤为感谢。[21]

　　11月15日星期六，斐迪南大公和索菲来到伦敦。索菲的表外
甥女巴耶-拉图尔伯爵夫人伊丽莎白再次以女官的身份与他们同
行。一行人驱车前往丽兹酒店。进入酒店时，门口围了一大群好奇
的民众，朝他们欢呼致意。第二天，做完弥撒之后，夫妇二人先是到
庞德街购物，接着又到华莱士收藏馆转了一圈，最后还到马尔伯勒
大楼拜会了亚历山德拉王太后和她的女儿维多利亚长公主。当晚，
奥地利驻英国大使门斯多夫伯爵之子阿尔贝特甚至以夫妇二人的
名义在大使馆举办了一场庆祝晚宴，连威严的弗拉基米尔大公夫人
都应邀出席了这次晚宴。斐迪南大公宣称，她是"一位和蔼而又友
好的女士"。他在给儿子马克斯的信中写道："想想吧，爸爸和妈妈
还在晚宴上跳了舞。"[22]
　　星期一才是此行最大的亮点。一趟专列载着斐迪南大公和索
菲从伦敦来到温莎。斐迪南大公披着礼服大衣；索菲身穿米色连
衣裙，头戴一顶帽檐处有粉色花朵装饰的黑色帽子。在斐迪南大公

的搀扶下，索菲登上月台。英王乔治五世、他的姑丈*石勒苏益格-荷尔斯泰因侯爵之子克里斯蒂安和温莎市长热情地欢迎了他们的到来。检阅完仪仗队之后，英王带斐迪南大公登上等在一旁的兰道马车，朝温莎城堡进发。在她的表外甥女和奥地利驻英国大使阿尔贝特的陪同下，索菲登上紧随其后的第二辆马车。一路上，大批民众聚集在高街两侧，朝他们欢呼致意，直至车队消失在温莎城堡的"亨利八世大门"之后。[23]

玛丽王后在温莎城堡接见了众位来宾。一位见证者说，索菲"非常谦逊质朴，毫不装腔作势，向国王和王后行屈膝礼时身体弯得很低，十分单纯而又友好"。[24]没有其他任何王室女眷被邀请参加这次聚会。玛丽王后写道："奥地利人来访期间，不邀请任何一位我们的王室女眷来到这里，完全是乔治的主意。只有这样，才不至于让场面变得太过尴尬。"[25]之所以做出这样的决定，除了可以避免闹出社交上的不愉快之外，主要还是为了确保索菲能获得仅次于王后的优先出场顺序。如此一来，"她就不必像奥地利宫廷强加给她的那样，对自己的位置感到尴尬了"。[26]斐迪南大公和索菲被安排在"兰开斯特塔楼"的"挂毯室套房"。斐迪南大公在给自己儿子的信中写道，房间"美极了，有很多金制品和锦缎织物"。不过，他也承认，相比之下，他还是更喜欢科诺皮什捷城堡或者布吕恩巴赫宫的房间。[27]八点半，他们同国王和王后一道，伴着冷溪卫队的演奏，在"国宴厅"共同享用了法式清汤、鳎鱼片、芦笋沙拉和蛋奶酥。[28]

玛丽王后此前无论对斐迪南大公和索菲的贵贱通婚怀有怎样的顾虑，现在肯定一下子都烟消云散了。她在给自己的儿子阿尔贝

---

* 石勒苏益格-荷尔斯泰因侯爵之子克里斯蒂安是乔治五世的父亲爱德华八世的妹妹的丈夫。

特王子（未来的乔治六世）的信中写道："他们都友好极了，而且很容易相处。"[29]第二天一早，国王和斐迪南大公去外面打猎，可"一阵强风"却阻碍了他们的行动。等他们享用完一顿地地道道的英式午餐——咖喱肉汤、土豆泥肉馅饼和苹果布丁——之后，不见停歇的连阴雨彻底打消了他们继续狩猎的念头。[30]翌日，天气有所好转，五人的狩猎队伍带回 1 700 多只野鸡。11 月 20 日，又有 1 000 多只野鸡命丧在他们的枪口之下。随着天气的好转，女士们也走出城堡，同威尔士亲王（后来的爱德华八世和温莎公爵）一道，在弗吉尼亚人工湖畔享用午餐。可第二天，外面又开始"阴风呼啸、暴雨倾盆"起来。正如国王抱怨的那样，这让他们为打猎所做的准备全都泡了汤。[31]

斐迪南大公很享受在英国的狩猎，只是，他还不太习惯猎杀飞得如此之高的英国鸟类。他的枪最开始出了问题，不过，根据英国的气候条件和地理位置对其进行调整之后，他马上就取得了优良的战绩，猎杀了 281 只野鸡和 252 只野鸭。[32]他的朋友波特兰公爵写道，稍加练习之后，他"立马证明自己是一位相当一流的射手，跟我大多数朋友的水平绝对不相上下。我相信，在这个国家经历了足够多的练习之后，他完全有能力跟我们最优秀的射手在一起一较高下"。[33]

狩猎间隙，每天晚上都会在温莎城堡里举办宴会。一天晚上，他们在"深红色客厅"欣赏了巴拉莱卡琴乐队的演出；另一天晚上，合唱队在"滑铁卢大厅"为他们唱起牧歌。[34]王后在给她的姨妈奥古丝塔的信中写道：

我相信，你肯定会很欣慰地听到，这次访问进行得顺利极了。斐迪南大公和蔼至极,对一切都很高兴,十分欣赏这个地方的美丽——这当然也让我十分受用。他给我们留下了绝佳的印象,并且十分享受这次访问的非正式性。女公爵[索菲]平易近人,相当容易相处,还十分机智老练,处事周全得体——这项品质也帮助她更为轻松地应对自己的尴尬位置。总的来说,这是一次十分令人愉悦的访问……昨晚,享用完晚宴之后,我们带他们到"国事厅"里转了转。他们面露喜色的样子看起来十分美丽,真让人羡慕……看见自己两位曾祖父——神圣罗马帝国皇帝弗朗茨二世和卡尔大公——的画像之后,斐迪南大公高兴极了,我们费了好大的力气才把他从画像前拉走。[35]

斐迪南大公和索菲于11月21日晚上离开温莎城堡之后,国王写道:"我想,他们应该玩得相当尽兴,他们的访问是一次巨大的成功。"[36]玛丽王后也同样热情地指出:"斐迪南大公过去有着很强的反英情绪,但现在,这一点已经有了相当大的改观。不论之前还是现在,**她**[索菲]一直对他产生着十分积极的影响。我身边所有从前就认识他的人都说,他在方方面面都变得更好了,他对来到英格兰拜访我们有着最为强烈的热情,在各地受到的亲切友好接待让他感到十分满意。"[37]六个月之后,在回忆这次访问时,玛丽王后写道,斐迪南大公和索菲住留期间,她和她的丈夫"真的和他们构筑了相当深厚的感情"。[38]

在温莎城堡的小住结束后,斐迪南大公和索菲乘火车前往诺丁汉郡,准备到波特兰公爵夫妇的"韦尔贝克修道院"里再住上几日。当地报纸"饶有兴趣"地详细报道了这次访问,甚至大胆推测称,斐迪南大公"或许可以更改"他之前立下的誓言。"若果真如此,那可能也不错,因为,女公爵[索菲]已经证明,她是一位值得钦佩的妻子。她对丈夫最大的贡献,就是让他对自己未来的臣民充满同情;若她成为皇后,那么,她或许能为整个奥地利做出更大的贡献"。[39]

11月22日星期天晚上,斐迪南大公和索菲乘坐的列车停靠在当地的沃克索普火车站。火车站被国旗、彩旗以及冬青和常春藤编织的花环装点得分外美丽。在他们驱车前往"韦尔贝克修道院"的路上,民众朝他们欢呼致意,而他们也微笑并鞠躬表示感谢。接下来的一周里,夫妇二人在乡间四处游览,参观了贝尔沃城堡、哈德威克大宅和查茨沃思庄园。这几处地方让对建筑颇感兴趣的斐迪南大公流连忘返。[40]他把大部分时间都花在了打猎上。一次外出时,一位装弹员不小心绊了一下,意外放了一枪。子弹在距离斐迪南大公只有几英寸远的地方,擦着他的脑袋飞了过去。波特兰公爵思忖道:"我常常在想,如果斐迪南大公当时就死于非命,世界大战能否因此避免或者至少推迟几年。"[41]斐迪南大公倒是相当镇定自若,显然并未因这次意外而表现出慌张或者不安的样子。临走之前,他把一个金盒子送给了波特兰公爵的总管家,盒子里放着一只刻有他姓名首字母的金表。[42]

总的来看,这次对英国的访问进行得很成功。斐迪南大公和索菲满怀深情地回忆起他们"在英国度过的美好时光",还谈起"国王和王后对他们数不清的关注"。[43]门斯多夫伯爵之子阿尔贝特报告称,两对夫妇"双双为对方所吸引"。[44]就连英国的报界都对此充满热情。英国《卫报》欣慰地提到,国王和王后"邀请女公爵陪她的丈夫一同拜访他们,以皇室成员的礼遇接待了她。有力地纠正了奥地利在婚姻上的这些残忍规定"。[45]

门斯多夫伯爵之子阿尔贝特坚称,出访英国期间,斐迪南大公好像完全变了一个人，"非常和蔼可亲，对所有人都无比友善"。索菲能得到对方如此的体贴和尊重，让斐迪南大公的心情放松了不少。离开英国时，他"处于最美好、最称心如意的情绪之中，对一切都感到高兴，也让所有人都为他的魅力所倾倒"。阿尔贝特还说，"要是斐迪南大公在国内也一直是这副样子，肯定能征服匈牙利人和其他所有人的心"。[46]

对斐迪南大公和索菲来说，英国之行不仅意味着又一场外交上的重大胜利，似乎还预示着一道闪烁在地平线处的曙光，让他们感觉，有朝一日，因为出场先后顺序而引发的侮辱和恼人问题终将得到彻底的解决。也许正是怀着这样的想法，夫妇二人才会搬进美景宫，准备迎接1914年的冬日社交季。多年来，他们总是时断时续地参与冬日社交季，因为，他们不确定索菲在帝国的宫廷究竟将遭遇怎样的对待。虽然姿态上有了改观，皇室家族之前对索菲冷若冰霜的态度也有了解冻和消融，可经验还是表明，在这件事情上，没有任何保证可言。前一年，斐迪南大公觉得，对索菲的仇恨和敌意好像有了缓解和减轻，于是便斗胆询问皇帝，能否批准他携妻子一通参加公共剧院的某场普通演出。可他等到的却是一封坚定制止其要求的回复。蒙泰诺沃写道："去没有皇室包厢的剧院是否合适——对这项最谦卑的要求，皇帝和使徒国王陛下已经做出了决定。如果有合适的人陪伴，最高绅士们［指皇室家族的男性成员］可以进入这样的剧院，但必须仁慈地指出，这项最高规定并不适用于最高女士们［指皇室家族的女眷］。"[47]不过，收到这份否决令五个月之后，索菲被皇帝授予伊丽莎白骑士团的大十字勋章。这个得名于弗朗茨·约瑟夫已故妻子的骑士团是皇帝本人恩宠的象征。除此之外，索菲不仅是星十字勋章的持有者（大多数贵族都拥有该勋章），还是巴伐利亚圣丽莎骑士团的成员。[48]

　　既有帝国授予她的荣誉，又有多次出访外国王室/皇室的经历，看起来，索菲好像终于在这个高不可攀、成员寥寥的小世界里前进了一步，但是，即便有再多恩宠的迹象，矛盾和冲突还是始终无法完全消失。1914年2月，斐迪南大公和索菲参加了在美泉宫举办的一场舞会。新任英国驻维也纳大使莫里斯·德本森觉得，进入舞会厅的时候，索菲"看起来十分光彩照人"，但很明显，她的位置"仍旧十分脆弱和艰难"。当天晚上，她大部分时间都在跟皇帝最小的女儿大公之女玛丽·瓦莱丽交谈。"其他一些人似乎有意回避她，尤其是大公家族之子夫人伊莎贝拉。"[49]其中一位来宾坚称，斐迪南大公在人群间穿行时，索菲坐在凸台的最远处，看上去"绝对是这群人中最才思敏捷和讨人喜欢的一个"。[50]当晚的活动结束前，还有一个意外惊喜在等待着她：弗朗茨·约瑟夫皇帝命人把索菲叫来，让她在自己身边坐了一会儿。正如一位作者所指出的那样，"这是一个既微不足道、又意义重大的举动"。[51]

　　困难来了又去，去了又来，如潮水般不断起伏，时而带给她什么，时而又从她手中夺走什么。1914年春，局势似乎开始朝有利于索菲的方向发展。玛丽·瓦莱丽虽然没有亲自给索菲写信，却在给斐迪南大公的一封信中，附上了对索菲的健康表示关切的措辞。[52]接着，在事关皇帝健康的短暂危机中，传来了最让人意想不到的和解信号。大公夫人伊莎贝拉写信给斐迪南大公称："我们正在考虑6月6日去维也纳跳舞，6月9日在家里跳舞。如果你和索菲愿意加入的话，我们肯定会非常高兴的。"[53]当时，斐迪南大公的登基似乎就在朝夕之间。如此看来，经过了那么多年的抵制和反对之后，对疏远未来皇帝妻子的担心，现在终于促使这位狡猾的大公夫人做出了如此意义非凡而又小心翼翼的让步。

1914年的那个春天，夫妇二人离开维也纳，到科诺皮什捷城堡迎接波特兰公爵夫妇的到来。乔治国王和玛丽王后甚至答应称，他们准备在当年秋天去布吕恩巴赫宫拜访斐迪南大公和索菲。[54]德皇也来问候了他们。1914年3月27日，斐迪南大公一家人在的里雅斯特的"米拉马雷"城堡住留期间，德皇乘坐他的游艇"霍亨索伦号"前来问候。斐迪南大公也乘船出海，邀请德皇登上奥地利无畏舰"齐心协力号"。为了这个特殊的场合，斐迪南大公专门换上一身德国海军元帅的制服。他觉得，穿上制服之后，自己看起来简直就像一个傻瓜，不过，他接着又评论说，这没什么大不了的，因为，"在自己的穿衣打扮上"，威廉二世的"品味一向都是糟糕到无以复加"。[55]

1914年夏初，种种迹象表明，对索菲的接纳程度正越来越高，于是，夫妇二人返回了维也纳。此时，树木枝繁叶茂，花朵竞相绽放，上流社会成员纷纷涌向偌大的普拉特公园，在温热的天气下享受赛马会和音乐会。6月2日，斐迪南大公和索菲带他们的女儿参加了精美绝伦的花车巡游。他们在一旁欣赏眼前的盛况，而好奇地民众则纷纷热切地注视起他们来。[56]五天后，他们又出席了在普拉特公园举办的德比赛马会。在这场赛马会上，帝国宫廷做出意义非凡的让步，第一次允许索菲随她的丈夫一同坐进皇室的专门包厢。看台上身着礼服大衣的男士和身着夏季白装的女士无不惊讶地注视着他们。面对如此前所未有的让步，维也纳的报界连忙跌跌撞撞、笨手笨脚地描述起索菲穿衣打扮的种种细节，以满足读者的好奇心：索菲下穿有黑色腰带的白裙，上穿镶有白色花边的黑色上衣，头戴有黑色鸵鸟毛和白色帽檐的黑帽。[57]

接着，他们返回科诺皮什捷城堡，准备迎接德皇威廉二世的到来。虽然斐迪南大公对他总是有很多牢骚和抱怨，但是，德皇对索菲近乎谄媚的殷切关注却让斐迪南大公不胜感激。在给斐迪南大公的信中，威廉二世写满各种语气浮夸的保证，说他"全身心地奉献于女公爵［索菲］"，还要斐迪南大公替他吻索菲的手。[58]

6月12日早晨，当德皇的列车缓缓停靠在贝内绍车站的时候，斐迪南大公发现，自己匆忙中忘了戴手套，于是不得不找他的副官之一莫赛男爵安德烈亚斯借了一双。[59]他穿上普鲁士第10乌兰骑兵团的制服，以期给对方留下一个最正确的印象，但是，在这一点上，他其实根本没必要担心。踏出列车的威廉二世披着他自己设计的狩猎制服，上穿绿色短上衣，下穿马裤，头戴饰有野鸡毛的毡帽。[60]他吻了索菲的手，并跟孩子们打招呼。小索菲跟母亲一样，穿了一身白装，而马克斯和恩斯特则炫耀般地穿着款式一致的蓝色水手服。小汽车载着一行人前往城堡。德皇把他最钟爱的两条达克斯猎犬——瓦德尔和黑克斯尔——也一起带了过来。松开狗绳之后，两条狗冲进城堡的庭院，先是追逐起一只宠物鹤，接着又跟踪起斐迪南大公饲养的珍稀红腹锦鸡。最后，它们成功地带回一只锦鸡，并得意扬扬地把"猎物"放在主人的脚边。德皇惊恐万状，连忙道歉，而斐迪南大公则轻描淡写地表示，损失一只鸡根本不算什么（虽然他平日里一直精心饲养着这些鸡）。午餐会因为德皇的餐具尚未从列车上取来而推迟。德皇有一套专门的餐具，能让他无须别人的帮助，只用右手就能切肉。[61]

随德皇一同来访的阿尔弗雷德·冯·蒂尔皮茨既是德国的海军元帅，又是一位知名的园艺学家。他在来之前就表示，希望能一睹科诺皮什捷城堡著名的玫瑰园。斐迪南大公的园丁一连几天都用温水滋养花朵，以确保它们能在恰当的时刻绽放。[62] 威廉二世觉得，五彩斑斓的花坛十分引人入胜，并称赞道："从你造的这片花园可以看出，你有大师般的组织编排能力和绝佳的色彩感"。[63] 斐迪南大公带威廉二世游览了当地的教堂、农业学校和周边的森林，还在第二天晚上为他举办了一场告别晚宴。威廉二世领着索菲走进洛布科维奇大厅，让她坐在自己的右边。主宾双方一同享用了法式清汤、烤羊肉、淡水龙虾、烤鸡、浇荷兰酱的芦笋和浇奶油的鲜草莓。一支军乐队还用进行曲和狩猎曲为他们伴奏。[64]

期间，双方确曾谈到，如果爆发任何军事冲突，罗马尼亚作为盟友是否可靠，但是，这完全是一次无害的访问，没有在背后商讨或者达成任何秘密协定。然而，很快就有谣言称，1914年的夏天，在科诺皮什捷城堡，发生了一些邪恶至极的可耻勾当。英国驻维也纳大使也用微妙的语气表示，除了"享受斐迪南大公的玫瑰园"，绝对还发生了些别的什么事情。[65] 在协约国集团内，多个国家的政府都坚称，第一次世界大战就是在这次访问期间谋划的。[66] 美国驻柏林大使詹姆斯·W. 杰勒德甚至信誓旦旦地表示，这一切都是索菲在背后捣的鬼。他写道："在美国，有几个人听过索菲·霍泰克这个名字？然而，世界各地的优秀青年之所以会齐聚法国，一同为自由而战，其实跟这个女人的野心有着很大的关系。聪明的德皇利用她的野心，诱使情绪低落、受人憎恨的斐迪南大公同意加入世界大战。"[67]

第一次世界大战开始后，作为协约国宣传战的一部分，英国记者亨利·威克姆·斯蒂德散布了一则更加经久不衰的谣言。这则谣言后来被人们称为"科诺皮什捷协定"。这位记者坚称，会面期间，德皇和斐迪南大公同意瓜分整个欧洲大陆，并划定了各自的势力范围。这则谣言还称，他们计划中的战争结束后，斐迪南大公的儿子马克斯将被加冕为独立的波兰王国的国王，恩斯特将被加冕为匈牙利、波希米亚和塞尔维亚的国王。[68]

访问期间，双方确曾谈起马克斯的未来这个话题，不过，其内容却完全不像斯蒂德所描绘的那样。作为普法战争的战利品，德国把阿尔萨斯和洛林从法国手中夺了过来，于是，德皇建议，未来，或许可以把洛林变成一片独立的大公领地，让马克斯成为统治这片领地的洛林大公。斐迪南大公和索菲此前从未给他们的孩子制定过计划，只希望能把他们培养成有主见的独立个体——至少在这次谈话之前是这么想的。他们的女儿有朝一日可以出嫁，他们的小儿子恩斯特可以继承斐迪南大公的某处地产，在林业经营上开创一番事业。然而，这项有关阿尔萨斯-洛林的提议突然显得异常诱人。在洛林省，有哈布斯堡家族的关系网可供利用。因此，斐迪南大公和索菲显然十分赞成这个想法，觉得这能确保他们的大儿子有一个光明的未来。[69]

以上就是双方讨论的全部内容：一项意料之外的诱人提议；未来，马克斯或许有望荣登大公之位，成为受人尊敬的皇室/王室圈子中的一员。然而，没人愿意相信事情的真相不过如此。未来，有关科诺皮什捷会面的谣言还将卷土重来，把马克斯和他的兄弟姐妹搅得不得安宁。

第十二章
"我认为战争纯粹是精神错乱！"

    1908年10月6日，奥匈帝国对邻近的波斯尼亚省和黑塞哥维那省的兼并，标志着欧洲为夺取巴尔干地区的霸权而进行的长期而又不幸的斗争达到顶峰。一切始于三十年前，始于沙皇亚历山大二世与奥斯曼帝国的开战。结束这场战争的《柏林条约》不仅在两国间建立起一个独立的塞尔维亚王国，还迫使奥斯曼帝国给予波斯尼亚省和黑塞哥维那省半自治权。为避免俄罗斯帝国的势力对该地区的进一步侵蚀，条约将这两省置于奥地利的管辖之下。此举让奥匈帝国一下子获得了近两百万新臣民。其中不到一半的人是东正教徒，对塞尔维亚王国有着很强的宗教和民族归属感。贝尔格莱德方面也毫不掩饰自己对这两省的觊觎，而且，这种觊觎很快就演变为把它们据为己有的强烈愿望。两省的另外一半人口，是人数大致相当的穆斯林和天主教徒。这些人对塞尔维亚的扩张心存畏惧，有意寻求奥地利的保护。[1]

Erzherzogin Maria Theresia.

斐迪南大公的继母，奥地利大公夫人玛丽亚·特雷莎

Franz Josef
Kaiser von Oesterreich.

2. 弗朗茨·约瑟夫皇帝

3. 身着第 4 龙骑兵团中尉制服的斐迪南大公，拍摄于 1888 年左右

4. 伯爵小姐索菲·霍泰克和她的姐妹们，拍摄于 1885 年，从左至右依次为兹登卡、索菲、亨丽埃特、奥克塔维亚、安东尼娅、玛丽和卡罗利娜

5. 伯爵小姐索菲·霍泰克，拍摄于
1880 年

6. 婚礼之日，拍摄于 1900 年 7 月 1 日

7. 阿尔弗雷德·德·蒙泰诺沃侯爵

8. 斐迪南大公与索菲以及一位打猎伙伴，拍摄于 1904 年仲夏

9. 斐迪南大公和他的女儿索菲，拍摄于 1906 年左右

10. 家庭合影，拍摄于 1906 年，从左至右依次为马克斯、斐迪南大公、恩斯特、索菲和小索菲

Fürstin Sophie v. Hohenberg
(Gemahlin des Erzherzogs Franz Ferdinand d'Este)
mit Prinzessin Sophie und Prinz Max.

11. 索菲以及小索菲和马克斯，拍摄于 1903 年
左右

12. 斐迪南大公与索菲以及索菲的妹妹
亨丽埃特，拍摄于 1910 年

13. 斐迪南大公和他的两个儿子，拍摄于 1910 年左右

14. 索菲和她的孩子们，拍摄于 1910 年

15. 斐迪南大公与索菲到罗马尼亚会见罗马尼亚国王及王后，拍摄于 1909 年 7 月，从左至右依次为罗马尼亚储君费迪南德、索菲、罗马尼亚储君夫妇的女儿玛丽、斐迪南大公、罗马尼亚国王卡罗尔一世以及怀抱储君之子尼古拉斯的罗马尼亚王后伊丽莎白

16. 斐迪南大公在他美景宫的书房内，后面的桌子上摆放着小索菲的画像，拍摄于 1910 年

17. 奥地利大公卡尔和他的妻子齐塔

18. 1914 年的科诺皮什捷城堡，前景处为玫瑰园

19. 应斐迪南大公的要求加上新洋葱形圆顶的阿特施泰滕城堡

20. 斐迪南大公与索菲以及他们的三个孩子，
    拍摄于 1912 年

21. 奥地利军队最高统帅弗里德
里希大公和总参谋长康拉
德·冯·格岑多夫将军

22. 斐迪南大公与索菲以及
索菲的表外甥女巴耶-
拉图尔伯爵夫人伊丽莎
白登上前往英国的"北
方号",拍摄于1913年
11月

23. 德皇威廉二世到访米拉马雷城堡，斐迪南大公站在他的右侧，索菲和孩子们站在他的左侧，拍摄于 1914 年

24. 索菲和她的孩子们，拍摄于 1914 年

25. 斐迪南大公与索菲以及他们的女儿乘车参观在维也纳普拉特公园举办的花车巡游，拍摄于 1914 年 6 月

26. 20 世纪初的萨拉热窝一景，照片中可见阿佩尔码头街和米利亚茨卡河，照片最右边的大型建筑为市
   政厅

27. 索菲与总督奥斯卡·波蒂奥雷克在伊利扎的波斯尼亚旅馆的阶梯处交谈，拍摄于 1914 年 6 月 25 日

28. 斐迪南大公、索菲、哈拉赫伯爵弗朗茨与总督波蒂奥雷克在萨拉热窝，拍摄于 1914 年 6 月 28 日

29. 萨拉热窝的"科纳克"

30. 斐迪南大公与索菲入殓后在"科纳克"供人凭吊

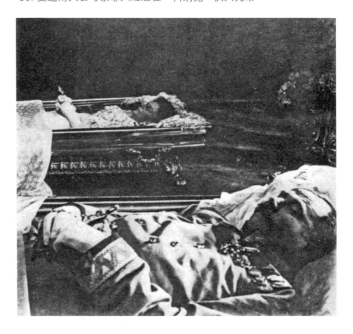

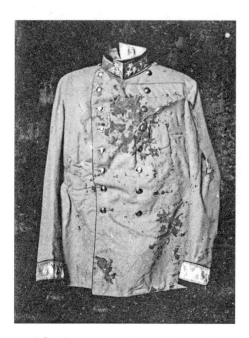

31. 斐迪南大公染血的制服

32. 斐迪南大公与索菲在阿特施泰滕城堡的墓室

在欧洲的大部分国家看来，散布在巴尔干半岛上的省份、邦国、公国和侯国几乎可以说是一种永久的威胁。舆论在背地里窃窃私语称，巴尔干是未开化的野蛮人、土匪、强盗和潜在恐怖分子的大本营，爆炸性的革命或者骇人的暴行始终处于一触即发的边缘。德国总理奥托·冯·俾斯麦预言称，"发生在巴尔干半岛的某件蠢事"，早晚会让整个欧洲都陷入一场全面战争。[2]

在20世纪的最初几年里，波斯尼亚和黑塞哥维那尤其成为奥地利和塞尔维亚之间争论的焦点。在此之前，贝尔格莱德和维也纳的关系还算友好。这一点在很大程度上应该归功于奥布雷诺维奇王朝的前后两位统治者——国王米兰一世和他的儿子亚历山大一世——采取的亲哈布斯堡政策。[3]这一切在1903年6月11日清晨的几个小时里骤然间发生了变化。在德拉古廷·德米特里耶维奇上尉的带领下，一伙军官突袭了贝尔格莱德的王宫。亚历山大国王本来就极其不受欢迎，跟自己的情妇（同时也是自己母后的女官之一）德拉加·马辛结婚之后，丑闻和谣言的旋涡更是让这对夫妇信誉大减。谋反者横扫王宫，一边杀害政府官员，一边寻找国王和王后。经过几个小时的屠戮之后，他们终于把战战兢兢地畏缩在衣橱里的亚历山大和德拉加找了出来。两人被拖出藏身之地，国王身中三十多枪，王后也身中近二十枪。接着，谋反者扒光他们的衣服，把两人的尸体直接从王宫的阳台抛到了下方被雨水浸透的花园里。[4]

德米特里耶维奇此前一直被俄方收买，直到屠杀发生前，还在从俄国人手里拿取好处。新国王彼得一世是前统治家族卡拉乔治维奇王朝的后裔。在贝尔格莱德，圣彼得堡方面终于有了一位对他们的看法和主张持友善态度的君主。在听取完"此次突袭早有预谋"的简要汇报之后，新国王表现出耐人寻味的不情愿态度，并未对参与野蛮谋杀的暴徒施以惩罚。事实上,不少谋反者都得到了嘉奖,并被公开誉为"祖国的救星",德米特里耶维奇甚至还当上了塞尔维亚情报局局长。[5]新国王公然采取反奥亲俄的政策,并旋即夸口称,"塞尔维亚人民长久以来的夙愿"将很快得到实现。[6]

所谓的"塞尔维亚人民长久以来的夙愿"其实就是"大塞尔维亚主义",意图将波斯尼亚、黑塞哥维那、斯洛文尼亚、克罗地亚、马其顿地区和黑山统统置于贝尔格莱德的统治之下。[7]此番言论不可能不让奥地利感到担忧,但直到1908年的夏天,青年土耳其党政变在君士坦丁堡爆发之后,维也纳方面才下定决心,准备采取行动,挫败塞尔维亚的野心。奥斯曼帝国发出战争叫嚣,誓要夺回失去的波斯尼亚省和黑塞哥维那省,严重威胁到巴尔干半岛脆弱的现状。就算君士坦丁堡暂不采取行动,也难保贝尔格莱德不会捷足先登。为了避免这一切的发生,奥地利决定兼并这两个省。

奥地利的计划让斐迪南大公惊恐万状。一伙政府和军方的官员最先提出这个想法之后,斐迪南大公再三试图向他们证明,夺取这两个省或将导致一场军事冲突。至少塞尔维亚很可能不惜为此一战,而这恐怕会把她的盟友俄罗斯帝国也牵扯进来,让局势变得更加混乱。见对方根本听不进去,斐迪南大公突然宣布:"可以从另外的角度来看待这些问题。我去把我的妻子找来。"几分钟之后,他和索菲一起回来了。他让索菲向众人分享一下她对兼并提议的看法。通常情况下,斐迪南大公总是不遗余力地把政治生活和私人生活完全隔绝开来,这既是出于他长期以来的信念,也是因为他担心,把索菲牵扯进来或将为她的敌人提供口实,指责她野心勃勃地干预国家大事。但现在,斐迪南大公对兼并计划抱有如此强烈的反对态度,以至于他甘愿冒这个险。索菲试图从不同的角度来说动这些人。她阐述道，作为一位妻子和一位母亲，一想到军事冲突，她的心里就只有恐惧。有很多人会被杀，可这又是为了什么呢？兼并这两个省对奥地利来说真的那么重要吗？有几个人开始坐立不安起来：很显然，索菲的论调让他们感到不悦，被斐迪南大公的妻子说教更让他们感到不舒服。见此情景，或许是为了防止对主人的名誉造成损害，布罗施上校突然打断索菲，说道："女士不应插手军事决策。"索菲冲出了房间。斐迪南大公大发雷霆，命令布罗施立即回到维也纳。布罗施以为自己的职业生涯这下算是彻底结束了，于是写了一封辞职信，但斐迪南大公很快就原谅了他，之后再未提及此事。[8]

在接下来的几周里，又额外开了几次会之后，斐迪南大公才勉强同意了兼并计划。他在给外交部长阿洛伊斯·冯·埃伦塔尔的信中写道："我写这封信是为了确保阁下充分意识到我在这件事情上的意见。如果兼并被认为是绝对必要的，那么，我只能同意这两个省被宣布为帝国的领土……总的来说，鉴于当前令人沮丧的国内局势，我对所有这些武力展示持完全反对的态度。"[9]

1908年9月，在摩拉维亚境内的一处装修精美的乡间别墅里，埃伦塔尔与俄国外交部长亚历山大·伊兹沃利斯基举行了会面。两人达成了共识：奥匈帝国可以兼并波斯尼亚-黑塞哥维那，作为交换，奥方必须认可俄方在博斯普鲁斯海峡的利益。两省被奥方夺取之后，塞尔维亚将无可避免地呼吁采取军事行动，由是，伊兹沃利斯基甚至许诺，俄方将不会对此予以支持。然而，还没等伊兹沃利斯基来得及将此事通报俄国政府，操之过急的奥地利方面就率先宣布了对两省的兼并。维也纳方面造成的这项既成事实违反了《柏林条约》，可奥方却辩称，这是为了阻止塞尔维亚侵略正在解体的奥斯曼帝国而采取的必要和正当之举。德国对此暴跳如雷,塞尔维亚竭力对此表示抗议,俄国甚至威胁称,要动员军队对抗哈布斯堡帝国。直到维也纳方面恐吓称,如果圣彼得堡方面敢轻举妄动,它就将披露奥方同伊兹沃利斯基达成的秘密协议,把其中的种种细节全都公之于世,这才避免了一场战争。塞尔维亚和俄国退下阵来,可两国都倍感羞辱,渴望借机报复奥地利。[10]

对两省的兼并只会加速奥匈帝国和塞尔维亚间持续动荡局面的进一步发酵。在俄罗斯帝国的挑唆和煽动下,贝尔格莱德方面开始愈发坚定地采取民族主义立场。俄国方面提供的钱款促进了斯拉夫秘密社团和帮会的发展和壮大。这些秘密社团和帮会一向奉暴力为瓦解奥地利在巴尔干半岛影响力的手段之一。俄国东正教会募集来的资金也通过相关渠道汇给贝尔格莱德,为反奥地利宣传机构买单,动摇哈布斯堡家族在被兼并省份的统治。[11]

部分资金流入一个名为"人民保卫者"的组织。该组织的成员不乏政府高官和军队精英,虽然对外声称是仅仅一个文化社团,可实际上,它的存在完全是为了煽动对奥地利的暴力反抗。就连塞尔维亚王国的储君亚历山大都曾为该事业贡献力量。[12]他们的宣传机构坚称:"必须告诉我们的人民,解放波斯尼亚对我们的祖国来说有多么重要。这不仅是出于同情,不让我们在波斯尼亚的兄弟继续受苦受难,更是为了贸易,为了获得出海口,建立起同海洋之间的联系。"该机构还宣称,"与奥地利开战的必要性"是"神圣不容侵犯的真理",并号召广大民众在"使用枪支和大炮的战争爆发前",先用"凶器和炸弹"把自己武装起来。[13]

更多的资金流入了另一个更加致命的组织——俗称"黑手"的"统一或者死亡"(不统一,毋宁死)组织。"黑手"组织成立于1911

年,1903年参与杀死亚历山大国王和德拉加王后的谋反者大多加入了该组织,除此之外,该组织的成员还包括律师、外交官、记者、教授和政府官员——大体上说,其成员全都是塞尔维亚政界、教育界和军界的精英。"黑手"组织主张,为了创建一个新的大塞尔维亚,暴力手段是绝对必要的。在正式加入该组织之前,还要经历一场荒唐、戏剧般的"入会仪式":面对骷髅头,向十字架、手枪和匕首起誓,定将竭力推动暴力颠覆活动,一旦有被捕的可能,会立即选择自尽。塞尔维亚总参谋部为激进分子提供枪支射击和炸弹投掷训练,还授予他们军衔,并将他们沿奥地利国界布置在各个边境过境点上。到1914年,塞尔维亚首相尼古拉·帕希奇领导的政府和"黑手"组织之间的联系已然在相当大的程度上冷却下来,不过,首相的间谍网仍旧持续向他汇报该组织的活动情况。[14]

反奥宣传造成的影响还蔓延至塞尔维亚的新闻界。1910年,弗朗茨·约瑟夫皇帝八十岁生日那天,贝尔格莱德的一份报纸用称赞的语气细数过去对皇帝的种种未能成功的刺杀。1910年,兼并十周年时,塞尔维亚的报纸纷纷如悼念死人一般给当天的日期加了黑框。有报道向它们的读者保证,"复仇的日子"很快就将来临。还有报纸宣称:"我们必须把奥地利大卸八块。"甚至有传言称,做好准备,迎接与"那个被称为奥地利的怪物"之间无可避免的战争,是每一个塞尔维亚人的"神圣职责"。[15]

这样一厢情愿地宣泄不满情绪,让越来越多的人觉得,塞尔维亚是"一个彻头彻尾的麻烦,是暴力的野蛮人的巢穴,这些塞尔维亚人的狂妄自大早晚会受到应有的惩罚"。[16]局势的持续恶化让许多人感到震惊。英国驻维也纳大使在1913年报告称:"我简直无法形容这里的人究竟有多么恼火:在俄国的怂恿下,一个小国竟然给奥地利制造了如此无休无止的麻烦。"[17]斐迪南大公始终对潜在的动荡和骚乱忧心忡忡。他向德国储君威廉抱怨称,他对"塞尔维亚的危险宣传活动感到十分关切和焦虑;他从俄国鼓动的这些阴谋诡计中预见到一场欧洲冲突的早期征兆"。[18]

好战的塞尔维亚日益迫近的威胁不仅极大地左右了奥地利的军事决策,也让斐迪南大公陷入无尽的头痛。讽刺的是,他大部分烦恼的根源竟然是他自己造成的。1906年,他发掘出一位人才:拥有杰出行政管理记录的中年职业军人男爵康拉德·冯·赫岑多夫将军。斐迪南大公设法让皇帝确信,康拉德才是担任总参谋长的合适人选。事实上,康拉德本打算推荐时任副总参谋长的中级陆军元帅奥斯卡·波蒂奥雷克来担任总参谋长,可斐迪南大公却拒绝对此表示支持,并最终如愿让康拉德当上了总参谋长。[19]

斐迪南大公认为,帝国的陆军陈旧过时、装备奇差,因此,对康拉德的军事现代化主张,他一向持坚定拥抱的态度。他甚至偶尔让自己被康拉德的冲动之语带偏,对其"有必要羞辱一下意大利,以抑制其影响力"的言论表示附和。康拉德一再呼吁采取军事行动,可斐迪南大公却对此不甚热情。康拉德说:"在这个地球上,战争是一切大事件背后的基本原则。"[20]康拉德尤其执着于再三提议,应该对塞尔维亚展开一场"预防性战争"。最初,斐迪南大公只是简单地对此类言论置之不理,可康拉德的好战最终却让斐迪南大公几乎有种如芒刺在背的感觉。[21]

斐迪南大公和康拉德之间的关系,再加上康拉德本人的晋升,让很多人都以为,斐迪南大公赞同康拉德的军国主义观点,而且在塞尔维亚问题上尤其如此。公众舆论把斐迪南大公描绘成一个半疯的滑稽小丑,不停摆弄着手里的定时炸弹,无情地坚持要跟巴尔干半岛上的每个国家都打一仗。一位和他同时代的人宣称,斐迪南大公"致力于恢复帝国昔日的荣光,为了巩固奥匈帝国在欧洲舞台上的位置,可以不惜任何代价。事实上,即便这意味着他要在舞台上表演独奏,即便不协调的音符只会搅乱整个舞台的和谐与秩序,他也会毫不犹豫"。[22]事实与之截然相反,尤其是在塞尔维亚问题和巴尔干半岛似乎永无止境的诡计阴谋上。

在兼并之后的余波中,对塞尔维亚进行一场"预防性"战争的言论甚嚣尘上。[23]斐迪南大公在给布罗施少校的信中写道:"请替我管束一下康拉德。他应该立刻停止所有对战争的鼓吹和煽动。把这些塞尔维亚人和黑山人统统扔进油锅,当然是绝妙而又十分诱人的想法,然而,跟它所导致的后果相比,这份荣誉和胜利来得实在太过廉价,因为,接下来,欧洲的总体性纠纷将造成事态的扩大和升级,迫使我们面对无法应付的两线或者三线作战局面。"[24]斐迪南大公一再向任何听得进去的人表示,他坚决反对康拉德提出的"强盗性政策"。[25]

巴尔干战争爆发后,情况变得更加危机四伏起来。先是君士坦丁堡的青年土耳其党政变,后是奥地利对波斯尼亚和黑塞哥维那的兼并,让巴尔干半岛上一众面积更小的国家纷纷感觉自己有实力摆脱奥斯曼帝国的统治。1912年,刚刚获得独立的保加利亚和黑山同塞尔维亚和希腊一道,成立了巴尔干同盟,并于当年11月出兵进攻土耳其。前一年,康拉德因为外交政策上的不同意见被赶下了总参谋长的位置;现在,害怕战争规模扩大的斐迪南大公想起了康拉德,并成功说服皇帝,重新任命其为总参谋长。[26]

这是一个错误。康拉德立即抓住机会,再次建议对塞尔维亚进行一场"预防性战争"。斐迪南大公早就受够了他没完没了的军国主义言论，要求皇帝解除康拉德的职务。皇帝最初对此表示同意，但从1913年开始，康拉德完全东山再起，又开始老调重弹，敦促奥地利与塞尔维亚开战。斐迪南大公跟过去一样频繁地抱怨称，这将把俄国也拖入冲突，导致一场全欧洲性质的战争。[27]一次，斐迪南大公问道："陷入与俄罗斯的战争意义究竟何在？就连拿破仑都战胜不了俄国。而且，即便我们真的击败了俄国（在我看来，这连一丝可能性都没有），一场如此惨烈的胜利只能成为奥地利君主政体最大的悲剧。"[28]

好在皇帝始终是一副不情愿的态度，从未批准康拉德接连抛出的战争计划。为此，在1913年2月初的一次晚宴上，斐迪南大公故意夸张地举杯庆贺道："敬和平！跟塞尔维亚的战争对我们来说有什么好处？我们的年轻人会为此而丧命，耗费在战争上的钱财还不如用在别的地方。而且，上天作证，我们到底能得到些什么呢？是李子树和满是粪便的山羊牧场，还是一群难以管束的杀人犯！"斐迪南大公向皇帝吐露称，他还担心，奥地利和俄国之间的战争或将"助长两国革命分子的气焰，进而导致皇帝和沙皇双双把对方推下君主的宝座。出于这些原因，我认为战争纯粹是精神错乱，而康拉德一再提出的总动员要求正是精神错乱的开端和前奏"。[29]

1913年的春天发生的一场戏剧性的转变，让斐迪南大公对康拉德本就日益强烈的敌意变得愈发不可收拾起来。这一次，除了铮铮响个不停的军刀之外，康拉德还有别的地方触怒了斐迪南大公。1913年5月29日，维也纳的报纸刊登了一则消息：时任驻布拉格第8军团参谋长和奥匈帝国反间谍与军事特勤局副局长的阿尔弗雷德·雷德尔上校离奇自杀身亡。事后证明，一名俄国特工发现雷德尔是同性恋，于是趁机色诱了他，接着威胁他称，要把这一切都曝光出去。自此，在长达十年的时间里，雷德尔一直向圣彼得堡方面兜售军事秘密情报。得知该丑闻之后，康拉德派数名军官带上犯罪证据前去跟雷德尔对峙。把康拉德的立场清楚地摆明之后，他们留下一把上了膛的左轮手枪，离开了房间。雷德尔毫不意外地做出"合乎荣誉"的举动，一枪打爆了自己的脑袋。[30]

斐迪南大公怒不可遏。康拉德本可以从雷德尔入手，揪出跟雷德尔接头的俄国联络人，深挖有关奥地利境内间谍活动的无价情报，可康拉德竟然没对雷德尔进行任何正式的询问就逼他自杀，让雷德尔把所有秘密都带进了坟墓。雪上加霜的是，作为一名虔诚的天主教徒，逼人自杀对他来说是一种更大的冒犯。盛怒之下，斐迪南大公把康拉德召至美景宫，就此事严厉申斥了他。康拉德战战兢兢地遵从斐迪南大公的建议，递交了辞呈，然而，这一次，皇帝却拒绝接受康拉德的辞职。[31]

1913年春签署的《伦敦条约》标志着第一次巴尔干战争的结束。条约剥夺了奥斯曼帝国在欧洲的大部分省份；为了阻止塞尔维亚获得通往亚得里亚海的出海口，还创立了一个新的阿尔巴尼亚公国。和平并未持续下去：当年6月，在奥地利的怂恿下，保加利亚抱着开疆拓土的野心，向塞尔维亚和希腊发动进攻，引发了第二次巴尔干战争。[32]康拉德再度极力主张同塞尔维亚开战。斐迪南大公警告外交部长贝希托尔德说："永远都不要让自己受康拉德的影响。永远不要！康拉德像狗崽子一样向皇帝狂吠的那些计划，休想得到哪怕一星半点的支持。康拉德这个人天性就是如此，总是恨不得加入每一场可能的战争……咱们可用不着在巴尔干半岛上扮演武士的角色，像小流氓一样见谁惹谁……开启一场会害得我们跟俄国针锋相对的战争是不可原谅和不可理喻的。"[33]

1913年9月，塞尔维亚计划入侵阿尔巴尼亚。俄国拒绝调停并阻止它的巴尔干盟友。像时钟一样"可靠"的康拉德敦促奥地利与塞尔维亚开战，而斐迪南大公则把目光转向德皇威廉二世，希望他能抚平日益升级的危险局势。德皇对此表示同意。塞尔维亚在德国发出的最后通牒面前退缩下来。[34]斐迪南大公写道："能避免这场战争可真让我高兴。我之前就说过，如果以某种巧妙的方式接近德皇，避免谈及强权，不要政治手腕……那么，他定将完全站在我们这边，根本无须诉诸唯一的战争手段或者康拉德的其他任何'大棒政策'。"[35]

持续呼吁与塞尔维亚开战，再加上有关的雷德尔丑闻，让斐迪南大公早已不再对康拉德抱有任何幻想。斐迪南大公欣赏康拉德为实现军队现代化而做出的种种努力，但斐迪南大公现在已经认定，康拉德是一股邪恶而又危险的力量。1913年10月，斐迪南大公来到莱比锡，与德皇一道，为战胜拿破仑的一百周年纪念碑揭幕，然而，内心难以抑制的愤怒促使斐迪南大公在揭幕仪式上当众对康拉德发了火。在一场军宴上，威廉二世要康拉德把奥地利的高级军官依次介绍给他。当康拉德准备穿过房间，把军官们召集起来的时候，斐迪南大公突然揪住康拉德的袖子，吼道："这是该由我来做的事！"吼声如此之大，以至于整个房间都安静了下来。"你是这里的高级指挥官吗？向陛下介绍其他人不是在场最高级别奥地利人的特权吗？我绝不会对此坐视不管！你为什么要这样冒犯我？"当时，面对铺展在面前的羞辱，康拉德什么也做不了，只能静静地站在原地。可回到维也纳之后，康拉德反而比之前更加坚定地想方设法与塞尔维亚开战，以便在这个过程中好好教训斐迪南大公一顿。[36]

1914年初，康拉德又一次力主他所谓的"预防性战争"，建议动员并沿俄国边境布置帝国的军队，以展示哈布斯堡皇朝的强大军事实力。[37]他在当年2月坚称，无论是俄罗斯还是其盟友法国，都没有做好迎接一场欧洲全面冲突的准备——"我们还在等什么呢？"[38]次月，康拉德又开始宣扬起同塞尔维亚开战的种种好处。德国驻维也纳大使听到风声之后，马上警告康拉德说，斐迪南大公无疑将对此表示反对，并将得到德皇对他的支持。[39]康拉德并未因此而气馁，仅仅等了十个星期便再度出击。他向德国总参谋长建议称，立即展开行动，击垮塞尔维亚，将为另一场更大规模的欧洲冲突奠定条件，而这场更大的冲突将一劳永逸地彻底根除俄国在巴尔干半岛上的影响力。他坚称，沙皇的士兵力量弱小，缺乏准备，根本不足以进行任何长期的全面战争。[40]

过去六年里，斐迪南大公一直试图约束和阻止康拉德，而穷兵黩武的康拉德则一而再，再而三地试图挑起战争。从1913年1月1日到1914年6月1日，康拉德先后25次提议对塞尔维亚进行一场"预防性战争"，还在无数场合宣扬称，应该对俄国进行一场更大规模的欧洲战争。[41]斐迪南大公对康拉德的态度从最开始的讨厌变成现在的恨之入骨，不断试图把康拉德从总参谋长的位置上赶下去。斐迪南大公甚至让所有人都知道，他已经找好了接替康拉德的人选：执掌布达佩斯各军团的匈牙利人卡尔·冯·泰尔什詹斯基将军。如果斐迪南大公在这件事上有任何发言权，那康拉德恐怕早就时日无多了。[42]

斐迪南大公确信，康拉德有意把奥地利推进与塞尔维亚的战争。如果他知道康拉德在1914年6月的最后一个星期里的态度，那么，他或许会比现在更加忧心忡忡。6月22日，康拉德再次回到他一向偏执于的主题上，警告奥地利外交部长称，敌人已经把帝国包围起来了。他坚称，奥地利君主制的生死存亡在此一举，为了挽救哈布斯堡皇朝的统治，不论代价如何，不论要付出"多么巨大的牺牲"，都有必要采取大胆而又决定性的行动。[43]事已至此，康拉德现在只差一个开启战端的借口了。

第十三章
致命的邀约

斐迪南大公和康拉德之间的意志碰撞与观点对立似乎已无可避免——这一点在1913年的夏天过后表现得尤为明显。1913年8月17日，斐迪南大公被皇帝晋升为帝国武装力量的监察长。兴高采烈的斐迪南大公决定立即赶往巴特伊施尔，当面对正在度假的皇帝表示感谢。他试图带索菲一同前往，想着皇帝应该不会反对她出现在一场私人晚餐上。不过，鉴于皇帝对索菲持续的矛盾态度，斐迪南大公并未对此抱太大的指望。得知自己侄子的计划之后，皇帝狡猾地要斐迪南大公带巴多尔夫一同赴宴。作为斐迪南大公"军事总理府"的首脑，巴多尔夫的到场让私人场合一下子变成了一场正式的晚宴，而索菲自然是被排除在这样的正式晚宴之外的。[1]

三个星期后的1913年9月，斐迪南大公第一次以监察长的身份参加了在波希米亚举行的秋季军事演习。他和康拉德将军之间闹得很难堪。斐迪南大公严厉斥责了康拉德，指责他办事效率低下，还因为他没有参加宗教礼拜仪式（康拉德是一名无神论者）而气冲冲地找他对峙。康拉德向一位朋友抱怨称，那真是"一次史无前例的难堪场面"；在此之前，他还从未遭遇过如此野蛮和残暴的对待。[2]军事演习结束后，斐迪南大公更加坚定了撤换康拉德的决心。作为总参谋部的首脑，离开波希米亚时，康拉德也是满心的沮丧和不悦。回到维也纳之后，他又一次递交了辞呈，可皇帝再度拒绝了他的辞职。[3]一位观察者说："斐迪南大公之前把他吹得有多高，现在就有多恨他。"[4]

正是在此背景下，斐迪南大公接到宿命般的邀约，邀请他于次年6月前往波斯尼亚首府萨拉热窝附近，参加军事演习。即便过了一个世纪之后，有关这次邀约的前因后果仍旧惊人的扑朔迷离、晦暗不清。康拉德抛出两套互相矛盾的说法。他先是坚称，有关此行的消息在9月16日第一次传到他的耳朵里，是斐迪南大公亲口称，自己计划参加这次军事演习，并准备带索菲一同前往的。[5]可康拉德后来又改口称，他直到9月29日才得知这项提议，是波斯尼亚总督奥斯卡·波蒂奥雷克将军把斐迪南大公的计划通知给了他。[6]康拉德写道："究竟是在何人的主导之下，做出参加这次演习的决定，我对此一无所知。"[7]

许多历史学家猜测，鉴于斐迪南大公刚刚被晋升为帝国武装力量的监察长，或许是职责所需迫使他不得不参加在波斯尼亚举行的军事演习。这是他的儿子马克斯后来提出的观点。他说，他父亲觉得，作为帝国武装力量的首脑，自己有义务出现在演习现场。[8]可事实上，斐迪南大公仅仅是以观察员的身份前往波斯尼亚的，既不曾以监察长的身份参加演习，也不在演练中扮演任何正式的角色。[9]

马克斯认为，波斯尼亚的军事演习举办在即，能参加这场演习让他的父亲感到很兴奋。[10]当计划仅限于入住附近的度假胜地和在一旁观看演练时，事实或许的确如此，然而，当行程膨胀至包含一场令人不悦的仪式性访问，邀他前往波斯尼亚首府萨拉热窝之后，斐迪南大公之前不论对此行抱有怎样的热情，现在肯定都消退殆尽。

前人不吝笔墨，就斐迪南大公为什么要去萨拉热窝写过很多猜测和思考。一直有言论称，斐迪南大公之所以访问萨拉热窝，是因为他想接受民众的欢呼与喝彩，更重要的是，他迫切希望让自己贵贱通婚的妻子沐浴在这样的欢呼与喝彩之中。[11]阿尔贝特·冯·马尔古蒂男爵用他一贯的贬损语气坚称，索菲才是此行背后的驱动力，是她"热切地把这次意料之外的好机会一把夺了过来，准备让民众好好认识一下身为皇位继承人之妻的她"。[12]一位历史学家坚称："因此，斐迪南大公是因为爱才踏上了这条绝命之路。"[13]

然而，斐迪南大公根本没必要顶着危机四伏的局面，冒死去寻求欢呼与喝彩——事实上，他一向鄙视此类哗众取宠、博取好感的"表演"。他更没必要替索菲证明什么。在最初讨论的计划中，前去参加演习的只有他一个人，索菲全程都待在附近的旅馆里。或许会有一两场私人晚餐或者军官晚宴需要她参加，但在这个阶段，一个字也没提到去萨拉热窝访问的事，直到过了几个月之后，才有人提出这个想法。因此，在最初的计划里，索菲根本没机会"让民众好好认识一下自己"或者沐浴在任何仪式性的荣誉之中。在此之前，她已经先后赢得了罗马尼亚、德国和英国王室对她的接待和欢迎，就算去萨拉热窝访问包含在最初的计划里，面对寥寥数千波斯尼亚民众的欢呼与喝彩，索菲又能收获到多少成就感和价值感呢？[14]

斐迪南大公的确有理由对波斯尼亚的民众敬而远之。1910年，一个名叫波格丹·热拉伊奇的学生企图刺杀奥地利在波斯尼亚和黑塞哥维那省的总督。他打出的前五发子弹全都偏离了目标，接着，他把枪口转向自己的脑袋，用第六发子弹开枪自尽。[15] 两年后，一个与塞尔维亚的"黑手"组织有联系的刺客杀害了克罗地亚的教育部长。1913年8月，克罗地亚总督在离开一座教堂时遭枪击负伤。1914年春，一个克罗地亚人企图刺杀到首府萨格勒布旅游的奥地利大公家族之子利奥波德·萨尔瓦托。还有一个装备左轮手枪的学生在企图搭乘前往维也纳的列车时被捕。他的目标是斐迪南大公。他说，斐迪南大公是"全体南斯拉夫人的死敌。我希望彻底消灭这个阻碍我们实现民族夙愿的垃圾"。[16]

对到访的哈布斯堡家族成员来说，萨拉热窝绝不是一处友善之地。奥斯卡·波蒂奥雷克接过波斯尼亚总督的职位，于1911年走马上任后发现，波斯尼亚首府处于一片混乱之中，持续的反奥地利、反哈布斯堡家族的情绪正波及全城，而他对此的反应是立即着手进行镇压：波斯尼亚的议会被暂时关停，法律被废除，塞尔维亚民族主义社团和它们的暴力宣传被查禁，城内的报刊也遭到审查。除此之外，波蒂奥雷克还一再要求派遣更多的部队来维持秩序。[17]

可波蒂奥雷克现在却坚称，斐迪南大公必须访问这座动荡不安的城市。最初的计划只要斐迪南大公于6月26日至27日出席在萨拉热窝附近举行的军事演习，并跟索菲一同入住离该城不远的度假胜地伊利扎。[18] 如此低调的行程安排完美地符合皇帝的愿望。皇帝的态度很明确：他不想让此行变成某种胜利游行般的隆重仪式，以免让此前他本人的1910年萨拉热窝之行显得相形见绌。[19]

波蒂奥雷克抗议称，斐迪南大公必须对该城进行访问。[20] 巴多尔夫指出，让斐迪南大公暴露在如此巨大的风险之下，简直愚蠢至极，可波蒂奥雷克却拒不退让。1914年2月17日，经过无数次协商与讨论之后，斐迪南大公勉强同意对萨拉热窝进行一次简短的、非正式的访问，但不会以官方身份出现在公众的面前。这并不足以让波蒂奥雷克感到满意。他或许是想通过斐迪南大公的正式访问来提振和巩固自己的统治，为其打上经皇室认可的印记。五天后，他向巴多尔夫许诺称，如果此行是包含公开露面的正式访问，那么，他将对安保工作"负全责"，但如果斐迪南大公坚持要让此行成为一次"多少有点突然的非正式访问"，斐迪南大公能否得到充分的保护，他就没法保证了。[21] 于是，经过再三的试探与怂恿——多次许诺做好安保工作；反复警告称，只有在此行是正式访问的情况下，他才有能力保护斐迪南大公——这位总督终于得偿所愿。斐迪南大公勉强同意上午到波斯尼亚首府待上几个钟头。即便让步至此，波蒂奥雷克竟然还觉得不满意。虽然一直未能如愿，但直到6月9日，这位总督仍旧试图将访问延长至一整天。[22]

　　是谁定下了这个极具煽动性的访问日期呢？事实确如一位当代历史学家所宣称的那样，是斐迪南大公的"军事总理府"选择了6月28日这个日期。[23] 可另一个事实是，这个日期并不是他们主动选择的，而是波蒂奥雷克强加给他们的。巴多尔夫告诉这位总督，演习之前和之后的几天，斐迪南大公和索菲都将在波斯尼亚度过，因此，巴多尔夫建议，可以让两人在6月29日访问萨拉热窝。可波蒂奥雷克却坚称，这是不可能的：访问必须在此之前结束，斐迪南大公和索菲必须在7月1日伊利扎的温泉季到来之前离开。波蒂奥雷克还暗示，如果他们试图以任何方式延长在波斯尼亚的行程，必将导致"很大的不愉快"。演习直到6月27日星期六下午才会结束，而波蒂奥雷克又宣称，斐迪南大公和索菲必须在6月29日启程，这样一来，访问萨拉热窝的日期就只能定在6月28日星期日了。接到把访问日期定在6月28日的消息之后，波蒂奥雷克一再对巴多尔夫表示感谢。[24]

波蒂奥雷克故意忽略掉一个严重的问题，并未提及6月28日这个特殊日期的重要性，但是，他心里肯定知道，这个日期对萨拉热窝本就愤愤不平的民众们来说意味着什么。6月28日是圣维特日，是纪念1389年科索沃之战的塞尔维亚国庆日。正是在1389年的这一天，败给土耳其军队的塞尔维亚沦为奥斯曼帝国的附庸，因此，在这一天，"每一个塞尔维亚人都将许下复仇的誓言"，让不受欢迎的外国入侵者血债血偿，每一个塞尔维亚民族主义者都将为"大塞尔维亚"而战。[25]没有任何迹象表明斐迪南大公手下的官员对这个日期的重要性有所察觉，但波蒂奥雷克显然难辞其咎。他毕竟就生活在萨拉热窝，因此肯定曾意识到，一名哈布斯堡皇族成员在这个特殊的日子对该城进行访问，会有多么大的煽动性和刺激性。一位历史学家写道，这无异于是在向塞尔维亚的民族主义者"重申奥地利对该省的奴役"。[26]可波蒂奥雷克对这一切却连一句话都没说。

这真的仅仅是波蒂奥雷克方面的糊涂至极和愚蠢透顶吗？正如这位总督亲身领教过的那样，波斯尼亚的环境如此敌对和不善，以至于一直以来，他不得不通过超乎寻常的手段和举措来维持自己的统治。局势动荡和不安到连波蒂奥雷克自己都鲜少出现在萨拉热窝街头的程度，而且，即便难得公开抛头露面一次，身边也必然有一支规模可观的部队保卫他的个人安全。[27]可波蒂奥雷克现在却信誓旦旦地向斐迪南大公保证，塞尔维亚国庆日当天，该城的安全工作绝对万无一失。

　　1910年5月，弗朗茨·约瑟夫皇帝访问萨拉热窝时，安保工作因为有关塞尔维亚人正蠢蠢欲动的谣言而变得异常警惕和森严：不冒一丝风险，不存一丝侥幸。访问之前，警方把萨拉热窝上上下下查了个遍，仅仅因为觉得可疑就逮捕了两百多人，另有数百人在访问期间被软禁在家里，不准踏出房门一步。所有陌生的面孔都被驱逐至城外。皇帝现身时，一整支卫戍部队以双排队形站立在街道两侧，拉起两道"人肉警戒线"，把民众与皇帝隔绝开来。穿过萨拉热窝的访问路线经过严格设计，避开一切可能有大量民众聚集的开阔地或者广场。一位官员评论称，"每棵树后面都有警探"在保护皇帝的安全。此外，政府还专门从维也纳和布达佩斯调配了一千多名警探和特警来充当皇帝的护卫。[28]就连索菲都承认，这一切让她感到忧心忡忡。她在给自己的妹妹奥克塔维亚的信中写道："感谢上帝，皇帝终于平安地从波斯尼亚回来了。"[29]

　　皇帝的萨拉热窝之行在安保方面树立了值得借鉴的先例，可波蒂奥雷克却转眼间就将其抛在脑后，并未从中吸取任何有用的经验。波蒂奥雷克后来坚称，这都是因为比林斯基伯爵莱昂（时任财政部长的比林斯基掌握着对波斯尼亚和黑塞哥维那的行政管辖权）屡屡从中作梗，干扰他对访问的安排。[30]然而，真相并非如此。比林斯基没有发布任何涉及萨拉热窝之行的命令；事实上，与通常的行事惯例相反，他甚至连斐迪南大公要去萨拉热窝这件事都不知道。斐迪南大公不喜欢比林斯基，波蒂奥雷克更是对比林斯基恨之入骨，从未向其通报有关萨拉热窝之行的消息，甚至连访问行程安排的副本都"忘了"发给比林斯基。[31]比林斯基后来说，整个1914年春天，他只知道斐迪南大公要参加在萨拉热窝城外举行的军事演习。要是有人提前通知他斐迪南大公将于6月28日访问萨拉热窝，他肯定会对此表示坚决反对。[32]

在安保方面,波蒂奥雷克简直疏忽和怠慢到了惊人的程度。在距离萨拉热窝仅有几英里之遥的演习地域,驻扎有21 000名士兵,然而,当该城的军事指挥官米夏埃尔·冯·阿佩尔要求把他们部署在城内的街道两侧时,波蒂奥雷克却以此举恐将冒犯到当地居民为借口,断然表示拒绝。波蒂奥雷克甚至下令称,访问期间,任何士兵都不得进入城内。冯·阿佩尔将军写道:"这些指示都是当局直接发布的,甚至都没跟我们商量一下。结果是,城内跟空无一兵几乎没什么两样。"[33]

安保的重任全都落在了萨拉热窝警察部门的肩上。在这座8万人的城市,负责维持秩序的警力只有区区120人;而且,星期日当天,只有半数警察在当班。[34]得知邀请斐迪南大公来访的提议之后,萨拉热窝警察局长埃德蒙·盖尔德坚决反对称,安保措施存在严重不足。可波蒂奥雷克却对此不屑一顾,还大言不惭地说:"保护他[斐迪南大公]的安全是我们这些军人的责任,跟你一点关系也没有。"[35]

这让盖尔德大为震惊。在他看来,邀请一位帝国皇室成员在圣维特日当天访问萨拉热窝,根本就是无事生非、自找麻烦。盖尔德的担忧换来的却是波蒂奥雷克对他的一阵奚落:"你这个人眼里到处都能看见鬼影!"[36]盖尔德反对把计划中的穿城访问路线提前披露给报界,却遭到波蒂奥雷克的断然回绝。盖尔德退而表示,如果非披露不可,那至少也要等到访问前一天,以免在访问当天招致任何形式的暴力示威,却再度遭遇波蒂奥雷克的拒绝。由对安保措施方面的巨大漏洞,盖尔德两次发出更多的警告,却始终未获重视。[37]距离访问还有一周的时候,盖尔德下令称,应该把城内所有非本地的中学生暂时送到城外,可他的要求又一次遭到无视。[38]只有35人因为涉嫌可能的阴谋而被捕。没有任何人——即便是之前有过案底或者参与过反奥地利示威的人——处于警方的监视之中。[39]沮丧而又失望的盖尔德不无道理地评论称,斐迪南大公在城内的安全只能听天由命了。[40]

　　波蒂奥雷克一再对切实的警告视若无睹。波斯尼亚议会副主席约瑟普·苏纳里奇劝告他说,斐迪南大公在萨拉热窝恐将面临危险,可身为总督的波蒂奥雷克却对此毫不理睬。[41]波斯尼亚省政府政治处的处长科拉斯伯爵对波蒂奥雷克说,访问不仅险象环生,还有可能刺激到塞尔维亚民族主义社团的年轻成员,促使他们采取暴力行动。波蒂奥雷克根本不把科拉斯的担忧当回事,还嘲笑他竟然会"害怕一群孩子"。一份来自维也纳的军情报告对可能的危险作出警告,并强调称,务必采取一切预防措施,以确保斐迪南大公的安全。波蒂奥雷克气冲冲地把报告撕了个粉碎。[42]

　　外交部、内政部、奥地利驻贝尔格莱德领事馆、奥地利军事情报部门以及其他多个部门全都就访问面临的威胁递交了报告。[43]塞尔维亚流亡分子在芝加哥创办了一份报纸。该报1913年刊发的一篇文章引起了维也纳方面的注意。[44]文章称:"奥地利皇位继承人宣布,他将于明年春天访问萨拉热窝。每一个塞尔维亚人都应该对此提起注意。如果皇位继承人想去波斯尼亚,我们将很乐意为他此行的开销买单!塞尔维亚人,拿起你能找到的一切:匕首、步枪、炸弹、炸药!以上帝的名义复仇吧!哈布斯堡皇朝的死期到了!"[45]距离访问只有几星期的时候,塞尔维亚各地的东正教堂纷纷发放起宣传册来。在宣称册中,斐迪南大公被描绘成"一条姓埃斯特的狗",索菲被描绘成"一位肮脏不堪、奇丑无比的波希米亚妓女"。除此之外,宣传册还公然鼓吹要了他们两个人的命。[46]5月末,外交部长贝希托尔德在一封给比林斯基的便函中警告称,塞尔维亚煽动者和塞尔维亚宣传机器正有意在斐迪南大公访问期间"向世人清楚地表明,波斯尼亚是塞尔维亚人的领土"。[47]比林斯基就此事跟萨拉热窝当局进行联络,可波蒂奥雷克却说,他"既未寻求,也不需要"维也纳方面的建议。[48]波蒂奥雷克一再坚称,为了确保访问的安全,他已经采取了一切可能的措施。[49]

然而,真相是,他其实什么也没做。这究竟是有意为之,抑或仅仅是官僚主义愚行有史以来最淋漓尽致的展现之一,日后将成为争议的焦点。波蒂奥雷克的疏忽大意与放任不管,让围绕此事的阴谋论显得十分有理有据:奥地利的某些官方人士可能跟敌人串通一气,共同导演了这出"萨拉热窝事件"。有观点认为,细数波蒂奥雷克做出的种种异常糟糕的决定,显然早已超出了失职和无能的范畴,很难让人相信这并非刻意为之。这位总督仿佛无能到了极点:明明肩负着护卫地位如此不凡的来访者的重任,却连常识性的安保措施都没有安排。

可以肯定的是,随着访问日期的临近,斐迪南大公变得越来越不安起来。不过,这并不意味着他一向生活在对自己性命安危的恐惧之中。他明白,像他这样遭恨的人,无疑是潜在刺客的绝佳目标。他经常开诚布公、心平气和地提到,接受成为刺杀目标的事实,是他生活的一部分。例如,当警方在瑞士抓到两个有意刺杀他的土耳其无政府主义者的时候,他表现得相当冷静和镇定。斐迪南大公讨厌永远在他身边如影随形的警探,担心世人因此误以为他胆小怕死。他之所以容忍他们出现在自己的周围,完全是因为,他们早已成为皇室生活无可或缺的一部分,而且,他们的存在有助于缓解索菲的忧虑。[50]一次，有人建议他采取额外的防卫措施，可他却回答说："什么防卫措施？把警察局长叫来当我的保镖？对我来说，一切防卫措施都是胡扯！我们的命运始终掌握在上帝的手里。所有人都逃不出上帝的掌心……忧心忡忡和谨小慎微只会让生活陷入瘫痪。长久以来，害怕本身就是一件危险的事情。"[51]

尽管如此，萨拉热窝之行确实在某些方面让斐迪南大公感到心惊胆战。他的秘书尼基奇-布勒回忆称："整个行程从一开始就让他觉得惴惴不安。"[52]艾森门格尔肯定跟斐迪南大公离得足够近，因此，他的个人观点必然带有几分权威性。艾森门格尔回忆称，在斐迪南大公看来，访问是"一次令人颇为不悦"的场合，而且，斐迪南大公曾经坦言，他"更希望皇帝把这项任务托付给其他人"。[53]

1914年5月初，卡尔和齐塔到美景宫拜访斐迪南大公和索菲。晚餐期间，双方跟往常一样相谈甚欢，可索菲刚一离开房间去哄孩子们睡觉，斐迪南大公立马把脸转向卡尔，压低声音说道："接下来要说的话，我一个字也不想让你们的伯母听到。我知道我不久便将命丧于他人之手。这张桌子里放着跟你有关的文件。如果我出了意外，你就把它们拿走，它们是专门为你准备的。"[54]

各种警告不知怎的传到了斐迪南大公的耳朵里？现在，有一点很清楚的是，必然发生了这样或者那样的事情，因为，平日里，斐迪南大公对可能的威胁向来是一副漫不经心、满不在乎的态度，而这一次，与之前形成鲜明对比的是，相关文件中明确记载了斐迪南大公对萨拉热窝之行日益增长的担忧。或许是因为他不愿意承认自己的疑神疑鬼，甚或是因为他没法充分表达自己的疑虑，斐迪南大公一再试图找借口推掉这次访问。最初，他打算以皇帝的健康状况为借口。4月20日，帝国宫廷发布了一份公告，提醒民众注意，皇帝

患上了支气管炎。接下来的几个星期里，皇帝一直病得很重，健康
状况似乎处于持续的恶化之中。[55]不出一个月，帝国宫廷又在5月
23日发布的另一份公告中通知民众，皇帝的危险已经在很大程度
上过去了。[56]可斐迪南大公却抓住这件事不放，并授命鲁默斯基希
男爵联系蒙泰诺沃，希望得到帝国官方的许可，准许他取消参加演
习的安排。他说，他不仅担心皇帝的健康，还觉得，一次不够正式的
访问或将冒犯到当地的民众。蒙泰诺沃于5月21日回报称，没必要
因为皇帝的健康而取消行程，因为"就目前的恢复情况看，不出几
日，陛下便可外出活动，如果一切按正常情况发展，那么，到6月底，
陛下将完全康复如初"。另一方面，蒙泰诺沃似乎对斐迪南大公的
第二个借口表示认同。"至于这些东方民族"，把斐迪南大公对波
斯尼亚的初次访问推迟些时日，以便准备好必要的"盛大仪式和典
礼"，或许才是最好的选择。[57]

以上只是蒙泰诺沃个人的观点，但取消行程意味着必须征得皇
帝本人的许可。7月7日一大早，斐迪南大公来到美泉宫，与他的伯
父进行了45分钟的会谈。[58]他要求解除此行的职责，说他更希望不
必前往。他满怀希望地指出，波斯尼亚酷热的天气或将对他的肺部
造成伤害。[59]皇帝拒绝了他的要求。齐塔后来称："皇帝虽然把最
终决定权留给了他，可意思却相当明确，斐迪南大公非去不可。"她
说，这"几乎可以称得上是一项不容置疑的命令"。[60]

皇帝告诉他的侄子："按你的意愿行事。"[61]一位历史学家写
道："说得直白一点，这也就意味着，在皇帝看来，根本没有理由取消
已经做出的决定，斐迪南大公非去不可。皇帝的回答个是一张可以
随便填写条件的署名空白纸，而是一项不容置疑的命令。到此，事
情再也没有了可以商量的余地。"[62]皇室让斐迪南大公别无选择。[63]

如果斐迪南大公仍旧拒绝前往，会有什么后果在等待着他呢？如果他不去的话，可能就再也不会有进一步的邀请了，可能就再也不会对索菲做出让步了，甚至连他帝国武装力量监察长的位子可能也保不住了。面对这许许多多的未知，斐迪南大公只得勉强同意踏上行程。

多年以后，斐迪南大公和索菲的儿子马克斯坚称，皇帝试图说服他的父亲不要参加这次军事演习，可斐迪南大公却铁了心一定要去。[64] 马克斯的说法明显与事实存在出入。所有的证据都显示，斐迪南大公曾积极寻求回避此行的方法：他两次试图取消行程；后一次，直到遇上皇帝无异于命令的措辞，坚持要他去，他才只好作罢。到了6月12日，巴多尔夫还从"军事总理府"打来电话，向斐迪南大公传递不日便将踏上行程的最新消息。尼基奇-布勒把相关的细节安排交给斐迪南大公，其中就包括一个小时的列车时刻变更。斐迪南大公试图以这个微不足道的变更为借口，取消这次行程。他吼道："告诉巴多尔夫上校，如果他每天都用有关这次波斯尼亚之行的新烦恼来恶心我们的话，那他就自己去举办军事演习吧！反正我是绝对不会去的！"他的心情如此糟糕，以至于竟然一下子把手中的手帕撕成两半。[65]

索菲也一直对此放心不下。艾森门格尔回忆称，她"对他此行的性命安危倍感担忧"。[66] 她的儿子马克斯回忆说，她之所以同意前往波斯尼亚，完全是因为她忧心斐迪南大公的安危。她告诉一位神父："如果有危险，那我就更有必要待在丈夫的身边了。"[67] 她向拉里施伯爵夫人吐露称："这是一项危险的任务，因此，我绝不会让斐迪南大公独自一人面对此事。"[68] 无论前方有什么样的命运在等待着他们，她都决心要和自己的丈夫一同去面对。

第十四章
密　谋

　　斐迪南大公即将到波斯尼亚参加军事演习的消息在整个塞尔维亚掀起了轩然大波。忧心忡忡的塞尔维亚官员们全都在私下里议论着同一个谣言：奥地利方面演习是假，以此为借口入侵塞尔维亚才是真。最为此而忧心忡忡的，恐怕就是塞尔维亚情报局局长、"黑手"组织的领导者德拉古廷·德米特里耶维奇上校了。他虽然表现得十分浮夸，作出一副和蔼可亲的样子，可事实上，三十七岁、光头、身材魁梧的他绝对是一个冷酷、残忍的家伙。连他的外号"阿匹斯"——在古埃及人的语言中是"公牛"的意思——似乎都是为了衬托他雄健的身躯而专门挑选的。[1]

　　有人说过，和德米特里耶维奇之间的友谊"有一种危险的特质，但也正是这一点让他的个性显得魅力十足"。[2]这种危险的感觉绝非空穴来风：德米特里耶维奇的胸中燃烧着对奥地利的仇恨，并强烈倾向于为此采取暴力手段。1903年，正是他领导了杀死亚

历山大国王和德拉加王后的政变。1911年,他派遣一名恐怖分子
至维也纳刺杀弗朗茨·约瑟夫皇帝未遂。到了1914年的时候,他
又策划了另一起刺杀图谋,这次的目标是保加利亚沙皇斐迪南一
世。[3]广为流传的谣言称,在波斯尼亚举行的军事演习不过是障眼
法,是为了掩盖奥地利入侵塞尔维亚的计划。虽然德米特里耶维
奇收到的军事情报足以驳斥这类谣言,可在他眼中,斐迪南大公仍
旧是他的仇敌:斐迪南大公是哈布斯堡皇室成员,是奥匈帝国的代
表;奥地利不久前刚刚兼并的两个省,在心怀大塞尔维亚之梦的贝
尔格莱德方面看来,分明是塞尔维亚人的固有领土。[4]

德米特里耶维奇在萨拉热窝事件中究竟扮演了怎样的角色?
德米特里耶维奇后来声称,他要为刺杀斐迪南大公的阴谋负责,坚
称他是以塞尔维亚情报局长而非"黑手"组织领导者的身份,下令
并协助实施了对斐迪南大公的刺杀。他解释称:"我感觉到,奥地利
正在计划对我们开战。我觉得,奥地利皇位推定继承人的消失有助
于削弱以他为首的军人集团,从而消除战争威胁,或者至少令其延
后一段时间。"他后来坦白称,他"雇用"塞尔维亚的首席反奥匈帝
国军事情报员拉德·马洛巴比奇,"根据已经对外公布的日程,在斐
迪南大公到访萨拉热窝之际,组织对他的刺杀"。[5]

几乎可以肯定的是,1914年1月,德米特里耶维奇派他的首席
副官沃伊斯拉夫·坦科西奇少校参加了波斯尼亚革命者在图卢兹
举行的一场会议。坦科西奇不仅是1903年贝尔格莱德王室屠杀的
参与者,还是"黑手"组织的资深成员,负责在该组织为暴力行动
设立的秘密专科学校训练有意成为极端分子的"抵抗战士"。会议
上,坦科西奇在一旁聆听其他人的发言。穆罕默德·穆罕默德巴希
奇是一名来自黑塞哥维那的穆斯林,二十八岁,平日里以细木工为

业。他建议称，应该设法除掉波斯尼亚总督奥斯卡·波蒂奥雷克。回到萨拉热窝之后，穆罕默德巴希奇把一个名叫达尼洛·伊利奇的年轻报社编辑拉入他的阴谋之中。跟穆罕默德巴希奇一样，伊利奇也是"黑手"组织的成员。伊利奇经常阅读俄罗斯无政府主义者米哈伊尔·巴枯宁的著作，还总是戴着一条黑领带，并以此"不断提醒自己，人终有一死"。1914年春天的某个时候，伊利奇似乎去了一趟贝尔格莱德，跟德米特里耶维奇见了一面。德米特里耶维奇向伊利奇表示，他有意除掉的不是别人，正是斐迪南大公。3月，伊利奇把这个消息通知给了穆罕默德巴希奇。[6]

德米特里耶维奇不知道的是，1914年春天，另一场针对斐迪南大公的阴谋也在酝酿之中。这场阴谋肇始于偏执、野心和机遇在贝尔格莱德咖啡店里的碰撞，像极了完美风暴的形成过程。在咖啡店内，不论白天还是黑夜，都可见幻灭的年轻学生聚在一起，谈论反奥地利的诡计阴谋，交流巴尔干战争的最新故事，还夸下海口称，他们有多么渴望能狠狠地打击一下哈布斯堡皇朝。[7]他们中有这样三个人：加夫里洛·普林齐普、内德利科·查布里诺维奇和特里夫科·格拉贝日。

普林齐普是三人中公认的领袖。他于1894年出生在一个穷困潦倒、有九个孩子要养活的家庭。成长过程中，他日渐憎恨起奥地利的统治体系，觉得它充满压迫。普林齐普本来在萨拉热窝上学，但因为参加反奥地利暴力示威而遭到校方的开除。于是，他转而前往贝尔格莱德。巴尔干战争期间，他试图报名参军，加入塞尔维亚的部队，却因为"身体太弱"而未能入伍。自卑情绪和证明自己的强烈渴望无疑是推动他走向灾难的主因。面色苍白、身体单薄、饱受肺结核折磨的普林齐普视尼采为自己的偶像，始终抱定人性阴暗的观点。在贝尔格莱德，他成为大塞尔维亚主义的热心宣传者，还在"黑手"组织的秘密学校里接受过训练。[8]

跟普林齐普一样，特里夫科·格拉贝日也出生在萨拉热窝。他是一名东正教神父的儿子，因为袭击老师而被学校开除之后便离开了萨拉热窝。在贝尔格莱德，格拉贝日跟自己的朋友普林齐普住在同一个肮脏而又昏暗的小房间里。虽然不是普林齐普那样的盲从者，可得了肺痨的格拉贝日还是倾听并吸收了普林齐普的主张，相信塞尔维亚人应该争取自由，推翻奥地利的压迫，并因为阴谋的神秘吸引力而被普林齐普拉进他的行动之中。内德利科·查布里诺维奇是三人小组中最随心所欲的一个，永远是一副无所谓的样子，还有着与"密谋"二字极不相配的说话没遮没拦的习惯。他的父亲在萨拉热窝的弗朗茨·约瑟夫大街有一家咖啡馆。老查布里诺维奇偶尔还会充当政府的间谍，帮助奥地利对付自己的同胞。他的儿子曾公开表达过对此的怨愤。塞尔维亚的一份报纸宣称，查布里诺维奇是一个穷学生，还是"一个相当难缠的问题学生"，十四岁就离开了学校。在经历了一系列就业失败之后，他也搬到了贝尔格莱德。在这里，他被塞尔维亚政府的印刷局雇用，负责出版反奥地利宣传物。[9]

一个世纪以来，史书经常用"睁着天真无邪的大眼睛"之类的措辞来描绘参与萨拉热窝事件的刺客：他们不过是一群耽于幻想、涉世未深的"男学生"，为了塞尔维亚人和全体南斯拉夫人的利益，不惜牺牲自己的生命；在马基雅维利式的政治与权谋世界里，这些年轻人做事或许有些笨手笨脚，但他们的初衷肯定是好的。盛赞他们的"勇气、无私与爱国主义"的萨拉热窝历史学家弗拉迪米尔·德迪耶尔写道，"人们可以谴责并且反对这样的政治斗争手段",但他坚称,在"崇高的"抵抗战士万神殿里,他们属于"起义军最早的雏形"。[10]事实上,正如历史学家戴维·弗罗姆金指出的那样,普林齐普和他的同伙并不仅仅是什么刺客或者涉世未深的爱国者,而是一群激进分子。[11]普林齐普骄傲地宣称,他们希望"通过任何手段"来实现他们的目标。[12]只要在他们看来有助于实现更大的目标,削弱奥匈帝国在巴尔干半岛上的势力,不论是杀掉斐迪南大公、他的妻子还是其他任何无辜的生命,他们都在所不惜。[13]

这个三人组的组员有着异常相似的背景和主张。他们都是出生在波斯尼亚的塞尔维亚人,都在1908年的兼并之后不情愿地成为奥地利治下的公民。三个人此时都是十九岁,虽然都出生在东正教之家,却从未参加过宗教仪式。事实上,普林齐普还曾公开宣称自己是一个无神论者。他们都不是德米特里耶维奇组织里的成员,而是更愿意视自己为"青年波斯尼亚运动"的一部分。"青年波斯尼亚运动"是"黑手"组织衍生出来的一个分支,结构松散,大体上由塞尔维亚民族主义者和有意成为革命者的人组成。这三个年轻人的胸中燃烧着一股仇恨之火,仇恨奥地利和它对波斯尼亚的兼并。三人一致同意,为了南斯拉夫人的统一事业,他们甘愿牺牲自己的生命。[14]

普林齐普后来坚称,1914年春天的某个时候,他收到几份匿名的新闻剪报,上面详细介绍了斐迪南大公计划中的波斯尼亚之行。得知此事的他跟自己的两位同志交流之后,一致决定要在萨拉热窝刺杀斐迪南大公。普林齐普后来说:"我坚信,不论将采取何种国家体制,全体南斯拉夫人都必然会统一在一起,摆脱奥地利的统治。"[15]三个人都说,刺杀斐迪南大公自始至终都是只属于他们自己的想法,在行动过程中,他们从没有接受过来自其他任何组织的援助。[16]

　　三人的一口咬定显然是在撒谎,意在掩盖牵扯进此事的某些贝尔格莱德高级官员,因为,原本毫不相干的两项秘密计划已逐渐融合为一场巨大的阴谋。是德米特里耶维奇以一种近乎意外的方式把两者结合在了一起。三个贝尔格莱德的"青年波斯尼亚运动"成员其实是三个烦人精,没完没了地纠缠坦科西奇,向他解释他们的计划,要"黑手"组织给予他们援助。于是,坦科西奇转而将他们的秘密计划汇报给德米特里耶维奇。成功的可能性虽然微乎其微,但德米特里耶维奇还是漫不经心地同意让"黑手"组织对三人予以援助。坦科西奇把三个人交给同为"黑手"组织成员的米兰·齐加诺维奇,要他帮助训练一下他们。整个5月,他们都在练习射击。事实证明,普林齐普的枪法最准。5月27日晚上,三个人在一间漆黑的地下室里经历了一场离奇而又戏剧化的滑稽表演:戴帽兜的"黑手"组织成员要他们发誓保守秘密,并通知他们,他们将到萨拉热窝跟穆罕默德巴希奇和伊利奇一起行事。普林齐普其实之前就认识伊利奇,因此欣然同意合作。齐加诺维奇终于把武器发给了他们:四把德米特里耶维奇订购的比利时自动转轮手枪,六枚来自塞尔维亚国立兵工厂的炸弹——这些装满铁钉和铅片的黑色小东西很容易就能藏进口袋里。除此之外,还给他们配发了装在小瓶子里的氰化物,供他们在被捕前服毒自尽。[17]

　　"黑手"组织在整场阴谋中究竟扮演了怎样的角色,历史学家们一直对此争论不休,可这些争论根本毫无必要。德米特里耶维奇的团队把两场不相干的阴谋结合在一起,训练刺客,用枪支和炸弹把他们武装起来,并安排"黑手"组织的特工帮助普林齐普、查布里诺维奇和格拉贝日从塞尔维亚边境偷渡至波斯尼亚。通过这些举措,"黑手"组织早已有效地接过了整场行动的控制权。这样一来,不论德米特里耶维奇是以塞尔维亚情报局长的身份主持此事,还是以"黑手"组织首脑的身份领导此事,根本无关宏旨。质疑"黑手"组织在刺杀事件中的角色,不过是在玩文字游戏,一点实际的意义也没有。

　　普林齐普、查布里诺维奇和格拉贝日于次日离开贝尔格莱德,前往萨拉热窝。普林齐普坚称,这是"一趟神秘莫测的旅程",不过,他们很可能夸大了此行的艰难,并企图借此将刺杀粉饰为无私的爱国主义者的英雄之举。[18]三人按照"黑手"组织官员计划好的路线,先乘船来到一处名为沙巴茨的塞尔维亚边境哨所。在这处面向奥地利的小哨所里,他们把齐加诺维奇的便函交给跟"黑手"组织有联系的边检官拉达·波波维奇上尉。齐加诺维奇在便函中要波波维奇帮助他们偷偷越境至波斯尼亚。波波维奇填好假文件,谎称这三人是海关人员,有权免费搭乘任意班次的塞尔维亚列车。等到他们抵达边境城市洛兹尼察的时候,普林齐普对查布里诺维奇再也忍无可忍了。多嘴多舌、一向行事草率的查布里诺维奇在给朋友的书信和明信片中强烈暗示,他牵扯进了某个即将发生的重大事件,还说斐迪南大公到访萨拉热窝之际"有事情会发生"。三个人刚跨过塞尔维亚的国境线,普林齐普便抛下查布里诺维奇不管,并告诉他,接下来的跨境之路他自己一个人走就好了。[19]

　　他们靠乘火车和步行穿越山脉、河流和森林,直到6月3日才在图兹拉重新集合在一起。感觉比之前放心许多的他们甚至开始吹嘘起自己的计划,在为他们提供藏身之处的农民面前炫耀他们的左轮手枪和炸弹。图兹拉的警探认出了查布里诺维奇,于是,三个人把武器交给"黑手"组织特工米什科·约万诺维奇。约万诺维奇是当地银行的行长和东正教主教会议的成员。约万诺维奇答应暂时为他们隐藏武器,日后由另一位合谋者负责取回它们,并以一包"斯蒂芬妮"牌子的香烟作为接头的暗号。当天晚上,这些年轻人最后一次搭乘列车,前往他们最终的目的地萨拉热窝。[20]

被人认出来之后,查布里诺维奇确信,图兹拉的警探肯定会向当局汇报。被驱逐出萨拉热窝已有五年之久的他正冒着立即被逮捕的风险再度踏入这座城市。然而,不仅没有人举报他,他竟然还大摇大摆地回到了自己的家里。格拉贝日也回到了自己在萨拉热窝的家。普林齐普暂时跟伊利奇的母亲住在一起,甚至还用他的真实姓名和住址在萨拉热窝的警察局进行了注册。他明明有参与颠覆活动的记录,可警察局长埃德蒙·盖尔德调查所有新来者的命令却完全被忽视,没有任何人处于警方的监视之中。[21]

伊利奇在萨拉热窝组织刺杀行动。穆罕默德巴希奇也早已投身其中;身为"黑手"组织成员的他此前就表示,自己有意除掉斐迪南大公。更有讽刺意味的是,似乎是因为他穆斯林的身份,穆罕默德巴希奇才被卷入到这场更大的阴谋之中:他的加入有助于驳斥只有信奉东正教的塞尔维亚人参与刺杀行动的表象。伊利奇把另外两个人也拉进了这场阴谋之中。其中一个是十七岁的萨拉热窝高中生瓦索·丘布里洛维奇,他的哥哥茨维特科正是帮助普林齐普和格拉贝日越过波斯尼亚边境的"黑手"组织特工。瓦索·丘布里洛维奇又推荐了第三个人:十八岁的学生茨维特科·波波维奇。波波维奇欣然加入这场阴谋之中。伊利奇把丢弃在图兹拉的武器收集起来,把它们带回萨拉热窝,准备日后将其分发给众人。[22]

在贝尔格莱德,德米特里耶维奇担心,奥地利可能会以刺杀图谋为借口向塞尔维亚开战。接下来发生的事情引发了无穷无尽的争议,因为,德米特里耶维奇自己承认,他转而向塞尔维亚长久以来的守护者俄罗斯帝国寻求安全保障。一直有传言称,俄国可能参与或者至少提前预知了萨拉热窝的刺杀行动[23],可难就难在如何从谣言中辨明事实。

到了1914年时,俄国已毫不掩饰其称霸巴尔干半岛的图谋。俄国驻贝尔格莱德公使尼古拉斯·德哈特维希在他的公使馆里营造出阴谋的氛围和反奥地利的情绪。沙皇的特工定期经由该公使馆转运资金,用以支持塞尔维亚的民族主义社团,为它们呼吁南斯拉夫人通过暴力实现统一的宣传活动买单。[24]在谈到塞尔维亚人的时候,哈特维希常常会失去应有的慎重,公开表达自己对他们的同情。巴尔干战争结束后,他坚称:"现在轮到奥地利了。塞尔维亚将成为我们最好的工具。塞尔维亚夺回**属于她的**波斯尼亚和**属于她的**黑塞哥维那……的日子正一天天临近了。"[25]

这表明,俄国有意挑动和刺激塞尔维亚,促使其在国内及周边煽动反奥地利情绪,并希望借此削弱哈布斯堡皇朝的影响力,同时加强罗曼诺夫皇朝的影响力。鉴于以上这些考虑,如果德米特里耶维奇不去找俄方寻求某种程度的支持和保证,反倒会让人感到有些吃惊。德米特里耶维奇显然从未将刺杀计划透露给哈特维希,但他也承认,他**曾经**问过俄国公使馆的驻外武官维克托·阿尔塔莫诺夫,如果奥地利入侵塞尔维亚,俄方将作出何种反应。阿尔塔莫诺夫一向积极支持"黑手"组织的宣传活动,是可靠的商议对象,既可以对秘密保持沉默,又愿意在必要时给予支持。德米特里耶维奇究竟对他说了些什么,至今仍饱受争议。德米特里耶维奇真的如他坚称的那样,只是泛泛地谈了谈而已吗?又或者,他其实把即将付诸实施的刺杀行动详细透露给了这名武官?路易吉·阿尔贝蒂尼是这方面最一流的学者。后来,在阿尔贝蒂尼对这名武官进行采访时,后者声称,他对刺杀阴谋一无所知,可阿尔贝蒂尼却认为,这名武官是在撒谎。最终,其他人的说法都与这名武官的说法相左,其中甚至包括他的副官亚历山大·韦尔霍斯基上尉。据韦尔霍斯基所述,德米特里耶维奇**确曾**将计划中的刺杀行动告知阿尔塔莫诺夫,而阿尔塔莫诺夫也**确曾**就此事的潜在后果,向圣彼得堡方面一名不知姓名的俄国官员进行过咨询。[26]

阿尔塔莫诺夫向德米特里耶维奇保证,如果奥地利入侵塞尔维亚,"你绝不会陷入独自应战的局面"。[27]德米特里耶维奇称,阿尔塔莫诺夫的原话就是这么说的。这是俄国方面对刺杀行动的批准和认可吗?又或者仅仅是某种模糊的外交保证,表明沙皇的帝国愿意同它的巴尔干盟友站在一起?答案取决于阿尔塔莫诺夫究竟跟圣彼得堡方面说了些什么。所有的相关人员都被一张看似可信的"否认面纱"遮盖了起来。在俄国,涉及第一次世界大战的酝酿和爆发过程的官方文件,要么是后来伪造的,要么干脆消失不见。[28]通盘考虑之后,德米特里耶维奇不是不可能把刺杀计划告诉给阿尔塔莫诺夫。阿尔塔莫诺夫也不是不可能将此信息分享给其他人。然而,晦暗不明的联系和官方文件的销毁意味着,在这个关键的问题上,找不出任何决定性的证据。

也许,某些小圈子里的俄国人的确提前获知了计划中的刺杀行动;塞尔维亚政府内的无数官员则肯定早已对此心知肚明。正如我们可以断言,"黑手"组织并不是刺杀行动背后真正的推动力量,我们也可以断言,在这场阴谋中,塞尔维亚政府绝不是无辜的一方。虽然塞尔维亚政府并未直接发起这场阴谋,但正如历史学家弗罗姆金所写的那样,斐迪南大公和索菲的遇刺身亡无疑在"很大程度上归咎于它"。[29]

德米特里耶维奇本人就曾坦白称,他以塞尔维亚情报局长的身份发起并推动了对斐迪南大公的刺杀。虽然这份坦白是他在试图保全自己的性命时做出的,但并没有证据显示,其中有强行逼供或者捏造杜撰的成分。塞尔维亚的高级军官也为阴谋出了力,不仅帮助训练刺客,还用来自塞尔维亚兵工厂的炸弹和左轮手枪把他们武装起来。塞尔维亚的公务员伪造文件,让年轻的刺客偷渡至波斯尼亚。塞尔维亚边检局局长柳博米尔·武洛维奇上校从陆军参谋长普特尼克元帅的口中获知了这场阴谋。[30]塞尔维亚教育部长柳巴·约万诺维奇后来说,时任首相的尼古拉·帕希奇甚至在会议上同多位内阁成员讨论了刺杀斐迪南大公的计划。"帕希奇对我们说,有几个人准备来到萨拉热窝,意图谋害斐迪南大公。"[31]

帕希奇确确实实对阴谋有所了解。6月的第一个星期,一份关于密谋者在波斯尼亚境内进展情况的报告送到了他的桌子上。首相知道三位从贝尔格莱德远道而来的密谋者的名字,知道他们随身携带着炸弹和左轮手枪,知道塞尔维亚的边检官和军事情报人员帮助了他们,还知道他们正准备进入萨拉热窝,谋害斐迪南大公。报告中甚至有帕希奇亲笔写的注释。[32]上述直接参与、帮助训练和提前知情意味着,在萨拉热窝事件中,塞尔维亚政府跟刺客串通一气。

然而,帕希奇的提前知情也引发了一个问题。他在政治上处于弱势,要不是因为俄国的干预,德米特里耶维奇早在1914年5月就准备安排他下台了。妥协后的结果是,他改任临时首相,任期到当年8月新一轮的政府选举为止。他是德米特里耶维奇和大部分军人仇恨的对象,而他也对他们无甚好感。如果帕希奇将刺杀阴谋公之于众,不仅可以除掉他的敌人,还能给予"黑手"组织致命一击。

不过,这样做也会断送他的政治生涯,被打上叛徒的标签,甚至可能危及他的生命。可他要是什么也不说,日后又让别人获悉贝尔格莱德方面的提前知情,奥地利便有足够的理由对塞尔维亚开战。似乎不论怎么选,这对他个人来说都是一场灾难。[33]

最后,帕希奇将目光锁定在了第三个选项上:维也纳方面会收到一份言语模糊的警告,说斐迪南大公在波斯尼亚可能会遭遇危险。这样一来,既可以保证阴谋不会外泄,又不至于断送首相的政治前途。如果事后有人对他进行逼问,他完全可以声称,既然奥地利当局收到过他的警告,那就说明,他已经尽己所能避免灾难的发生了。至少帕希奇本人是这样打算的,可他显然不曾考虑到此举可能导致的其他后果。提前警告意味着提前知情,说明贝尔格莱德的最高社交圈成员全都对刺杀行动心知肚明。当这一点变得明朗起来之后,帕希奇开始否认自己曾经发出警告,然而,有太多塞尔维亚官员都对警告一事给予了证实。[34]

塞尔维亚驻维也纳公使约万·约万诺维奇被安排负责这项一点也不让人羡慕的微妙任务:用尽可能含糊其词的方式向奥地利政府传递危险的信号。6月5日,这位公使拜会了手握两省行政权的奥地利财政部长比林斯基伯爵莱昂。公使警告称,斐迪南大公的到访"将在塞尔维亚人中间引发极大的不满,并将被视为挑衅性的举动。在这种情况下组织军事演习恐怕会有危险。演习期间,某个年轻的塞尔维亚人或许会偷偷用一枚实弹替换掉原本的空包弹,并将子弹发射出去。而这枚子弹则可能击中挑衅这个年轻人的人。因此,不让斐迪南大公进入萨拉热窝,不在波斯尼亚或者不在圣维特日当天举行演习,才是又好又合理的选择"。据约万诺维奇所说,比林斯基看起来好像一点也不在意,耸耸肩说道:"那么,就让我们希望到时候没有事情会发生吧！"[35]

这次见面之后，比林斯基什么也没做，甚至不曾将警告汇报给奥地利政府。该如何解释这看似无法让人理解的决定呢？在过去的三个月里，比林斯基就萨拉热窝之行一事，跟总督奥斯卡·波蒂奥雷克打起了一场徒劳的拉锯战。比林斯基抗议称，他一直被排除在决策之外，还故意不把访问计划通知给他，而他对可能的危险怀有的种种担忧也一再被驳回。或许正是这份挫败感才导致了比林斯基的不作为。

然而，在贝尔格莱德，有太多的人知晓此事，根本没法让它成为一个秘密。6月14日，迫于无可避免的形势，德米特里耶维奇终于在"黑手"组织中央执行委员会的一场会议上向他的党羽们证实，有关刺杀行动的谣言并非空穴来风，而是确有其事。虽然房间里没有一个人对斐迪南大公有任何的好感，但据说，他们中的大多数人都被这件事吓得不轻。他们坚称，不论刺杀成功与否，单凭这拙劣的阴谋本身，便无可避免地为奥地利对塞尔维亚的入侵提供了足够的口实。他们说，塞尔维亚太过弱小，根本打不赢他们的哈布斯堡邻居。众人你一句我一句，爆发了激烈的争论，但局势很快便明朗起来：只有德米特里耶维奇和坦科西奇完全支持这场阴谋。据称，面对近乎一致的反对，德米特里耶维奇的态度也有所软化，勉强表示将取消这次行动。[36]

德米特里耶维奇是不是真的打算兑现这个承诺，至今仍然是一个谜。他坚称，他曾试图叫停这场阴谋，可那些有意成为刺客的人却权当什么都没听见，还是义无反顾地冲了上去。6月16日至6月18日之间的某个时候，伊利奇在布罗德跟德米特里耶维奇的代理人之一见了一面。伊利奇后来说，他收到警告，要他取消刺杀行动。

然而,当他回到萨拉热窝,将此事通知他的同谋者之后,他们却拒绝服从命令。另一项证据则显示,伊利奇跟"黑手"组织的情报员拉德·马洛巴比奇见了面,并且在布罗德接到了有关刺杀行动的最后指示。[37]不过,就算再怎么翻来覆去地争论此事,也改变不了斐迪南大公终将难逃一死的结局。

第十五章
"我开始爱上波斯尼亚了"

对斐迪南大公和索菲来说，波斯尼亚之行的日子正一天天临近。德皇威廉二世到访两天之后，斐迪南大公首次将科诺皮什捷城堡的庭院开放给公众。数千名好奇的游客涌入传说中的城堡花园，在玫瑰花丛间漫步，端详雅致的花坛。下午，斐迪南大公甚至亲自出来跟他们见了一面，问他们喜不喜欢城堡的庭院，并表现出一副热切渴望得到对方肯定的样子。公众只见过平日寡言少语的他，因此，这截然相反的另一副面孔之前还很少有外人能亲眼见到。[1]

成功招待完威廉二世之后，斐迪南大公带他的妻子到附近一位贵族的庄园里打猎。庄园的女主人回忆，提到波斯尼亚之行的时候，斐迪南大公的情绪显得很低落，听他说话的口气，仿佛灾难正迫在眉睫。[2]接着，两人来到赫卢梅茨镇，以便在出发去波斯尼亚之前跟孩子们一起待上几天时间。按照原本的计划，从波斯尼亚回来之后，斐迪南大公和索菲将在此同小索菲、马克斯和恩斯特团聚，然后一同到布吕恩巴赫度过这个夏天。乘车经过科诺皮什捷的庭院时，斐迪南大公指着周围的森林，一反常态地评论道，这些土地都将成为遗产，由他的儿子恩斯特来继承。[3]

6月23日星期二，斐迪南大公和索菲踏上了前往波斯尼亚的行程。首先，两人要来到维也纳，并在此分道扬镳。斐迪南大公将搭乘列车前往的里雅斯特，登上航向梅特科维奇的无畏舰"齐心协力号"，最后经铁路进入波斯尼亚；索菲则直奔目的地伊利扎而去。分开之前，斐迪南大公把他忠实的贴身男仆亚纳切克拉到一边，仿佛是为了提前感谢他长期以来的服务，把自己的金表摘下来送给他，还把自己美景宫书桌的钥匙一并交给他，叮嘱他说，如果自己出了意外，务必要把钥匙交给自己的侄子卡尔。斐迪南大公最后还提了一个有点异乎寻常的要求：如果他没能从波斯尼亚回来，他的家人就拜托亚纳切克照顾了。另一幕奇特的场景发生在火车站。两人专属车厢的一个车轴烧坏了，斐迪南大公和索菲只能改乘普通的一等车厢。[4]仿佛是在预言未来要发生的事情一般，斐迪南大公张嘴便说道："一开始就这么倒霉！先是列车运转过热，接着是企图在萨拉热窝置我于死地，最后，如果这些统统没有得逞，没准会有人带着爆炸物登上'齐心协力号'！"[5]

斐迪南大公和索菲于当晚7点抵达维也纳。在美景宫用过晚餐之后，斐迪南大公登上去的里雅斯特的列车，索菲准备在次日启程。当晚，斐迪南大公乘坐的列车又出了毛病。一位面带忧虑的站长领着斐迪南大公来到他的私人车厢，边道歉边解释称，列车的电力系统失灵了。几分钟后进入车厢的尼基奇-布勒发现，斐迪南大公正郁闷地坐在摇曳的烛海中间。见自己的秘书进来，斐迪南大公说道："简直跟在墓穴里一样，是不是？"[6]

斐迪南大公说过的所有这些话,这份对萨拉热窝显而易见的不祥预感,绝不能仅仅归结为事后的夸张。有太多的人听到,斐迪南大公表达过对自己安危的类似担忧,害怕自己一去可能就再也回不来了。他多次试图取消行程,却一直未能如愿。他的前私人告解神父埃德蒙·菲舍尔曾经告诫他:"每一次旅行之前,都要让自己习惯于在晚上深刻忏悔自己当天和今生的一切痛苦和不幸,这样一来,即便没有神父在你的身边,你也能随时做好见上帝的准备。这能带给你巨大的安慰,并给予你勇气。"[7]现在,面对灰暗的前景和来者不善、充满不确定性的旅程,斐迪南大公仿佛正在慢慢地向人生做最后的告别。

索菲率先抵达波斯尼亚。正如她在电报中告诉自己儿子的那样,这是一段"非常顺利"的旅程。6月25日星期四上午,她乘坐的列车驶入伊利扎车站时,天空中正下着小雨。小汽车载着她、莫赛男爵安德烈亚斯、鲁默斯基希和她的女官长兰尤斯·冯·韦伦堡伯爵之女维尔马驶入这座小小的度假城镇,来到她和斐迪南大公未来几日将要下榻的"波斯尼亚旅馆"。虽然她指出,自己在旅馆受到了"十分亲切友好的接待",但她故意略去未提的是,当时也发生了些许的不愉快。[8]索菲从小汽车上下来时,看见一支仪仗队正站立在旅馆台阶的两侧。可当她从仪仗队中间走过的时候,这些士兵却一动不动,并未向她致意或者行礼。维也纳方面之前下达过命令,仪仗队不得向她致意或者推枪行礼。[9]

斐迪南大公于当天下午晚些时候抵达。他在给自己女儿的电报中写道,虽然"天气十分炎热",但是,搭乘"齐心协力号"沿达尔马提亚海岸的航行"令人愉悦",达尔马提亚这个国家"非常有趣"。[10]一艘较小的邮轮"达尔马特号"载着他溯纳伦塔河而上,来到梅特科维奇,登上正等着去波斯尼亚的列车。一路上,不时有人向他致以问候。在莫斯塔尔,当地市长欢迎他来到"我们乱石丛生的黑塞哥维那"的时候,他甚至用几句克罗地亚语作了答复。[11]

列车于星期四下午3点驶入伊利扎的时候,号角齐鸣,向他的到来致以问候。在他乘坐小汽车穿过这座小镇的过程中,伴随他的是"震耳欲聋的欢呼声和喝彩声"。一位记者说,这一切让他"深深地为之动容",在他乘车经过时,他"向聚集的人群挥手致意,微笑并感谢他们"。[12]索菲在旅馆焦急地等待他的到来。跟自己的丈夫一样,她也对访问潜藏着危险的波斯尼亚忧心忡忡。不过,在斐迪南大公即将进入伊利扎城区之际,"感谢上帝,接到来自他的好消息"着实让她松了一口气。[13]她站在旅馆门口的台阶处,看见他乘坐的小汽车停下来,索菲上前一把抱住了正疾步朝她走来的斐迪南大公。[14]

伊利扎是一座以地热温泉为中心、沿波斯尼亚河延伸的小镇,也是时髦的度假胜地。郁郁葱葱的广场上,在相思树的树荫下,有乐队为穿戴优雅的女士和衣着笔挺的男士弹奏音乐。游客可以在此享用咖啡,打网球,逛花园,泡矿泉浴。[15]"波斯尼亚旅馆"就矗立在公园之外。在旅馆高耸的外立面,底层有一排粗大笨重的拱形柱廊作为装饰。为了迎接斐迪南大公和索菲的到来,萨拉热窝商人埃利亚斯·卡比廖用东方的地毯、镶嵌家具和古老的土耳其盔甲重新装饰了夫妇二人居住的二层套房,甚至还准备了一间私人祈祷室供他们使用。在两人行将抵达之际,卡比廖找到当地的花商,在两人的房间里摆满了芬芳的玫瑰。[16]斐迪南大公在给他女儿的电报中写道:"我们的住处好极了。天气也很好。晚安。无比温暖地拥抱你和你的两个弟弟。"[17]

八英里之外，萨拉热窝正焦急地等待着即将于星期日到来的访问。该城沿着一处小山谷而建，山谷两侧枝叶繁茂，满是果树和高大的杨树。一座古老的土耳其堡垒在多石的峭壁顶端俯视着下方的城市。又慢又浅的米利亚茨卡河将城市一分为二，一边是古色古香的老城区，另一边则满是现代化的林荫大道，令人印象深刻的高大建筑林立在街道的两侧。奥地利人对这座城市的建设甚至早在兼并之前就开始了。他们在城内建起工厂、毛纺织厂、啤酒厂、一所伊斯兰研究学校和一座为城市供电的发电站。1914年的萨拉热窝是东方与西方的奇妙混合物。街上人山人海，既有穿制服的军官，也有戴毛毡的土耳其人、缠头巾的穆斯林和裹着神秘面纱的女人。所有人都迈着急促的步伐，在狭窄的街巷间穿行，两旁是红色屋顶的商铺，下方是由教堂尖顶和细长的清真寺宣礼塔构成的"茂密森林"。[18]

众人早已开始忙着为星期日的到访做准备，几乎到处都搭着梯子：在街道旁串起花环，为建筑物挂上奥地利的国旗，还用大头钉固定住无数张布告，为市民勾勒斐迪南大公和索菲在城内的访问路线。海报中建议，市民应该"用旗帜、花朵和毯子装饰我们的房屋、企业和商铺，特别是在殿下将要经过的街道两侧"，并以此来表达他们对斐迪南大公和索菲到访的"巨大喜悦"。[19]萨拉热窝的报界也用自己的方式表达了对夫妇二人到访的欢迎。6月25日，一份克罗地亚语报纸用大字标题写道："接受问候吧，我们的希望！"另一份报纸在斐迪南大公的肖像上方写道："向你致意！"穆斯林日报也为这个"杰出皇子"的即将到访而欢呼。只有萨拉热窝的塞尔维亚语报纸看起来不温不火，建议斐迪南大公多加注意"我们祖国塞尔维亚民族人士的正当愿望和需求"。[20]

星期四傍晚,斐迪南大公决定对萨拉热窝来一次临时访问。他和索菲乘小汽车进入市区,游览了著名的巴扎。巴扎内拥挤的店铺主要经营家具、古董武器、钱币、金银制品、亚麻、丝绸和地毯。[21]人群很快聚集起来,在一旁注视着在摊位间穿行的斐迪南大公和索菲,并用克罗地亚语高呼"Živio!"(万岁!),欢迎两人的到来。两人专门找到埃利亚斯·卡比廖——正是卡比廖为两人在"波斯尼亚旅馆"的套房提供了家具陈设——经营的摊位,感谢他在装饰上所花的心思。斐迪南大公在买了若干张地毯和好几件瓷器。索菲则被某些精美的刺绣和首饰所吸引,还顺便给孩子们买了些礼物。[22]"疯狂欢呼"的人群让尼基奇-布勒忧心忡忡,因为,他发现,周围没有任何安保人员在值班。不过,他朝四下里望去时,"满眼都是欢快、愉悦的面孔"。[23]斐迪南大公、索菲和任何权力机构人士都有所不知的是,在这些面孔中间,有一个年轻的学生正紧紧攥着藏在外套口袋里的手枪。斐迪南大公和索菲朝巴扎的出口走去的时候,这个学生凑到离两人很近的地方,还朝人群点了点头。他的手指本能地勾住枪,但显然,身边一名警察的出现和索菲的在场促使他确信,此时并非刺杀受人憎恨的斐迪南大公的最佳时机。[24]72个小时之后,普林齐普朝两人开枪时可就没有这么瞻前顾后、犹豫不决了。

第二个有机会动手的刺客潜伏在伊利扎的人群之中。斐迪南大公和索菲在旅馆的公园里漫步的消息再次引来大批的民众。两人其实是出去找年幼的熊宝宝了。为了招揽游客,旅馆方面故意让它们在公园里随意游荡。斐迪南大公以为熊宝宝很温驯,于是便把其中一只逼到角落,伸出手去抚摸它,结果反倒被它咬伤了手指。伤口很浅,可他还是急忙从一排排好奇的旁观者身边走过,回到了旅馆内。[25]这里有太多警探在场,内德利科·查布里诺维奇根本没办法接近斐迪南大公和索菲。事实上，一名巡警看见这个卖力躲藏在树后的年轻人，觉得他形迹可疑，想追上他问一问，可查布里诺维奇却逃进了夜色之中。不过，查布里诺维奇在萨拉热窝很有名，有很多人都知道他这张脸。因此，巡警把查布里诺维奇尾随斐迪南大公的消息汇报给了萨拉热窝的警察局长盖尔德。盖尔德犯了一个致命的错误。他把儿子错当成了父亲，以为巡警说的是当过奥地利间谍的老查布里诺维奇，于是便回答说："别管他。"[26] 三天后，跟他的同伙普林齐普一样，内德利科·查布里诺维奇也毫不犹豫地发起了行动。

军事演习在6月26日星期五开始，预计于次日结束。一连两天早晨，斐迪南大公都是不到六点就离开伊利扎，搭乘专列前往不远处多石的山坡。在波蒂奥雷克的指挥下，第15军团将在此同第16军团的袍泽进行一场模拟对战。[27] 总共有约21 000名士兵顶着暴雨、大雾、雨夹雪甚至是间歇性降雪，在山峦间跑上跑下。斐迪南大公用一副野外双筒望远镜密切追踪着他们的行动。星期六晚些时候，演习即将结束之际，伴随灌木丛间传出的沙沙声，一个男人突然出现在斐迪南大公的面前，手里还举着个黑色的东西。周围的警探朝他猛扑过去，以为他们逮住了一个无政府主义者，可斐迪南大公却笑得直不起腰。他喊道："那是宫廷摄影师！快放开他！他就是做这个的！你们是知道的，不让他好好工作，他还怎么挣钱养家！"[28]

在丈夫忙于军事演习的时候，索菲独自一人对萨拉热窝进行了访问。她先给自己到维也纳参加学校考试的儿子马克斯打了一通电话，以便在临考前最后一刻再鼓励鼓励他。接着，她乘坐一辆敞篷汽车前往萨拉热窝市区。在这里，她视察了天主教和东正教大教堂、孤儿院、修道院女子学校和一家纺织厂,还在这家纺织厂购买了若干张地毯。慈善机构是她最主要的视察对象之一:她视察了大清真寺、萨拉热窝青年中心、方济各会修道院、穆斯林女子学校和土耳其孤儿院——这些信仰与文化各异的机构让人得以一窥这座城市的国际化与多元化程度。整个视察期间,她都自掏腰包,购买并分发了礼物,"对一切都充满了最热忱的兴趣"。耶稣会神父安东·蓬蒂甘之前曾短暂担任过斐迪南大公的私人告解神父。他热情地欢迎索菲来到奥斯定会修道院女子学校。该校的学生向索菲献上一捧捧玫瑰花束,还为她演唱了爱国歌曲。她在学生队伍间穿行,把她一家人的照片赠予年长一些的学生,把一盒盒糖果赠予年龄更小一些的孩子。[29]《萨拉热窝报》宣称:"不论她走到哪,都有大批民众聚集在一起,一直在为她欢呼。"[30]不过,莫赛男爵安德烈亚斯看见,当时只有寥寥几个警察,而且,在场的那几个警察全都"无能到了极点",根本没法控制住情绪激动的民众。[31]

在萨拉热窝和伊利扎,6月27日星期六即将落下帷幕。当初夏的最后一缕阳光渐渐从"阿佩尔码头"街两侧的建筑上悬挂的国旗和彩旗处褪去时,所有的密谋者最后一次齐聚一堂,低声讨论计划中的刺杀行动。为了鼓舞勇气,他们把碰头的地点定在塞米兹酒馆,此刻正坐在一起大口大口地往肚子里灌酒。过去这几天里,查布里诺维奇跟往常一样烦人,口无遮拦,一点都管不住自己的嘴,整日跟朋友厮混在一起,还在酒桌上对朋友坚称,斐迪南大公访问期间"有事情会发生"。[32]普林齐普则与他截然相反,显得很安静,一副心事重重的样子。很快,普林齐普便从他们身边溜走,径直来到城内的墓地,向波格丹·热拉伊奇(1910年企图刺杀波斯尼亚与黑塞哥维那总督却最终未能得手的学生)的墓碑敬献了花圈。明天,普林齐普的机会就要来了。[33]

八英里之外的伊利扎,斐迪南大公和索菲显得很放松,正静静等待着当天在"波斯尼亚旅馆"举行的庆祝晚宴。为表祝贺,斐迪南大公准备了一篇演讲,其中有这样一句:"你们代表省政府所显示出的忠诚之情,让我的妻子和我自己倍感欣慰。"鲁默斯基希男爵警告称,事情虽小,可单凭"我的妻子"这四个字,一旦消息传回维也纳,定将引发争议。无奈之下,斐迪南大公只好从讲稿中删去了提到索菲的部分。[34]

当晚,共有41位来宾参加盛宴,在旅馆的餐厅里落座,其中不乏波斯尼亚军界、宗教界和政界的高级人士。斐迪南大公坐在长桌的一头,两边是波蒂奥雷克和波斯尼亚议会主席;索菲坐在长桌的另一头,两边是萨拉热窝的天主教会大主教和东正教会大主教。法式的落地双扇玻璃门被完全打开,盛放的花园给温暖的夜风送来了芬芳,从萨拉热窝驻军中抽调的军乐队为他们演奏了舒曼和施特劳斯的音乐作品选段。[35]菜单异常丰盛:先是奶油汤、美味泡芙和白汁鲑鱼肉冻,接着是常规的肉菜和加冰的芦笋沙拉,最后是浇白兰地并点燃的奶油菠萝,并辅以马德拉酒、红葡萄酒、香槟、匈牙利托考伊葡萄酒和当地生产的日拉芙卡葡萄酒等饮品。[36]宴会的气氛很愉快。来宾们交谈的内容包括波斯尼亚、刚刚结束的军事演习和德皇不久前对科诺皮什捷的拜访。马克斯在维也纳通过考试的消息还引来众人的一轮举杯庆贺。斐迪南大公评论道:"我开始爱上波斯尼亚了。如果我之前还对它心存偏见的话,那么,这些偏见现在肯定全都消失不见了。"[37]

晚宴结束后,波斯尼亚议会副主席约瑟普·苏纳里奇跟索菲边喝咖啡边聊天。他之前曾多次向当局提出警告,希望取消明天的访问，还暗示称，某个偏激的亲塞尔维亚民族主义者或者心怀不满的波斯尼亚人可能会试图在萨拉热窝刺杀这对夫妇，可波蒂奥雷克却对此不屑一顾。索菲也听说了这些事，于是，她问苏纳里奇是否夸大了此行的危险程度。她微微一笑，说道："你终究还是错了。事情并不总是像你说的那样发展。来这里之后，不论我们走到哪，我们都能受到如此友好的欢迎，而且，欢迎我们的每一个塞尔维亚人，都流露出如此真挚和如此发自内心的温暖。我们对此感到很高兴。"可苏纳里奇仍旧惴惴不安。在他看来，明天的萨拉热窝之行险象环生、凶多吉少。因此，他用相当不合外交礼仪的方式，直勾勾地盯着索菲，语带不祥地说道："我会向上帝祈祷，希望我明天晚上能有幸再见到你，让你把刚才的话再对我说一遍。到那时候，我就能松一口气，放心许多了。"[38]

心存担忧的并不止苏纳里奇一人。当晚的活动即将告一段落之后，斐迪南大公评论道："感谢上帝，这趟波斯尼亚之行终于要接近尾声了！"参加军事演习从来都不是问题所在，斐迪南大公真正害怕的恰恰是明天的萨拉热窝之行。鲁默斯基希男爵最先提出放弃萨拉热窝之行的想法：斐迪南大公履行了自己的职责，完成了皇帝让他参加军事演习的命令；而且，夫妇二人星期四晚上就去过一次萨拉热窝了，索菲还在城里转悠了两天时间。该做的事情都已经做了，即便萨拉热窝的居民被剥夺了见到未来皇帝的机会，也没有什么好抱怨的。男爵问，放弃明天的访问计划，难道不好吗？明天的访问从来就不是此行正式计划中的一部分，而是在波蒂奥雷克的死缠烂打之下，违背斐迪南大公的意愿，被这位总督强加进去的，目的显然是希望借此巩固自己的统治，彰显帝国官方对他的支持。明天的行程安排可以说是一点也不紧张。夫妇二人先在城内的兵营里待上不到十分钟的时间，接着乘车驶过街道，到市政厅参加半小时的招待会；短暂游览过城内的一座博物馆之后，到波蒂奥雷克的官邸参加午餐会便是此行的最后一站。加在一起，夫妇二人只需在城内待上短短四个小时，而且期间的大部分时间里都是在紧闭的大门之后跟受到邀请的客人共处一室。鲁默斯基希男爵表示，跟斐迪南大公和索菲或将在萨拉热窝遭遇的潜在危险比起来，惹怒波蒂奥雷克和少数几位特权阶级客人根本算不了什么。尼基奇-布勒和莫赛男爵家族之子安德烈亚斯也对此表示赞同，后者还指出，跟索菲在城里转悠的时候，他亲眼见到安保措施有多么匮乏和不足。[39]

斐迪南大公此前屡屡试图取消这次行程。现在，既然他已然达成了皇帝强加给他的义务，众人这番颇有几分道理的说辞自然引发了他的希望和兴趣。他已经收到了太多的警告和太多的威胁，让他根本没法无视在萨拉热窝露面可能遭遇的危险。他尤其担心的是，如果某个塞尔维亚民族主义者决定袭击他，索菲的安危恐怕也将不保。他听得越多，就越觉得自己的担忧并非空穴来风。取消访问肯定会引发不满和抱怨，但他也可以不无道理地辩称，他已经违背自己的意愿来到波斯尼亚了，该尽的职责也都履行完了。心意已决，斐迪南大公正准备在当晚对外宣布取消访问的消息，踏上返回维也纳的旅程时，偶然间听到这段谈话的波蒂奥雷克突然冲出来极力表示反对。他坚称，这个想法本身就是一种侮辱。这位总督宣称，此举相当于是在全省人的面前贬低他，将有损他的权威；城内的市民会觉得自己受到了冷落，甚至可能招致他们对哈布斯堡皇朝统治的公开反叛。为求声援，波蒂奥雷克把目光转向他的副官埃里克·冯·梅里齐中尉。两人大声而又激烈地表明自己的否定态度，"没完没了地用他们口中的道理死缠着"斐迪南大公，"直到他答应让一切保持原样为止"。[40]

斐迪南大公最后一次试图避免在萨拉热窝露面的抗争就此落空。现在,距离他和索菲星期日早晨的访问只剩下12个小时的时间了。

第十六章
圣维特日

　　1914年6月28日星期日，清晨，太阳早早地在萨拉热窝城的上方升起。黎明悄悄爬过周围的山峦，照亮了正慢慢从酣睡中苏醒的城市。教堂的钟声次第响起，细长的宣礼塔上空回荡着召唤信徒做礼拜的声音。杨树上的鸟儿纷纷被这声音惊起，成群结队地飞过天际。在斐迪南大公和索菲今天将要途经的"阿佩尔码头"街，已经零星出现了几位早起的路人。街道仍旧笼罩在阴影之下，它的一侧是米利亚茨卡河缓缓流淌的河水。随着夏日的临近，从山峦间奔涌而下的急流不见了踪影，河水也因此浅得只能没过双脚，静静冲刷着多石的河床。

　　恰恰是在十四年前的这一天，斐迪南大公立下放弃权利的誓言。此举让他得以娶索菲为妻，却也让索菲和她的孩子们被贬为如微光般晦暗的存在。快要出发前往波斯尼亚时，索菲曾感叹道："很快就是我跟皇室和王室大公殿下结婚的第十四个年头了。真希望我能把这期间的每一天都重新经历一遍。"[1] 思考近在眼前的波斯尼亚之行时，斐迪南大公也袒露过类似的感受。他在临行前谈论称："我经常发觉，对于人生中的某些事情，如果必须重新来过，我们或许会做出不同的选择。但如果要我重新结一次婚的话，我绝对会做跟之前一样的选择，不会有一丝一毫的改变。"[2]

夫妇二人一同跪在伊利扎"波斯尼亚旅馆"的临时祈祷室里，用这样的方式来庆祝他们结婚的周年纪念日。索菲的女官回忆称："如此虔诚的场景真让人感到振奋。"[3] 斐迪南大公口授了一份发往赫卢梅茨镇、发给他子女的电报。电报中写道，"爸爸和妈妈"一切都好，正期待着再次见到他们。离上午九点半还差几分钟的时候，夫妇二人离开旅馆，来到火车站，准备搭乘十分钟的短途列车前往萨拉热窝。[4]

列车缓缓驶入装饰着国旗和彩旗的萨拉热窝车站时，来自第15军团的一支小型军乐队为二人奏起奥地利的国歌。波蒂奥雷克在深红色的地毯上等待着迎接两位璀璨耀眼的访客。他的身边站着该市的市长——头戴黑色土耳其式毡帽的费希姆·埃芬迪·丘尔契奇——和一众当地政府官员。斐迪南大公最先走下火车。他穿着整套的奥地利骑兵将军制服：下穿有红色滚边的黑色细平布裤子；脚蹬闪亮的黑色皮靴；上穿有红色滚边的紧身蓝色哔叽短上衣，两边装饰着金色的肩章，高高的衣领上还绣着三颗金星。他帽盔的顶端还装饰着一簇令人印象深刻的绿色孔雀毛。索菲紧随其后。她穿一身有蕾丝饰条的白色丝绸夏装，腰间还别着用红白玫瑰花瓣制成的小花饰。她白色帽子的顶部还飘扬着一簇鸵鸟毛，如面纱一般半遮住了她的脸。她围着用貂皮制成的女式披肩，还带了一把卷得严严实实的白色花边阳伞。[5]

火车站对面的菲利波维奇兵营是他们此行的第一个目标。临近上午十点的时候，萨拉热窝的军事指挥官米夏埃尔·冯·阿佩尔将军对两人的到来表示了欢迎。数排士兵正立正站好，等待斐迪南大公的检阅。通常情况下，索菲总是会小心地站到一边，可今天上午，她好像一刻也不想跟自己的丈夫分开，陪着斐迪南大公一同在士兵面前走过。一切在短短十分钟之内就结束了。斐迪南大公和他的妻子开始朝在火车站前排成一列的七辆小汽车走去。[6]

特别安保人员被安排搭乘第一辆车，可正当他们准备上车时，四名当地的警察却粗暴地把这些安保人员拦了下来，坚称车上的位置是属于他们四个人的。虽然一再高声表示抗议，可这些特别安保人员还是被留在了火车站。费希姆·丘尔契奇市长和该市的警察局长埃德蒙·盖尔德博士坐第二辆车。斐迪南大公和索菲被带往第三辆，同时也是七辆车中最大的一辆车：一辆维也纳"格雷夫与施蒂夫特公司"1910年生产"布洛涅林苑"牌黑灰色敞篷旅游车，汽车引擎罩左边还插着一面小小的黑黄相间的哈布斯堡家族旗帜。斐迪南大公坐在后排黑色皮质座椅的左侧，索菲坐在他的右边。索菲前方较低的座椅上坐着汽车的主人哈拉赫伯爵弗朗茨，而他的旁边，也就是斐迪南大公的正前方，坐着波蒂奥雷克。汽车最前面坐着斐迪南大公的打猎助手之一古斯塔夫·施奈贝格和司机利奥波德·洛伊卡。第四辆车上坐着索菲的女官兰尤斯·冯·韦伦堡伯爵之女维尔马、斐迪南大公的管家鲁默斯基希男爵、波蒂奥雷克的副官埃里克·冯·梅里齐中尉以及汽车的主人博斯-瓦尔德克伯爵。后面两辆车上坐着斐迪南大公的其他随员，包括他军事总理府的首脑卡尔·巴多尔夫上校及部分当地官员。最后一辆车上没有乘客，是专为意外事故预留的备用车。出发前稍微耽误了一阵：第三辆车的帆布顶本来是打开的，可随着太阳越升越高，他们决定把它折起来，以便让民众能够更清楚地看到斐迪南大公和索菲。车队开始出发时，索菲把她的貂皮披肩收了起来。两人的下一站是市政厅。在这里，他们将出席由当地权贵和政要举办的招待会。[7]

车队沿米利亚茨卡河北岸的"阿佩尔码头"街行进。街道两旁是成排杨树和椴树。目之所及，所有建筑都在正面的显眼位置挂着国旗和彩旗。每走一段，还会出现临时搭建、横跨宽阔街道的拱形门，上面写着对斐迪南大公和索菲的问候。一位记者看见，斐迪南大公饶有兴趣地四处观望，索菲则"向聚集起来的民众露出愉快的微笑"。人群在某些特定的地方十分密集，在其他的地方则相对稀疏。大多数人都站在街道的南侧，以便借建筑的阴影躲避太阳的炙烤。不时也能见到被派来监视民众的警察，可他们不仅人数有限，还相隔很远。[8]

车队拐进米利亚茨卡河北岸的"阿佩尔码头"街，沿着该街的平缓曲线行进，随后驶入埋伏有潜在刺客的林荫大道。在此过程中，城市上方古老的土耳其堡垒开始鸣放共计24响的礼炮。当天早晨，几个密谋者在弗拉希奇糕点店的一间后屋里碰面，领取武器和对他们的指示。伊利奇参照报纸上刊登的访问路线地图，把手下的密谋者沿米利亚茨卡河安排在多个关键位置。穆罕默德巴希奇和查布里诺维奇被安排在丘穆里亚桥附近的河岸边；丘布里洛维奇和波波维奇顺着街道延伸的方向，与前两个人拉开一段距离，站在更靠近码头的地方；普林齐普和格拉贝日被安排在拉丁桥附近；伊利奇自己则四处游走，伺机寻找最佳的射击位置。[9]

波波维奇回忆称："人群开始窃窃私语，所有人都朝位于人行道边缘的第一排涌去。"[10]载着斐迪南大公和索菲的小汽车出现在他面前时，穆罕默德巴希奇呆立在原地，未能采取行动。他后来坚称，一位警察看见了他，如果他此时扔出炸弹，那么，整个阴谋立马就会败露。上午10点10分，查布里诺维奇看见了正在接近的汽车。这天清晨，他涕泪横流地告诉自己的家人，他即将踏上一次长途旅行，还把身上的钱都留给了家人，可他心高气傲的一面马上便又占据了上风：他穿上浆洗过的西装，竖起高高的白色衣领，得意洋洋地拜访了城内某位摄影师的工作室，坐下来拍了一张相片。他说："我觉得，我应该为后人留下我当天的相片，以便把这段记忆留存下去。"[11]

跟穆罕默德巴希奇不同，查布里诺维奇没有丝毫的犹豫。他说，所有的密谋者都"决心"只除掉斐迪南大公一个人，"但如果情况不允许，那么，我们只好把她［索菲］和其他所有人也作为此次行动的牺牲品"。[12]查布里诺维奇从口袋里掏出炸弹，把雷管帽在旁边的路灯杆上敲了一下。触发完炸弹之后，查布里诺维奇瞄准斐迪南大公帽盔顶端的绿色羽毛，把炸弹朝汽车扔了过去。雷管帽敲击路灯杆时发出了巨大的响声，以至于坐在前排的哈拉赫伯爵家族之子弗朗茨一度以为是汽车的轮胎爆了。司机洛伊卡看见，一个黑色的小物体在空中呼啸着直奔他们而来，于是赶忙紧踩油门。在炸弹沿弧线砸向地面的过程中，随着一阵颠簸，汽车如离弦的箭一般向前疾驰而去。声音也引起了斐迪南大公的注意。他回过头，看见那个黑色的物体之后，立马举起手来试图保护索菲。炸弹错过了车上的乘客，击中汽车后方收起来的帆布顶，跌跌撞撞地落在街道上，发生了爆炸，释放出高温和烟雾。[13]

弹片四处乱飞，附近的玻璃被震碎，人群因突然的爆炸发出惊叫。两位女士当场晕倒,现场另有十二人受伤。[14]载着市长和警察局长的第一辆车继续沿预定的路线行进,以为突然的轰鸣不过汽车发动机的逆火声,再不然就是从堡垒射出的某发礼炮落得太近了。位于车队后方几百英尺外的阿佩尔将军最初也以为响声不过是礼炮造成的;听到尖叫,看到四散奔逃的人群之后,他才意识到出了问题。[15]在斐迪南大公的命令下,司机洛伊卡把载着夫妇二人的车停了下来。索菲紧紧抓着后颈,身体随急刹车前倾。她以为自己是被蚊虫给叮到了,可事实是,一枚碎片在她的后颈留下一道小小的划痕。更多的弹片击中了汽车的行李箱、汽油箱和帆布顶。[16]

哈拉赫伯爵弗朗茨跳下车检查情况,并很快回来报告称,第四辆车上有人受伤。弹片击中了第四辆的车主博斯-瓦尔德克伯爵,索菲的女官也受到了冲击。可这位女官却不顾自己的安危,把注意力全都集中在梅里齐中尉的身上。梅里齐中尉的脑袋被飞来的弹片击中,现在正哗哗流血。索菲的女官迅速查看了他的伤势,发现伤口不是很深,于是,波蒂奥雷克的这位副官被带到附近的驻军医院。[17]

扔完炸弹之后,查布里诺维奇翻过米利亚茨卡河沿岸的栏杆,纵身跃入下方约25英尺处的低浅河床,并在此过程中吞下了瓶中的氰化物。追赶他的围观群众在水中捉住了他。在众人踢打他的过程中,查布里诺维奇喊道:"我是塞尔维亚的英雄!"不知道是因为放置的时间太久,还是因为药力太弱,氰化物未能起效。警察很快也赶了上来,把查布里诺维奇拖走了。普林齐普见查布里诺维奇在自己眼前经过,开始思考要不要朝他开枪,以确保计划的秘密不至外泄,可他等的时间太长了,最终错过了动手的机会。[18]

整个"阿佩尔码头"街陷入一片混乱。斐迪南大公此行最大的担忧终于被证实了。他把脸转向波蒂奥雷克，用冰冷而又愤怒的目光死死地盯着这位总督，说道："我就知道可能会发生这样的事情！"[19]几秒钟之后，他恢复了镇静，喊道："继续吧。那家伙不过是个疯子！我们还按预定的流程走！"汽车沿码头方向行进，加速驶过剩下的三个街区，直奔市政厅而去。[20]虽然码头边的道路上还埋伏着其他密谋者，可不管是出于恐惧，还是为求自保，没有一个人采取行动。最终，他们中的绝大多数人都悄悄溜走了，只有普林齐普和格拉贝日留了下来。[21]

司机洛伊卡在市政厅宽阔的凉廊前把车停了下来，晨光在这座摩尔式建筑五彩的外墙上留下斑驳的阴影。满脸堆笑的官员分立在铺着红地毯的前台阶两侧：一边站着身穿马甲、头戴土耳其式毡帽的穆斯林，另一边则是头戴高帽、身穿燕尾服的基督徒。市长焦虑不安地紧紧抓着他的欢迎稿。他也是几分钟之前才刚刚抵达的，此时仍旧以为刚才的巨响不过是发动机的逆火声或者堡垒的礼炮声。斐迪南大公和索菲走下汽车，来到凉廊的台阶跟前的时候，市长开始了他的演讲。"两位殿下愿意赏光来到我们的首府，对萨拉热窝进行最亲切友好的访问，让我们的内心充满了喜悦。我本人也高兴地看到，两位殿下能从我们的脸上读出我们的爱和忠心之情……"

"这算哪门子的忠心？"斐迪南大公怒气冲冲地打断市长的演讲，"我来到萨拉热窝，可迎接我的却是炸弹！真是太荒唐、太无法无天了！"索菲向前欠身，在她丈夫的耳边小声说了些什么，并温柔地握住他的胳膊。斐迪南大公终于冷静下来，说："好吧，现在你可以继续讲了。"[22]

丘尔契奇市长狼狈不堪地重新读起准备好的讲稿。"首府萨拉热窝的全体市民都感到,他们的内心深处充满了喜悦,并将以最热情的方式和最诚挚的欢迎,向两位殿下最光辉耀眼的访问致以问候。全体市民都深信,来我们心爱的萨拉热窝城做客,定将有助于两位最仁慈的殿下对我们的发展进步和幸福安康投入更多的惦念和关注。"23

轮到斐迪南大公进行答复讲话了。坐在头破血流的梅里齐中尉旁边的鲁默斯基希男爵把溅了血的讲稿递给斐迪南大公。24深吸一口气之后,斐迪南大公首先表达了自己的感谢之情,感谢"民众以无比响亮、经久不息的掌声和欢呼,迎接我和我妻子的到来。更要感谢暗杀的企图失败之后,民众脸上露出的开心表情。令我由衷感到满意的是,我有幸说服自己相信,在你们中间的这次短暂逗留,让我看到了对这片壮美土地的充分开发和建设。我一直对此地的繁荣和兴旺抱有最强烈的关注和最浓厚的兴趣"。讲话的最后,他还用塞尔维亚-克罗地亚语说了几句话:"请允许我要你们向这座美丽首府的居民致以我亲切的问候,并向你们保证,我对你们的尊重和支持始终不变。"聚集在此的官员爆发出响亮的欢呼和喝彩,到访的夫妇二人走上阶梯,逃离炽热的阳光,消失在市政厅里。25

议会主席的小女儿向进门的索菲屈膝行礼,并羞怯地递给她一捧玫瑰。虽然刚刚经历了足以留下心理创伤的意外,可索菲还是微笑着弯下腰来,摸了摸女孩的脸颊。八角形的入口大厅周围是一圈摩尔式的拱廊,到处都洋溢着比彩虹还要斑斓的颜色。夫妇二人在这里站了一会儿,接着暂时分开。索菲登上白色的大理石阶梯,来到二楼的私人接待室。当地穆斯林权贵和政要的妻子纷纷揭去面纱,在这里等待索菲的到来。斐迪南大公草拟了一份给皇帝的电报,告诉后者暗杀的企图已然落败,不必为此而担心。26一名目击者后来回忆称：

> 我们没法把目光从斐迪南大公身上移开，不过，这跟目不转睛地盯着宫廷盛况的主角并不是一回事。我们根本没法把他当成皇室成员，因为他这个人实在是太奇怪了。他迈着荒唐的大步，把腿抬到像是在踢正步那么高。我想，他应该是打算借此表明自己并没有被吓倒。说实话，当时的场面根本连半点招待会的样子都没有。他正在跟军事总督波蒂奥雷克交谈，因后者未能维持秩序而对其大加嘲讽和奚落。我们全都默不作声，不过，这倒并不是因为他的气场太过强大。他跟我们波希米亚人心目中的英雄形象实在是相去甚远。我们全都觉得尴尬和为难，因为我们知道，他出去之后肯定会被杀。这跟听没听过相关的传言无关。我们知道这里的民众是怎么看待他和奥地利人的。我们更知道：如果有一个人扔了炸弹却未能成功，肯定会有第二个人扔出第二枚炸弹；如果第二个人也遭遇了失败，肯定还会有更多的人为此而前赴后继。[27]

打电话给驻军医院后得知，受了轻伤的梅里齐中尉正在接受治疗。斐迪南大公问，抓没抓住扔炸弹的人。对方告诉他扔炸弹的人已经被逮捕之后，斐迪南大公厉声说道："瞧着吧！他们根本就不打算让这家伙改邪归正。相反，他们一准儿会用再典型不过的奥地利作风，为他的'英勇之举'颁发一枚勋章！"[28]谈话转向余下的行程安排。乘车驶过狭窄、拥挤、很可能埋伏着另一位潜在刺客的街道，让斐迪南大公感到忧心忡忡。他问波蒂奥雷克："你觉得今天还会不会有人企图暗杀我？"总督向他百般保证，语气坚定地说："放心地去吧，我会对此负全责。"[29]

但这并不足以让鲁默斯基希男爵和巴多尔夫满意。两人态度坚决，一再逼问波蒂奥雷克是否有信心保证斐迪南大公的安全。波蒂奥雷克气愤地回呛道："难不成你们觉得萨拉热窝到处都是刺客吗？"话虽如此，总督还是勉强答应变更行程安排。访问国立博物馆的计划被取消。波蒂奥雷克愤愤不平地暗示，此举是对萨拉热窝市民的一种"惩罚"，剥夺了他们一睹夫妇二人风采的机会。[30]他还坚持要按照原定的计划，在他的官邸"科纳克"举办午餐会。斐迪南大公对这些细枝末节毫不关心。他不顾波蒂奥雷克的反对，认为去医院看望受伤的梅里齐才是他现在的首要任务。他喊道："此人和我同为帝国的军官，他是因为我才流血的！请你发发善心，好好理解一下我的处境和心情！"[31]

鲁默斯基希男爵问，有没有不经过拥挤的城市街道就能去医院的办法。波蒂奥雷克坚称，最安全、最直接的路线是沿路驶回"阿佩尔码头"街，但事实上，这条路线不仅会拖慢行程，还必须经过之前没走过的另外几条街道。这项提议无异于自寻死路：波蒂奥雷克给出的路线不仅会把斐迪南大公和索菲直接带回刚刚发生了炸弹袭击的拥挤街道，而且，如果这背后有更大的阴谋，那么，更多的潜在刺客很可能仍旧徘徊在这条路线上。鲁默斯基希男爵表示，为稳妥起见，最好还是待在市政厅里，等城内军营里的士兵已经被布置在街道的两侧，足以保护斐迪南大公和他妻子的安全之后，再出发也不迟。这项命令从下达到执行完毕只需不到30分钟，并将为夫妇二人提供必要的安全保护。波蒂奥雷克拒绝下达命令，并坚称，士兵缺少正式的制服，没法作为仪仗队排列在街道两侧。这纯属无稽之谈——根本没有任何因素足以妨碍这位总督用满街的士兵来确保夫妇二人的安全。鲁默斯基希男爵火冒三丈,转而又建议,如果不能沿街布置军队,那就让警方清空街道。可波蒂奥雷克再度表示拒绝。[32]

斐迪南大公本可以在这件事上再坚持一下。但现实是,他采取了相反的策略,决定表现得圆通与得体一些,并未在这件事上深究下去。巴多尔夫和警察局长埃德蒙·盖尔德讨论了有关变更路线的事宜。巴多尔夫也一再向波蒂奥雷克发出危险警告,却只落得对方的奚落和漠视。现在,计划改为要车队从市政厅出发,一路沿"阿佩尔码头"街疾行,驶往驻军医院。巴多尔夫要盖尔德把变更完的计划重复一遍,并将其通知给车队的各位司机。这位警察局长把计划复述了一遍,然后含糊地咕哝了几声"好的,好的"。接着,想必是因为之前发生的一切给他造成了太大的冲击,他把巴多尔夫的话抛在脑后,并未及时将变更路线的消息告诉司机。[33]

斐迪南大公仍旧惴惴不安,而他的担心也确实不无道理。他神情严肃地评论道:"我们今天或许还将遭遇更多的炸弹。"[34]索菲的安危才是他最关注的问题。他要自己的副官莫赛男爵安德烈亚斯要么载着她去总督的官邸"科纳克",要么直接带她回伊利扎。可当副官把这项建议告诉索菲时,却被她一口回绝。她说:"只要大公自己今天还打算在公开场合露面。我就不会离开他的身边。"[35]当她出现在楼下时,她的丈夫又劝了她一次,坚持要她至少坐到另一辆车上。索菲的态度很坚决:"不,弗兰齐,我要与你一路同行。"[36]

上午10点45分,斐迪南大公和索菲走下市政厅的阶梯,走向停在门口的车队。哈拉赫伯爵弗朗茨扶索菲登上汽车,斐迪南大公则从对面的车门处上车。斐迪南大公刚一落座,这位伯爵便立马站到大公旁边的车侧脚踏板上。他暗自思忖道,这样一来,如果再有人企图从码头一侧行刺,他就能用身体护斐迪南大公。汽车颠簸了一下,开始沿"阿佩尔码头"街原路返回。载着夫妇二人的汽车在格拉贝日面前疾驰而过时,这位密谋者没有做出任何举动。[37]

几秒钟之后,一位摄影师用镜头记录下这个历史瞬间:载着斐迪南大公和索菲的小汽车刚好经过横跨米利亚茨卡河、略成拱形的拉丁桥;在码头一侧,沿街站立的民众寥寥无几;司机正准备往右打轮,拐入弗朗茨·约瑟夫大街;一张俗气的广告牌上画着一个12英尺高的酒瓶,广告牌的下方便是莫里茨·席勒熟食店所在的街角。加夫里洛·普林齐普就站在镜头之外的某个地方。

之前的半小时里,普林齐普一直在码头边漫无目的地闲逛。此刻,满脸愁容的他正懒散地坐在席勒熟食店的门前。报纸上公开发布的访问路线显示,斐迪南大公将经过这个街角,进入弗朗茨·约瑟夫大街,直奔国立博物馆而去,可普林齐普确信,炸弹袭击过后,原定的行程安排肯定会做出调整。第一辆车驶离码头,直接在他面前经过的时候,他简直不敢相信自己的眼睛。第二辆车的司机洛伊卡对变更计划的消息浑然不知,想都没想就跟着领头的车拐了弯。要不是因为波蒂奥雷克的干预,即便有这个错误的发生,可能也不至于导致后面的意外。汽车转向时,波蒂奥雷克喊道:"这是怎么回事!不是这条路!我们应该走'阿佩尔码头'街!"[38]

洛伊卡拉起外侧手刹,把车急停下来。要再等上几秒钟,他才能开始倒车。普林齐普就站在离车只有五英尺远的地方,此刻正吃惊地来回扫视眼前的景象。他说:"我认出了皇位推定继承人。但鉴于我看见他旁边还坐着一位女士,我犹疑片刻,想着到底该不该开枪。"[39]

伴随汽车引擎发出的巨大轰鸣,普林齐普抽出他的手枪:一把比利时制造的1910年产点32口径勃朗宁手枪。关于接下来发生的事情，普林齐普后来给出过两个互相矛盾的说法：他先是说自己有意将枪口瞄准斐迪南大公，可之后又一口咬定地说："我也不知道我瞄准的究竟是哪。"他连自己到底开了几枪都想不起来：他觉得自己开了两枪，但又补充说，"也许更多，因为我当时太激动了"。[40]一名当地的记者和莫赛男爵安德烈亚斯都表示，他们听见了三声枪响。后者相信，第一枪直接穿过斐迪南大公饰有羽毛的盔帽，因为事后发现，汽车的车底板上落着好几缕从盔帽上掉下来的绿色羽毛。[41]有观点认为，普林齐普第二枪原本瞄准的是波蒂奥雷克，可附近的某位旁观者或者警员在普林齐普开枪的同时击打他的手臂，这才导致子弹发生偏斜，射中了索菲。但并没有证据支持这一观点。[42]还有说法称，听到第一声枪响之后，索菲从座位上跳了起来，无意中挡在了普林齐普和波蒂奥雷克之间。但跟前面的观点一样，这个说法也同样缺乏证据。[43]

一群人立刻把普林齐普团团围住。莫赛男爵安德烈亚斯急忙从腰间抽出马刀，冲上前去。旁观者纷纷对普林齐普施以拳脚。安德烈亚斯看见，普林齐普手里依然握着枪，于是他用剑柄对准普林齐普砸了下去，直到手枪啪的一声落在人行道上。普林齐普设法从口袋中掏出装有氰化物的小瓶，在众人将小瓶从他手里打落之前，抢先吞下了瓶内的毒药。跟之前的查布里诺维奇一样，显然早已过了有效期的氰化物没能要了普林齐普的命。[44]

斐迪南大公用近乎耳语般的声音说了一句话。波蒂奥雷克觉得他说的应该是："同样的事情又一次发生了！"[45]哈拉赫伯爵弗朗茨看见，一股细小的血流从斐迪南大公的嘴里淌了出来。斐迪南大公和索菲都直直地坐了几秒钟。接着，索菲把脸转向她的丈夫，看见他嘴边的血和他受惊的表情,尖叫道:"我的天啊,你这是怎么了?"索菲的脸扭曲了一下,闭上眼睛,从她的座位处栽倒,上半身瘫在斐迪南大公的腿上。波蒂奥雷克和哈拉赫伯爵弗朗茨都以为她不过是晕倒了。两人都听见,斐迪南大公对索菲说了什么,但只有哈拉赫伯爵弗朗茨清楚地记得斐迪南大公当时说的话。"索芙!索芙!不要死!为我们的孩子活下去!"[46]随后,斐迪南大公朝前方栽倒下去,他饰有羽毛的帽盔也跟着从他的头顶落到了车底板上。哈拉赫伯爵弗朗茨探身查看他的情况。斐迪南大公从嘴里吐出更多的鲜血,喷到了这位伯爵的面颊上。见斐迪南大公受伤,波蒂奥雷克命令司机洛伊卡转而驶往他的官邸"科纳克"。又经过几秒痛苦的等待之后,汽车终于开始向后方驶去。[47]

　　洛伊卡不知道"科纳克"的具体位置,于是,波蒂奥雷克只好大声为他指引方向。汽车飞速经过拉丁桥时,索菲朝前方倒去,压在总督的胳膊上。波蒂奥雷克这时才第一次看见,鲜血正从斐迪南大公张着的嘴里缓缓流出。[48]路途很颠簸。哈拉赫伯爵一边奋力让斐迪南大公的上半身保持竖直,一边把手帕压在他的脖子上。从一处看不见的伤口里流出的血早已在手帕上留下鲜红色的印迹。他问道:"殿下是否感到剧痛难忍?"斐迪南大公有气无力地答道:"这不算什么。"在汽车加速朝"科纳克"驶去的过程中,斐迪南大公时而清醒,时而昏迷,一遍又一遍地喃喃道:"这不算什么。"在说了六七遍之后,他彻底安静了下来。[49]这一路上所有的细节都清晰地印在哈拉赫伯爵弗朗茨的脑海里。他后来一再表示:"我当时站错位置了。如果我站在车的右边而不是左边,就能挡住子弹,救他们一命了。"[50]

　　"科纳克"橘色与棕色相间的丑陋外墙进入众人的视野。汽车驶入建筑投下的阴影时,斐迪南大公和索菲显然都已陷入昏迷。一个名叫路德维希·赫斯海默的年轻军官正在阶梯处等待着他们,原本希望把自己绘制的风景画集交给斐迪南大公过目。但事与愿违,此刻,他正和另外几个人一道,把斐迪南大公从车上抬下来,抬过拱卫阶梯的石狮子,抬进建筑内部。他后来才发现,在匆忙把油画夹在胳膊下面的过程中,斐迪南大公的血沾到了画上。鲁默斯基希男爵和巴多尔夫架着索菲紧随其后,快步经过门厅,登上主楼梯,进入波蒂奥雷克位于楼上的私人套房。[51]

巴多尔夫、在军团任外科医生的爱德华·拜尔、暂时顶替艾森门格尔的费迪南德·菲舍尔大夫以及另外几个人围拢在斐迪南大公的身边。在波蒂奥雷克的书房里,斐迪南大公躺在一张垫子很厚的榻椅上。他的双腿垂在榻椅的一端,脑袋枕在装了垫子的扶手上。他的呼吸很浅,瞳孔几乎没有反应,血在他的嘴里汩汩流淌。众人费力地一个个解开他衣领上的纽扣;最后,是莫赛男爵安德烈亚斯挥剑割破他胸前的外衣,从背后砍断他的衣领,才终于把它和下面的衬衫脱了下来。脱下衣服之后发现,为求好运,斐迪南大公在胸前戴了一条缀着七件吉祥饰物的小金链。[52]众人现在才看见伤口所在的位置:斐迪南大公锁骨上方的颈部右侧,有一处小小的弹孔。安德烈亚斯用左臂将他抱在怀中。当众人试图把他扶起来的时候,血从他的嘴里喷涌而出,溅到安德烈亚斯的脸上、制服上和附近的墙上。安德烈亚斯弯下腰,紧紧攥住斐迪南大公的手,轻声问他有没有什么遗言要留给孩子们,却并未得到任何回应。外科医生拜尔宣布:"殿下的痛苦已经结束了。"鲁默斯基希男爵合上斐迪南大公的双眼,安德烈亚斯从口袋里掏出一个小小的耶稣受难十字架,把它按在斐迪南大公静默的双唇上,然后把它和一串玫瑰经念珠塞进他的手里。[53]

在隔壁的房间里，索菲被放置在一张铁床上。所有人都以为她不过是晕过去了，可驻军医院的高级医师卡尔·沃尔夫冈大夫让索菲的女官兰尤斯·冯·韦伦堡伯爵之女维尔马脱下她女主人的衣服之后，众人才看见，鲜血正从索菲右下腹部一处小小的弹孔里往外流淌。大夫发现索菲早已没有了脉搏，她在汽车驶往"科纳克"的途中就死了。维尔马泣不成声地把在市政厅献给索菲的一束玫瑰花塞进她的手里。[54]维尔马回忆称："这如此突然的离去实在是可怕到了极点。因为，目睹我敬爱的女主人的离世，我感觉自己生命中所有的欢乐也随之一起烟消云散……我简直不敢相信眼前的现实，以为这不过是一场噩梦。我声泪俱下；这份悲伤一直延伸到我灵魂的最深处。"[55]

书房的时钟敲了十一下。几分钟之后，两位神父来到书房。一位是郑重其事地披上圣方济各会蒙头斗篷的米哈采维奇兄弟，另一位是耶稣会神父安东·蓬蒂甘。两人对着夫妇二人的尸体做了临终祈祷。斐迪南大公的尸首被抬进卧室，放在他妻子尸首边的另一张成对铁床上。不久，萨拉热窝主教约瑟夫·施塔德勒也来到"科纳克"，带领众人为逝者做了安息祈祷。[56]

众人跪下祈祷之际，能隐约听见下方的餐厅里不时传来叮叮当当的响声。波蒂奥雷克原本为今天安排了一场如节庆般丰盛的午餐会：用杯子盛装的法式清汤、鸡蛋果冻、用黄油烧制的水果、蔬菜煮牛肉、维勒鲁瓦式烤鸡、米布丁、王后冰淇淋、法式乳酪和水果甜点。还有乐队在一旁伴奏。预定要演奏的曲目中包括一首名为"没有爱就没有生命"的华尔兹。现在，如此精心地沿着长桌整齐摆放的瓷器、水晶玻璃和银质餐具一下子全都没了用场。一场刺杀夺去了两条因非凡的恋情而闻名于世的生命。[57]

第十七章
"悲痛之情难以言表"

在赫卢梅茨镇，噩耗的传来打破了慵懒的初夏时光。小索菲、马克斯和恩斯特刚准备坐下来吃午饭的时候，男孩们的老师奥托·斯坦科夫斯基突然被叫离了餐桌。[1]莫赛男爵安德烈亚斯和鲁默斯基希男爵暂时切断了同皇帝的电话和电报联络，以便先把这个可怕的消息通知给夫妇二人的近亲属，再向皇帝本人汇报。[2]得知妹妹的死讯，索菲的哥哥沃尔夫冈当场昏倒在地。[3]现在，接到萨拉热窝事件的消息之后，斯坦科夫斯基同样震惊到呆立在原地。

这位老师想了想究竟该怎么办才好。听说索菲的妹妹亨丽埃特正在从布拉格赶往赫卢梅茨镇的路上，斯坦科夫斯基决定先等一等。由亲属把父母去世的消息转告给孩子们，或许才是眼下最好的选择。返回餐厅的时候，小索菲看见斯坦科夫斯的脸色"十分苍白"。起初，她以为是老师本人患病在身的母亲出了什么意外，可斯坦科夫斯基却什么也不愿意说。他们的小姨亨丽埃特于当天下午抵达赫卢梅茨镇的时候，三个孩子正在考虑要不要举办一场活人画*表演，欢迎不久便将归来的父母。小索菲回忆说："我们兴高采烈地朝她跑过去，可她却满眼都是泪水。"亨丽埃特告诉他们，在一场针对他们父母的袭击中，夫妇二人都受了伤。小索菲大声喊道："那我们就去医院探望他们！"不，亨丽埃特说，还是去教堂为他们祈祷吧。白天渐渐被黑夜所取代，可一眼就能看穿的伪装和掩饰仍然在继续。期间，索菲的其他兄弟姐妹也陆续抵达了赫卢梅茨镇。[4]

　　小索菲说，当晚，他们根本没心思睡觉，但直到第二天早晨，他们才终于得知了"无比可怕的真相"。斯坦科夫斯基用平缓而又柔和的语气，把父母遇刺的消息告诉了马克斯和恩斯特；与此同时，索菲的妹夫武特瑙伯爵卡尔——昨天，他和索菲的其他兄弟姐妹整晚都在赶路，只为尽快抵达赫卢梅茨镇——向夫妇二人快十三岁的女儿转达了同样的消息。小索菲回忆说："悲痛之情难以言表。同样强烈的，是一种彻底的茫然无措之感。出生至今，我们一直沐浴在爱和完备的保障之下。但现在，突然之间，我们根本无法想象未来将有怎样的命运在等待着我们。"[5]《帝国邮报》报道称，十岁的恩斯特被悲痛之情压倒，"表现得像一个疯子"。[6]转天，小索菲发布了一份简短的声明。"公众的同情与祈祷让我们倍受感动。请你们继续为我们的父母和我们祈祷。"[7]

　　表达关怀和怜悯的电报如潮水般涌来。孩子们被帝国驱逐在外的叔叔费迪南德·卡尔在给马克斯的电报中写道："为降临到我们头上的巨大不幸深感震惊。我在精神上与你以及你的兄弟姐妹们的同在。愿上帝给予你们保护。"[8]托斯卡纳大公路德维希·萨

---

*　原文为"tableau"，指由假人或者一动不动的真人演员呈现的静态画面，这些画面通常取自故事或者历史场景。

尔瓦托拍电报称："我怀着撕心裂肺的悲伤，向你和你的兄弟姐妹致以最深切的哀悼。"[9]德皇威廉二世从他的游艇"霍亨索伦"号上发来电报："朕几乎找不到语言来向你们这些孩子形容，朕的心是怎样为你们和你们难以言喻的凄惨处境而滴血！两周前，朕刚刚同你们的父母共度了如此美妙的时光。可现在，朕却听说了你们必定正在背负的痛彻心扉的悲伤。愿上帝保护你们，给予你们足以扛过这次打击的力量！你们父母的祈祷和祝福定将超越生死的界限，来到你们的身边。"[10]

那个星期天，鲁默斯基希男爵的电报传来的时候，弗朗茨·约瑟夫皇帝正在巴特伊施尔。

> 一桩无论如何也没法让人理解的意外让我倍感震惊、深受打击、伤心欲绝。我怀着无比沉痛的心情通知您，在乘车穿行于萨拉热窝的过程中，殿下和殿下的夫人被一名邪恶而又残忍的刺客射出的子弹击中，伤情严重。两人立刻被送往"科纳克"。在这里，虽然实施了紧急医疗救护，可凡人的力量实在没法帮助挽救他们。殿下和殿下的夫人在几分钟之内离世，期间从未恢复意识。[11]

皇帝的副官爱德华·帕尔伯爵把电报拿给弗朗茨·约瑟夫。老皇帝没说什么。突然的噩耗好像一时间压垮了他的神经。他闭上眼睛，过了好一会儿，才重又睁开眼睛说道："太可怕了！全能的主绝不允许挑战过他权威的人逍遥法外。一种更高的意志恢复了我不幸未能维持的秩序。"爱德华·帕尔觉得，在精神极度脆弱的情况下，皇帝无意间说出了自己的心声，把自己平时绝不可能承认的真实想法流露了出来。[12]

有人质疑称,这番令人吃惊的言论并不能代表老皇帝的真情实意,然而,他之后的种种表现却一再证实了他内心的如释重负之感。他始终对自己的侄子充满怀疑,后者的贵贱通婚更是让皇帝倍感不悦和屈辱,仿佛整个哈布斯堡皇朝的脸面都被丢进了烂泥里。不论是疑心多么重的人,肯定都没有理由不相信皇帝的女儿玛丽·瓦莱丽。听到消息之后,她急忙赶到父亲的身边,然而,正如她在自己的日记中所写的那样,她知道"消息不会让他感到一丝的悲伤,只会让他感到激动和兴奋"。她发现父亲"异常精神抖擞"。她写道,皇帝"当然为之动容",还"眼含泪水",谈起"可怜的孩子们",但是,"正如我事先就知道的那样,这对他本人并没有什么打击"。在父女两人的对话中,皇帝只轻描淡写地提到过一次被刺杀的皇位继承人。皇帝冷冷地告诉自己的女儿:"对我来说,这无异于少了一个大麻烦。"[13]

现在,皇帝开始着手铲除后患。他下令立即关停斐迪南大公的军事总理府。斐迪南大公的信件全部被查禁,他的文件和文书也统统被没收,一切都被封存在皇帝的档案室里。[14]星期天晚些时候,为了就"斐迪南大公被刺杀"一事发表公开声明,一名副官把草拟的文稿交给皇帝一阅。读到其中的"我亲爱的侄子的去世,让我倍感痛心"一句时,皇帝拿起钢笔,划掉了"让我倍感痛心"这几个字。[15]几天后,在面见皇帝的过程中,巴多尔夫上校也亲身领教了皇帝的冷漠无情。在叙述完萨拉热窝事件的基本情况之后,皇帝问巴多尔夫:"大公在人生的最后时刻表现如何?""像一位真正的战士一样,陛下。"巴多尔夫答道。"本来就该如此。"皇帝评论道。一切就到此为止了。皇帝并未对遇害者表达哪怕一丝的同情,而是迅速转换到下一个话题,问道:"那么,演习的情况如何?"[16]

噩耗传来的时候,斐迪南大公的侄子卡尔大公正在维也纳西南方的赖谢瑙跟家人共度夏日的时光。他刚在阳台落座,准备跟齐塔一起吃午餐时,仆人突然递给他一份来自鲁默斯基希男爵的加急电报。卡尔对此困惑不已,问道:"他给我发电报干什么?他不是跟弗兰齐叔叔在一起吗?"卡尔撕开信封,快速阅读了有关萨拉热窝惨剧的消息。齐塔记得,他的脸色"变得跟纸一样煞白"。夫妇二人立即启程前往维也纳。[17]皇帝于星期一下午从巴特伊施尔返回首都的时候发现,先行抵达的卡尔正等待着迎接他的到来。皇帝邀请这位年轻的大公坐在他的旁边,与他乘同一辆马车前往美泉宫。这无疑是在向世人公开表明,卡尔现在是他的新继承人了。[18]五十年后,齐塔斩钉截铁地说,皇帝突然放声大哭起来,泣不成声地说:"[他们两个人都被夺走了,现在,]我身边什么也不剩下了。"不过,在齐塔之前,早已有数十本书收录了他的这句话,有的说这是他在儿子自杀身亡之后反应,有的说这是他在妻子遇害之后反应,当然也有的说这是他对萨拉热窝事件的反应。[19]

尽管如此,世界上的大多数人仍旧相信,老皇帝在精神上必定遭遇了巨大的创痛,因此,表达同情的电文顿时如潮水般从全球各地涌来。伍德罗·威尔逊总统代表美国发来电报,向在萨拉热窝发生的"凶残至极的谋杀"表示了同情。[20]英国外交部长爱德华·格雷爵士在给英国驻维也纳大使莫里斯·德·本森爵士的电报中写道:"英王陛下的政府也希望向奥皇陛下转达最恭敬和最由衷的哀悼。"格雷还在电报的最后加上了他"个人深深的同情。因为,我记得,去年我曾有幸跟殿下见过一面,目睹了他的来访给国王和整个国家带来的快乐和喜悦"。[21]格雷向奥地利驻伦敦大使门斯多夫伯爵阿尔贝特表示:"我们全都为你的皇帝感到难过,为他必定正在经历的震惊和悲痛而惋惜。"[22]英王乔治五世在他的日记中提到"这则不幸的消息",并补充道:"这对亲爱的老皇帝必将是一次可怕的打击,实在是一桩最让人感到遗憾和伤心的事件。"[23]玛丽王后也写道:"可怜的大公和他的妻子遭遇的骇人悲剧令我们大为震惊……可怜的皇帝,身边一个人也不剩下了……我觉得,斐迪南和他的妻子死在一起是一件莫大的幸事。未来,这将有助于让他们孩子的地位问题变得不那么复杂难解。"[24]

那个星期天,维也纳的蓝天"如丝绸一般","空气温和而又闷热",公园和广场上到处都是人。人们正一边野餐,一边聆听军乐队演奏的柔情曲调。接着,有关刺杀的消息在人群中间传开,音乐声也随之戛然而止。许多人都觉得斐迪南大公恐怕凶多吉少,并为之松了一口气。斯蒂芬·茨维格回忆称:"人们的脸上看不见特别震惊或者沮丧的表情,因为皇位继承人无论如何都算不上是一位受欢迎的人物。"[25]剧院的演出被取消,商店也纷纷关门,以便营造出一片哀悼的氛围,但不少奥地利人都对这则消息持近乎欢迎的态度。莫里斯·德·本森爵士指出:"这座城市以无声的方式接受了这一切。任何地方都不看见一丝情绪波动的迹象。他们肯定都是些毫无感情的冷血动物。"[26]有一个人看见,在普拉特公园,一轮轮的庆祝活动仍然在继续,"连一丝哀悼的情绪都没有"。著名日记作家约瑟夫·雷德利希记录道:"这是上帝有意垂怜奥地利,把它从这位未来皇帝的手里拯救了出来。"[27]艾森门格尔大夫说,在许多政治圈子和官方宫廷圈子里,听到刺杀的消息之后,他们"简直难以掩饰自己的心满意足之情。能摆脱掉这位如此强大而又危险的对手,让他们大大地松了一口气"。[28]一名廷臣干脆为此而欢呼道:"食人魔终于死了。"[29]

这种如释重负之感还蔓延至奥地利以外的地区。在匈牙利，没有一个人为此流露出悲伤之情，首相蒂萨·伊什特万更是宣称："这是上帝的旨意，我们必须对我主基督的一切安排表示感激。"[30]黑山国王尼古拉一世公然宣称，斐迪南大公遇刺的消息令他"喜出望外"。在巴黎、布达佩斯和意大利，情绪几乎可以用欢天喜地来形容。[31]俄国方面也同样反应冷淡。圣彼得堡的《新时代报》评论称，斐迪南大公"不是俄国的朋友"。[32]另一份报纸希望，"新丧生者的出现能迫使奥地利改变其危险的巴尔干政策"；而第三份报纸则警告奥地利，"不得以发生在萨拉热窝的罪案为由，对我们的斯拉夫兄弟进行任何形式的打击报复"。[33]斐迪南大公遇刺当晚，俄国驻贝尔格莱德公使尼古拉斯·德·哈特维希举办了一场如节庆般热闹的桥牌聚会。哈特维希宣称，斐迪南大公的死是一件好事，并拒绝在公使馆降半旗。当他的同事后来指责他行为过分的时候，他竟然还谎称并无此事。[34]塞尔维亚更是公然为斐迪南大公的遇刺拍手叫好。在贝尔格莱德，民众高喊道："这是对兼并两省的报复！"[35]报纸把普林齐普奉为"年轻的烈士"，并宣称，是奥地利的官员策划了这场刺杀行动，并打算以此为借口向塞尔维亚开战。[36]

不过，并不是所有人都对斐迪南大公的遇刺持欢迎态度。英国驻布加勒斯特大使写道，在罗马尼亚，听到斐迪南大公遇刺的消息之后，人们

表现出深深的遗憾和愤慨。这个国家的人尤其觉得他亲切，是因为他们相信，这位已故的大公生前对在匈牙利的罗马尼亚人

充满同情。与此同时，虽然该国民众近来对其邻邦奥匈帝国的态度十分冷淡，但他们普遍认为，皇位继承人本人强烈赞成与他们的国家建立亲密友好的关系。[37]

不少人都寄希望于斐迪南大公即将到来的统治任期，希望他能贯彻亟待实施的改革，以更偏向于自由主义的方式解决帝国存在的种种问题。对他们来说，萨拉热窝事件无疑是一场巨大的悲剧。维也纳的一份报纸对斐迪南大公致以高度的赞誉，说他看起来古板而又冷漠，是因为，"对处于权力顶峰的人来说，若想推进他们的事业，'亲民秀'是不可或缺的，可他却对此不屑一顾……他不是餐馆或者商店门口的迎宾员。他没有足以打动民众的制胜手段……他用激进的方式证明自己的性格，把平凡和普通奉为圭臬，反对矫揉造作的摩登主义……他想把我们这个被病魔缠身的时代从睡梦中唤醒，以免让其在酣眠中滑入死亡的深渊"。[38]

克拉里侯爵阿方斯写道，斐迪南大公的死让他"痛心到无以复加"，

我的眼里满是泪水，满是悲伤的泪水，满是极端震怒与愤慨的泪水！哦，这是何等的悲惨与不幸；他是我们的未来，我们的领袖。他本该成为一位强人，本该在未来成为我们所有人翘首以盼的救星，带领我们从过去那么多年的全部无能与愚蠢中走出来。可他已然不在这世上了！……如此十恶不赦的重罪叫人如何忍受得了！地球上每一位以文明自居的生灵都应该为此而站起来，向上帝祈祷，求祂降下天谴和复仇的火焰，惩罚卑鄙无耻的杀人国家塞尔维亚！他们屠杀完自己的国王和王后

还不够，现在又派他们的人到我们的国家，谋害我们的领袖。哦，他们真是知道应该在哪里设置他们的致命武器，知道怎样才能对奥地利造成最为沉重的打击……我们全都处于如此痛彻心扉的悲伤之中！ [39]

另一个感觉如五雷轰顶一般的人在给朋友的信中写道："这下，奥地利的末日就要到了！时至今日，我仍旧坚信，倒在普林齐普枪口下的，不仅是皇位继承人，更是整个奥匈帝国。虽然帝国在弗朗茨·约瑟夫皇帝统治的最后几年里遭遇了巨大的衰退，但不论君主制在帝国崩垮到何种程度，只要斐迪南大公的计划得以实施，肯定能帮助帝国渡过难关。" [40]

对熟识斐迪南大公和索菲的人来说，两人的遇刺无疑给他们的心灵造成了巨大的创伤。斐迪南大公的军事总理府前首脑布罗施上校写道："我就像一只受伤的野兽，只想爬到某个没人的角落，然后死在那里……我彻底失去了对神之世界的信仰。" [41] 托斯卡纳大公之子路德维希·萨尔瓦托向一位朋友吐露称："对我来说，这是一次无比巨大的损失。这次打击让我一蹶不振……三天前，我刚刚在火车站见过他。当时，他正准备跟自己的妻子一起出行，我们还约好在今年夏天晚些时候再次见面。每年，我都会与他共住几日，感受他亲密的家庭生活，目睹他为了宗教般的爱和有用的工作而积极地面对生活。孩子们全都十分讨人喜欢……这对我们的国家是一种巨大的损失。" [42]

索菲的表外甥女巴耶-拉图尔伯爵夫人伊丽莎白"因悲伤和恐惧而麻木"。她向玛丽王后吐露称：

我**亲爱的受人爱戴**的表姨母是有史以来最优秀、最高贵的
女性,也是我在这世上最好的朋友。失去她给我带来的深切悲
伤无以言表;我之前想都没想过,我的心竟然会痛苦和难受到
这种地步! 从某种程度上说,我差不多可以算是他们家庭中的
一员……我知晓他们的几乎每一个想法。我如此强烈地渴望
她温柔的善意和她的爱……我衷心希望索菲姨母不曾意识到
她和她的丈夫就要死了,因为,知道自己即将撒手人寰,即将撒
下自己的孩子而去,对她来说肯定如地狱般痛苦……索菲姨母
总是被这样的恐惧所包围:某一天,或许会有人企图夺取她丈
夫的性命。因此,她从不离开自己丈夫的左右。[43]

随着那个宿命般的星期日渐渐拉下帷幕,萨拉热窝城内爆发
了严重的暴力事件。米夏埃尔·冯·阿佩尔将军报告称,成群的土
耳其人和克罗地亚人"在城内四处游荡,高唱传统歌曲,举着挂有
黑丝带的皇帝悼念照。他们在塞尔维亚人的房子前停下,闯进屋
里,砸烂所有的窗户和家具,扯破并毁掉屋内的一切"。总督波蒂
奥雷克命令数百名士兵走上街头,在斐迪南大公和索菲双双遇害之
后,才一改之前的态度,同意实施他拒绝在访问期间采取的安保措
施。[44]维也纳的《帝国邮报》报道称,到夜幕降临时,萨拉热窝"看
起来好像刚刚发生了一场宗教或者种族大屠杀"。[45]

在"科纳克",一幅令人胆寒的画面正在徐徐展开。起初,当地
的病理学家不敢承担给皇室成员验尸的任务。在维也纳方面的再
三保证下,萨拉热窝的病理学家帕瓦奥·考尼克才终于答应来到
"科纳克",在费迪南德·菲舍尔和卡尔·沃尔夫冈两位大夫的协助
下,对斐迪南大公和索菲的尸体进行解剖。三个人挤过"科纳克"

的铁栏杆周围沉默不语的人群。考尼克说,烛光把整个建筑照得灯
火辉煌,"就好像正在举办一场舞会,没有一丝死亡的气息"。在三
个人正式接触尸体之前,一份来自维也纳的警告表明,即便在死后,
帝国宫廷也不忘记强调斐迪南大公和他贵贱通婚的妻子在身份和
地位上的差异。不论斐迪南大公的身上有什么样的伤口,都不得对
其进行解剖;而对索菲,他们则完全可以想怎么办就怎么办。[46]

　　两具盖着白布的尸首此刻正躺在从驻军医院拿来的两张金属
桌子上。验尸在晚上十点过几分的时候开始。一枚子弹击中斐迪
南大公脖子的右侧,距离下方的锁骨约1厘米,距离喉头约2厘米;
弹洞直径5毫米,边缘呈不规则的锯齿状。子弹穿透颈动脉,经过
气管侧部附近,撕裂颈部的软骨,最终嵌入颈椎。考尼克用手指探
查伤口,但遵从维也纳方面的警告,并未试图取出子弹。杀死索菲
的子弹应该是先击穿了汽车的后乘客门,因为解剖后发现,在位于
索菲右盆骨上方4厘米处的伤口内,嵌有一小片马鬃椅垫。这片
马鬃椅垫堵住了伤口,阻绝了明显可见的外部失血。穿过车门之
后,子弹在半空中发生了翻滚,在索菲的身上留下一处又细又长、
直径约6毫米的椭圆形伤口。子弹穿过索菲的下腹部,切断下腔静
脉——下半身向心脏输送"去氧血"的主要血管——并导致严重
的内出血。解剖过程中,索菲体内的9毫米包壳弹被完好地取了
出来。[47]

　　午夜时分,雕塑家卢德米拉·瓦利奇和她的艺术家丈夫鲁道
夫被一通电话从睡梦中叫醒,召他们到"科纳克"为斐迪南大公和
索菲制作死亡面具。[48]之后,开始对两具尸体进行防腐处理。他们
的血管被切开,先用清水冲洗,再注入福尔马林和甘油的混合溶液。
防腐工作直到第二天早晨七点才宣告完成。[49]斐迪南大公沾血的

贴身上衣以及索菲的手套和鞋被分割成数份,分发给众人,供他们用这些令人毛骨悚然的纪念品来寄托对遇害夫妇的哀思。[50]

一名当地的殡葬员从存货中挑出两副最好的棺材:一副是给斐迪南大公的镀金铜棺材,一副是给索菲的银质棺材。两口棺材都雕刻有串珠状缘饰,不过,索菲的棺材明显比她丈夫的棺材小很多。[51]黑色的绉纱和花朵把"科纳克"的国宾卧室改造成一处临时礼拜堂。卧室的窗户紧闭,把灿烂的晨光隔绝在外;花圈被摇曳的烛海照得熠熠生辉。棺材放在两副倾斜的棺架上。斐迪南大公的棺材在右边,索菲的棺材在左边。斐迪南大公戴白手套的手里攥着耶稣受难十字架。索菲的手里握着一小捧花;她的女官还把一串青金石玫瑰经念珠塞进她的手里。[52]

6月29日晚上六点,施塔德勒主教与主教座堂圣职团全体成员一道,咏唱了安魂弥撒曲,并为夫妇二人的尸体献上祝福。士兵把两人的棺材抬到顶部覆盖着棕榈叶的透明灵车上。忧郁而又凝重的送葬队伍开始缓缓走出"科纳克"的所在地,绕过皇帝清真寺,朝火车站走去。[53]街道两旁站满了波蒂奥雷克派来的士兵,每一位士兵的胸前都戴着表示哀悼的黑丝带。骑兵营和步兵营走在送葬队伍的最前面,后面跟着神职人员、装满花圈的汽车(为此,他们把萨拉热窝市面上所有的鲜花尽数买了下来)和两辆灵车,最后是以莫赛男爵安德烈亚斯、鲁默斯基希男爵、巴多尔夫、兰尤斯·冯·韦伦堡伯爵之女维尔马、波蒂奥雷克和萨拉热窝的市政官员为首的送葬者。队伍抵达比斯特里克车站时,一节盖着黑布、拆除掉全部座椅的火车车厢正等待着棺材的到来。《萨拉热窝报》写道,随着主教为尸体献上最后的祝福,"在场所有人的眼里都满含热泪。此刻,死一般的寂静远胜过千言万语"。士兵把棺材抬上火车。尤其让人心酸的是，安德烈亚斯向萨拉热窝青年中心转赠了 1 000 克朗（按照 2013 年的兑换比计算，约合 5 000 美元），并解释称，这是索菲生前的愿望——她有多么享受在这座城市里度过的时光，由此可见一斑。七点过几分的时候，城市上方的堡垒开始鸣放共计 101 响的礼炮，火车也随之缓缓消失在渐渐覆盖大地的暮色之中。[54]

　　送葬的列车彻夜兼程，每到一站都有仪仗队立正、推枪并射击行礼，还有军乐队在一旁奏哀乐。6 月 30 日星期四，太阳落山之际，斐迪南大公和索菲的棺材被人抬上"齐心协力号"无畏舰，踏上前往的里雅斯特的航程。教堂的钟声开始敲响，隆隆的礼炮划过水面，舰上的海军军官也随之将棺材抬到船尾甲板，置于华盖之下，并充当起临时的荣誉卫队。斐迪南大公的棺材上盖着舰艇的荣誉旗帜，索菲的棺材上盖着一面普通的海军军旗。在他们上方的舰艇桅杆半旗位置，飘扬着斐迪南大公本人的旗帜。这艘无畏舰的推进器搅动着海水，留下一道道银白色的泡沫带，在海军舰队的护送下驶离陆地。在深红色夕阳的映衬下，舰艇顶端来回飞舞的黑色三角旗显得异常引人注目。到的里雅斯特只需航行 24 小时，可蒙泰诺沃却坚持要求，7 月 2 日晚上夜幕完全降临之后，两人的棺材方可进入维也纳。于是，在维也纳方面的命令下，7 月 1 日，太阳落山之际，斐迪南大公和索菲的尸首只能继续停在甲板上——这一天本该是两人结婚十四周年的纪念日。7 月 2 日早晨快到八点的时候，伴随礼炮声和教堂的钟声，一艘交通船载着两人的尸体登岸。[55]

　　虽然斐迪南大公生前经常招致世人对他的矛盾情绪，可他的遇刺身亡——尤其是他妻子的同时遇害——却标志着公众态度的转变。斐迪南大公生前常遭人畏惧和鄙视，而现在，他的离世为他披上一件殉道者的外衣，似乎在很大程度上洗去了公众此前对他的反感。对刺杀事件的愤怒渐渐演变为广泛的同情，导致越来越多的人聚在一起，向遇害的夫妇致以最后的敬意。在两人的尸首离开萨拉热窝之际和前往的里雅斯特的途中，就有不少人特意赶来送行。现在，大批民众更是不顾头顶的烈日，纷纷出来目送从的里雅斯特前往维也纳南站的送葬队伍。斐迪南大公的私人列车被派来送葬，但是，跟两人当初离开赫卢梅茨镇的时候一样，一个车轴烧坏了。无比懊恼于没能替已故的主人完成这最后一项使命，斐迪南大公的私人列车长海因里希·施塔克勒只能眼睁睁地看着两人的棺材被装上另一节列车，踏上前往维也纳的旅程。[56]

　　用一位历史学家的话说，也正是从这一刻起，蒙泰诺沃开始了他"大规模、系统性、用行政手段贬低这对已故夫妇的计划"。[57]如马尔古蒂男爵阿尔贝特所说，葬礼"带来了棘手的难题。在不知变通的宫廷仪式规定中，找到安葬已故大公贵贱通婚妻子的先例绝非易事"。[58]斐迪南大公和索菲的曾孙女霍恩贝格侯爵小姐索菲评论称，虽然"他们已经尽力做到最好，但葬礼还是显得十分草率和仓促"。[59]当时的看法可就没有这么宽宏大量了。一位奥地利的将军认为，葬礼仪式"是一场无比狂热的图谋，意在尽可能快地将已故的大公从他生前的活动范围中彻底抹除，而且，如果有可能的话，恨不得将他从同时代的人记忆中也一并抹除"。[60]

　　最初，蒙泰诺沃只为斐迪南大公一个人的葬礼制订了计划：在维也纳为斐迪南大公举办一场最高规格的国葬，不仅要配得上他皇位继承人的身份，还必须安排与他的帝国武装力量监察长军衔相称的军人之礼；之后，跟哈布斯堡家族的其他成员一样，入葬维也纳嘉布遣会教堂的地下室。在蒙泰诺沃看来，索菲的娘家人把她的尸体领走之后，葬礼他们愿意怎么办就怎么办。[61]

蒙泰诺沃打开斐迪南大公的遗嘱，读到后者有意入葬阿特施泰滕城堡的教堂地下室时，他又冷冰冰地打起了新的算盘。蒙泰诺沃坚称，如果这就是斐迪南大公的愿望，那么，根本没必要大老远地到维也纳举办葬礼。某些宗教仪式只能在帝国的首都为斐迪南大公举办，但索菲的尸首理应被直接送往阿特施泰滕城堡。蒙泰诺沃绝不允许贵贱通婚的索菲堂而皇之地与她的丈夫陈尸一处，在霍夫堡皇宫的帝国礼拜堂供人吊唁。在得知蒙泰诺沃的计划之后，斐迪南大公的继母玛丽亚·特雷莎和新皇位继承人卡尔双双来到皇帝面前，对此提出坚决的抗议。无奈之下，皇帝只得同意，不论在维也纳举行何种葬礼仪式，索菲都应该跟她的丈夫分享这份荣誉。[62]

不过，这场葬礼跟维也纳之前见过的所有葬礼都有所不同。长久以来，关于皇帝在葬礼仪式的计划中究竟扮演了怎样的角色，一直有许多毫无必要的争议。在索菲生前，蒙泰诺沃一再强加给她种种礼法限制和贬低侮辱——这是在皇帝的默许之下，而非蒙泰诺沃对皇帝的胁迫之下实施的；跟那时候一样，在葬礼仪式的安排上，皇帝绝不是只能屈从于陈规旧制的无能囚徒。整个统治期间，皇帝总是亲自审阅呈交给他的重要场合仪式安排，每一场婚礼、葬礼和受洗命名仪式上的每一处最微小的细节，都需要经过他本人的批准和认可。[63]斐迪南大公和索菲的葬礼仪式自然也是如此。蒙泰诺沃成为时人和后人首当其冲的批评对象，然而，一个无可否定的事实是，葬礼的计划是皇帝本人于6月29日下午批准的，而且，他后来还当众确认称，葬礼的规格和流程"完全与我的意愿相符"。[64]之后拉开帷幕的葬礼，既可以说是蒙泰诺沃以他自己的方式来向这对他所鄙视的夫妇宣泄仇恨，也可以说是老皇帝本人的意志所导致的结果。

　　欧洲的大部分官方人士都开始为斐迪南大公哀悼和服丧。在梵蒂冈，教宗庇护十世取消了所有的接见安排，并发布声明，表达了他对行刺者的"深切反感"。他在声明中宣称："失去一位如此睿智、如此开明的皇子，让本座的内心感到无比剧痛。实施这场如此卑劣的袭击的行凶者，令本座感到深深的愤慨。对此，本座只感到，有必要同全体诚实而又正直的人一道，向外界发出更大的声音，谴责这场令人厌恶至极的袭击，谴责这起败坏和玷污人类文明荣光的事件。"[65]

　　英国下令为此哀悼一周，俄国下令哀悼两周，德国下令哀悼三周，罗马尼亚下令哀悼一个月。[66]满心以为奥匈帝国皇位继承人的去世必然意味着一场国葬，欧洲各国的皇室/王室成员纷纷开始提前制订计划，准备出席在维也纳举办的葬礼。罗马尼亚王国国王卡罗尔一世、意大利王国国王维托里奥·埃马努埃莱二世、尼德兰王国女王威廉明娜、巴伐利亚王国国王路德维希三世、比利时王国国王阿尔贝一世和瑞典王国国王古斯塔夫五世都表示，他们将亲自到维也纳参加葬礼。英国国王乔治五世要他的叔叔康诺特公爵亚瑟代替他参加葬礼。尼古拉斯·尼古拉耶维奇大公将代表沙皇尼古拉二世到场。[67]德皇威廉二世比其他大国领袖更进一步，对外宣布称，他将和自己的弟弟海因里希亲王一道出席维也纳的葬礼仪式。[68]

　　接着，维也纳方面突然宣布，这次葬礼不会邀请任何外国代表参加。官方给出的原因是皇帝身体有恙。蒙泰诺沃向各国领事馆建议，"为避免因各类章程和规范而进一步损害皇帝本就脆弱的健康"，各国以及各皇室/王室家族只能由他们各自的驻维也纳大使或者公使代为出席。[69]几个月之前，老皇帝的确因支气管炎而重病在身，但到5月23号时，他已经大体上康复了。关于这一点，皇帝的医生已经向公众保证过了；斐迪南大公试图以他伯父的健康为借口，逃避萨拉热窝之行的时候，蒙泰诺沃也做出过类似的保证。[70]大体恢复健康的声明跟维也纳的葬礼相隔六个星期之久，到即将举办葬礼的时候，就连英国大使莫里斯·德·本森都在给伦敦的报告中表示："可喜的是，陛下看起来已经恢复得相当好了。"[71]

德·本森写道，人们普遍抱怨称，"正如许多方面所宣布的那样，有不少外国的皇王贵胄准备出席这场葬礼，实在没有必要拒绝他们。因为，各地都为这个处于悲伤的国家感到惋惜，在后续的仪式中，本可以借此用人人都能看得见的方式，彰显世人对逝者的广泛同情"。[72]事情处理得很糟糕。据说，在维也纳方面的命令下，执意踏上行程的罗马尼亚国王在奥地利边境被劝返。[73]面对维也纳方面的拒绝，德皇威廉二世称，他将以朋友的身份前来悼念逝者，并向弗朗茨·约瑟夫皇帝保证，他不需要任何接待或者欢迎。这可不是维也纳方面想要听到的消息。很快，威廉二世就收到对方的警告，说在维也纳揭露了一起针对他的"阴谋"，让他来参加葬礼无疑是不明智的。根本不存在这样的阴谋。德皇坚称，即便真的有这样的阴谋，他也要到维也纳向逝者致以最后的敬意。但奥地利官员的语气和态度如此强硬，最终迫使他不得不彻底放弃了这个想法。为了掩饰接连被拒绝的尴尬，德皇甚至对外发布了一份虚假的声明，说他突然腰痛病发作，无法成行。[74]

为了阻止外国皇室/王室成员参加葬礼，维也纳方面除了谎称皇帝健康状况不佳之外，还捏造并不存在的阴谋，说有人试图谋害地位显赫的吊唁者，现在又言之凿凿地搬出第三个看似正当的理由：没法向外国皇室/王室吊唁者发出邀请，是因为这有可能把塞尔维亚国王彼得一世也给招来。既然有理由怀疑此人的国家正是萨拉热窝事件的幕后黑手，那么，局面到时必将因此而变得无法控制。[75]

路德维希·温迪施-格雷茨侯爵回忆称，搬出所有这些"各式各样的借口"，无非是为了让外国吊唁者远离维也纳。[76]如果自始至终都以皇帝的健康为借口，或许更容易得到人们的默许和接受。毕竟，所有人都对老皇帝心怀同情，并不难相信，大型皇室/王室聚会上的种种仪式会让他感到劳累和疲惫。可问题就在于，拒绝外国吊唁者的理由总是变来变去，反倒越来越难以让人信服。老皇帝或许的确认为葬礼仪式是一场令人不快的煎熬，但是，将个人好恶放在一边，接受一时的困苦和不适，是成为帝国的统治者必须承担的代价。正如历史学家约阿希姆·雷马克所写的那样，帝国宫廷将吊唁者拒之门外，捏造并不存在的阴谋，用变来变去的理由来支撑任谁都知道站不住脚的观点，无意间泄露了它真正的担忧可能是什么：拒绝一切显赫的来访者，是因为，对贵贱通婚的"前女官"索菲来说，他们的到场将给予她远超她身份和地位的礼遇。[77]

在索菲生前，这份家族世仇般的宿怨一直困扰着她，让她饱受谣言和诽谤的中伤，也让她丈夫的内心充满苦涩的愤懑。如今，这份宿怨在她死后依然影响着她：维也纳以令人诧异的方式，准备了一场前所未见、最为古怪和独特的帝国葬礼。蒙泰诺沃下令缩减和降低葬礼的规格，并决心"向世人展示，正是因为此人和他的妻子生前一直处于不平等的地位，所以，两人休想在死后获得平等"。[78]没人能忘得了即将举办的葬礼仪式是"多么惊人的简陋"。维也纳的《帝国邮报》义愤填膺地宣称："对悲伤中的民众来说，这实在是太过侮辱他们的感情了。"[79]

第十八章
死后的团聚

7月2日晚上十点刚过，载着斐迪南大公和索菲的火车终于驶抵维也纳南站。鉴于已故哈布斯堡家族成员的葬礼游行必须在太阳下山之后开始，这略晚的到达时间不过是按照惯例行事，并没有什么特殊的含义。然而，蒙泰诺沃发布的其他命令可就不是这样了。他不想让任何皇室家族的代表出席葬礼游行，可卡尔大公根本不吃他这一套，坚持在火车进站时到场肃立。

斐迪南大公虽身为武装力量监察长，可帝国军队的高层却以惹人注目的方式集体缺席了此次葬礼游行。他服役或者指挥过的每一支军团，都应该派全体军官加入送葬的队伍；除此之外，陆军和海军各部门也应该派代表出席。然而，在皇帝的允许下，蒙泰诺沃剥夺了这些荣誉：生前，索菲没有资格分享她丈夫的军人荣誉；现在，帝国宫廷决定，她死后同样不配享有这份荣誉。事实上，第7禁卫乌兰骑兵团的成员甚至被软禁在军营之中，以阻止他们参加葬礼。可两天后，他们却被召集至维也纳，参加某位籍籍无名的将军的葬礼游行。近期，帝国羽翼未丰的空军共有九名军官和士兵牺牲，有不少高级军官都出席了他们的集体葬礼。但在已故的斐迪南大公这边，只有给高级军官打下手的士官被允许参加葬礼游行，把两人的棺材抬上等在一旁的灵车。[1]

这是一个温暖的夜晚。一轮昏暗的月亮挂在维也纳的上空，照耀着下方奇异的景象。[2]从表面上看，当送葬的队伍开始出发，穿过城市的街道时，场面似乎也有几分恢宏和壮观。身穿金穗带制服的侍从走在队伍的最前面，高举闪烁着微光的灯笼。跟在他们后面的是：一小队第7乌兰骑兵团的士官，骑在马背上的廷臣以及载满副官和宫廷侍从的马车。六匹黑色的马——为了消除马蹄声，六匹马的马蹄上全都裹了毛毡——拉着两辆灵车。斐迪南大公的灵车更大更威风，索菲的灵车则相对要小一些。五名士官和另外十二名禁卫军成员举着马刀和戟，在凹凸不平的鹅卵石路上，快步走在葬礼游行队伍的两侧。负责殿后的是更多的马夫、更多摇曳的灯笼、更多载着廷臣的马车和一支枪骑兵分队。[3]

送葬的队伍经过美景宫，刚好在十一点的钟声响起时抵达霍夫堡皇宫。穿过装饰华丽、文艺复兴风格的"瑞士大门"之后，送葬的队伍停了下来。士官把两具棺材抬下灵车，抬上"大使阶梯"，等待接受神父的祝福和焚香以及宫廷唱诗班为两人咏唱的帕莱斯特里纳谱写的《垂怜曲》。两名禁卫弓箭手、两名匈牙利禁卫军成员和八名手捧点燃的细蜡烛的青年侍从分立在棺材的两侧，他们的后面是另站几位来自禁卫军和禁卫骑兵团的成员。随着唱诗班开始咏唱，棺材被抬进宫廷礼拜堂，置于礼拜堂前方的棺材架上。[4]

黑色的绉纱遮住礼拜堂的白墙，祭坛上盖着绣有斐迪南大公家族盾徽的黑色天鹅绒布。主祭坛前方平放着铺有金线织物的灵柩台。祭坛上方，黑色的绉纱从镀金的华盖一路延伸至耳堂的四角。每一只高高的银烛台上，都有一根点燃的白色细蜡烛。棺材架周围的烛海闪着柔和而又摇曳的光，照亮低着头、仗剑而立的荣誉护卫：十名穿红色制服上衣和白色马裤的禁卫弓箭手以及十名身穿深红色银线花边制服、把有袖斗篷披在肩后的匈牙利禁卫军。[5]

　　跟之前一样，这一切虽然看起来令人印象深刻，可看似光鲜的外表却往往具有欺骗性。一位外交官的女儿说，已故夫妇的盾徽看起来"就好像是儿童用简陋的颜料随意涂鸦上去的一般"。[6]两人的尸首仍旧停在萨拉热窝提供的两具大小不一的封闭式棺材里。抵达维也纳之后，把他们换到两具配套的棺材里，本该是一件再简单不过的事情，可帝国的宫廷却乐于让斐迪南大公更大的镀金铜质棺材和索菲较小、装饰也较少的银质棺材构成鲜明的对比，并借此以清楚可见的方式提醒大家，不要忘记两人在身份和地位上的不平等。这并不是唯一的区别对待：斐迪南大公的棺材架更大也更高，足足比索菲的棺材架高了18英寸（45.72厘米）。这无异于再一次以赤裸裸的方式提醒众人，不要忘记索菲的贵贱通婚地位。在斐迪南大公的棺材脚处，有一排红色和金色相间的天鹅绒坐垫，上面显眼地摆放着代表他军衔和皇室身份的物品：他的大公冠冕、他的海军元帅帽、他的将军帽、他的仪式佩剑以及他的勋章和奖章。在索菲这边，虽然也享受了与她丈夫相同的待遇，可一把黑色的扇子和一双白色的手套——普通贵族女性的象征——却被刻意摆放在最显眼的位置。[7]

　　宫廷礼拜堂的大门于7月3日星期五早上八点对公众开放。有超过五万人连夜等在礼拜堂外面，只为向夫妇二人致以最后的敬

意。可如此深切的同情却是帝国宫廷不愿意看到的。此前为储君
鲁道夫举办葬礼时，他的遗体在礼拜堂里停了一整天；发现排队的
人群超出原本的想象之后，遗体瞻仰的时限还被适当延长。1895
年，帝国武装力量监察长阿尔布雷希特大公去世后，帝国为他安排
了连续两个上午和一个下午的瞻仰时间。[8]相比之下，斐迪南大公
和索菲的遗体瞻仰却饱受限制，仅仅持续了四个小时。蒙泰诺沃还
一反此前的惯例，对外宣布称，开始咏唱弥撒曲时，民众只能两个两
个排队进入礼拜堂。[9]一个曾到场瞻仰的人写道："一旁的宗教仪式
非常简陋，只有一位神父在叨念个不停。我的意思是，那里什么也
没有——真的非常非常简陋。"[10]正午时分，虽然等待着致以最后敬
意的悼念队伍一直延伸至环城大道，可礼拜堂的入口还是对公众牢
牢地关上，把成千上万人拒之门外。[11]

　　小索菲、马克斯和恩斯特随同他们母亲的兄弟姐妹们来到维也
纳，跟斐迪南大公的继母玛丽亚·特雷莎和索菲的妹妹亨丽埃特一
起住在美景宫里。三个孩子没法参加在宫廷礼拜堂举行的葬礼：
作为贵贱通婚婚姻的后代，在帝国的宫廷看来，他们根本不配同老
皇帝和皇室家族的其他成员一道，参加在维也纳的葬礼仪式。仪式
结束，灵车穿过维也纳的街道时，三个孩子甚至连走在父母棺材后
面的资格都没有。[12]

　　不过，整个葬礼仪式期间，三个孩子虽然始终缺席，却以令人
心酸的方式提醒人们不要忘记他们的存在：斐迪南大公和索菲的
棺材前摆着一大束白玫瑰花圈，花圈的丝带上简单地写着"索菲、
马克斯和恩斯特"几个字。[13]礼拜堂里摆满了各界人士献上的吊唁
礼：有德皇派人送来的花；有代表乔治国王和玛丽王后的白玫瑰花
圈，花圈的献词上写着"作为友谊和仰慕的象征，来自乔治国王"；

有欧洲的王室家族以及欧洲以外国家的首脑送来的花簇（其中就包括伍德罗·威尔逊总统代表美国人民送上的花簇）；甚至还有下奥地利鞋匠行会送来的花圈。在哈布斯堡家族内部，只有前储君妃斯特法妮派人送来了花圈，其他皇室家族成员一概毫无表示。[14]

正式的葬礼于当天下午四点举行。英国驻维也纳大使莫里斯·德·本森写道："不选一个能容纳更多人的教堂，而是决定在小到不行的霍夫堡礼拜堂举办葬礼，引发了不少议论。"[15]

许多贵族人士都被排除在维也纳的葬礼仪式之外，其中甚至包括索菲的哥哥沃尔夫冈。[16]皇帝穿一件白色陆军将领制服上衣，同哈布斯堡家族的男性成员和女性成员们一道，在礼拜堂两侧的楼座处观看葬礼。[17]廷臣、政府部长、各省代表、维也纳和布达佩斯的市长、奥地利议会主席、其他高级市政官员以及代表各国政府的外交使节团成员把小小的礼拜堂挤得满满当当。欧洲人坐在礼拜堂的前排条凳上；美国代表则被安排在一个隐匿的角落：靠近礼拜堂屋顶的二层楼座处。[18]

伴随钟声的响起，维也纳总主教皮夫尔开始用焚香和圣水为棺材祝圣。唱诗班咏唱《葬礼应答圣咏》时，不仅没有按惯例让管弦乐队在一旁伴奏，甚至连礼拜堂的管风琴声都没有响起。[19]安魂弥撒仅仅持续了十五分钟，只安排了圣餐礼、常规的祷告、传统的圣歌和其他一些皇室宗教仪式上总也少不了的宗教性和仪式性活动。[20]斐迪南大公的秘书尼基奇-布勒就坐在祭坛的一侧。举行这场简短到莫名其妙的安魂弥撒的过程中，他始终盯着皇帝的一举一动。他看见，皇帝的脸上"不仅没有一些悲伤，甚至半点情绪波动的迹象都没有"。相反，皇帝"带着全然冷漠和始终未变的面部表情"这看那看，"跟皇帝在其他场合面对臣民时的样子毫无二致。这让人不由自主地感觉到，皇帝像是又能自由呼吸了一般，仿佛因此而得到了解放。皇帝的老廷臣们肯定也对此深有同感"。安魂弥撒结束后，皇帝第一个站起身来，突兀地走出礼拜堂，"连瞧都没瞧那两具棺材一眼"。[21]简短的仪式刚一结束，宫廷礼拜堂便立马关门上锁。奥地利的皇位继承人有史以来第一次没能享受国葬的待遇。

两具棺材在空荡荡的礼拜堂里孤零零地停放了六个小时，直至夜幕降临为止。其间，小索菲、马克斯和恩斯特终于获准向他们父母的尸体致哀。不过，他们必须等到安魂弥撒结束，官方悼念者全都走干净了，方可进入礼拜堂。[22]晚上七点半，孩子们在小姨亨丽埃特的护送下进入礼拜堂。"当时的场面异常令人心碎"，三个孩子在父母的棺材前失声痛哭。临走前，年少的小索菲轻声说道："上帝想让妈妈和爸爸一同加入他的身边。两人共赴黄泉或许才是最好的安排。因为，爸爸没了妈妈便没法活下去，而妈妈离了爸爸亦将失去生活的勇气。"[23]当天晚上十点，几名士官把棺材抬出"瑞士大门"，装上两辆等在外面的灵车，并由宫廷神职人员来为两人进行最后的祝福。更多手持摇曳灯笼的马夫走在送葬队伍的最前面，穿过维也纳的一条条街道。后面跟着廷臣、一支骑兵分队和禁卫军成员。陆军和海军的高级军官再一次缺席了已故帝国武装力量监察长的送葬队伍。[24]蒙泰诺沃又一次打破先例，下令不准教堂在送葬队伍走过时鸣钟，也不准送葬队伍按习俗在沿途的教堂前停下接受祈祷。[25]此外，蒙泰诺沃还禁止军人在送葬过程中前来吊唁或者致以敬意，因为，在他看来，索菲不配享受这样的荣誉。[26]闻听此事，卡尔大公又一次跑去向皇帝求情。皇帝答应了他的请求，并表示，驻扎在维也纳的普通士兵可自愿站立在街道两侧，不过，前提是，他们必须先征得其上级指挥军官的许可。[27]

为了避免让世人目睹过于辉煌的盛况，蒙泰诺沃要求皇室侍从、枢密院议员、高级廷臣和金羊毛骑士团成员皆不得靠近葬礼游行队伍，不准他们在斐迪南大公和索菲的棺材前往火车站的过程中送两人最后一程。[28]蒙泰诺沃的小肚鸡肠引发了公开的反抗，对这位皇室侍从总长"气量狭小"的章程"进行了一次史无前例的践踏"。灵车离开霍夫堡礼拜堂后，一百名富格尔、霍恩洛厄、金斯基、菲尔斯滕贝格、洛布科维奇和列支敦士登家族的贵族突然步行加入送葬的队伍之中。他们之所以自发地跟在棺材后面吊唁，既是为了向已故的夫妇二人致敬，也是为了对蒙泰诺沃进行无声的指责。[29]英国大使德·本森写道，面对展现在眼前的景象，众人普遍表示满意。在他看来，该迹象清楚地表明，所有人都觉得，"必须比前一天晚上再多做些什么，从而进一步凸显这个场合的庄严与肃穆"。[30]马尔古蒂男爵回忆称，走在路上的时候，"他们中的许多人都不时冒出些不客气的议论。其中不仅有针对蒙泰诺沃侯爵的批评，还有不少以含沙射影的方式指向老皇帝的诘责"。[31]

最近，一位作者坚称，葬礼仪式虽然遭遇了严重的缩水，可对此心怀不满乃至怨愤的人仅限于斐迪南大公的幕僚和少数几位"容易激动的朋友"。[32]这么说来，难道当时的大部分报纸和民众都是斐迪南大公"容易激动的朋友"吗？有太多来自各个政治派别的人士亦对此心怀不满和怨愤，并引发了来自社会各界的广泛抱怨。一名通讯员写道："许多奥地利贵族成员都觉得，在女公爵死后，还要像她生前时那样，持续不断地对她加以排斥，实在是太过放肆和无礼了。"[33]另一名记者报道称："在维也纳，人们义愤填膺，公开把矛头指向皇帝和帝国的宫廷，责备他们不应缩减庄严的逝者本该享有的荣誉。"[34]一位外交官员记录道，人们在私下里议论说，"皇室家族根本不知'尊重'二字为何物,连逝者都敢怠慢。他们的恨在受害者进了棺材之后仍旧不肯放过对方"。[35]路德维希·温迪施-格雷茨侯爵写道:"现在,每个王八蛋都过来给死去的狮子一脚,实在是让我义愤难平。"[36]艾森门格尔记录道:"皇室总管大臣的部门在处理跟逝者有关的事情时,一再表现出怠慢和不敬,激起世人的普遍义愤和不平。"[37]连皇帝本人忠心耿耿、奴颜婢膝的贴身男仆欧根·克特尔都写道,维也纳的葬礼仪式确实有理由"引发世人的愤怒和不平"。[38]马尔古蒂男爵认为,"把葬礼仪式的规格降到不能再低的程度",实属皇帝犯下的"一个严重的错误"。[39]英国大使也在报告中提到,"葬礼远未享受应有的荣誉,引发了广泛的抱怨",并觉得此事实在难以理解。[40]他写道:"难以相信,竟然会有人故意举办一场如此与逝者的崇高地位不符的葬礼仪式。"他还推测,葬礼仪式或许是在皇帝本人的要求下缩减的,为的是不让他感到疲累或者干扰他在巴特伊施尔的度假计划。[41]他报告称,"至于葬礼仪式本身",有人向他保证,"古老的传统和习俗得到了很好的遵守"。[42]

　　德·本森只在维也纳待了短短六个月,对此不甚了解或许也是情有可原,但熟悉哈布斯堡家族传统仪式和礼节的人都知道,严重缩水的安魂弥撒和葬礼游行究竟有多么大的侮辱性。一位记者写道:两年前,维也纳市长约瑟夫·诺伊迈尔去世后,帝国宫廷下令,葬礼期间,所有商铺一律关门歇业;可如今,"斐迪南大公和霍恩贝格女公爵死后",帝国宫廷却"并未下达类似的命令"。人们抱怨称,1914年的葬礼仪式"冰冷而又轻率地对人类的感情表现出一副无所谓的样子"。[43]为表抗议,部分贵族甚至以辞去宫中职位相要挟,还有同样多的贵族要求解除蒙泰诺沃的职务。[44]呐喊与抗议之声如此高涨,以至于皇帝竟然采取前所未有的举措,在帝国官方主

办的《维也纳日报》上公开为蒙泰诺沃辩护。皇帝坚称，他"完全
信任"蒙泰诺沃侯爵。斐迪南大公的葬礼是遵照皇帝的指示安排
的，展现出蒙泰诺沃"对我本人和我的家族伟大而又无私的赤胆忠
心"。它们不过是他"以出色而又忠诚的方式为国效力"的最新例
证。[45]然而，维也纳的葬礼仪式结束后，萦绕在其余波中的伤痛印
象和记忆，是任何文字都休想抹去的。

怀恨在心的蒙泰诺沃把他恶毒的处事风格一直带到了维也纳
的城外。他毫不顾忌别人的感受，狠心地告诉尼基奇-布勒，"我只
管把尸体给你拉到火车站。尸体放进运货车厢，车厢接上火车之
后，你打算拿他们怎么办，全都是你一个人的事情"。[46]斐迪南大公
和索菲生前，蒙泰诺沃一直瞧不起前者，对后者更是只有敌意；现
在，他彻底撒手不管，完全跟这两个人脱了干系。他甚至坚称，把父
母的尸体运回阿特施泰滕城堡的费用，应该由小索菲、马克斯和恩
斯特来出。直到有人向皇帝抱怨，此举太过卑鄙和小气之后，皇帝
才命令他的皇室侍从总长结清了运送尸体的费用。[47]

现在，剩下的一切都交由已故大公的幕僚来操持和安排。他们
找到维也纳的市营殡葬所，在斐迪南大公的侄子卡尔和其他奥地利
大公家族男性成员的注视下，由几位士官把两具棺材抬进维也纳西
站。抬上负责把尸体运回阿特施泰滕城堡的列车之后，两具棺材只
能装进一节普通的运货车厢。既然蒙泰诺沃拒绝提供更合适的交
通工具，斐迪南大公的幕僚只好匆忙用黑色的绉纱将运货车厢改造
成多少有点像丧葬车厢的样子。车厢并入一节经停各站、沿多瑙河
流域行驶的列车。晚上十点四十分，载着斐迪南大公和索菲尸体的
列车离开维也纳，驶入茫茫的黑夜。[48]

列车在将近凌晨一点抵达珀希拉恩的车站。当地的警察、消防

队、神职人员和退伍军人齐聚一堂,等候在车站外。可一场意料之外的倾盆大雨却让在广场举行简短宗教仪式的计划泡了汤。有人从列车上取来花束,匆忙把火车站装饰了一番。一小群仪式参与者把车站的大厅挤得满满当当。棺材被抬进车站,在参与者的面前接受祝福。一名通讯员写道:"当时的场面可真叫人吃惊。车站的大厅被挤得水泄不通。一边竖着两具棺材,棺材的周围站满了哀悼者和神职人员;另一边,有一部分坐在长椅上等候列车的人正试图小睡一会儿,还有一部分人正在高声交谈,把牧师的祈祷声都给盖了过去。所有人都觉得自己受到了冒犯,并抱怨对方缺乏尊重。"[49]宗教仪式结束后,十二位来自第4龙骑兵团和第7禁卫乌兰骑兵团的士官把棺材抬到风雨交加的夜空下,装上维也纳市营殡葬所提供的两辆朴素的黑色灵车。虽然此时已接近凌晨两点,可村内的居民还是站立在街道两侧,向夫妇二人致以最后的敬意。闪电划过天空,路灯和建筑物正面悬挂的致哀三角旗被呼啸的狂风扭曲成诡异的形状。[50]

斐迪南大公和索菲手下的员工、幕僚和内务人员每五人挤一辆租来的马车,跟在送葬的队伍后面,来到多瑙河岸边。河上没有桥,于是,送葬的队伍只好在小渡轮风雨交加的甲板上来回摇摆和滑动。暴风雨正处于最猛烈的时刻,搅动的河水拍打着船只,惊雷震动天空,闪电照亮远景。马匹因震耳的响声而受惊后退,一辆灵车随之向后滑去,导致后轮离开甲板,半悬在河面上。哀悼者们克服巨大的困难,费了九牛二虎之力才从马车上下来,把灵车拖出险境。清晨五点,天刚破晓,被雨淋透的送葬队伍终于爬上了通往阿特施泰滕城堡的山坡。[51]

葬礼当天,小索菲、马克斯和恩斯特并未离开维也纳,而是在美景宫过了夜。随着时间的一分分流逝,他们开始变得越来越伤心和焦躁。孩子们于次日清晨乘火车前往阿特施泰滕,此后再也没能回到他们在维也纳的家:美景宫是皇宫,作为贵贱通婚后代的他们不配住在它华丽的房间里。索菲的兄弟姐妹护送孩子们登上火车,与他们一路同行。在一节单独的车厢里,坐着地位更为显赫的哀悼者:大公家族之子夫人玛丽亚·特雷莎和她的两个女儿,齐塔和她的婆婆玛丽亚·约瑟法,卡尔的弟弟马克西米利安大公,列支敦士登亲王夫人伊丽莎白,布拉甘萨公爵米格尔和公爵夫人玛丽亚·特雷莎,符腾堡公爵阿尔布雷希特,波旁王朝的两西西里王国王子阿方索,前摩德纳王国公主、巴伐利亚王后玛丽亚·约瑟法以及其他贵族。蒙泰诺沃之前就下过命令,身为贵贱通婚的后代,霍恩贝格家的孩子们不配跟父亲地位显赫的亲戚们坐同一个车厢。约七百束花圈(包括一束由卡尔和齐塔献上的花圈)把额外的两节车厢塞得满满当当。[52] 上午八点刚过,火车抵达珀希拉恩。大公家族之子卡尔乘坐另一列火车,于两小时前抵达。卡尔和其他贵族一同搭乘小汽车和租来的马车,前往阿特施泰滕城堡。前一天晚上的暴风雨让道路变得泥泞不堪。一路上,车辆几次打滑陷住,迫使哀悼者不得不下车步行,蹚过泥地,这才终于抵达了城堡。[53]

不论是尸体的运输,还是阿特施泰滕的葬礼安排,蒙泰诺沃一概拒绝提供协助,可是,这并未阻止他继续在背地里搞小动作,企图最后再报复斐迪南大公和索菲一次。前一日,在维也纳的葬礼仪式上,举行十五分钟的安魂弥撒时,帝国大贵族之家的代表统统被排除在外。今天,皇室侍从总长"决心采取强硬的手段,严格奉行礼仪规定,并借此实施最后的羞辱",命令大贵族之家的代表出席在首都举行的比昨天时间更长的安魂弥撒。[54] 这不禁让人怀疑,刚好重叠的时间安排并不是什么巧合,而是为了确保这些代表没法赶到阿特施泰滕城堡,用他们的出席来为斐迪南大公和索菲真正的葬礼增光添彩——至少他原本的打算应该是这样。然而,许多被激怒的贵族起身反抗这项惩罚性的命令,来到阿特施泰滕,公然挑战帝国宫廷的权威。[55]

还有一位从慕尼黑赶来的哀悼者:斐迪南大公流亡在外的弟弟费迪南德·卡尔。跟贝尔塔·楚贝尔签订贵贱通婚的婚约之后,他失去了一切等级、头衔和收入,并被驱逐出境。最初,皇帝拒绝授予他参加葬礼的许可。玛丽亚·特雷莎亲自找皇帝说情之后,费迪南德·卡尔的请求才终于获得批准,得以向自己的哥哥致以最后的敬意。不过,前提是,他必须使用自己流亡时的化名"布尔格先生",而且,所有人都不得用"殿下"来称呼他。尼基奇-布勒写道,哀悼者们很快便无视了这项规定。[56]

当天上午十一点,在阿特施泰滕的使徒圣雅各礼拜堂,为斐迪南大公和索菲举行了葬礼。多布纳·冯·多布诺教长从附近的玛丽亚·塔费尔修道院赶来,主持了一场"简单而又庄严的"仪式。来自第4龙骑兵团和第7禁卫乌兰骑兵团的士官在一旁站岗;大批哀悼者聚集在挂着银质枝形吊灯的拱顶下,聆听多布诺教长的祈祷。仪式的最后,小索菲、马克斯和恩斯特手拉着手,缓缓走近棺材。一名通讯员写道:"他们低着头,小小的身体不时因啜泣而颤抖。手帕始终在他们的眼眶周围飞舞。"[57]

正午时分,仪式宣告结束。伴随礼拜堂的钟声,禁卫乌兰骑兵团的士官从棺材架上取下斐迪南大公的棺材,开始抬着它往外走。科诺皮什捷的猎户抬着索菲的棺材紧随其后。风暴再次袭来,大雨倾泻而下。悲伤的送葬队伍迈步前行,朝斐迪南大公在礼拜堂正下方修建的新地下室走去。入口处有一个很急的弯。斐迪南大公生前经常拿它开玩笑说，等他无可避免地走向死亡之后，抬棺者一准儿会不小心把他的棺材撞到墙上。如今，他的预言应验了。在抬棺者来回移动，奋力同拐角做斗争的过程中，镀金的铜质棺材撞上了大门的边缘，蹭掉了墙边的灰泥，差点把棺材摔到地上，费了九牛二虎之力才来到拱顶凹室的跟前。[58]离开地下室之前，三个孩子眼含泪水，手拉着手，由马克斯走上前去，把他们的一张小相片放在父亲的棺材上。[59]斐迪南大公和索菲将永远安息在这里。两个一模一样的白色大理石墓室上方，用拉丁语刻着这样的铭文：Iuncti coniugio Fatis iunguntur eisdem（他们携手步入婚姻的殿堂，亦携手遭遇同样的宿命）。

第十九章
沉入遗忘的深渊

大多数人都一致认为，萨拉热窝事件是一场悲剧；然而，当1914年太平盛世般的夏天铺展在他们面前的时候，却很少有人预料到，事件将导致如此严重的间接后果。动荡和地区性的冲突从未停息，但是，自1870年的普法战争以来，欧洲从未陷入大规模的战争状态，因此，当时几乎没有人意识到战争已迫在眉睫。考虑到密谋者都是塞尔维亚民族主义者，时人预计，奥地利肯定会对贝尔格莱德进行某种程度的军事恐吓与外交威胁，但他们相信，最终，和平必将占据上风。于是，贵族人士开始把注意力转向享乐，转向正处于最后阶段的夏初伦敦上流社会社交季，转向在马林巴德和多维尔度假、在蒙特卡洛赌博、在巴黎的马克西姆餐厅享用豪华晚餐以及在基尔和考斯乘游艇出行的计划。没有人察觉到，洋洋得意、沾沾自喜的爱德华七世时代已然结束，很快就将被一个新的世纪——用斐迪南大公和索菲的鲜血洗礼的20世纪——所取代。

随着萨拉热窝事件背后的种种细节慢慢浮出水面，旧秩序只用了三十天时间就一头扎进遗忘的深渊，把斐迪南大公和索菲彻底抛在脑后。在密谋的参与者中，只有穆罕默德巴希奇一个人得以脱身，逃到了黑山。虽然跟奥地利缔结过引渡条约，可黑山不仅拒绝交出此人，还安排他继续出逃。普林齐普和查布里诺维奇被奥方逮捕。萨拉热窝市的法官莱奥·普费弗花了几天的时间审问他们的罪行。两人的最终供词小心地隐瞒了"黑手"组织和塞尔维亚情报官员在事件中所扮演的角色。伊利奇、格拉贝日、丘布里洛维奇和波波维奇也遭到围捕和审讯之后，更多的细节才逐渐让事件变得豁然开朗。事件发生后的第一个星期里，奥地利的官员就已经知道：多名信奉民族主义的塞尔维亚高官——包括坦科西奇少校和米兰·齐加诺维奇——在贝尔格莱德对普林齐普和他的同伙进行训练，把从塞尔维亚军火库里拿出来的炸弹和左轮手枪发给他们；塞尔维亚的公务员还协助这伙人偷渡至波斯尼亚。[1]虽然变来变去的故事和精心编造的谎言在一定程度上干扰了调查，导致奥方误把"人民保卫者"组织当成密谋的煽动者和协助者，但是，奥地利人指控中的要点部分基本都是正确的。

塞尔维亚在积极的和解与公开的对抗这两种截然相反的态度之间疯狂摇摆。事件发生两天后，贝尔格莱德向维也纳方面保证，它将"尽一切努力证明，它绝不姑息其境内任何有意助长反奥宣传的活动……绝不让这些处心积虑、一心破坏两国脆弱关系的行为得逞"。[2]然而，消息发出仅仅几个小时之后，面对奥地利的合作请求，贝尔格莱德的外交部却敷衍而又轻蔑地表示，"到目前为止，尚未发现任何反奥活动；刺杀事件完全与塞尔维亚政府无关"。[3]

这促使维也纳方面相信，现在已经有足够的理由来对贝尔格莱德展开报复了。不出所料，好战的康拉德·冯·格岑多夫立即敦促对塞尔维亚采取行动。不过，外交人员则多少表现得更谨慎一些。战争或许是必要的，甚至可以说是求之不得，但是，如果战争真的即将来临，那就必须先征得国内民众和奥匈帝国最主要的盟友——德国——的同意。前一个问题很快便自行得到了解决：斐迪南大公虽然算不上人人爱戴，可毕竟有不少人**确曾**视他为帝国未来的救星。索菲的遇害更是引发了众怒。在萨拉热窝刺杀事件中，斐迪南大公和索菲命丧于刺客之手，而且，这些刺客亲口承认，他们与塞尔维亚的官员之间有着千丝万缕的联系，势必导致民众对贝尔格莱德的态度变得比之前更加强硬。更糟糕的是，在奥地利人本就义愤难平的情况下，少数塞尔维亚报纸还公开对刺杀行为表示赞许和庆贺，简直就是火上浇油。当维也纳方面对此表示抗议时，塞尔维亚首相帕希奇坚称，他没办法干预报纸的言论自由，除非它进行的是"革命暴动宣传"或者犯下针对塞尔维亚王室的"冒犯君主罪"。这样的借口显然并不足以抚平维也纳方面的怒气：如果贝尔格莱德的报纸刊登的是塞尔维亚国王的负面报道，帕希奇肯定会对此采取行动；而那些兴高采烈地庆祝奥匈帝国皇位继承人遇刺身亡的文章，在他看来却是可以接受的。[4]正如英国驻维也纳大使莫里斯·德·本森爵士所写的那样，这一切大大加剧了奥地利人本就日益狰狞的情绪。他报告称，在奥地利，人们越来越强烈地感觉到，"如果她继续对塞尔维亚的一派胡言忍气吞声，必将因此而失去她的强权和大国地位"。[5]

现在，奥地利开始试探德国方面的口风，想知道如果奥塞两国之间的冲突变得无可避免，德国将作何反应。为达此目的，老皇帝给德皇写了一封无比慷慨激昂的亲笔信，在信中痛斥"贝尔格莱德的这伙教唆犯罪者……这起血淋淋的罪行并不是完全由一个人犯下的，而是一桩精心策划的阴谋，并且，种种线索一路指向贝尔格莱德。虽然不可能真正做实塞尔维亚政府的同谋身份，但毋庸置疑的是，该政府将全体南斯拉夫人统一在塞尔维亚的旗帜之下的政策，怂恿和助长了此类罪行。长期以来，该局面的形成对我的家族和我的领土始终是一个威胁"。他最后补充道，"我国政府必将把孤立和削弱塞尔维亚作为未来的任务"。[6]

对朋友被害的愤慨，再加上他本来就觉得塞尔维亚纯属强盗和土匪国家，促使德皇威廉二世同意了老皇帝的主张。不过，德皇也建议，奥方应尽快了结同麻烦的巴尔干国家之间的争端，以免引发其他国家的干预或者反对。德皇说，这"纯粹是奥地利的国内事务"，不应牵涉到德国的军事力量。在他的设想中，即将爆发的并不是一场全面战争，而是一场立即的、有限的军事袭击，旨在围捕密谋的参与者，揭露塞尔维亚政府跟这伙人串通一气的事实。他确信，不必担心俄罗斯帝国的介入和斡旋，"因为，沙皇绝不会支持"刺杀皇室成员的凶手。塞尔维亚只能俯身屈从于奥地利的要求，整件事几天之内就能得到解决。[7]

然而，事实是，局势被奥地利方面拖得无比漫长。维也纳的官员争论不休，花了两周的时间才起草完准备递交给塞尔维亚的正式要求清单。常有人把这份文件形容为不同意就意味着军事行动的最后通牒，可事实是，奥方提交的不过是"外交照会"，是有时限的正式要求清单，至多以断绝外交关系为威胁。[8]

所有人——包括贝尔格莱德的官员——都清楚，这一刻迟早会到来。塞尔维亚通过外交渠道暗示，他们只能提供有限的合作。文件还有一周才送来的时候，贝尔格莱德方面就放出话来，说它拒绝任何组建奥塞联合调查委员会的请求，拒绝交出任何嫌疑犯，无视镇压煽动性民族主义社团的呼吁，反对审查和删改歌颂刺杀行为的挑衅性报道，坚称此类举措"意味着外国势力对国内事务的粗暴干涉"。[9] 几天后，帕希奇警告塞尔维亚驻各国公使馆，国家"绝不会服从于或将有损塞尔维亚尊严的要求，因为，这些要求对任何有意尊重并维护自身独立地位的国家来说，都是不可接受的"。[10]

7月23日星期四晚上六点，奥地利驻贝尔格莱德公使将外交照会递交给塞尔维亚财政部长。外交照会先是概述种种证据，暗示刺杀事件是在贝尔格莱德策划并在塞尔维亚官员的协助下完成的。之后，照会列出十点要求。这些要求包括：镇压一切参与反奥宣传的出版物；解散鼓吹暴力反抗奥地利的塞尔维亚民族主义社团；清除塞尔维亚的学校内使用的反奥教育宣传物；免去所有公然助长反奥宣传的军政官员的职务；抑制主张塞尔维亚与波斯尼亚合并的呼声；在塞尔维亚成立刺杀事件联合调查组，由它来审讯所有被逮捕的嫌疑犯；立即逮捕坦科西奇和齐加诺维奇；保证阻止从塞尔维亚到波斯尼亚的非法武器和爆炸物运输，并惩办帮助密谋者偷渡过境的边防官员；对塞尔维亚官员表达对奥敌视态度的评论做出解释；塞方应出具书面确认，表明塞尔维亚政府有意对清单上的内容采取行动。照会后面还附上了从密谋者的供词中摘录的证据，并要求塞方在7月26日星期六晚上六点之前予以答复。[11]

这当然是一份气势汹汹、强加于人的清单。英国外交部长爱德华·格雷爵士对这份照会有过一番著名的言论："在一个独立国家发给另一个独立国家的文件中，这是我所见过的最耸人听闻的一份。"[12] 然而，事后再看这份照会，除了短到可怜的答复时限之外，奥地利的其他要求并不算无理取闹。塞尔维亚**确曾**窝藏极端组织，并准许学校和报纸进行反奥宣传。该国的军界和情报界精英**确曾**武装和训练激进分子；该国官员**确曾**帮助极端分子越境至波斯尼亚；该国的政府要员，包括首相本人，也**确曾**提前获知这场阴谋。帕希奇把个人得失——政府的再度选举和自己的性命安危——至于国家的前途命运之上。塞尔维亚本可以阻止刺杀事件的发生，但事实是，它只给维也纳方面发去一份虚弱无力、故意模棱两可的警告，谈及可能在萨拉热窝遭遇的危险，放任密谋者成功得逞。历史学家戴维·弗罗姆金写道："如果一国政府软弱到无力在其境内执行法律，无力阻止其领土被用来伤害其他国家，那么，它也就失去了在这方面宣示国家主权的权利。"[13]

作为父亲的代理，读完奥方的外交照会之后，塞尔维亚储君亚历山大立即把目光转向俄国。他在给沙皇尼古拉二世的电报中写道："奥匈帝国照会中提出的要求，对塞尔维亚无论如何都是一种不必要的侮辱，与她独立国家的尊严不符。"他补充说，只有一定数量的要求是可以接受的，并呼吁沙皇忠于自身"高贵的斯拉夫人之心"，"尽可能快的"帮助塞方组织防御。[14]他在一天之内就得到了答复。沙皇写道，储君先生"完全可以放心，俄国绝不可能对塞尔维亚的命运不闻不问"。[15]有了俄方的保证，贝尔格莱德决心冒险承担后果。政治考量也在决策中起到了一定的作用：塞尔维亚还有一个月就要举行政府选举了，帕希奇深知，一旦在跟奥方打交道时示弱，势必给国人留下懦夫的印象。[16]

7月25日下午六点的最后期限之前几分钟，贝尔格莱德向奥地利公使馆递交了答复。塞尔维亚的答复堪称不置可否、含糊其词方面的杰作。历史通常将答复描绘成一种近乎彻底举手投降的行为，并声称，塞尔维亚接受除两点之外的全部要求。事实上，正如弗罗姆金所指出的那样,"历史学家早已不再相信这些说法"。[17]塞尔维亚故意使用模棱两可的词句,对贝尔格莱德提前获悉刺杀事件的情况佯装不知,还谎称密谋参与者已不在塞尔维亚境内,只对照会中的某些条款部分表示同意,对其他要求则一概拒绝。在奥方的十点要求中,只有两点能达到接近遵守的程度;至于其他八点要求,要么被完全拒绝,要么被塞方用故意模棱两可的语言改写。[18]有鉴于此,奥地利驻维也纳公使表示,塞方的答复不符合要求,并当即宣布断绝同塞方的外交关系。当天晚上六点半,奥地利公使馆全体成员搭乘一列驶往维也纳的火车离开了这个国家。

塞尔维亚精心设计这样的答复,是为了混淆外人的视听。有了俄国的保证之后,塞方显然已做好应对军事行动的打算。递交答复的前一天,约万诺维奇向法国驻维也纳大使透露,塞尔维亚"已做好进行全面抵抗的准备"。他说,塞尔维亚的军队兵强马壮,若奥地利对他的国家发起进攻,还可指望斯拉夫人在哈布斯堡家族的帝国内部掀起叛乱。[19]递交答复前三小时,塞尔维亚成为第一个下达针对奥地利的总动员令的国家。[20]与此同时,或许并非巧合的是,俄国其实也于前一天下达了针对奥地利的秘密局部动员令,后来还故意篡改文件,以掩盖这一事实。[21]

这些好战的举动加重了老皇帝肩上的压力。他最初的设想究竟是什么,至今仍旧不为人所知。他是不是认为,奥地利可以对塞尔维亚进行一场有限的军事行动,从而一劳永逸地给后者的反奥煽动宣传和恐怖主义活动画上句号?又或者,他是否意识到,跨越全欧洲的联盟体系将无可避免地导致一场燃及整个欧洲大陆的战争?在做出决定之前,他显然曾有过不少挣扎和纠结,但最终,他还是于7月25日晚上签署了总动员令。他担心,此举或将意味着奥地利覆灭的开始。他苦涩地评论道，"如果奥地利的君主政体真的要亡，那至少也该让它亡的体面一些"。不出十天，整个欧洲都加入了这场致命的战争华尔兹。[22]

战争开始的时候，用自己的行为引发这场惊天浩劫的年轻人正在牢房里等待审判。虽然这些年轻人无情地夺走了斐迪南大公和索菲的生命，可波斯尼亚的法律却不能对他们做一样的事情：国家的宪法规定，任何二十岁以下的公民，即便被判谋杀罪成立，也不能对其执行死刑。得知这个消息之后，在萨拉热窝菲利波维奇兵营的临时法庭，当审判总算于1914年11月开庭的时候，普林齐普和他同伙们的脸上不免露出轻蔑的神情。

由三位法官组成的审理委员会将决定他们是否有罪。他们全都到场出庭，却在有关阴谋的问题上撒了谎，当被问及贝尔格莱德的官员是否知晓阴谋存在或者协助阴谋得逞的时候，他们一概予以否认。普林齐普坚称："我不觉得自己是罪犯，因为，被我收拾掉的那个人是一个作恶多端的家伙。"[23] 他还声称，索菲的死是一个意外。但这显然难以让人信服。见到斐迪南大公之后，普林齐普过了几秒钟才射出致命的子弹。站在距离车侧只有不到5英尺（1.524米）的地方，他不可能看不见车上的索菲。事实上，他甚至曾经亲口承认说，看见女公爵之后，他犹豫了一小会儿，可最终还是开了枪。

格拉贝日也承认自己有罪，但他坚称，刺杀事件是"人类历史上最伟大的功绩之一"。[24] 查布里诺维奇起初也试图效仿两人的傲然态度，说他之所以参与这场阴谋，是因为，"我们听说，斐迪南大公是全体斯拉夫人的死敌"。但接着，他的假面具便出现了裂缝。他谨慎地说："尽管如此，我们全都感到十分遗憾，因为，我们之前不知道已故的斐迪南大公是当了爸爸的人。他死前对妻子说的话让我们深受触动。"随后，他用低沉的声音补充道："我谦卑地向皇位继承人的孩子致以歉意，并恳请他们原谅我们。"一旁的普林齐普再也看不下去了。他从座位上跳起来喊道，查布里诺维奇的话并不代表他的立场。[25]普林齐普挑衅般地宣称："我没什么要为自己辩护的。"[26]

审理委员会对几个人分别作出判决。普林齐普、查布里诺维奇和格拉贝日被判入狱二十年。作为密谋者中年龄最大的成员，达尼洛·伊利奇被判处绞刑。丘布里洛维奇和波波维奇被判入狱十三年。[27]

三位如此漫不经心地改变了整个世界的年轻人，在波希米亚的特雷西恩施塔特监狱里度过了他们人生最后的时光——艰苦的铁窗生活无疑加重了他们的结核病病情。格拉贝日于1916年11月因病不治身亡。普林齐普虽企图用毛巾上吊自杀未遂，却是三个人中活得最久的一个。他坚称，刺杀事件与第一次世界大战的爆发毫无关联。一位来监狱探访的医生记录道，普林齐普"并不觉得他自己应该对这场惊天浩劫负责"。[28]生命的最后几年里，他一直饱受结核病的折磨：他的左臂被截肢；1918年4月28日，当他终于咽气时，体重已降低至不足90磅（约40.8公斤）。[29]

内德利科·查布里诺维奇是三个人中最先去世的一个，但在此之前，他的牢房里上演了一出意义非凡的场面。小索菲、马克斯和恩斯特从未踏进萨拉热窝的临时法庭，但他们听说了查布里诺维奇的道歉。他们表现出足以令冰冷的帝国宫廷为之羞愧的宽宏之姿：小索菲和马克斯给这名年轻的刺客写了一封信；只有恩斯特拒绝在信上署名。[30]为斐迪南大公和索菲做临终祈祷的耶稣会神父安东·蓬蒂甘带着信来到特雷西恩施塔特监狱，并把它交到牢房中的查布里诺维奇手里。小索菲和马克斯在信中写道，他们知道这位年轻的密谋者在法庭上表现出悔意，并作出道歉。他的良心可以平静下来了：他们完全原谅了他在他们父母遇害的过程中所扮演的角色。[31]

1916年1月23日，小索菲、马克斯和恩斯特得知了查布里诺维奇去世的消息。他们的姿态既是他们深刻宗教信仰的体现，也是变成孤儿的三个孩子从小接受的乐观主义养育方式的证明。他们的父母一直都知道，三个孩子以后的生活肯定会变得很艰难。作为奥地利未来皇位推定继承者的贵贱通婚后代，小索菲、马克斯和恩斯特只能生活在阴影之中，饱受父母间身份地位鸿沟的煎熬：一边是他们父亲流光溢彩、辉煌夺目的世界，另一边则是他们母亲脆弱的社会接受度。斐迪南大公和索菲用务实的乐观主义把三个孩子武装起来，教他们如何在一个他们永远不会被接受为哈布斯堡皇族成员的世界里生存。

毋庸置疑的是，他们的遭遇引发了社会各界的广泛同情。在一封写给玛丽女王的信中，索菲的表外甥女巴耶-拉图尔伯爵夫人伊丽莎白倾诉了她有多么为"这些温柔、可怜的孩子而悲伤"。她宣称，在小索菲、马克斯和恩斯特

苗壮成长的过程中，一直没有停止跟父母的接触。这是一对多么优秀的父母啊！孩子们从不知伤害和疼痛为何物：他们总是**沐浴在**最美妙的爱、关心和体贴之下，他们的家就像人们经常在书里读到、却从未在现实中见到的那样。而现在，他们孤零零地站在那里，他们的整个人生都毁了。他们的小生命完全

只建立在**一件**事物上：他们父母的爱和温柔的密切关怀。他
们甚至不知道自己是谁或者是什么。没有任何人能理解他们。
他们都是最敏感、最黏人、最心软的小孩。[32]

对快十三岁的小索菲、十二岁的马克斯和十岁的恩斯特来说，
那个宿命般的星期天上午射出的两枚子弹，夺走了他们的青春和天
真。他们现在要面对的，是一个全然陌生的世界。父母的葬礼结束
后，他们并未留在阿特施泰滕，而是回到了赫卢梅茨镇。1914年7
月4日晚些时候，他们搭乘的经停列车抵达维也纳。三个孩子生平
第二次也是最后一次跟老皇帝见了面：在美泉宫进行的这次会面，
虽然是在私下里进行的，却安排得相当正式。[33]斐迪南大公的曾孙
女霍恩贝格侯爵小姐索菲评论道："弗朗茨·约瑟夫不是一个非常
热心肠的人，所以当时的场面略显冷淡。"[34]听完老皇帝的哀悼和慰
问之词，三个成了孤儿的孩子此后再也没有见过他。[35]

在这个新世界里，三个孩子所要担心和忧虑的事情很快就变得
显而易见起来。在斐迪南大公生前，有关他小气吝啬的风言风语层
出不穷，有关他贪婪无度的夸张故事更是广为流传。当对此深信不
疑的人得知他死的时候还欠着债的消息之后，个个都露出大惑不解
的神情。他当然并非一贫如洗，他名下的地产仍旧价值可观，但实
际可用的现金却几乎为零，而其余的有价之物则统统被用于支付以
前的银行贷款。索菲的个人资产价值约220万克朗（按照2013年
的兑换比计算，约合1 100万美元）：只有200多件珠宝首饰，外加她
的礼服和皮衣，以及她的银行存款和证券。索菲的所有这些财产都
被分给了她的三个孩子。[36]但是，根据斐迪南大公1907年遗嘱中的
条款，埃斯特家族的祖产以及前摩德纳公爵在维也纳和意大利的各

种钱财和房产，都归卡尔大公继承。为了供给孩子们的日常生活所需，斐迪南大公的律师安排维也纳的帝国收藏部购入斐迪南大公的民间艺术品及其他手工艺品，并将其在公共博物馆里展出。这笔买卖共换来50万克朗（按照2013年的兑换比计算，约合250万美元）。图恩侯爵雅罗斯拉夫（斐迪南大公的大姨夫，同时也是他在遗嘱中指定的遗嘱执行人）旋即将这笔钱以三个孩子的名义进行投资。在遗嘱中，斐迪南大公将索菲指定为他的主要受益人；既然她也随他离开了人世，其中的大部——包括科诺皮什捷城堡、阿特施泰滕城堡、勒林村和维也纳城内的几处房产——便转而由马克斯来继承。恩斯特得到赫卢梅茨镇的继承权，他和小索菲还得到一定程度的经济补偿。尽管如此，缺少现金仍旧意味着无尽的担忧：地产维护费、员工的薪水和养老金很快便耗尽了所有可用的资金。最后，老皇帝为他们提供了一份40万克朗（按照2013年的兑换比计算，约合130万美元）的年度津贴。[37]

图恩侯爵和他的妻子玛丽尽可能让小索菲、马克斯和恩斯特被爱和关注所环绕。他们的小姨亨丽埃特更是如此，简直成了三个孩子的第二任母亲。小索菲曾经用一组系列画来表达她对此的纪念：画中，几只失去父母的小鸡被一只新的母鸡所救；这里的新母鸡显然指的是她亲爱的小姨。马克斯的孙女阿妮塔回忆称，亨丽埃特"尽可能抚平孩子们内心的创痛，帮助他们熬过这一连串糟糕透顶的戏剧性事件"。恩斯特尤其需要这样一份关注。父母遇刺身亡之后的几年里，抑郁、食欲不振与频繁患病成了三个孩子生活的主旋律。不过，靠着宗教信仰和年轻人的韧劲，他们终于在亲戚们打造的保护茧中重新鼓舞起了精神。亨丽埃特坚定地认为，孩子们固然失去了父母，但是，"他们应该拥有一段快乐的青春"，不仅要给予他们关注,还要尽可能让他们生活在令人舒心的熟悉环境里。[38]

　　在维也纳和阿特施泰滕的日子也算波澜不惊,但在大部分时间里,三个孩子更愿意待在科诺皮什捷——在他们看来,这座城堡才是他们真正的家。私人家庭教师帮助他们继续完成学业。马克斯和恩斯特参加了维也纳苏格兰高级中学的入学考试。一直有观点认为,斐迪南大公和索菲是一对难伺候、要求多、不好相处、吹毛求疵的麻烦主顾,然而,事实是,两人去世之后,即便财政上出现了困难,他们手下的大部分内务人员和工作人员仍旧全心全意为三个孩子服务,让笼罩在这对夫妇身上的种种谎言不攻自破。比如,蒙泰诺沃曾无情地通知忠心耿耿的亚纳切克,既然他的主人死了,以后他就不再是皇室雇员了,不仅领不到维也纳发给他的薪水,连退休后的养老金也随之告吹。亚纳切克并未屈从于这些铁石心肠的决定,毅然决然地跟随小索菲、马克斯和恩斯特来到科诺皮什捷。[39]

　　在这个日益陷入动荡和纷争的世界,科诺皮什捷成为一处守卫安宁与平静的堡垒。伴随四处飞落的炮弹,无数年轻的生命葬送在泥泞的战壕里,令整个欧洲都为之战栗和震惊。但在郁郁葱葱的波希米亚乡间,在香气扑鼻的玫瑰园,乍看之下,战争的恐怖与狰狞似乎与之相隔千里。不过,作为这场战争制造的第一批孤儿,过去几个月里,三个孩子不仅亲眼见到搭载伤员的医疗列车,目送挤满军队官兵的交通工具带着他们走向几乎必然的死亡,还亲身感受了让餐桌上再也见不到大鱼大肉的配给制。整个欧洲都因萨拉热窝事件释放出的混乱与动荡而改变。

　　大公夫人玛丽亚·特雷莎早就知道这一切终将会来临。她继子的后代们始终让她放心不下。现在,她认定,是时候该去找德皇求助了。1914年6月，德皇和斐迪南大公在科诺皮什捷城堡共度了两天的时光。在这两天里，他们不仅一起欣赏玫瑰、讨论战略联盟，还一起仔细斟酌过马克斯的未来。战争几乎总是意味着国家疆域的改变。现在，德皇提出的建议——有朝一日，把洛林变成一片独立的领地，让马克斯做统治这片领地的大公——突然间似乎不再仅仅是茶话会上的闲谈。于是，在1916年，玛丽亚·特雷莎致信德皇威廉二世，礼貌地提醒他，他之前的想法将有助于确保孩子们的安全。那些说威廉二世根本懒得搭理她的故事都是错的。事实上，他就这件事给玛丽亚·特雷莎写了一封长信。他仍旧支持自己的这个想法，只是目前的情况导致他没法单方面采取行动。这项提议必须得到政府官员的签字批准，可战争结束之前，恐怕任何事都不大可能获得最终的定夺。这场新大公国之梦就这样成了政治权宜的牺牲品。[40]

1916年11月21日，在位近六十八年的弗朗茨·约瑟夫以八十六岁的高龄去世。新皇帝卡尔最先下达的命令之一，就是解除蒙泰诺沃的职务。接着，卡尔开始试图弥补蒙泰诺沃所造成的伤害。1915年，图恩侯爵雅罗斯拉夫向老皇帝建议，应该为霍恩贝格侯爵家族设立新的盾徽，可弗朗茨·约瑟夫却拒绝将这样一份殊荣授予他已故侄子的遗孤。事实证明，卡尔比老皇帝要通情达理得多：他不仅同意了设立新盾徽的请求，还把马克斯从侯爵晋升为公爵，并在帝国世袭贵族名录中添上霍恩贝格家族的名字。[41]卡尔打算为三个孤儿提供一个可靠的未来。经过一番讨论，他决定废止三个孩子每年从国库获得的津贴，并以此为交换，把两处能产生收入的地产——拉德默和艾泽纳茨——以及它们周围满是木料和猎物的森林登记在他们的名下。[42]不论未来发生什么，卡尔的行动都确保斐迪南大公和索菲的孩子不必再把希望完全寄托于奥匈帝国的命运。

卡尔此举的先觉性和预见性几乎可以用不可思议来形容。不出六个月，哈布斯堡家族的帝国便走到了灾难的边缘。卡尔内敛而又矜持，对宗教怀有深深的虔诚，实在是一位不幸的皇帝，不仅应付不了皇帝的重任，还完全反对他所一并继承的这场战争。事实上，他的和平主义倾向成为他身败名裂的祸根。到1918年春，食物短缺、罢工和不满情绪持续蔓延。在前一年的俄国革命中，统治俄国的罗曼诺夫皇朝被一网打尽；对同盟国来说，美国的参战标志着一个不祥的转折点。为了避免让他的国家蒙受不必要的流血和杀戮，让他的皇位避免遭遇跟罗曼诺夫家族一样的下场，卡尔企图单独同协约国媾和，却未能取得成功。消息泄露出来之后，卡尔曾予以否认，可信件的公开却揭穿了他的谎言，对君主制的不满也因此变得愈发强烈。[43]

到1918年11月，一切都结束了。萨拉热窝事件之后，成百上千万的死亡终于停了下来。柏林陷入一片混乱。11月10日，在《贡比涅停战协定》终结战争的前一天，德皇威廉二世宣布退位，逃到了荷兰。维也纳也陷入了骚动和暴乱。整个11月，军政官员纷纷涌向美泉宫，异口同声地敦促卡尔以德皇为榜样，宣布退位。闻听此言，卡尔的妻子齐塔惊恐万分。她坚称："国王绝不可能主动退位，只能被他人罢黜或者推翻。"于是，在妻子的挑唆和怂恿下，卡尔在一份宣布"暂时让出"国家职权的文件上签字。在这份声明的构想中，有一天，皇帝或许会回来重新掌权。[44]

这一天永远也不可能到来。奥地利宣布自己为共和国。骄傲的哈布斯堡皇朝，跟俄国的罗曼诺夫皇朝和德国的霍亨索伦皇朝一样，成为历史浪潮的牺牲品。出生至今，小索菲、马克斯和恩斯特经历过不少事情：先是在皇座的阴影下以暧昧的身份过着双重生活，而后又遭遇了父母的双双离世和战争的艰难困苦。如今，他们的皇室保护者不在了，他们降生在的帝国也陷入了被遗忘的深渊。三个孩子只能不安地揣测，未来还会有什么在等待着他们。

第二十章
萨拉热窝事件的涟漪

哈布斯堡皇朝的覆灭就像斩断了一根历史悠久、被世人习以为常的线，让这个陈旧过时的帝国再也没有了维系下去的可能。此前，迥然不同的民族和省份全靠古老的传统和帝国的征服才跟维也纳捆绑在一起；现在，这些民族和省份全都变得分崩离析。正如很少有人能够想象一个没有弗朗茨·约瑟夫领导的帝国，从君主制帝国到共和国的突然转变同样让人一时难以接受。不过，革命毕竟饶过了哈布斯堡家族，没有让他们遭遇跟俄罗斯的罗曼诺夫家族一样的下场：强加给他们的只是放逐，而非处决。

奥地利官方严令禁止任何哈布斯堡家族的成员进入该国，除非他们事先发布声明，放弃对并不存在的皇位的追索权。不过，禁令对小索菲、马克斯和恩斯特不构成任何影响，因为，他们从来就不是哈布斯堡家族的成员。新政府承认斐迪南大公1900年放弃子女皇位继承权声明的有效性，视三个孩子为独立的个体。当前哈布斯堡家族的房产和财物统统被收归国有的时候，小索菲、马克斯和恩斯特有幸得到豁免。

不过，波希米亚的情况可就不是这样了。1918年11月28日，捷克斯洛伐克宣布脱离奥地利，成立新的独立国家。对科诺皮什捷城堡的霍恩贝格家族来说，这无疑标志着麻烦的开始。最初，新政府将这处地产置于它派去的新管理员的"保护性看管"之下。这位管理员把大部分时间都花在仔细给城堡内的每一件物品登记造册上。这显然不是什么好兆头。随着捷克斯洛伐克民族主义情绪的日渐高涨，对此前统治他们的哈布斯堡家族的仇恨和敌视态度也变得越来越强烈。现在，哈布斯堡家族正被他们描绘成不受欢迎的占领者，多年以来一直在欺凌虐待这个国家和它的人民。为了取悦读者，布拉格的报纸开始刊登有关斐迪南大公和索菲的虚假故事，讽刺他们所谓的小气和吝啬，批评他们据称对员工采取的粗暴对待。只要是跟这对夫妇有关，任何故事都不至于显得太过荒谬。英国记者亨利·威克姆·斯蒂德臭名昭著的"科诺皮什捷协定"成为最受追捧的故事主题之一。这名记者声称，1914年6月，斐迪南大公和德皇威廉二世在科诺皮什捷城堡里策划了第一次世界大战。不论是这份报道于1916年第一次在报纸上刊登的时候，还是1919年的现在，都看不出这个故事有任何的可信度。然而，为数众多的协约国宣传员却不遗余力地把它当作事实来宣扬和传播，以便将挑起战争的责任完全栽在德奥两国的头上。事实证明，捷克斯洛伐克的新政府同样缺乏辨别是非的能力。布拉格的官员来到科诺皮什捷，花了几天时间在城堡内搜寻所谓的秘密隔音房间。他们坚称，斐迪南大公和德皇正是在这个房间里对战争进行了谋划。[1]

虽然并未发现一丝足以证实此类幻想的痕迹，可日益歇斯底里地把捷克斯洛伐克的不幸归咎于斐迪南大公和他的皇朝，意味着城堡内的气氛正变得越来越让人不自在。起初不过是布拉格派来的管理员制造的小麻烦，但没过多久，当地人就开始入侵城堡的庭院，在花园里漫步，在窗户下面挥舞捷克斯洛伐克的新国旗；总的来说，这一切让城堡内的生活变得相当令人不快。[2]报纸激起公众舆论对已故的斐迪南大公和他家人的敌对仇视情绪，也让索菲的妹妹、一直跟外甥和外甥女同住在科诺皮什捷的亨丽埃特开始担心起三个孩子的人身安全。对整个欧洲大陆的前皇室/王室成员们来说，这无疑是一段充满不确定性的时期。在报复心的驱使之下，聚众闹事偶尔还会演变成更加无法无天的行为。暴力夺走了他们父母的生命。三个孩子会变成下一个牺牲品吗？

图恩侯爵雅罗斯拉夫决定，没必要让孩子们以身试险。跟小姨子亨丽埃特讨论过后，他建议所有人最好离开科诺皮什捷，到泰特申跟他和他的妻子玛丽住在一起。他把计划透露给诺斯蒂茨-里内克伯爵埃尔魏因——他的弟弟利奥波德娶了玛丽的妹妹、亨丽埃特的姐姐卡罗利娜为妻。两人决定，应该让埃尔魏因的大儿子弗里德里希去一趟科诺皮什捷，把小索菲、马克斯、恩斯特和亨丽埃特安全地护送回泰特申。一切都要悄悄地进行，以免惊动捷克斯洛伐克当局。1919年4月的第一个星期，弗里德里希以拜访他远房表亲的名义来到科诺皮什捷。他甚至在城堡大厅的皮面访客簿内写了自己的名字，浑然不知他即将成为科诺皮什捷历史上最后一位私人访客。[3]

1919年4月16日，在弗里德里希伯爵有机会偷偷把亨丽埃特和三个孩子带到安全的地方之前，捷克斯洛伐克政府就采取了行动。当时，距离《圣日耳曼昂莱条约》——这份旨在肢解奥匈帝国的条约把波希米亚分给了新生的捷克斯洛伐克——的最终认可和批准尚有五个月的时间，可布拉格方面却决定无视法律上的细枝末节，宣布没收所有前哈布斯堡皇朝的财产。这项决定并非个例，奥地利境内也在发生同样的事情。声明中真正让人吃惊的地方在于，捷克斯洛伐克政府不顾一切先例、传统和证据，武断地宣布，从未享有该身份的小索菲、马克斯和恩斯特也算是哈布斯堡家族的成员，从而将科诺皮什捷和赫卢梅茨镇也纳入收缴的范围。[4]

布拉格方面援引《圣日耳曼昂莱条约》的第208条来证明其行为的正当性。然而，在1919年4月，该条约并未生效；直到当年的9月10日，才正式签字批准了该条约。布拉格方面显然认定，与其乖乖遵守法律，还不如非法提前采取行动。不过，就算等到9月才行动，也没法证明其行为的合法性。因为，第208条的规定相当具体，只有"奥匈君主帝国的联合财产、皇帝的全部财产和奥匈帝国前统治家族成员的私有财产"可以被合法收缴。[5]

第208条的用语相当明确。科诺皮什捷和赫卢梅茨镇从来都不属于哈布斯堡皇室。购买科诺皮什捷用的是私人基金；赫卢梅茨镇也并非来自哈布斯堡家族，而是斐迪南大公继承的埃斯特家族遗产的一部分。1916年，两处地产都合法地归斐迪南大公的后代继承：马克斯得到科诺皮什捷，恩斯特得到赫卢梅茨镇。他们俩都是普通公民。强行把他们当作哈布斯堡家族成员这件事，在法律上没有任何回旋的余地。布拉格方面一向承认斐迪南大公1900年放弃子女皇位继承权声明的有效性。这份声明并不像他们现在坚称的那样，仅仅是家族内部的私人协议，而是奥匈帝国法律的组成部分。就连帝国议会都为该誓言下达了正式的通知书，认可其在法律上的有效性。斐迪南大公的三个孩子并不是皇室成员；如果他们是的话，那老皇帝死后，继承皇位的就不会是卡尔，而应该是他们了。[6]

图恩侯爵立即对非法没收提出抗议，可捷克斯洛伐克政府却拒绝做出让步。向海牙国际法院的上诉没有取得任何结果，向《圣日耳曼昂莱条约》协约国签署方的请愿也遭到漠视。签署方有责任监督条约的正确执行，可事实上，似乎没有任何人在乎捷克斯洛伐克政府采取的非法行动。获胜的协约国政府没完没了地重复斯蒂德编造的"科诺皮什捷协定"谎言，对战败国势力本来就没有多少悲悯之心，对斐迪南大公的家人自然也就更谈不上任何同情了。应斐迪南大公的朋友波特兰公爵的要求，英国外交部长亲自出面干预此事，同捷克斯洛伐克总统托马什·马萨里克进行交涉。马萨里克向英国外交部长保证，马克斯和恩斯特很快就将被认可为这两处地产的合法所有者；只是，地产的面积会被国家扣走一部分。[7]

这份承诺为布拉格方面争取到了时间，可捷克斯洛伐克的官员却并不打算信守他们立下的诺言。图恩侯爵有理有据的论点肯定让他们感到了不安，因为，在经过一年多争议不断的申请之后，捷克斯洛伐克政府突然单方面采取了行动。1921年，总理爱德华·贝内什推动议会通过了一项法案，意图解决这件事存在的法律漏洞。这份新的354法案无视《圣日耳曼昂莱条约》第208条中的明确规定，更无视孩子们贵贱通婚后代的身份，首次把"斐迪南大公和他子嗣"的财产也列入收缴的范围。这有点玩反溯性文字游戏的意味，不仅无视条约中的限定性条款，还无视这样一个事实：马克斯和恩斯特是被明确认定的独立个体，而且，自1916年起，科诺皮什捷和赫卢梅茨镇便分别登记在他们两个人的名下。[8]

持续的抗议来的太迟了，根本起不了任何作用。1919年4月16日，就在捷克斯洛伐克政府未批先动、没收全部哈布斯堡家族财产的同一天,布拉格方面在毫无事先警告的情况下,强行把小索菲、马克斯和恩斯特从科诺皮什捷驱逐了出去。城堡的管理员只是简单地给三个人几分钟的时候收拾东西,之后便将他们逐出家门。每个人只被允许带一个小手提箱,里面装着几件衣服和他们现在的教科书。当马克斯试图取下挂在他卧室墙上的两张家庭照片时,他被粗鲁地告知,这些照片已经不再属于他了。童年玩具、大部分衣服、相册、信件、日记、斐迪南大公的制服以及索菲的大部分珠宝——所有这些东西统统不再是他们的了,而是突然间成了国有财产。可这并未阻止总统马萨里克的妻子和女儿不请自来,顺走城堡里的东西。索菲的皮衣消失在夏洛特·马萨里克的手里,她的女儿则拿走了斐迪南大公夫妇送给小索菲的最后一件礼物:一副精心制作的马鞍。离开前,三个孩子的行李甚至还被搜查了一遍,以确保他们没有拿走任何对捷克斯洛伐克政府有价值的东西。对三个孩子来说,科诺皮什捷才是他们眼中真正的家;然而,匆匆塞进手提箱的几件东西,却成为他们对这座城堡的唯一纪念。他们甚至被禁止踏入这个国家,连到捷克斯洛伐克走亲戚或者参加葬礼都必须先征得政府的特别许可。[9]

　　小索菲、马克斯和恩斯特的绝大部分收入都来自科诺皮什捷和赫卢梅茨镇。虽然失去了它们,但按照任何合理的标准来判断,他们都算不上一贫如洗。位于赖斯纳街的一座宫殿和维也纳的一栋公寓楼提供的租金,帮助补充了拉德默森林的微博收益。可是,这些都是资产,而非随时可供取用的现金;战后的通货膨胀偶尔还会让三个孩子饱尝生活的困苦。[10]尽管如此,一家人仍旧钟情于他们曾经拥有的这座古老的波希米亚城堡。这里曾经是他们的家,小索菲、马克斯和恩斯特从未放下失去它的哀伤。马克斯的儿子阿尔布雷希特侯爵回忆说:"一想起对他［马克斯］童年天堂的恶意毁坏,他的情绪就激动得不行。"[11]

被赶出科诺皮什捷之后,小索菲、马克斯和恩斯特开始在泰特申、维也纳和阿特施泰滕三地间来回辗转。阿特施泰滕虽然也是一座位于多瑙河上方的古老城堡,但对三个孩子来说,这里从来都不是他们的家。过去,每年夏天来此小住几个星期倒也还算愉快,但是,正如他的儿子霍恩贝格公爵格奥尔格所说,马克斯"从未真正喜欢过阿特施泰滕"。[12]阿特施泰滕的教堂地下室里固然埋葬着他们的父母,可这里对他们来说却在很大程度上是一个全然陌生的地方,丝毫没有像在科诺皮什捷那样的快乐回忆。

三个人的姨妈和姨夫试图为他们创造一些新的回忆;斐迪南大公的继母玛丽亚·特雷莎大公夫人更是像之前对待失去生母的斐迪南大公那样,持续存在于小索菲、马克斯和恩斯特的生活之中,抚慰他们的心灵,让他们感到安稳和踏实。阿尔布雷希特侯爵说:"我十分清楚地记得,我的父亲跟斐迪南大公的继母和她的女儿们建立起相当亲密融洽的友好关系。"[13]现在,正是因为有了这位大公夫人,霍恩贝格家族才能跟流亡的哈布斯堡家族巩固并加深彼此间的纽带。1918年,卡尔逃离奥地利,在葡萄牙的马德拉度过自己余下的时光,并于1922年早早离世。卡尔从未真正退位,因此,对皇位世袭主义者来说,他仍旧是他们的皇帝;在他死后,他年幼的儿子奥托大公从他手中接过哈布斯堡皇朝的衣钵。大公夫人玛丽亚·特雷莎尽力确保她的霍恩贝格孙辈们和前皇室家族之间的纽带依旧牢固。小索菲、马克斯和恩斯特对此没有任何疑虑,毫不犹豫地接受了重建旧日帝国的幻梦。奥托永远是他们心目中的正统皇帝,他们还始终不变地称呼他为"陛下"。[14]

因为萨拉热窝事件而变成孤儿的三个孩子现在已然成长为少男和少女,并着手在这世界上开辟属于他们自己的道路。小索菲第一个成家。虽然之前也在家族聚会上偶尔见过几次面,但是,自从她的远房表亲诺斯蒂茨-里内克伯爵弗里德里希于1919年春天来到科诺皮什捷之后,他身上的某种巨大魅力突然深深吸引住了她。这位风度翩翩的波希米亚贵族一直在保护他们,并试图在灾难降临之前偷偷将三人带走,却不幸未能取得成功。当他们最后一次离开家的时候,他与他们一路通行,保护他们免受城堡庭院内民族主义暴徒丑陋行径的伤害,直到他们安全地抵达图恩侯爵的宅邸。爱情之花很快便悄然绽放。1920年9月8日,小索菲和弗里德里希在图恩侯爵泰特申城堡(今杰钦)的圣乔治礼拜堂成婚。婚后,作为捷克斯洛伐克国民的妻子,小索菲被允许重新进入这个国家,在她丈夫的法尔克瑙和海因里希斯格林庄园里悄无声息地过起了私人生活。她先后生了四个孩子。长子埃尔魏因在1921年降生,得名于她丈夫的父亲。1923年降生的次子弗朗茨得名于她已故的父亲斐迪南大公。接下来的几年里,她又生了两个孩子:1925年降生的阿洛伊斯和1929年降生的索菲。现在,她跟马克斯和恩斯特见面的机会越来越少了,因为,捷克斯洛伐克政府仍旧坚持表示,兄弟俩必须先征得官方的允许,方可进入该国。[15]

婚后不久,布拉格的政府让小索菲到科诺皮什捷故地重游。这可真是一次奇异的经历。城堡已完全对公众开放;小索菲挤在游客中间,审视着她之前的家。出于对她的同情,官方允许小索菲从她的老房间里取回几件东西,但这其中并不包括她父母的相册、信件或者日记。这虽然是些微不足道的象征性物品,可在笃信谣言的该国政府看来,斐迪南大公的后代必须为他策划第一次世界大战的罪行买单,把所有跟他有关的东西一样不少地统统上交。[16]

　　有不少人都谎称自己是斐迪南大公的私生子。在他生前,诸如此类令人不悦的谣言始终萦绕在他的周围;在他死后,微妙的局面只能留待马克斯和恩斯特来想办法处理。数十年前,库尔特·哈恩的母亲与斐迪南大公达成过和解,也换取到了相应的经济补偿;可现在,库尔特却突然冒了出来,并一再以诉诸法律相威胁。1915年,他买了一辆梅赛德斯奔驰小汽车,并把账单寄给了斐迪南大公的法定受托人。1917年之后,他从斐迪南大公的遗产中得到了更多的钱;尽管如此,他仍旧拒绝放弃身份认定的诉求。意识到霍恩贝格家族的资源有限之后,他接着又把注意力转向流亡在外的齐塔皇后,以撰写一部诽谤性的回忆录相威胁,找她要封口费。虽然这种拙劣的敲诈勒索只会进一步降低他的信誉,可持续不断的公开声明和没完没了的诉讼威胁还是让马克斯感到忧心忡忡。马克斯想不到任何足以解决其诉求的手段,而且,他心里可能也有点打鼓,不知道库尔特有没有可能真的是斐迪南大公的私生子,于是,他试图摆出高尚的姿态,授权每月付给库尔特一小笔款项。然而,这个自称是斐迪南大公私生子的家伙却始终不愿保持沉默。1936年,库尔特又一次提起诉讼,企图分得斐迪南大公的遗产,但最终未能得逞。后来,他甚至改名“弗朗茨·斐迪南·哈恩”。1938年,库尔特在巴登自杀身亡。[17]

　　海因里希·容克也声称,斐迪南大公是他的父亲。在对付他的过程中,马克斯的运气比对付库尔特时要好一点。支持其声明的证据一直很薄弱,不过,斐迪南大公生前还是付给容克的母亲一笔可观的款项。官方认定容克的精神不稳定,准许他免于在第一次世界大战中服役,可他却一再声称,斐迪南大公是他的父亲。1919年,他试图出版一本关于斐迪南大公的书,却找不到任何愿意接手的出版商。结了婚,生了一个取名贝尔塔的孩子之后,他仍旧拒绝陷入默默无闻的境地。这一次,马克斯拒绝支付任何款项。当容克终于选择对簿公堂之后,萨尔茨堡的法庭宣布,他的诉求毫无根据。[18]

如果霍恩贝格公爵马克斯愿意的话,他本可以选择亲自来处理这些案件:在维也纳完成学业之后,马克斯搬到格拉茨,并获得法学博士学位。可私生子的话题实在太过让人反感,而且,对这种在公众面前暴露于聚光灯之下的事情,马克斯一向是深恶痛绝。从本质上看,他跟自己的母亲一样沉静而又内敛。他继续在人生之路上努力奋进,追寻自己的事业,还组建了一个家庭。1926年11月16日,马克斯与瓦尔德堡-沃尔夫埃格-瓦尔德塞伯爵之女伊丽莎白成婚。伊丽莎白来自一个古老而又显赫的家族,因此,哈布斯堡家族承认两人的婚姻属于门当户对。婚后,夫妇二人在两地间来回辗转,时而住在阿特施泰滕城堡,时而住在维也纳的一间公寓。他们一共生了6个儿子:1927年出生的弗朗茨,1929年出生的格奥尔格,1931年出生的阿尔布雷希特,1933年出生的约翰内斯,1936年出生的彼得以及1941年出生的格哈德。[19]

恩斯特也悄悄过起了私人生活。高中毕业之后,他像父亲一直期望的那样开始投身林业学。失去赫卢梅茨镇之后,他把注意力全都集中在改良拉德默和艾泽纳茨的森林上。在三个人当中,他是最后结婚的一个。1936年5月25日,恩斯特与玛丽-特雷莎在维也纳成婚。人称"梅茜"的新娘其实是恩斯特的远房姻亲。她的父亲乔治·伍德上尉是一名英国外交官,曾任英国驻维也纳大使馆的信使。在维也纳期间,他结识了大洛尼奥与瓦沙罗什瑙梅尼的洛尼奥伊伯爵之女罗扎。罗扎父亲的家族成员包括前储君妃斯特法妮的第二任丈夫埃莱梅尔·洛尼奥伊伯爵。1937年3月，恩斯特和梅茜为他们第一个孩子的降生举办了庆祝会。为了纪念孩子的祖父斐迪南大公，夫妇二人给他们的这个儿子取名"弗朗茨·斐迪南"。[20]

　　儿子的降生成为恩斯特日后很长一段时间里最后一件真正的乐事。很快，他的世界就将被搅得天翻地覆。马克斯和恩斯特毫不遮掩他们对君主制主义的同情以及恢复哈布斯堡帝位的愿望。为达此目的，马克斯一直在担任"铁戒指"组织——一个旨在推动君主制复辟，奉流亡在外的奥托大公为皇帝的组织——的名誉主席。在1936年和1937年，他曾先后多次煽动公众支持这一想法；奥托还曾授予他久负盛名的金羊毛勋章。他坚信，帮助他堂哥的儿子夺回皇位，是他作为忠诚的贵族和忠诚的奥地利人的责任，不过，他也对国家的未来感到担忧。在阿道夫·希特勒的柏林，无休无止的战鼓声让马克斯惊恐万分。已经有传言称，两国有意进行于近日进行"德奥合并"。马克斯和恩特斯认为，阻止这一切的最好办法，就是由奥托这样坚强有力、备受尊敬的领导人来加强奥地利的大国地位。[21]

　　兄弟二人的亲君主制主义以及他们对反希特勒的同情，不可能不引起柏林方面的注意。他们都公开表达过对德国及其政策的反对。当希特勒的海报出现在维也纳的墙壁上时，被人发现正在撕毁这些海报的恩特斯在威逼和胁迫下不得不为此而道歉。[22]这些举动固然高尚，却让霍恩贝格家族被纳粹政权视为眼中钉。恩斯特的处境尤其糟糕，收到了无数对他的死亡威胁。1938年春，由于担心接下来可能会发生的事情，兄弟两人低调地将各自的家人带到维也纳，悄无声息地住进帝国酒店。恩斯特的岳父伍德上尉跑了不知多少趟英国大使馆，祈求对方给予外交庇护。事实证明，英国大使迈克尔·帕勒里特并未对这些祈求表现出多少同情。他坚称,纳粹分子都是文明人,不会加害霍恩贝格家族的成员。帕勒里特勉强允许恩特斯、他的妻子以及他们的儿子到大使馆暂避风头,可仅仅过了两天,他们就不得不又一次在没有任何保护的情况下独自离开。[23]

就在他们短暂地寻求庇护的过程中,德国部队于1938年3月12日凯旋般地开进奥地利。柏林方面宣布,奥地利被兼并为"德意志帝国"的一部分。马克斯和恩斯特试图低调地躲在帝国酒店里,可随着纳粹的到来,酒店管理员要他们马上走人。于是,他们转而到伍德上尉的公寓里避难,并试图隐姓埋名,消失在阴影之中。然而,仅仅四天之后,他们的家庭晚餐就被一阵持续的敲门声打断。来的是盖世太保,手里拿着恩斯特的逮捕令。他的反纳粹行动让他成了国家的敌人,不过,除此之外,他还被错误地指控犯有过失杀人罪,说他应该为艾泽纳茨附近几位矿工的意外身亡负责。事实上,这些矿工并不属于他,可纳粹却认定,这项指控足以将恩斯特列为罪犯。恩斯特在黑夜的掩护下出逃,然而,他的消失让整个霍恩贝格家族都受到了冲击。几天后,一个朋友警告马克斯,因为鼓吹哈布斯堡家族的复辟,现在他也被盖世太保给盯上了。如果马克斯逃跑的话,他的弟弟可能会有生命危险。于是,3月18日,马克斯向德国占领军当局自首。两兄弟在牢房里重逢,并遭到野蛮而又残酷的问询。两人从未在法庭上接受审判。作为"第三帝国"眼中的敌人,3月25日至3月26日晚上,兄弟俩被人带出牢房,推上一辆卡车。卡车穿过街道,来到维也纳西站。等候在此的列车载着他们驶入茫茫的夜色。[24]

火车的目的地是达豪。这座树木掩映下的集中营位于紧邻慕尼黑市区的郊外。马克斯当时三十六岁,恩斯特再过几个月就将迎来自己三十四岁的生日。跟他们的父亲一样，两人全都身材高大，虎背熊腰，留着长长的八字胡。在进入地狱般的达豪集中营之前，兄弟俩的健康状况十分良好。两人总是拒绝讲述发生在集中营里的噩梦，就连跟他们关系最近的亲戚也不例外。然而，沉默并不能掩盖他们即将经历的足以撼动人生观的遭遇。[25]

穿过茹尔豪斯大门和门上臭名昭著的标语"劳动带来自由"之后，马克斯和恩斯特拍了身份照片，失掉了他们身上为数不多的几件私人物品，被迫沉默地站在原地，等待他们的头发被粗暴地剪短。之后，一丝不挂的两人被推进公共淋浴间，并接过瘦小的条纹囚服：马克斯的囚服上缝着一个绿色的三角形，以表明他政治犯的身份；恩斯特的囚服上缝着一个红色的三角形，同时也将他的身份贬低为一位普通的罪犯。[26]成为独裁者囚徒之后，希特勒亲自下令，"霍恩贝格家的男孩们"休想得到"第三帝国"的一丝怜悯。于是，帝国元帅赫尔曼·戈林把希特勒的意思传达给集中营的指挥官党卫军上级领袖汉斯·洛里茨，要他把这对兄弟单独拎出来，在尤其"恶劣的环境下"接受"特别对待"。[27]

每天早晨五点半，两兄弟都要拖着沉重的步子，跟其他囚犯一起从营房步行至面积广大的"点名处"。在这里，党卫军一边用机枪对准这群可怜的人，一边进行日常的点名。场地周围是高墙和带电铁丝网。士兵带领囚犯列队走向各自的劳动位置。马克斯和恩斯特总是被带到集中营的主空地，接受狱卒的严密看管。遵照希特勒的指示，两人被派去执行一项尤其屈辱卑下、有失体面的劳动：他们每天的工作就是清理营地的公共厕所。两人像套着挽具的耕牛一样，一边忍受鞭笞和殴打，一边拉着一辆木车，从一处营房走向另一处营房。他们被迫用勺子清理数百名囚犯共用的恶臭污水坑。

他们一边工作，一边还要忍受党卫军狱卒的奚落：狱卒把石头扔进污水坑，企图将粪便溅到两人的脸上，并嘲笑般地称兄弟俩为"皇室殿下"。穿过空地的时候，兄弟俩总少不了要挨上一顿拳打脚踢，可他们却不敢做出任何反应。夜晚，回到跟其他数百名囚犯共用的营房时，虽然吃了微薄的口粮，可两人的腹内还是空空如也，只能在权当作床来使用的木架上哆嗦着入睡。[28]

疲惫、营养不良、疾病和肺炎造成大量囚犯死亡。没有变成恶劣环境牺牲品的囚犯则活在对折磨和处决的持续恐惧之中。殴打、强制列队行军、可怕的枪击和在其他囚犯面前公开接受绞刑成了几乎每天都要上演的固定桥段。然而，在这场严酷的考验中，马克斯和恩斯特始终保持着冷静和镇定。过去，面对各种不确定性和父母双亡的悲剧，他们全都咬着牙熬了过来；如今，在达豪的这段时间里，出于不可动摇的宗教信仰，他们几乎把命运完全交托在上帝的手上。一位狱友说，他们"临危不惧，百折不挠，为其他所有囚犯树立了鼓舞人心的榜样。穿的虽然是肮脏而又破烂的囚服，但他们无疑是绅士，是真正的贵族。难得有几分钟空闲的时候，他们跟我们一起躺在尘土飞扬的路边，同我们分享他们不知从哪里搞来的糖块。在整个集中营，一提起霍恩贝格家族，每个人都会由衷地表示最大的敬意；他们经常作为该如何自处并生存下去的榜样，被指给新来的人看"。[29]

马克斯和恩斯特拯救了无数狱友的生命。一次，马克斯看见，党卫军的狱卒正在空地间追逐一个吉卜赛人；马克斯拉住这个惊恐万状的男人，把他藏在沙箱里，直到狱卒终于放弃搜捕为止。在他们结交和救助的人当中，有一个名叫利奥波德·菲格尔的男人后来成了奥地利共和国的总理。菲格尔记得，他刚到达豪，第一次见到两兄弟的时候，他们正静静地站在刺骨的寒风中，忍受着党卫队狱卒对他们的嘲弄。从香烟到残羹剩饭，他们把自己手里不多的东西全都拿出来分享给大家，赢得了狱友对他们始终如一的尊重。这两位前皇位继承人的儿子虽然浑身颤抖、极端瘦弱、衣衫褴褛，可即便在他们"忍受最糟糕透顶的羞辱"时，每个人也能从举手投足间感受到他们"无形的威严"和"沉静的高贵"。菲格尔说，狱友们"愿意为他们赴汤蹈火"。[30]

两兄弟不知道的是，欧洲的贵族和王室家族成员多次试图争取让他们早日获释。教宗庇护十二世、瑞典国王、卢森堡大公的配偶费利克斯和英国的玛丽王后都曾为此向纳粹德国请愿。眼见两兄弟持续遭受监禁，玛丽王后要求英国外交部对此提出抗议。抗议引发了柏林方面的关注，并可能在其态度的松动和软化上起到了一定的作用。[31]是马克斯的妻子伊丽莎白最终帮助他争取到了自由。她在幕后悄悄地运作，动用她作为德国旧贵族的全部影响力，跑去向戈林当面陈情，为她的丈夫辩护。这是一次让人感到十分不舒服的会面，因为，戈林坚称，两兄弟触犯了德意志帝国的法律，对他们的监禁乃是罪有应得。不过，这位帝国元帅也是一位程度非凡的附庸风雅之徒，对贵族头衔和王室关系网羡慕不已。于是，戈林无视希特勒的命令，偷偷答应给予马克斯有条件的释放。[32]

1938年9月24日，达豪集中营的狱卒一句话也不解释就把马克斯拉到一边，推他上了一列驶往维也纳的火车。马克斯以为，接下来等待他的肯定是一场急匆匆的审判和无可避免的处决。因此，当纳粹德国的官员把释放他的消息告诉他的时候，马克斯简直不敢相信自己的耳朵。放出去之后，马克斯既不得鼓吹复辟奥地利的君主制，也不得参加任何反纳粹活动，还必须每周向盖世太保汇报；

不过，如果他遵守上述条件，就可以自由地回到家里。这一切让马克斯感到万分震惊。他先是来到自己在维也纳的旧公寓，却发现里面空无一物。他身无分文，极度渴望回到阿特施泰滕城堡，跟自己的家人团聚。最后，靠着一位行李搬运工借给他的钱，马克斯买了车票，终于走完了余下的60英里，回到他位于多瑙河流域的城堡。[33]

马克斯跟家人重新团聚的场面格外让人动容。接着，有人问起了一个再明显不过的问题：恩斯特怎么样了？马克斯只能告诉他们，恩斯特还活着。事实很快就将被谣言所取代：转年，一份报纸甚至错误地宣称，恩斯特死在了达豪集中营。[34]直到1939年9月，距离第二次世界大战爆发只剩几天的时候，一家人才获悉，恩斯特被盖世太保押上一列火车，转运至捷克斯洛伐克与巴伐利亚边境线附近的另一座集中营：弗洛森比格集中营。事实上，恩斯特的处境一直相当艰难。跟马克斯不同，恩斯特被列为普通罪犯，而非政治犯。在纳粹分子看来，对恩斯特这样的普通罪犯尤其应该施以严厉的惩处。恩斯特跟一位英国官员的女儿结婚，还导致纳粹怀疑他有潜在的叛徒和间谍嫌疑。在达豪的这段时间充满了羞辱和糟糕的不确定性，可弗洛森比格完全是另一个天地，一个更加残忍和恐怖的地方：集中营内有一座巨大的花岗岩采石场，囚犯们一边忍受着饥饿，一边还要在采石场里进行强制劳动。天气、疾病和糟糕的环境让囚犯们付出了惨重的代价。木制营房内的温度经常降至冰点以下，肺炎、痢疾和伤寒夺走了无数人的生命。在达豪的十七个月监禁本就让恩斯特的身体变得虚弱不已；这一次，他差点没能熬过在弗洛森比格的第一个冬天。

不论是达豪，还是弗洛森比格，都没能彻底击垮恩斯特。1940年3月23日，纳粹下令将恩斯特转运至位于柏林以北约30英里处的萨克森豪森集中营。随便策划某起事件，借机处死恩斯特，对纳粹来说简直易如反掌。他之所以能一再幸免于难，无疑跟国际社会持续不断、大张旗鼓地向纳粹德国施加压力，要求其释放恩斯特有关。但是，想让纳粹妥协可没那么容易。恩斯特得到17739的囚犯编号，并被分配至"第五区"。他成为强制劳动大军中的一员，每天的口粮仅仅够维持他继续劳动下去。当局允许他每个月给家人寄一张明信片；明信片上没有任何信息，只写着他的囚犯号，并以此证明他还活着。[35]

这些明信片成为家人了解恩斯特情况的唯一渠道。随着二战的持续进行，拉德默被纳粹夺走了，迫使恩斯特的妻子玛丽-特雷莎不得不带着他们的孩子弗朗茨来到捷克斯洛伐克，投奔她的大姑子（斐迪南大公的女儿小索菲）。1941年8月15日，纳粹把霍恩贝格家族的全部剩余财产认定为"国家之敌"的所有物，并将其尽数充公。勒林村、位于维也纳的公寓楼、赖斯纳街上的宫殿、银行账户、珠宝和艺术品统统都不再属于他们了。此前，陈列在科诺皮什捷城堡的埃斯特家族收藏品就被希特勒据为己有；现在，霍恩贝格家族剩余财产的一部分又被希特勒装进了自己的腰包。就连马克斯的阿特施泰滕城堡也被盖世太保给夺走了。万幸的是，马克斯并未因此被彻底扫地出门：马克斯一家人和他们的仆人——包括已经退休却仍旧忠心耿耿的亚纳切克——被允许住在城堡内的少数几个房间里，并时刻处于纳粹占领军戒备而又警惕的目光之下。没有盖世太保的允许，他们甚至不得踏出城堡半步。[36]

马克斯一家很快就感受到了纳粹分子丑陋的存在感。盖世太保摆出一副"乐于助人"的样子，建议称，伊丽莎白公爵夫人应该购买希特勒和戈林的半身塑像，并将其陈列在家中的显要位置，以彰显爱国主义情结。伊丽莎白不敢拒绝,因为,她家人的性命正听凭柏林方面的发落,恩斯特更是仍旧关押在他们的集中营里。接着,纳粹当局决定,马克斯的六个儿子应该到当地的乡村学校里去上课,让他们接触到"合适的"影响,按照柏林方面的指示接受教育和培训。六个儿子全都奉命加入了"希特勒青年团"。他们知道自己的处境有多么岌岌可危,因此,无论柏林方面有什么要求,他们都不能不同意。然而,六个孩子中的约翰内斯却差一点酿成大祸。约翰内斯十分憎恨纳粹,却并未充分意识到反抗纳粹的后果。他简直把惹怒负责训练他的军官当成了每天的例行公事,还经常翘掉强制性的会议。直到纳粹把他的父亲传唤过去,狠狠训斥了一顿,并告诫马克斯抗命不从的后果之后,约翰内斯才意识到,如果他不服从德国人的命令,对方想要剥夺他一家人的自由简直易如反掌。[37]

恩斯特的命运仍旧存疑。玛丽-特雷莎屡次要求释放她的丈夫,可纳粹官员却每次都以同样的陈词滥调为借口,一再予以驳回:她的丈夫是一名罪犯;而且,不管怎么说,她本人的父亲还担任过前英王爱德华八世(现在的温莎公爵和巴哈马群岛全权总督)的侍从武官;纳粹官员据此坚称,她和她丈夫真正效忠的对象肯定是大英帝国。小索菲试图在她弟妹失败的地方取得成功。为了保护家人的安全,小索菲的丈夫弗里德里希加入了纳粹党。她问道,把恩斯特放出来,受她丈夫的监督,由一个值得信赖的纳粹党员来注视他的一举一动,总该没有什么不可以吧?[38]

纳粹方面很清楚,弗里德里希·诺斯蒂茨-里内克效忠的对象不是柏林,而是他的家人和波希米亚,因而并未被小索菲的骗术所愚弄。现如今,玛丽-特雷莎已然沦为一贫如洗的难民,只能到上西里西亚的科皮茨城堡投奔沙夫戈特施伯爵弗里德里希和他的家人,在当地的苗圃里靠种植蔬菜度日。出于同情，沙夫戈特施伯爵收留了玛丽-特雷莎和她年幼的儿子。借助他的关系网，玛丽-特雷莎跑了不知多少趟恩斯特·卡尔滕布伦纳——纳粹安保与警察部门的头子——的办公室，请求对方释放她的丈夫。卡尔滕布伦纳转而要她直接向令人作呕的海因里希·希姆莱求情。她本以为败局已定，抱着死马当活马医的心态，代表她病得越来越重的丈夫，给希姆莱写了一封激昂慷慨的请愿书。除了被拒绝之外，她想不出还能有别的什么结果；因此，1943年4月初，当卡尔滕布伦纳告诉玛丽-特雷莎，她的努力取得了成功的时候，她简直不敢相信自己的耳朵。希姆莱十分罕见地表现出同情之心，亲自答应释放恩斯特；事实上，此举甚至可能让希姆莱自己身陷险境，因为，这项决定是他背着希特勒擅自做出的。[39]

玛丽-特雷莎急忙赶到维也纳。4月11日，历经五年的分离之后，她目不转睛地注视着自己的丈夫走下火车，眼神中充满了惊恐。她坦言："他看上去是如此的憔悴而又饥饿，我简直都快认不出他来了。"跟马克斯一样，对恩斯特的释放也是有条件的：他必须每周向驻维也纳的盖世太保总部报到，不确定自己会不会因为某项被看作是违规的行为而再次被捕。六十个月的监禁生活让恩斯特变得虚弱而又蹒跚，可纳粹却命令他必须尽快找一份工作。在铁丝网后面被关押了这么多年之后，恩斯特极度渴望亲近自然，感受自由，于是，他向纳粹表示，他可以回归自己的老本行，当一名森林管理员。他甚至联系上了几位拥有大片地产的贵族地主。他们中的所有人都愿意为他提供这样一份工作，可纳粹却十分干脆地否决了他的想法：他这样的前因犯不论替哪位贵族干活，肯定只会让双方都觉得不自在。在斐迪南大公和索菲的孩子们当中，恩斯特从来都是最敏感、最脆弱的一个,因此,纳粹的否决让他感到沮丧万分。对维也纳日益猛烈的空袭更加剧了他的担忧。1944年3月1日,玛丽-特雷莎为他生下第二个孩子——一个取名"恩斯特"的男婴——之后,恩斯特做出一个痛苦的决定:他当然希望一家人能始终待在一起,可现实却逼迫他不得不将孩子们送出这个危险的地方,到亲戚家暂住。他做出这项决定的时候,恰逢战争的最后阶段。为了弥补巨大的消耗,纳粹德国把每一个能抓到的壮丁全都编入了军队。此时的恩斯特身体弱不禁风,心脏也日益衰弱,可他还是被迫披上纳粹的军服,开始为针对盟军的最后一场战役接受军事训练。[40]

幸运的是,在纳粹当局迫使恩斯特所在的部队转入部署之前,战争的局势就出现了彻底的逆转。现在,恩斯特还有最后一项危险需要面对:令人绝望的战争空袭。一天晚上,为了躲避上方的航空炸弹,恩斯特夫妇在漆黑的掩体里挤作一团。一阵爆炸让房间里充满了烟雾。见此情景,两人急忙动手挖掘逃往隔壁建筑的小洞。最终,恩斯特设法把妻子从小洞里拉了出来。接着,苏联部队抵达维也纳,解放了这座城市。据玛丽-特雷莎回忆,夫妇二人公寓里为数不多的最后几件财物全都被苏联官兵给抢走了。恩斯特和他的妻子当了两周的难民,期间一直没办法换衣服,只能靠慈善机构的施舍度日。两周后,他们虽然得以返回公寓,却没有一丝的安全感:苏联士兵很快便来到他们的公寓,要他们为部队提供食物和住所,还用手枪顶着他们的脑袋,逼他们把家里的一台坏掉的留声机交出来。[41]

在阿特施泰滕,马克斯也正面遭遇了苏联占领军。1945年5月8日,随着战争的结束,苏军如旋风般席卷而来,进入阿特施泰滕,占领城堡,在各个房间里横冲直撞,掠走了剩下的最后几件贵重物品。苏联人取代了纳粹分子。没有人知道接下来会发生什么。苏联人充满复仇的欲望；在他们穿越欧洲大陆，不断向前推进的过程中，其野蛮的恶名早已人尽皆知。霍恩贝格公爵马克斯一出生就有贵族头衔，还曾是奥地利未来皇帝的儿子；对一位苏军将领来说，马克斯实在是一件不可多得的"奖品"。几天后，数名身着盛装的苏联军官来到阿特施泰滕城堡时，马克斯以为自己马上就要被枪毙了。可事实却刚好与之相反：几位军官对马克斯充满敬佩和赞赏。他的儿子格奥尔格公爵说："他们很清楚我的父亲是谁，对他在集中营的过往更是知之甚详。"表达完敬意之后，他们告诉吃惊的马克斯，他们打算任命他为苏联占领军的少校，还让他把一个用西里尔字母写着他军衔的臂章戴上，从而避免跟普通苏联部队之间闹出任何的不愉快。格奥尔格公爵评论说："我父亲肯定是这世上唯一一个被红军任命为少校的公爵。"马克斯的新军衔和对他的另一项任命同时生效：苏联任命马克斯为阿特施泰滕所在村庄的村长。[42]

战争结束了，可奥地利仍旧一处充满混乱的不确定之地。在克服了相当大的困难之后，马克斯和恩斯特终于跟他们的姐姐小索菲联系上了，也终于得知了她所遭遇的惨剧。希特勒的部队征召了她的两个长子埃尔魏因和弗朗茨，派他们去跟盟军作战。1945年2月，柏林方面传来消息，二十二岁的弗朗茨在东普鲁士阵亡。战争即将结束的时候，小索菲发现，她的大儿子埃尔魏因也被派到了东部前线，可之后却再无任何音信。从1945年到1946年，绝望的询问从未得到回复。小索菲告诉她的两个弟弟，埃尔魏因就这样人间蒸发了。

在战争的余波中，爱德华·贝内什领导下的捷克政府将全体德裔波希米亚人驱逐出境。官方文件又一次错误地将小索菲认定为哈布斯堡家族的成员，还没收了她丈夫的全部财物和地产。噩梦再度来袭，跟此前没收科诺皮什捷的时候上演的令人崩溃的情况简直如出一辙。小索菲对她的家人很是担心，尤其是在她被错误地宣布为前奥地利皇室家族成员之后。她还记得科诺皮什捷，记得当初失去了什么。这一次，她携带的少数几个袋子里并没有装衣服，而是装满了她能带走的几本相册和几封珍贵的信件。[43] 她带着两个年幼的孩子——阿洛伊斯和索菲——跟丈夫一起挤坐在卡车后面，于1946年4月2日跟另外几百位被迫沦为难民的德裔波希米亚人一同跨过了边境。[44]

除了阿特施滕之外，他们根本无处可去，只能再度面对战争制造的浩劫，面对一个充满不确定性的未来。这下，斐迪南大公和索菲的子女和孙辈终于安全地团聚在了一起，只有小索菲的大儿子埃尔魏因仍旧不知所踪。小索菲给柏林和莫斯科的当局写信、打电话、发电报，求对方提供有关的消息，却一再被告知，没人知道埃尔魏因究竟发生了什么。直到1949年，终于有消息称，他于当年9月1日去世了。这么多年以来，埃尔魏因一直都还活着，只是被关押在哈尔科夫附近的苏联战俘营里。在萨拉热窝射出的几枚子弹引发的涟漪，又夺走了斐迪南大公和索菲另一个后代的生命。

现在，小索菲、马克斯和恩斯特正奋力第三次重建他们的生活。阿特施滕城堡仍旧在马克斯的手上，可纳粹一分钱也没付，就把勒林村和拉德默给夺走了。随着希特勒的战败，新一任奥地利政府宣称，勒林村和拉德默是前纳粹德国的财产，将作为战争赔偿收归国有。一场诉讼终于让勒林村回到了马克斯的手里，可对恩斯特来说，为拉德默而战的过程远比这要复杂得多。恩斯特想看看自己的地产究竟怎么样了，于是，他踏上一段艰辛的旅程，先是乘火车，而后乘卡车，最后步行来到拉德默，却发现旧日的猎苑里空无一物，建筑本身也在慢慢腐朽和坍塌。奥地利联邦林业部正占据着这处地产，丝毫没有交出他们所谓的"纳粹战利品"的打算。经过另一场诉讼，恩斯特才终于被认定为这处地产的合法所有者。马克斯和恩斯特把艾泽纳茨的盖耶雷格宫送给了无家可归的小索菲和她的家人。[45]

共同经历了数十年的惨剧之后，三姐弟的关系变得比以往更加亲密。因为刺杀、战争、监禁和革命而失去了那么多之后，小索菲、马克斯和恩斯特下定决心，在余下的岁月里，他们不会沉湎于过往，而是将怀着一颗积极的心活在当下。马克斯的儿子阿尔布雷希特回忆称，在细数过去的珍贵记忆的过程中，他的父亲"极少向我们谈及他跟父母在一起的短暂时光。我不认为他喜欢讲这些事"。[46]马克斯的孙女霍恩贝格侯爵小姐索菲说，三姐弟和他们的后代始终维持着"非常、非常强烈的家庭归属感"，还有"很强的幽默感"；这些都有助于小索菲、马克斯和恩特斯逐渐克服悲伤和迫害带来的恐惧。[47]他们的家族聚会与节庆时光总是热闹非凡：斐迪南大公和索菲的三个孩子时而追忆幸福快乐的往事，时而停下来高唱他们最喜欢的维也纳民歌。[48]

然而，在纳粹的统治下，多年的残酷监禁造成了无可否认的伤害。1948年4月2日，马克斯和恩斯特重返达豪，参加了一场纪念受害者的宗教仪式。野蛮的监禁岁月不仅给他们的身体造成了可见的负面影响，还给他们的情绪和精神留下了不可见的伤疤。恩斯特在集中营里受苦的时间更长；出狱之后，他再也没能从强迫劳动、饥饿和疾病中彻底恢复过来。跟他的母亲一样，进入四十岁之后，

恩斯特也患上了严重的心脏病。医生对此几乎无能为力。1954年
3月4日,恩斯特来到格拉茨,跟当地的权威机关讨论有关拉德默的
情况。第二天早晨,施泰尔霍夫旅馆的女仆发现,恩斯特仍旧躺在
床上:午夜时分,时年四十九岁的恩斯特因心脏病发作离世。马克
斯和他的儿子格奥尔格把尸体带回阿特施泰滕城堡,举行了一场小
型的、私人的葬礼仪式。接着,恩斯特的棺材被抬进他们家族的教
堂地下室,安葬在他父母的旁边。[49]

　　有那么一阵子,马克斯似乎暂时逃离了达豪的集中营时光带给
他的最糟糕的负面影响。1950年,马克斯被阿特施泰滕的镇民选
举为镇长。他在镇长的位置上一干就是十年,在他父亲闪闪发光、
位于多瑙河上方的白色城堡里,安静地过着乡绅般的生活。然而,
1961年12月,当一家人齐聚在阿特施泰滕城堡,准备庆祝圣诞节的
时候,马克斯突然身患重病,疲惫不堪,跟他的母亲和他已故的弟弟
一样,得了心脏病。两周后,他因胸口剧痛而昏倒。他的儿子彼得
急忙开车送他去维也纳接受治疗,可一切都已经太迟了。1962年1
月8日,马克斯因心脏病发作去世,享年五十九岁。[50]

　　恩斯特的离世几乎没有引起世人的任何注意,跟他一贯安静而
又庄严的生活方式十分契合;可霍恩贝格公爵马克斯死后,却被世
人称赞和讴歌为一个被遗忘的时代的最后象征,说他所遭遇的苦难
生动体现了战争的残暴与邪恶。一份报纸宣称,小索菲、马克斯和
恩斯特"完全有理由起来反对和攻击皇室家族。可他们却拒绝追
究此事。他们是一贯正确的共和国公民,却总是让我们想起失落的
哈布斯堡家族。如今,我们所缅怀的这个人,生前一直没能成为哈
布斯堡家族的成员,可他却用自己的实际行动证明,他的价值远在
任何血统完全纯正的哈布斯堡家族成员之上"。[51]

马克斯在阿特施泰滕的葬礼虽然显得有些奇怪，但至少获得了恰如其分的礼遇和敬意。被他们奉为"皇帝"的奥托大公被禁止踏入奥地利的国土，因而无法出席葬礼。于是，他派弗朗茨·约瑟夫皇帝的从侄孙*胡贝特·萨尔瓦托大公代替自己出席。除了他之外，还有来自列支敦士登和卢森堡的亲王家族成员和大公家族成员前来参加葬礼；旧帝国的大多数显赫贵族之家也纷纷派代表出席。维也纳的官员和政治家跟数千名自发出现在阿特施泰滕的民众一道，向马克斯致以最后的敬意。在他们当中，有一群来自纳粹集中营的前囚犯。他们静静地走在马克斯的棺材后面，向他们的狱友致敬。阿特施泰滕的教堂里挤满了人，以至于超过一千名悼念者只能干脆站在墙外，一边听着因墙壁的阻隔而变得含混不清的管风琴音乐，一边低头默哀。雨下了起来，却没有一个人离开。教堂敲响钟声，会众齐唱古老的奥地利帝国国歌。金羊毛骑士团成员和拉德默的猎人护送棺材离开教堂，穿过露台和草坪，进入教堂地下室，把马克斯安葬在他弟弟和父母的旁边。[52]

三个孩子当中，只有小索菲仍旧活在这个世上。她出生在帝国时代，在悲剧和灾难来袭之前，目睹过欧洲伟大皇朝的最后一个黄金年代般的夏天。在一座有制服笔挺的军官站岗、无比光辉灿烂的巴洛克式宫殿里，她开始了自己的童年生活。在皇室家族让位于希特勒，远洋班轮让位于飞机，留声机让位于电视的过程中，她只能默默忍受着刺杀、战争、革命和失去亲人的悲伤。埋葬完双亲、两个弟弟、两个孩子和她的丈夫（弗里德里希于1973年去世）之后，她在奥地利过着平静的生活。她的房间里装饰着各种幽灵般的照片，记录

---

* 弗朗茨·约瑟夫皇帝的祖父是胡贝特·萨尔瓦托大公的高祖父的哥哥。

着她在20世纪之初、几乎属于另一个世界的年少时光。她就在这里欢迎孙辈们的到来。

在之后的日子里，小索菲看见演员们在电影中扮演她的父母，看见源源不断出版的书籍把她的父亲描绘成一个野蛮的反动分子，把她的母亲描绘成一个诡计多端的女投机者。然而，她总是以始终如一的优雅和高贵姿态，抽出时间跟任何一位想要采访她的作家交谈。亲戚们一再对此表示抗议。于是，在谈到自己父亲的时候，她每次会都说："我必须站出来维护他。其他人都走了，只剩我一个人留下来维护他了。"1981年，小索菲踏上一次怀旧之旅，时隔六十年之后又一次来到科诺皮什捷。她跟自己的孙辈漫步于这些她曾经居住和玩耍过的房间。这位老妇人停下脚步，指着一些东西，微笑着说，她在这里度过的家庭生活有多么的幸福。[53]1990年11月27日，小索菲撒手人寰，享年八十九岁。在位于坦豪森附近的魏茨贝格，她的女婿恩斯特·古德努斯男爵拥有一处属于其家族的教堂地下墓室。在这里，小索菲的棺材被安葬在她丈夫的旁边。斐迪南大公和索菲去世七十六年后，死亡终于让他们一家重新团聚在了一起。

距离萨拉热窝的那个命运般的星期天上午已经过去一百年了。载着斐迪南大公和索菲的小汽车停在莫里茨·席勒熟食店的前方，一个年轻的激进分子朝拜访该城市的显赫贵宾开枪的时候，没有任何摄像机捕捉到人类历史上这关键的几秒钟，然而，从那一刻开始，不可见的涟漪一直延伸到了今天。普林齐普射出的子弹远不止是杀死斐迪南大公和索菲或者让他们的子女变成孤儿这么简单；这些子弹开启了一个充满大屠杀和浩劫般的动荡与剧变的世纪，其规模堪称史所未见。纵观历史，恐怕再没有哪两起死亡能撬动局势的临界点，造成如此多的痛苦与损失。

对那一天的记忆如阴影般笼罩着萨拉热窝，像不散的魂魄一样萦绕在该城狭窄的街道和码头。为了缅怀斐迪南大公和索菲，萨拉热窝本打算在席勒熟食店的河对岸建造一座巨大的罗马式教堂，却从未付诸实施。计划中的双尖顶和恢宏的主体建筑，足以使周围的一切全都相形见绌。[1]在刺杀发生的地方，有人在马路边放了一个十字架。1917年，为了纪念遇害的夫妇二人，在"阿佩尔码头"街与拉丁桥的拐角处，竖起了一座巍峨的纪念碑。纪念碑仅仅矗立了两年就被拆除了：留着它只会让人觉得麻烦和不便，只会让人回想起该城在人类历史上的悲惨位置。[2]

第一次世界大战结束后，波斯尼亚和黑塞哥维那成为新兴的南斯拉夫王国的一部分，而普林齐普和他的同谋者则被该国视为民族英雄。1920年，他们的尸体被人从波斯尼亚转葬至第一塞尔维亚东正教墓地的坟墓：为了纪念普林齐普，东正教会于1939年出资建造了这座小型石质建筑，建筑的铭文处写着"这里长眠着圣维特日英雄们的遗体"。墓地内埋葬着普林齐普、查布里诺维奇、格拉贝日、丘布里洛维奇、约万诺维奇以及早先刺杀波斯尼亚总督未遂的热拉伊奇的尸体。[3]

拉丁桥改名"普林齐普桥"。1953年，为了纪念参与刺杀行动的密谋者，莫里茨·席勒的老熟食店被改建为"青年波斯尼亚运动博物馆"。[4]在缺乏重要文物的情况下，只要是跟这些密谋者有一丝一毫关系的物件，就能往这座博物馆里放，其中甚至还包括普林齐普的叔叔穿过的衬衫之类的可疑展品。[5]三年后，有人在博物馆外的人行道上嵌入两枚脚印，标记出普林齐普射出致命子弹的地方。挂在附近的一块黑色大理石匾额上写着："1914年6月28日，圣维特日，加夫里洛·普林齐普在这个历史性的地点开启了自由的序幕。"温斯顿·丘吉尔反感地写道："他［普林齐普］的同胞近年来为他竖立的纪念碑，不仅是对他骂名和恶行的见证，也是对他们自己骂名和恶行的记录。"[6]

南斯拉夫解体后，波斯尼亚和黑塞哥维那宣布独立。一场始于

1990年代初的内战，直到1995年才真正宣告结束。塞尔维亚人的部队包围了萨拉热窝，对这座城市发起大规模的军事行动。随后的围困持续了四年左右，造成近12 000名居民死亡，还有成千上万人遭到重创。伊利扎的"波斯尼亚旅馆"——斐迪南大公和索菲度过他们生命中最后一晚的地方——被改造成作战指挥总部，一圈铁丝网把它围了起来。[7] 到战争结束时，共有近10万波斯尼亚人被杀；炮击让萨拉热窝城的大部分地区都化为了一片废墟。在萨拉热窝射出的几枚子弹所引发的涟漪兜兜转转，最终又以更加极端的方式回到了它最初的发源地。

　　独立的波斯尼亚和黑塞哥维那终于宣布建国并复归和平之后，萨拉热窝城也开始了艰难的重建过程。在此过程中，它也试图挣扎着跟它国际声誉中最臭名昭著的部分（"萨拉热窝事件"）达成和解。南斯拉夫王国和后来的共和国都对普林齐普大加美化和颂扬，但如今，许多波斯尼亚人都认为，他不过是一个寻常的刺客。嵌在水泥地里的著名脚印在围城战中被毁掉了，"普林齐普桥"也改回了"拉丁桥"的原名。悬挂在席勒熟食店上方、旨在颂扬普林齐普行为的匾额被喷沙器从建筑上磨掉，代之以跟荣耀和光辉毫无任何关系的简单历史地标。[8] 熟食店内的"青年波斯尼亚运动博物馆"也随之消失不见，改为"1878至1918年博物馆"。讽刺的是，在对城市历史的各种展示中，奥地利人管辖和统治期间带来的诸多改进，成为该博物馆的重点陈列和宣扬主题之一。在斐迪南大公和索菲蜡像旁的展示柜里，摆放着许多跟刺杀事件有关的文物，其中就包括嵌在水泥地里的普林齐普脚印的复制品。馆长阿夫迪奇·米尔萨德相当抱歉地表示，此前的政府根本不关心当地的历史，导致许多重要的历史文物或丢失，或被卖，还有一部分被送回了维也纳。[9]

围城战结束后，被改建成萨拉热窝国家图书馆的老市政厅几乎彻底化为废墟：墙壁被炮击摧毁，里面的东西也被洗劫一空。时至今日，萨拉热窝的商铺仍旧把斐迪南大公和索菲的明信片当作纪念品卖给游客；少数品味相对欠佳的明信片上，甚至赫然画着瞄准夫妇二人的枪手的红色侧影。最近有传言称，萨拉热窝准备重修献给斐迪南大公和索菲的纪念碑。如今，在波斯尼亚和黑塞哥维那美术馆的地下室里，保存着被推倒的那座纪念碑的中央匾额，上面刻画着头戴冠冕的斐迪南大公和索菲的侧脸。[10]

围城战期间，波蒂奥雷克的前官邸"科纳克"在很大程度上逃过了一劫，时至今日仍旧屹立在原地。2006年3月，斐迪南大公的侄孙、现已去世的奥托大公（于2007年1月去世）拜访萨拉热窝时，甚至被当地政府认定为荣誉公民。[11]奥托走过拱卫阶梯的石狮子，下榻在"科纳克"：当年，斐迪南大公和索菲被人从他们的小汽车抬到波蒂奥雷克的老套房的路上，也经过了这两个石狮子。如今，只有建筑内的装饰性灰泥吊顶，还保留着一丝当年的辉煌和风采。[12]晚上，他睡在"科纳克"的国宾卧室：当年，夫妇二人的尸体正是停放在这个房间里，供众人瞻仰。[13]

马克斯和恩斯特一直对斐迪南大公忠心耿耿，以他的名义为恢复奥地利的皇位而奋斗，可不仅始终未能取得成功，还因为宣传和促进他的事业而惨遭纳粹分子的迫害。纵观两人的一生，他们从未将旧日的帝国抛在脑后；两人的后代虽散居在各地，退回到私人生活之中，却大多仍旧致力于相同的家族理想。小索菲的儿子阿洛伊斯于2003年去世，女儿索菲仍旧健在。恩斯特的妻子玛丽-特雷莎于1985年去世。他的长子弗朗茨·斐迪南于1978年去世，次子恩斯特仍旧健在。

马克斯的妻子伊丽莎白于1993年去世。1962年，马克斯去世后，他的长子弗朗茨成为名义上的新一任霍恩贝格公爵。1956年，弗朗茨与卢森堡女大公夏洛特的长女伊丽莎白成婚。婚后，两人育有两个女儿：于1958年降生、被家人昵称为"阿妮塔"的安娜；于1960年降生的索菲。1977年，马克斯的大儿子弗朗茨去世后，次子格奥尔格成为名义上的第三任霍恩贝格公爵和家族的族长。作为一名职业外交官，格奥尔格先是在奥地利驻巴黎大使馆任秘书一职，之后又升任奥地利驻梵蒂冈大使。未来，格奥尔格的长子尼古劳斯将继承家族的头衔和名号。在马克斯的其他儿子中，阿尔布雷希特、彼得和格哈德仍旧健在，约翰内斯于2003年去世。

去世前，马克斯的大儿子弗朗茨把勒林村卖了出去，不过，阿特施泰滕城堡依然在他的名下，并且传给了他的长女阿妮塔。如今，她仍旧和家人一起住在这座城堡里。1982年，为了向斐迪南大公、他的妻子以及两人的子女致敬，她把城堡的一部分改造成"弗朗茨·斐迪南大公博物馆"，并将其对外开放。城堡的其他房间被她留作私人居所；她偶尔还会把这些房间租出去，作为企业社交活动的场地。博物馆的展品中包括：索菲遇害当天所穿衣物的碎片；查布里诺维奇炸弹的弹片；斐迪南大公临终之际，鲁默斯基希男爵塞进他手里的玫瑰经念珠；夫妇二人的死亡面具。在城堡的下方，粉刷过的大型教堂地下墓室通常对公众开放。斐迪南大公和索菲的棺材停放在一个低矮的拱顶凹室内，棺材上方的壁龛盛殓着他们死产儿的遗骸；马克斯、恩斯特和两人妻子的棺材停放在相对较小一些的凹室内。

运营阿特施泰滕城堡成为一项全职工作。每年都有约25 000至35 000名游客来到这里，参观"弗朗茨·斐迪南大公博物馆"，可阿妮塔却得不到任何公共基金的支持。长久以来，她既要支付不菲的运营费和住宅维护费，又要想办法维持收支平衡。她解释说："我们办不起大型展览，不过，我们每年都会设法做出些改变，尝试围绕特别的主题来陈列展品。"尽管如此，未来的前景依旧不甚明朗。"我们先看看未来十年里会变成什么样，还能不能负担得起维护这处宅邸并将其向公众开放所需的费用。"她说，另外一种选择是，遵照马克斯生前的愿望，只对公众开放教堂地下室。[14]

刚刚没收科诺皮什捷不久，捷克斯洛伐克政府便以付费游览的形式将其向公众开放。1941年，纳粹接管科诺皮什捷之后，把城堡改为军官的营房，把庭院改为党卫队的训练场。[15]埃斯特家族的大部分收藏品都被希特勒转移到了维也纳。在希特勒的构想中，战争结束后，他要在林茨修建一座新的博物馆，并在这座博物馆中展出埃斯特家族的收藏品。随着纳粹德国的覆灭，马克斯和新的奥地利政府都宣称自己是这些武器、盔甲、军事装备及其他物件的主人。虽然一再提出抗议，可这些藏品还是在英国的帮助下回到了科诺皮什捷城堡。[16]

如今，科诺皮什捷成为当地最主要的旅游景点之一，有三条围绕不同房间和套房的旅游路线可供选择。小索菲、马克斯和恩斯特失去的东西全都被骄傲地在这里展出：斐迪南大公的制服、索菲的婚纱和她在萨拉热窝遇害的那天穿的紧身胸衣，还有一家人的油画、照片和数不清的个人物品，其中甚至还包括三个人小时候的玩具。夫妇二人的曾孙女索菲回忆称："第一次去科诺皮什捷的时候，他们还在讲那些离谱的老故事，真是够叫人吃惊的。他们把我的家庭描述得骇人听闻，而这显然是极端不公正的。离开的时候，我简直火冒三丈。这实在是一次糟糕透顶的经历。"[17]她的姐姐阿妮塔说，她跟城堡的主管一起工作了一段时间，并要求其修改这些故事，因为，斐迪南大公和索菲不是严厉刻薄的主顾，更不是毫无同情心可言的人。在她的干预下，夫妇二人原本强硬而又恶劣的公众形象开始逐渐有所软化。[18]

虽然最初的印象并不怎么好，可侯爵小姐索菲后来还是又去了好几次科诺皮什捷。第二次科诺皮什捷之行中，她跟她的丈夫波泰斯塔男爵让-路易以及他的几位业务伙伴，在城堡的阴影下参加了一场狩猎活动。她说："我感到，我离自己的根源如此之近，却又如此之远。"她在卢森堡住了一辈子，可现在，她却突然"有一种跟重回故乡非常类似的感觉"。那一天"过得很艰难"，让她在"情绪和心理上感到非常疲惫"，"我经常发现自己满眼都是泪水"。到最后，她开始思考通过法律途径，让这座城堡重新归她家人所有的可能性。她后来又去了第三次，这次是跟她的孩子们一起去的。她带着他们穿过城堡的房间，把一件件物品指给他们看，并向他们解释这些物品跟他们家族之间的联系。她把自己的想法告诉了他们，说她打算向政府提出正式的法律申诉，并询问她的孩子们是否对此表示同意。孩子们不仅点头认可，还承诺为她的努力提供支持和帮助。于是，为夺回科诺皮什捷而发起的诉讼就这样开始了。[19]

科诺皮什捷是一处著名的旅游胜地。她知道，对布拉格的官员来说，跟捷克政府打官司，企图夺回科诺皮什捷的所有权，"无异于虎口拔牙，简直跟找法国政府讨要凡尔赛宫的所有权差不多。对他们来说，科诺皮什捷是一处特别的地方。他们对它喜欢的不得了，丝毫没有归还它的意思"。[20]

她的法律诉求很简单：1919年4月，当时的捷克斯洛伐克政府非法没收了这处地产。马萨里克最初许诺称，马克斯和恩斯特很快就将被认定为这处地产的合法所有者，可后来的事实证明，这不过是一张口头支票，三个孩子也被强行驱离了科诺皮什捷。政府接着又援引《圣日耳曼昂莱条约》的第208条来为自己的行为辩护，可这份条约是在当年的9月才正式签字批准生效的。索菲说："这是对第208条的错误解读，是在毫无任何补偿的情况下，对这处地产的非法没收，远远超出了条约签署国当初的设想。一国政府完全出于对自身利益的考量而宣布一个法律有效，并不意味着这项法律是公平或者正确的。"[21] 接着，布拉格方面又错误地坚称，小索菲、马克斯和恩斯特是奥地利皇室家族的成员，他们的财产本来就应该充公。可他们从来都不是哈布斯堡家族的成员，因此，这个说法同样站不住脚。1921年通过的法案无视三个孩子的贵贱通婚后代身份，玩反溯性文字游戏，首次把斐迪南大公子嗣的财产也纳入没收的范围，可这份法案不过是企图让非法决定合法化的扭曲行径与拙劣之举。[22]

2000年，索菲向贝内绍夫地方法院提起诉讼。她主张，这处地产是被非法没收的，当时的裁定不应适用于斐迪南大公和索菲的子女。在捷克法律顾问雅罗斯拉夫·布罗日博士的帮助下，索菲"赢得了一次小小的胜利"。该地方法院虽然驳回了她的主张，但与此同时，又作出裁定：1921年，城堡内的家具并不属于斐迪南大公，而是属于马克斯。[23]

布罗日博士就这项裁定提起上诉，向捷克法院提出进一步的索赔要求，声称对该处地产的征用违反了国际条约。案子从地方法院打到地区法院，又从地区法院打到最高法院，最后一直打到了捷克共和国宪法法院。2011年，宪法法院驳回了这项诉讼，固守他们一向坚持的主张,说三个孩子确实是哈布斯堡家族的成员。他们坚称,无论如何,1921年通过的354法案绝对是有效的。败诉后,侯爵小姐索菲决定把官司打到斯特拉斯堡的欧洲人权法院,却同样遭遇了否定的判决。[24]

政府对这处地产的非法没收仍旧有可能被推翻,事实上,这最终取决于变来变去的借口和明显错误的断言(政府一再坚称,小索菲、马克斯和恩斯特是哈布斯堡家族的成员)能否被推翻。在他们的余生中,小索菲、马克斯和恩斯特始终为失去科诺皮什捷、失去他们真正的家而哀叹不已,但直到捷克斯洛伐克政府倒台后,才终于有了一线希望,能够以有意义的方式来挑战政府的非法没收。索菲态度坚定地表示,就算她有一天打赢了官司,科诺皮什捷也将继续对公众保持开放。[25]

现代史对霍恩贝格家族和他们的亲戚并不怎么友好。索菲的霍泰克家族已然绝后。在索菲的兄弟姐妹中,二姐玛丽于1935年去世,比丈夫图恩侯爵雅罗斯拉夫多活了九年。大哥沃尔夫冈于1925年去世,大姐兹登卡于1946年去世,二妹安东尼娅于1930年去世。三姐卡罗利娜于1919年去世后,幺妹亨丽埃特嫁给了失去妻子的鳏夫诺斯蒂茨-里内克伯爵利奥波德。亨丽埃特于1964年去世。第二次世界大战结束后,留在波希米亚境内的家族成员统统遭到驱逐。家族中最后一位姓"霍泰克"的成员卡尔于1970年在巴伐利亚去世。

斐迪南大公和索菲人生中的其他重要角色也纷纷消失在了历史的长河之中。斐迪南大公一心扑在家庭上的继母大公夫人玛丽亚·特雷莎于1944年在维也纳去世,国葬后安息在维也纳嘉布遣会教堂的地下墓室。她的两个女儿伊丽莎白和玛丽亚·安农恰塔,先后于1960年和1961年去世。两人生前都在布格拉城堡区的特蕾西亚女修道院担任过院长——这是一个荣誉性职位,长久以来一直是哈布斯堡女大公的专属。1903年,伊丽莎白与列支敦士登亲王之子阿洛伊斯成婚。这场婚姻同样充满争议,并被认为多少有些不够门当户对。这一次,弗朗茨·约瑟夫皇帝站了出来,对争议表示了反对,还亲自参加了婚礼,以便彰显他的支持态度。列支敦士登现任亲王正是伊丽莎白的直系后代。斐迪南大公的弟弟费迪南德·卡尔在萨拉热窝事件发生仅仅一年之后,便于1915年因结核病去世。

1914年9月,亚历山大·布罗施·冯·阿勒瑙上校在一次军事行动中阵亡。[26]事实证明,康拉德·冯·格岑多夫将军是一位极不称职的指挥官,在一次徒劳无功的战役中白白损失了约150万人。康拉德于1925年去世。萨拉热窝事件当天,负责给夫妇二人开车的倒霉司机利奥波德·洛伊卡后来得到卡尔皇帝给予他的经济补助,并用这笔钱买下一家小旅馆。洛伊卡于1926年去世。弗朗茨·亚纳切克一直陪在三个孩子的身边,直到他退休为止。有不少人有意约亚纳切克写书,可他始终拒绝谈论斐迪南大公以及他和斐迪南大公在一起的时光。1955年,九十岁高龄的亚纳切克离开了人世。[27]一再羞辱斐迪南大公爱妻的阿尔弗雷德·德·蒙泰诺沃侯爵于1927年去世。

为避免逮捕,塞尔维亚政府把米兰·齐加诺维奇(在贝尔格莱德,普林齐普、查布里诺维奇和格拉贝日的武器使用训练正是在他的帮助下完成的)送到了美国。战后,齐加诺维奇回到塞尔维亚,得到政府的嘉奖,并从此消失在人们的视线之外,于1927年去世。1915年冬,报名参加塞尔维亚军队的坦科西奇在一次军事行动中阵亡。一年后，首相尼古拉·帕希奇担心，为了把自己彻底赶出权力的舞台，德拉古廷·德米特里耶维奇或许会泄露"黑手"组织此前跟塞尔维亚政府的联系，于是，帕希奇和储君亚历山大联手把德米特里耶维奇抓了起来。所有人都知道，对德米特里耶维奇的指控，说他密谋刺杀储君亚历山大，不过是子虚乌有，不过是找个理由除掉让两人都觉得碍眼的他。为了确保他必然被定罪，当他于1917年春在萨洛尼卡受审时，储君亚历山大任命彼得·齐夫科维奇上校作为主持审判的军事法庭的首脑。齐夫科维奇既是德米特里耶维奇的死对头，又是储君本人的密友，因此，这场审判的结果早就已经预先决定好了。[28]

德米特里耶维奇的好几位前同僚跟他一并在萨洛尼卡接受了审判，其中就包括"黑手"组织成员、萨拉热窝事件的密谋者之一穆罕默德·穆罕默德巴希奇。穆罕默德巴希奇被判入狱十五年，但鉴于他在刺杀事件中所扮演的角色，他后来又得到了赦免，得以返回萨拉热窝。余下日子里，他一直在萨拉热窝城里工作，并于第二次世界大战期间的1943年去世。德米特里耶维奇可就没这么幸运了。1917年5月23日，对他的叛国罪指控成立。一个月之后的6月26日清晨，德米特里耶维奇被行刑队枪决。在他被带到行刑地的过程中，德米特里耶维奇再次确认了他在萨拉热窝事件中所扮演的角色。他说："我现在终于清楚了，完全是因为我组织了在萨拉热窝的暴行，才会落得今天这个被塞尔维亚步枪杀死的下场。"[29]1953年，在他被枪毙多年以后，南斯拉夫最高法院又改判他无罪。[30]

关于萨拉热窝刺杀事件的书已经出版了成百上千本，演绎斐迪南大公和索菲的人生故事与悲惨结局的电影和电视剧也有将近二十部。1999年，为了向两人致敬，奥地利造币厂发行了一枚币值为100先令的纪念币；两人的肖像还出现在2004年发行的10欧元纪念币上。在维也纳嘉布遣会教堂的地下墓室，在这个哈布斯堡家族的传统安息地，为他们两人添置了一块纪念匾额，以便向这对死后永远也没法一同安葬在这里的夫妇致敬。[31]

距离这处教堂地下室只有几英里的维也纳军事史博物馆是一处著名的旅游景点。博物馆里有一个以萨拉热窝刺杀事件为主题的房间。房间的展示柜里陈列着斐迪南大公的勋章和制服，深红色的墙壁上装饰着斐迪南大公和索菲的油画。房间正中央的展示柜里陈列着斐迪南大公咽气时躺卧的榻椅和他在刺杀事件当天穿的制服。这件制服是他的孩子们捐赠给博物馆的。摊开的蓝色制服上衣仍旧可见抢救时留下的痕迹：上衣被斜着割开，从上面的金线衣领一直割到胸口；衣服的左袖也被割断；喉咙周围和溅到胸前的血迹虽因时间的流逝而变淡，却仍旧可以依稀辨出。[32]

还有好几把枪也在博物馆里展出。2004年，南奥地利的一处耶稣会档案馆将一把手枪转交给维也纳的军事史博物馆。据说，这把枪正是普林齐普在刺杀事件中使用的勃朗宁左轮手枪。传说，这把枪连同炸弹和其他一些跟死去的夫妇二人有关的纪念品——包括索菲玫瑰花束上的花瓣以及"科纳克"的榻椅上染血的枕套——被一并交给了安东·蓬蒂甘神父。他本打算把这些遗物转交给三个孩子，可对方却拒绝接受。然而，普林齐普行凶时使用的手枪编号为19075，可博物馆里展出的蓬蒂甘收藏的手枪编号却是19074。[33]

1914年，哈拉赫伯爵弗朗茨把夫妇二人遇袭时乘坐的汽车捐赠给皇帝，而皇帝则把汽车转交给了博物馆。如今，汽车被陈列在博物馆展厅的中央，跟斐迪南大公染血的制服一样，以实物的形式时刻提醒人们，不要忘记那个宿命般的日子。汽车后门处，一个白圈标记出子弹洞穿的位置：正是这枚子弹要了索菲的命。第二次世界大战末期，苏军进驻维也纳时，强行征用了城内所有的载具，其中就包括这辆著名的汽车。苏联人恼怒地发现，汽车的油箱里连一滴汽油也没有。为了泄愤，他们划破汽车的轮胎，还朝灰色的车侧板开了好几枪。许多游客都注意到，汽车的车牌是"A111-118"*。可以说，这辆车不仅从某种程度上开启了第一次世界大战的战端，还玄而又玄地预示了这场战争将于哪年哪月的哪一天结束。[34]

　　萨拉热窝刺杀事件发生后，世人开始悄悄议论起事件背后是否有更大的阴谋。有人说，匈牙利人或者犹太人才是事件背后的真正主使。[35]为了尽可能替贝尔格莱德的"黑手"组织开脱，普林齐普在审判期间坚称，是共济会出资并且协助他们实施了这场阴谋；德国前将领埃里希·冯·鲁登道夫也重复了这一说法。[36]在研究了父亲的私人文件之后，马克斯将事件归咎于德国秘密警察部门的某位不知姓名的成员。马克斯称，这名成员策划对斐迪南大公的暗杀，是为了阻止其将哈布斯堡帝国重组为一系列联邦制邦国的计划。不过，应该注意的是，这个说法是马克斯在1937年提出来的。当时，他正忧心忡忡地认为，"德奥合并"恐怕不久就将变为现实。因此，这个说法或许是他捏造出来的，以期借此加深奥地利人对德奥合并的反感。[37]

　　上述这些指控实在太过离谱，根本不值得认真对待。长久以来，刺杀事件一直被归咎于一系列严重的过失和固执官员的愚蠢

---

* 第一次世界大战于1918年11月11日结束，按照西方的年月日排列顺序，刚好与这辆汽车的车牌一致。

决定,常常用德语中的"Schlamperei"(系统性的官僚主义无能和失职)一词来解释如此悲剧性的错误是怎么发生的。并非所有人都能被如此轻易地说服,有一种猜测始终如野草一般生生不息:奥地利官方是否以某种形式参与了刺杀事件,扮演了同谋者的角色?有一个问题始终悬而未决:故意为之的疏忽怠慢或者拖拉磨蹭是否在那个宿命般的星期天影响了事件发展的进程?

根据这项理论,奥地利官方此举既是为了在受人憎恨的斐迪南大公有机会登基之前除掉他,同时也是为了给奥匈帝国对塞尔维亚的军事行动提供合情合理的口实。维也纳的报纸曾公开质疑政府官员的失职,竟然未能在刺客们采取行动之前将其"至于监视之下"。[38]一位历史学家说:"波斯尼亚的军事当局和秘密警察组织为保护斐迪南大公和他的妻子而采取的准备措施如此不充分,实在是既不可思议,又叫人吃惊。"[39]

匈牙利首相蒂萨·伊什特万宣称:"刺杀事件当天,警方内部肯定出现了最难以形容的状况,因为,明明有六七个早已为警方所知的人,装备着炸弹和手枪,在已故的皇帝继承人即将途经的路线上做好埋伏,可警方却并未提前逮捕或者监视他们中的哪怕任何一个人。"[40]在匈牙利议会,安德拉希伯爵尤利乌斯站起来尖锐地问到,那些人是怎么计划这次行程的,明明知道波斯尼亚的动荡局势和普遍存在的反奥地利宣传,却偏偏让它发生在塞尔维亚人的国庆节圣维特日。他很想知道,为什么没有采取适当的安保措施?遭到炸弹袭击后,萨拉热窝当局为什么会允许行程继续下去?他怒斥道,这意味着,一切全都怪维也纳的官员和萨拉热窝当局,是他们的"严重疏忽"才导致了事件的发生。他拒绝接受官方事先对阴谋一无所知的说法,认为这"实在难以令人置信"。[41]

　　或许，匈牙利人总是动不动就对奥地利大加挞伐，而他们的指控不过是这种倾向的反映。可事实是，许多奥地利人也相信这种再糟糕不过的猜测。第一次世界大战结束，奥地利变成共和国之后，负责搜集萨拉热窝事件证据的莱奥·普费弗法官断言，某位不知姓名的奥地利高级别官员蓄意促成了这次刺杀事件：他无视发来的警告，并确保相关的安全措施形同虚设。[42]索菲的女官兰尤斯·冯·韦伦堡伯爵之女维尔马也陷入了沉思，"斐迪南大公这样的好人为什么会被赶着去波斯尼亚参加军事演习？或许恰恰是因为他将在那里被杀"。[43]萨拉热窝主教施塔德勒气愤地表示，他认为，斐迪南大公和索菲被"刻意安排经过刺客通常会选择下手的街道"。[44]曾担任卡尔皇帝侍从武官的波尔策-霍迪茨伯爵阿图尔暗示，斐迪南大公的政敌应该对这次悲剧般的行程负责。[45]

　　除了生活在哈布斯堡帝国境内的人之外，还有许多外国人也怀疑，萨拉热窝事件的背后少不了某些跟帝国官方有关的恶毒阴谋。早在1916年，一向耸人听闻却又往往不甚可靠的英国记者威克姆·斯蒂德就把矛头指向维也纳，并写道："如果出于帝国政策方面的原因，有必要除掉某位讨厌的人物或者为战争提供口实，那么，对奥匈帝国特勤局的特工来说，在贝尔格莱德或者萨拉热窝策划一场相关的阴谋，绝对在其能力和权力范围之内。"[46]后来，他在自己的回忆录中用更加露骨的方式写道："从哈布斯堡家族的角度来看，'处理掉'推定继承人及其配偶并不算是一个糟糕透顶的想法。"[47]其他人接机抓住这些怀疑情绪，以期将事件的责任从贝尔格莱德的身上转移到别处。1924年，塞尔维亚驻蒙特利尔总领事附和称，奥地利官方是事件的同谋者，并表示，该受谴责的恰恰是哈布斯堡家族的成员们自己。[48]

最著名的阴谋论之声来自前储君妃斯特法妮。斯特法妮宣称："跟发生在迈尔林的事件一样,萨拉热窝事件的秘密一直处于严密的保护之下。我觉得,是时候把有关可怜的斐迪南大公和可怜的索菲的真相给讲出来了。他们也是同样的受害者中的一员……斐迪南大公和索菲胆敢违抗皇帝的意志。为了个人幸福,他们一点点地付出各种各样的代价,到最后,这代价变成了他们两个人的生命。"她又接着补充道,"是他们害死了他们两个!真是令人唏嘘!我一遍遍地发出警告;我知道他们的手段。萨拉热窝事件只有在政府部长级别的情报协助下才有可能实现。皇帝知道皇位继承人所要面临的威胁,却只是靠在椅背上冷眼旁观,任凭事件的发生。"[49]

这无疑是一番极具煽动性的发言。她是在暗示奥地利官方的有意配合,还是在暗示他们的严重疏忽?她是不是在暗示,所有的警告都被故意抛在一边,夫妇二人被蓄意带入危险的境地,全都是为了确保这次刺杀企图能够得手,处理掉麻烦的斐迪南大公?

还有人把矛头指向康拉德将军和奥斯卡·波蒂奥雷克总督,说他们是奥地利内部同谋者的可能嫌疑人。必须承认的是,他们两个都是斐迪南大公的敌人。斐迪南大公曾经两度妨碍波蒂奥雷克的重要晋升:先是拒绝其任参谋长,后又拒绝其任陆军大臣。两人也都渴望找到一个足以跟塞尔维亚开战的借口。[50]在这种情境下,不论是真的发生了刺杀事件,还是仅仅发生了些意外,都足以为后续的军事行动正名。有暗示称,在邀请斐迪南大公参加军事演习的最初计划和安排中,他们两个人都撒了谎。一位历史学家写道:"他们可不是什么斐迪南大公福寿安康的最大祝福者,而是迫不及待地把他所谓的'想去波斯尼亚看一看'的愿望,纳入他们1914年的军事行动时间表里,并交由皇帝陛下批准。"[51]丽贝卡·韦斯特更加露骨地表达过相同的观点:"他俩一定都很清楚,斐迪南大公被居住在波斯尼亚的塞尔维亚人刺杀,无疑将成为向塞尔维亚宣战的绝佳借口。"[52]

在为行程制订计划和安排时,波蒂奥雷克绝不只是疏忽大意这么简单,他的傲慢和无能起到了决定性的影响。韦斯特写道:"除非他事先得到过保证,不论斐迪南大公出了什么样的意外,事后都不会对他进行任何需要他担心的调查,才有可能解释他的不作为。"[53]事实上,这恰恰是萨拉热窝事件之后发生的情况。没有任何人曾试图查明,在萨拉热窝,到底是哪个环节出现了如此严重的错误;此次访问的计划者和实施者,也没有一个人在事后被追究和问责。德国驻维也纳大使奇尔施基伯爵家族之子写道:"如果一位大公在火车站被一只苍蝇给叮了,那么,车站的站长很可能饭碗不保。然而,面对萨拉热窝街头的屠杀,却没有一个人为自己可能要承担的罪责而忧虑。"[54]

马尔古蒂男爵阿尔贝特说道:"真正不可思议的事情在于,在帝国的宫廷,没有人敢过多地谈及萨拉热窝。个人得失对他们来说比什么都重要——在我看来,这真是太可悲了,尤其是在面对这样一桩惨剧的时候。"他本以为,波蒂奥雷克的解职是板上钉钉的事,就算不考虑其他的原因,单凭他所谓的有损"皇朝威望"这一点,便足以构成解雇这位总督的理由。[55]大家都以为,波蒂奥雷克肯定会主动递交辞呈,然而,这一天永远也没有到来。只有弗朗茨·约瑟夫皇帝显得不为所动,既没有下令对到底是哪个环节出了错进行调查,也没有对萨拉热窝的帝国官员施以任何形式的惩罚——不论是不是故意为之,这些人都对阴谋的得逞起到了很大的推动作用。事件发生后的第二天,皇帝甚至要求比林斯基对波蒂奥雷克"说几句

表示高度赞赏的话”，感谢他兢兢业业地为国家尽忠效力。[56]丝毫
不让人意外的是，后来的事实证明，波蒂奥雷克既不是一位称职的
省级总督，也不是一位称职的作战指挥官。在几次惨烈的败仗之
后，他被调离了指挥岗位。波蒂奥雷克于1933年去世。

在军事和皇朝历史上，冷冰冰的计算和奉行实用主义的政策的
确并不鲜见，波蒂奥雷克的疏忽大意或许也的确超过了偶然与巧合
的限度。然而，重大事件总是被阴谋论所环绕，可对萨拉热窝事件
的疑虑和猜测并不等同于确凿的证据。侯爵小姐阿妮塔也承认，“皇
室家族的确低估了危险的程度”，但是，除了普林齐普和他的同谋者
之外，并不存在其他任何蓄意编织的阴谋。[57]她的妹妹索菲同样这么
认为，并称发生在萨拉热窝的事情为“Schlamperei［系统性的官僚主
义无能和失职］，纯粹的Schlamperei，奥地利式的Schlamperei……简
直乱成一团。大家根本就没把该做的工作做好”。[58]

事实或许的确如此。或许，在相关的指控——除了普林齐普和
他的同伙之外，还有更大阴谋存在——背后，不过是个人恩怨和为
泄愤而编造的流言蜚语。毋庸置疑的是，在奥地利，的确有一部分
人想除掉斐迪南大公，正如有许多人都曾积极地寻找跟塞尔维亚开
战的借口。不可否认的是，阴谋最终能够得逞，离不开波蒂奥雷克
做出的一些有意识的决定。如果这位总督真的把自己该做的工作
都做好了，那么，斐迪南大公和索菲还是有机会活下来的。不管是
严重失职，还是故意为之，早就已经没法证实或者证伪了。即便在
一个世纪之后的今天，萦绕在刺杀事件周围的许多挥之不去的疑问
也不可能完全被解开。留给历史的，只有那一天所造成的结果。

“很久很久以前……”对斐迪南大公和索菲来说，属于他们的

童话故事并没有"王子与公主从此幸福地生活下去"之类的结局。随着时间的流逝，斐迪南大公留给世人的形象变成了一个滑稽可笑、卡通式的人物，挺立的八字胡被认为完美地反映了他危险而又固执的性格；与此同时，索菲也经常被描绘成一个诡计多端的女投机者，铁了心要看到自己被加冕成皇后的那一天。霍恩贝格公爵格奥尔格回忆说，他祖父在人们心目中形象总是很矛盾：既是一个偏执狂，又是一个有远见卓识的人；既是"一位邪恶的独裁者"和"战争贩子"，又是一个爱好和平的人。他还说，斐迪南大公为索菲而进行的抗争，"把他变成了一个用充满疑虑的目光注视着人类的不可靠与虚荣心的冷静观察者"。他坚持不懈，直至取得最后的胜利，和索菲一起忍受着"侮辱、仇恨和阴谋"，然而，有一点是始终不变的，那就是：斐迪南大公和索菲始终深爱着彼此，也深爱着他们的孩子。[59]

在冷峻的外部形象之下，是一对彼此昵称对方为"弗兰齐"和"索芙"的恩爱夫妻，是两个因为一段禁忌的恋情而走到一起的人。面对妻子受到的无休无止的污蔑与诽谤，斐迪南大公怒火中烧，大声咆哮；而索菲则默默接受了这一切，视之为获得个人幸福所必然要付出的代价。两人的婚姻成为他们用以对抗残忍的帝国宫廷的避难所。这对皇室放逐者过着平静的生活，家庭成为他们幸福快乐的源泉。两人用爱和关注把三个孩子包裹起来，尽可能弥补其作为贵贱通婚婚姻的后代所要面对的困难。哈布斯堡皇室家族权当三个孩子根本不存在；可对斐迪南大公和索菲来说，在两人日益狭小和孤立的世界里，三个孩子却是绝对的中心。

斐迪南大公爱好打猎和购买艺术品，城堡里塞买了他收藏的油画和中国瓷器。他的世界和兴趣逐渐变成索菲的世界和兴趣。她全身心地扑在丈夫和家庭上，创造出一处宁静的庇护所。即便到了态度出现软化，发出接受与持续的敌意相互交织的矛盾信号时，斐迪南大公和索菲仍旧无可避免地以尊严和体面为重，保持着约束与克制。如果斐迪南大公肯让他的未来臣民一窥其作为丈夫和居家好男人的样子，公众舆论或许会朝更利于他的方向发展，他反动分子的形象或许会跟着软化，他严厉而又冷漠的举止也将被视为他复杂性格的外在部分，而不是他这个人的全部。或许，他们会跟许多真的认识和了解他的人一样，用憧憬和期待而非恐惧和害怕的眼神望向斐迪南大公：几乎可以肯定的是，他的统治将给过时已久的帝国带来重要而且必要的改变。

与索菲的结合为斐迪南大公赢得了些许的同情。毕竟，一个对爱情如此坚定，不顾帝国宫廷的反对，执意要娶他心已所属的女士为妻的人，怎么可能真的像他"拒人于千里之外"的公众形象所表现的那般冷酷和无情呢？对夫妇二人的私生活和他们家庭为数不多的几次窥探隐约揭示出斐迪南大公真正热爱的到底是什么。或许，在冷峻的外表和反复无常的情绪之下，他其实跟任何一部维也纳轻歌剧一样多愁善感。然而，他一向不屑于诉诸多愁善感的内心，没能扮演好无忧无虑、逍遥自在的皇子角色，进一步固化了他在世人心目中铁石心肠、冷酷绝情的负面形象。阿妮塔回忆说，她记得，不太久之前的一段时间里，他的曾祖父被世人所完全误解；如今，他的形象仍旧不甚完美。有些人很讨厌，总是计算他杀过多少只鹿或者他每次打猎的收获有多少，却无视他身为工作狂的一面。他天天没完没了地叫人帮他寄信，还花了很多时间发电报，并亲自过问森林和栽植到科诺皮什捷城堡的鲜花球茎的情况。[60]

如果斐迪南大公登上了皇位，又会发生什么呢？我们知道，虽然齐塔和其他一些人对此抱有疑虑，但是，斐迪南大公从未设想过让自己的三个孩子扮演任何公共角色，也没有设想过改变他妻子的身份和地位。古老的哈布斯堡君主制将要面对的，是一个尊重传统却又认识到改革必要性的人。他有没有能力实施他的计划，将帝国转变为由一系列邦国组成的联盟，使其免于陷入灾难和毁灭呢？或许，这个挑战对任何人来说都太过巨大了，然而，旧秩序的衰亡并不是无可避免的。真正促使其成为可能，并加速其衰亡的，恰恰是萨拉热窝事件。

齐塔的儿子、已故的奥托大公说过："发生在他［斐迪南大公］身上的，是一起更严重的政治悲剧。萨拉热窝事件绝对是一桩滔天大罪，他们企图借此阻止的，恰恰是斐迪南大公希望带给他们的发展和进化。他之所以被害，是因为他跟南斯拉夫人交好，可不论是俄国人还是塞尔维亚人，都不可能容忍这一点。泛塞尔维亚主义者之所以畏惧他，是因为，他们有意将他希望惠及的民众纳入他们自己的统治范围之内。"[61]

历史学家塞缪尔·威廉森写道："如果当天遇害的不是斐迪南大公，而是波蒂奥雷克，1914年7月的结果或许会变得大不相同。"他还写道，斐迪南大公"倾向于用和平主义政策对待塞尔维亚。他这个人最担心的是俄罗斯帝国的威胁。他的死也中断了跟德国在皇朝层面沟通的渠道，而事实证明，这渠道或将有助于平复维也纳方面的怒气"。到最后，任谁也阻止不了在萨拉热窝释放的恐怖力量。威廉森在他的书里写道："生前，面对采取军事行动的压力，斐迪南大公一直扮演着制动器的角色；死后，他却成为用以开启战端的借口。"[62]

悲惨而又讽刺的是，父母在萨拉热窝的死释放出的冲突和混乱，也让小索菲、马克斯和恩斯特就此走上了充满痛苦与折磨的人生之路。三个人失去了双亲、他们的家、他们的祖国和他们的财产。第二次世界大战的爆发，让他们遭遇了纳粹集中营的残酷监禁，也让他们的后代殒命战场。尽管如此，他们仍旧保持着坚韧与斗志，内心充满了从父母那里学到的爱、镇静和信仰。索菲解释说："就像一个氏族或者部落。我们经历着人生的起起伏伏，可每一代的父母都把强烈的家族归属感哺育给他们的子女。"[63]

萨拉热窝事件当天，血从他的嘴里流出来的时候，斐迪南大公悲痛地呜咽道："索芙！索芙！不要死！为我们的孩子活下去！"从这些话里不难总结出，他这辈子真正热爱的到底是什么。他当然将走上统治者的宝座，并将实施他对奥匈帝国的变革，但在内心深处，他最渴望毫无保留地拥抱的，是幸福的家庭生活和他在索菲身上寻找到的爱。

如今，在宁静的多瑙河流域，这对夫妻安息在阿特施泰滕城堡粉刷过的教堂地下室里。1923年，城堡正下方竖起一座纪念碑，用以缅怀那些在世界大战期间死去的人。随着时间的流逝，纪念碑上又添了不少其他的名字，其中就包括斐迪南大公和女公爵索菲从未谋面、在二战期间死于苏军之手的两个外孙。作为第一次世界大战的首批遇难者，斐迪南大公和索菲的名字被刻在纪念碑的最顶部真是再合适不过了。

注　释

引　言

1. Paleologue, 132.
2. See Macartney, 751; Fromkin, 118.
3. Moore, 31; Radziwill, *Sovereigns*, 77.
4. Margutti, 134; West, 345–346.
5. Aronson, 75.
6. Dedijer, 17.
7. West, 365.
8. Information from HSH Princess Anita of Hohenberg to authors.
9. Information from Professor John Röhl to authors.
10. Information from Professor Wladimir Aichelburg to authors; Hohenberg and Scholler, 76.
11. Information from Professor Wladimir Aichelburg to authors; information from HSH Princess Sophie of Hohenberg to authors.
12. Information from HSH Prince Albrecht of Hohenberg to authors.

序幕　1889年1月,维也纳

1. Crankshaw, 299; Ashley, 177–178.
2. Morton, *Nervous Splendor*, 6.
3. Hamann, *Hitler's Vienna*, 88.
4. Horthy, 40.
5. Aronson, 65; Moore, 20.
6. Cited, Beller, 188.
7. Sosnosky, 'New Light', 59; Margutti, 209.
8. Quoted in Aronson, 67.
9. George V, Diary, in RA/GV/PRIV/GVD/1904, 20 April 1904.
10. Nikitsch-Boulles, 47–48.
11. E. Taylor, *Fall*, 93.

12. Rumbold, 329–331; Horthy, 43; Margutti, 45; Weindel, 243.

13. Marek, 130; Haslip, 141; Palmer, 120–121.

14. Cited, Beller, 138.

15. Crankshaw, 106, 184; Eisenmenger, 120; Larisch, 47–53, 77; Corti, *Elisabeth*, 45.

16. Larisch, 128; Marek, 57, 340; Weindel, 183–184; Radziwill, *Court*, 87–88; Kürenberg, 198.

17. Ketterl, 88.

18. Stephanie, 89–91; Palmer, 221; Crankshaw, 284.

19. Palmer, 249; Morton, *Nervous Splendor*, 117.

20. Aronson, 67.

21. Hamilton, 63; Vivian, 32; Margutti, 174–175; Cantacuzene, 131; Radziwill, *Court*, 137.

22. Hamilton, 49.

23. Cited in Morton, *Nervous Splendor*, 167.

24. Radziwill, *Court*, 131–132.

25. Morton, *Nervous Splendor*, 191–195.

26. Morton, *Nervous Splendor*, 67.

27. Quoted in Morton, *Nervous Splendor*, 184.

第一章　皇座阴影下

1. Radziwill, *Court*, 57.

2. Praschl-Bichler, *Die Habsburger in Graz*, 95.

3. Aichelburg, *Erzherzog Franz Ferdinand*, 24; *Wiener Zeitung*, December 19, 1863; Weissensteiner, 56; Hohenberg and Scholler, 32; Praschl-Bichler, *Die Habsburger in Graz*, 96–98.

4. Praschl-Bichler, *So lebten*, 113; Aichelburg, *Erzherzog Franz Ferdinand*, 3, 6.

5. Horthy, 72; Hammond, 22–23; Weissensteiner, 58.

6. Cantacuzene, 129; Radziwill, *Court*, 58.

7. Larisch, 129; Radziwill, *Court*, 58–59; Fontenoy, 1: 137–138; Radziwill, *Secrets*, 112.

8. Horthy, 72.

9. Franz Josef to Empress Elisabeth, letter of 9 August 1866, in Nostitz-Rieneck, 59.

10. Weissensteiner, 62; Cassels, 8.

11. Weissensteiner, 62.

12. Weissensteiner, 59–60; Cassels, 8; Aichelburg, *Archduke Franz Ferdinand*, 15; Hohenberg and Scholler, 36–38.

13. Brook-Shepherd, *Victims*, 9; Cassels, 9; Kiszling, 11; cited in Dedijer, 90.

14. Eisenmenger, 32; Kiszling, 11.

15. Vivian, 112; Gribble, 302; Moore, 21.

16. Eisenmenger, 210‒211.

17. Czernin, 40; Eisenmenger, 210; Aichelburg, *Erzherzog Franz Ferdinand*, 28; Aichelburg, *Archduke Franz Ferdinand*, 15; Brook-Shepherd, Victims, 28.

18. Aichelburg, *Erzherzog Franz Ferdinand*, 28, 30; Aichelburg, *Archduke Franz Ferdinand*, 15‒16.

19. Brožovsky, *Konopiště*, 8; Kiszling, 11.

20. Eisenmenger, 210.

21. Cassels, 8.

22. Eisenmenger, 210.

23. Brook-Shepherd, *Victims*, 9; Weissensteiner, 64‒65; Eisenmenger, 43, 156; Fontenoy, 1: 137‒138.

24. Mahaffy, 153; Brožovsky, *Konopiště*, 15; Eisenmenger, 132; Hohenberg and Scholler, 44; Meiss, 1.

25. Eisenmenger, 43, 156; Fontenoy, 1: 137‒138.

26. Aichelburg, *Erzherzog Franz Ferdinand*, 39; Aichelburg, *Archduke Franz Ferdinand*, 17.

27. Eisenmenger, 71.

28. In the Artstetten Archives.

29. Cantacuzene, 100.

30. Larisch, 130; Vivian, 109, 117.

31. Hamann, *Rudolf*, 426.

32. Information from Professor Wladimir Aichelburg to authors; Hammond, 46‒47; Meysels, 188.

33. Information from Professor Wladimir Aichelburg to authors; Hammond, 46‒47.

34. Rudolf to Franz Ferdinand, letter of 18 December 1883, in Nachlass, box 5.

35. Rudolf to Franz Ferdinand, letter of 21 August 1884, in Nachlass, box 5.

36. Binion, 310, citing Franz Ferdinand to Rudolf, letter of 7 February 1888, in Nachlass, box 5.

37. Rudolf to Franz Ferdinand, letter of 26 November 1884, in Nachlass, box 5.

38. See Albrecht to Franz Ferdinand, letters of 10 February 1886, 3 August 1886, and 13 April 1888, in Nachlass, box 2.

39. Corti, *Elisabeth*, 388‒403; Morton, *Nervous Splendor*, 244.

40. Morton, *Nervous Splendor*, 246.

41. Hohenberg and Scholler, 67.

42. Listowel, 92.

43. Ketterl, 120.

44. Pauli, 19.

45. Müller-Guttenbrunn, 17.

46. Kürenberg, 175.

第二章　壮游与患病

1. Cassels, 21.

2. Pauli, 24; Brook-Shepherd, *Victims*, 21-22.

3. Franz Ferdinand, letter of November 1895, in Eisenmenger, 174-175.

4. Brook-Shepherd, *Victims*, 23.

5. Horthy, 74; Sosnosky, *Erzherzog*, 9-10; Chlumecky et al., 92; Hohenberg and Scholler, 59.

6. Franz Ferdinand, 1: 5.

7. Arco-Zinneberg, *Meine Reise*, 6-7.

8. See, for example, RA/VIC/MAIN/I/88/2, letter of 19 October 1892 from Francis Knollys; RA/VIC/MAIN/I/88/3, letter of 26 October 1892, from Lord Kimberly to Whitehall; Sir Arthur Paget to British Foreign Office, dispatch of 1 November 1892, RA/VIC/MAIN/I/88/5; instructions to Viceroy in Calcutta, 24 November 1892, in RA/VIC/MAIN/N/48/155.

9. Lord Harris to Queen Victoria, 20 January 1893, in RA/VIC/MAIN/N/48/171.

10. Lord Roberts to Queen Victoria, letter of 8 February 1893, in RA VIC/MAIN/N 48/176.

11. Tattersall, 14; Acro-Zinneberg, *Meine Reise*, 12-20; Lord Roberts to Queen Victoria, letter of 6 April 1893, in RA/VIC/MAIN/N/48/184.

12. *Sydney Morning Herald*, 22 May 1893; Brook-Shepherd, *Victims*, 31.

13. Horthy, 75.

14. Wölfling, 78, 80, 82, 90-91.

15. Brook-Shepherd, *Victims*, 31.

16. Arco-Zinneberg, *Meine Reise*, 26.

17. Franz Ferdinand, 2: 421, 424; Tattersall, 17; Arco-Zinneberg, *Meine Reise*, 30; Miller, 52; Tate, 145.

18. Sellers, 831; Arco-Zinneberg, *Meine Reise*, 31.

19. May, 337-338; Arco-Zinneberg, *Meine Reise*, 32.

20. May, 338; Sellers, 831.

21. *Chicago Tribune*, 4 October 1893.

22. *Chicago Tribune*, 4 October 1893.

23. *New York Herald Tribune*, 7 October 1893.

24. May, 342.

25. Aichelburg, *Der Thronfolger und die Architektur*, 101.

26. Brook-Shepherd, *Victims*, 34; Pauli, 34.

27. Pauli, 19.

28. Margutti, 113−114.

29. Eisenmenger, 18−20.

30. Franz Josef to Franz Ferdinand, undated letter August 1895, in Hohenberg and Scholler, 74.

31. Eisenmenger, 21−22, 27, 29−32.

32. Eisenmenger, 156.

33. Eisenmenger, 33.

34. Eisenmenger, 51−56, 96.

35. Eisenmenger, 63−66.

36. Franz Ferdinand to Maria Theresa, undated letter, in Hohenberg and Scholler, 80.

37. Eisenmenger, 105−106.

38. Eisenmenger, 174.

39. Nemec, 66; Dedijer, 89.

40. Eisenmenger, 122.

41. Eisenmenger, 143.

42. Remak, 10.

43. Radziwill, *Court*, 66.

44. Vivian, 109, 116−117.

45. Ketterl, 78.

46. Brook-Shepherd, *Victims*, 55; Fontenoy, 2: 69−70; Palmer, 284; Cassels, 33.

47. Vivian, 109; cited, Morton, *Thunder at Twilight*, 184−185; Macartney, 750.

48. Czernin, 42.

49. Quoted in Bled, 88.

50. Franz Ferdinand to Countess Nora Fugger, letter of 14 February 1897, in Fugger, 317−320.

51. Grand Duchess Marie Alexandrovna to Crown Princess Marie of Rumania, letter of 21 July 1897, in Mandache, 303.

52. Rumbold, 311; Aichelburg, *Erzherzog Franz Ferdinand*, 40; Eisenmenger, 122; Pauli, 69.

53. Franz Josef to Franz Ferdinand, letter of 7 April 1897, cited in Weissensteiner, 112.

54. Haslip, 411.

55. Vivian, 115−116; Sosnosky, 'New Light', 61; Fontenoy, 2: 70.

56. Czernin, 41−42.

57. Conrad, 1: 338.

第三章　恋情

1. Jászi, 23.

2. Fontenoy, 2: 67.

3. Brook-Shepherd, *Victims*, 39.

4. See RA/VIC/MAIN/I/88/7, letter from the Comte de St Priest to Sir Henry Ponsonby, 10 October 1893; original in French, authors' translation. Mansion-Rigau, letter of 30 November 1894, 41.

5. Quoted in Bled, 94.

6. Franz Ferdinand to Countess Marie Thun-Hohenstein, letter of 27 June 1894, in Rutkowski, 257–259.

7. Margutti, 117.

8. Van der Kiste, 112; Brook-Shepherd, *Victims*, 40–41.

9. Information from Ricardo Mateos Sainz de Medrano to authors.

10. Eisenmenger, 31.

11. Franz Ferdinand to Rudolf, letter of 7 February 1888, cited in Binion, 310.

12. Margutti, 117.

13. Bled, 96.

14. Fugger, 323–334.

15. Brook-Shepherd, *Victims*, 43.

16. Hammond, 18.

17. Hammond, 19–21.

18. *Le Temps*, Paris, 26 November 1913, no. 1913.

19. Pauli, 26; Moore, 27; Radziwill, *Court*, 78; Gribble, 348; Pauli, 25; Hammond, 29–32; Thiériot, 104.

20. Pauli, 26; Hammond, 33–35; Palmer, 220; Stephanie, 88–89.

21. Hammond, 48–49; Pauli, 25.

22. Clary-Aldringen, 155; Pless, *My Private Diary*, 74; information from HSH Princess Sophie of Hohenberg to authors; Ketterl, 124.

23. Fontenoy, 2: 68; information from HSH Princess Anita of Hohenberg to authors; Pless, *My Private Diary*, 74; Hammond, 20; Radziwill, *Court*, 78; Gribble, 348; information from HSH Princess Sophie of Hohenberg to authors; information from Professor Wladimir Aichelburg to authors; Radziwill, *Royal Marriage Market*, 7; Clary-Aldringen, 155, 164; Moore, 27.

24. See 'Emperor's New Clothes', http://english.habsburger.net/module-en/des-kaisers-neue-kleider-2013-der-bruch-josephs-ii.-mit-den-traditionen.

25. Hammond, 49–51.

26. Leutrum, 57.

27. Radziwill, *Secrets*, 123; Radziwill, *Court*, 69; Heiszler, Szakács, and Vörös, 12–13; Reid, 8.

28. Pauli, 85; Heiszler, Szakács, and Vörös, 89.

29. Brook-Shepherd, *Victims*, 45; information from Professor Wladimir Aichelburg to authors.

30. Weissensteiner, 122; information from HSH Princess Anita of Hohenberg to authors.

31. Heiszler, Szakács, and Vörös, 17, 68, 72, 89.

32. Information from HSH Princess Sophie of Hohenberg to authors; Hohenberg and Scholler, 77; West, 337; Müller-Guttenbrunn, 16−18; Horthy, 76; Pauli, 17; Brožovsky, *Konopiště*, 8.

33. Franz Ferdinand to Sophie Chotek, letter of 18 August 1894, in Aichelburg, *Der Thronfolger und die Architektur*, 102.

34. Hammond, 72; Aichelburg, Der Thronfolger und die Architektur, 102.

35. Hohenberg and Scholler, 76.

36. Eisenmenger, 30.

37. Pauli, 54; Brook-Shepherd, *Victims*, 55.

38. Isabella to Franz Ferdinand, letter of 16 November 1896, in Nachlass, box 3.

39. Hammond, 89−90; Pauli, 105.

40. Brook-Shepherd, *Victims*, 64; Gribble, 304; Hammond, 100.

41. Isabella to Franz Ferdinand, letter of 12 November 1895, in Nachlass, box 3.

42. Isabella to Franz Ferdinand, letter of 23 June 1896, in Nachlass, box 3.

43. Information from HSH Princess Sophie of Hohenberg to authors.

44. Gribble, 305; Radziwill, *Secrets*, 124; Aichelburg, *Erzherzog Franz Ferdinand*, 44; Larisch, 128; Heiszler, Szakács, and Vörös, 14; Pauli, 93; Brook-Shepherd, *Victims*, 63; Nikitsch-Boulles, 21−22; Aichelburg, *Der Thronfolger und die Architektur*, 103; Reid, 11; information from HSH Princess Sophie of Hohenberg to authors; Aichelburg, *Archduke Franz Ferdinand*, 25.

45. Gribble, 306; Radziwill, *Secrets*, 124; Aichelburg, *Erzherzog Franz Ferdinand*, 44; Larisch, 128; Heiszler, Szakács, and Vörös, 14; Pauli, 93; Brook-Shepherd, *Victims*, 63; Nikitsch-Boulles, 21−22; Aichelburg, *Der Thronfolger und die Architektur*, 103; Reid, 11; information from HSH Princess Sophie to authors; Aichelburg, *Archduke Franz Ferdinand*, 25.

46. Hammond, 88.

47. Pauli, 107; Müller-Guttenbrunn, 149−150; Vivian, 122.

48. Information from HSH Princess Anita of Hohenberg to authors.

第四章　"爱情的大获全胜"

1. Pauli, 93−95.

2. Moore, 29.

3. Pauli, 96.

4. E. Taylor, 3.

5. Pauli, 97–102.

6. Brook-Shepherd, *Victims*, 70.

7. Aronson, 7.

8. Eisenmenger, 197.

9. Pauli, 98; Radziwill, *Court*, 89–90; Fontenoy, 2: 149–150.

10. West, 338–339; Pauli, 98; Kürenberg, 178; Radziwill, *Court*, 89–90; Margutti, 305; Bourgoing, 372–374; Fontenoy, 2: 152; Ketterl, 91–93.

11. Pauli, 98.

12. Brook-Shepherd, *Victims*, 65; Pauli, 105.

13. Pauli, 105.

14. Pauli, 121, 129; Vivian, 122; Morton, *Thunder at Twilight*, 33.

15. Horthy, 77.

16. Bestenreiner, 120.

17. Margutti, 131.

18. Information from HSH Princess Sophie of Hohenberg to authors.

19. Müller-Guttenbrunn, 146–155; Brook-Shepherd, *Victims*, 69; Horthy, 77; Cassels, 42.

20. Brook-Shepherd, *Victims*, 66, 73.

21. Pauli, 115–116, 125; Brook-Shepherd, *Victims*, 67; Radziwill, *Court*, 60, 174–175; Radziwill, *Royal Marriage Market*, 8.

22. Information from HSH Princess Sophie of Hohenberg to authors.

23. Bestenreiner, 119.

24. Letter from Infanta Eulalia to Queen Christina of Spain, 5 June 1900, provided to the authors from the collection of Ricardo Mateos Sainz de Medrano.

25. Pauli, 115; Brook-Shepherd, *Victims*, 67; Radziwill, *Court*, 174–175; Gribble, 297.

26. Rainer to Franz Ferdinand, letter of 2 May 1900, in Nachlass, box 5.

27. Bestenreiner, 123; Gribble, 296; Weindel, 223–225; Pauli, 116–117.

28. *Le Temps*, Paris, 6 November 1899, no. 14031.

29. *Le Matin*, Paris, 6 November 1899, no. 5734; *Le Matin*, 7 November 1899, no. 5735; see also *La Croix*, Paris, 31 October 1899, no. 5075.

30. Information from HSH Princess Anita of Hohenberg to authors; information from HSH Princess Sophie of Hohenberg to authors; Margutti, 264; Crankshaw, 365; Pauli, 126.

31. Corti and Sokol, 252.

32. Pauli, 106–107.

33. Allmayer-Beck, 33–35.

34. Allmayer-Beck, 54; Sieghardt, 63.

35. Franz Ferdinand to Franz Josef, letter of 19 May 1900, quoted in Corti and Sokol, 253-255.

36. Allmayer-Beck, 39-49; Sieghart, 64; Weindel, 227; Steed, *Habsburg Monarchy*, 47-49.

37. Allmayer-Beck, 51-58; Sieghart, 64; Weindel, 227; Steed, *Habsburg Monarchy*, 47-49.

38. Allmayer-Beck, 58.

39. Cited in Bestenreiner, 97.

40. Müller-Guttenbrunn, 154.

41. Margutti, 19, 127-128.

42. Gribble, 307-308; Sosnosky, *Erzherzog*, 35.

43. House Law of the Imperial Family, http://www.heraldica.org/topics/royalty/hg1839.htm#1900.

44. Pauli, 145-146; Horthy, 78; Sosnosky, *Erzherzog*, 35-36; *Fremdenblatt*, Vienna, 29 June 1900.

45. Allmayer-Beck, 56.

46. Levetus, 166-168.

47. Brook-Shepherd, *Victims*, 80.

48. Pauli, 141-142; Hohenberg and Scholler, 110-111; Kürenberg, 178.

49. Allmayer-Beck, 57.

50. Pauli, 149-150; Bestenreiner, 105.

51. Thiériot, 150-151.

52. *Salonblatt* no. 26, 1 July 1900, cited in Bestenreiner, 105.

53. Cited in Brook-Shepherd, *Victims*, 82.

54. Bestenreiner, 98.

55. Hammond, 133; Pauli, 149; Brook-Shepherd, *Victims*, 80-81.

56. *Neue Freie Presse*, 2 July 1900.

57. Brook-Shepherd, *Victims*, 80-82; Pauli, 149-150; Radziwill, *Secrets*, 116; Bestenreiner, 105-109; Hammond, 134-135; information from HSH Princess Sophie of Hohenberg to authors.

58. Pospíšlová, 22; Pauli, 149; Bestenreiner, 105, 110-111; Hohenberg and Scholler, 110-111; Hammond, 133-135; *The Times*, 2 July 1900.

59. Bestenreiner, 111.

60. Aichelburg, *Archduke Franz Ferdinand*, 47; Bestenreiner, 105; information from HSH Princess Sophie of Hohenberg to authors.

61. Pauli, 151-152.

62. Bogle and Bogle, 11.

63. Bestenreiner, 112.

64. Kiszling, 46.

第五章 "别让她以为这样她就算是我们中的一员了"

1. Franz Ferdinand to Maria Theresa, letter of 9 July 1900, in Sosnosky, *Erzherzog*, 35–36.
2. Hammond, 139; Morton, *Thunder at Twilight*, 34.
3. Hammond, 138–139.
4. Pauli, 155.
5. Sitwell, 223–229; Husslein-Arco, *Belvedere Palace Chapel*, 38–39.
6. Husslein-Arco, *Belvedere Palace Chapel*, 18, 38–41; Sitwell, 225–226; Praschl-Bichler, *So lebten*, 119–123.
7. Husslein-Arco, *Belvedere Palace Chapel*, 35–40; Aichelburg, *Der Thronfolger und die Architektur*, 102–107; Husslein-Arco and Schoeller, *Das Belvedere*, 165–185.
8. Bestenreiner, 127; Corti and Sokol, 263.
9. Kürenberg, 179.
10. Margutti, 136.
11. Bestenreiner, 119–120.
12. Pauli, 83.
13. Eisenmenger, 239.
14. Eisenmenger, 240; Bestenreiner, 119, 243.
15. Eisenmenger, 239–240; Kürenberg, 179.
16. Eisenmenger, 239–240.
17. Moore, 25–26.
18. Brook-Shepherd, Victims, 107.
19. Morton, *Thunder at Twilight*, 33.
20. Montenuovo to Franz Ferdinand, letter of 20 August 1908, in Nachlass, box 3.
21. Morton, *Thunder at Twilight*, 35; Pauli, 157; Bestenreiner, 129; Gribble, 310; Aronson, 69–70; Cassels, 53.
22. Margutti, 178; Levetus, 227–228.
23. Morton, *Thunder at Twilight*, 30.
24. Pauli, 157; Aronson, 69–70; Gribble, 310; Clary-Aldringen, 155; Bestenreiner, 129; Morton, *Thunder at Twilight*, 35; Dedijer, 102.
25. Marek, 22; Palmer, 290.
26. Morton, *Thunder at Twilight*, 35; Pauli, 157; Brook-Shepherd, *Victims*, 110, 113–114; West, 339; Aronson, 69–70; Bestenreiner, 129.
27. Brook-Shepherd, *Victims*, 113–114; Morton, *Thunder at Twilight*, 35.
28. Pauli, 157; Aronson, 69–70; West, 339.
29. Morton, *Thunder at Twilight*, 35; Bestenreiner, 130; Aronson, 69–70; Brook-Shepherd,

Victims, 111; Eisenmenger, 240.

30. Hammond, 143.
31. Unterreiner, 74–75, 82; Cantacuzene, 130; Vivian, 73–74; Levetus, 385; Hamilton, 62.
32. Ketterl, 228–229; Vivian, 75.
33. Hammond, 143.
34. Bestenreiner, 151; Horthy, 79; Pauli, 157, 162; West, 339; Moore, 31–32.
35. E. Taylor, 4; Aronson, 69–70; Kürenberg, 179.
36. Information from HSH Princess Sophie of Hohenberg to authors.
37. Wölfling, 77–78.
38. Pauli, 163; Hammond, 143; Bestenreiner, 130–131; Wölfling, 78.
39. Pauli, 164; Hammond, 144; Bestenreiner, 130.
40. Pauli, 163.
41. Information from HSH Princess Sophie of Hohenberg to authors.
42. Kürenberg, 216; Margutti, 168.
43. Brook-Shepherd, *Victims*, 109, 113.
44. Information from HSH Princess Sophie of Hohenberg to authors.
45. Fugger, 332.
46. Czernin, 51.
47. Sophie to Oktavia, Countess von Glauchau and Waldenburg, letter of 5 January 1910, page 2, in the Schloss Hinterglauchau archives; Cassels, 50.
48. Information from HSH Princess Anita of Hohenberg to authors.
49. Eisenmenger, 201; Pauli, 175; Bestenreiner, 135.
50. Sosnosky, *Erzherzog*, 42.

第六章　流言的旋涡

1. Information from HSH Prince Albrecht of Hohenberg to authors.
2. Bestenreiner, 136–137.
3. Bestenreiner, 136–137; Gribble, 312; Albertini, 2: 2–3.
4. Kürenberg, 178.
5. Eisenmenger, 264.
6. Margutti, 132.
7. Czernin, 52; Nikitsch-Boulles, 30–31.
8. Remak, 24.
9. Eisenmenger, 13.
10. Pauli, 12.
11. Moore, 212; Seton-Watson, *Sarajevo*, 90–91; Steed, 'Pact of Konopischt,' 269; West,

346.

12. Morton, *Thunder at Twilight*, 32; Seton-Watson, Sarajevo, 90.

13. Zweig, 239.

14. Czernin, 43.

15. Aichelburg, *Erzherzog Franz Ferdinand*, 26.

16. West, 345–346; Moore, 13–15, 31; Radziwill, *Sovereigns*, 77.

17. Margutti, 129, 135.

18. Margutti, 129–132.

19. Pless, *What I Left Unsaid*, 181.

20. Information from HSH Princess Anita of Hohenberg to authors.

21. Eisenmenger, 264.

22. Nikitsch-Boulles, 35.

23. Bestenreiner, 145; Nemec, 155.

24. Morton, *Thunder at Twilight*, 35; Bestenreiner, 130; Aronson, 69–70; Brook-Shepherd, *Victims*, 111.

25. Radziwill, *Court*, 93.

26. Ketterl, 88.

27. Cassels, 12–13; Gainham, 101; Ketterl, 231.

28. *Le Figaro*, Paris, 16 May 1909, no. 136.

29. Bestenreiner, 177.

30. Franz Josef to Franz Ferdinand, letter of 25 March 1905, in Nachlass, box 2.

31. Information from HSH Princess Sophie of Hohenberg to authors.

32. Hammond, 150–151.

33. Eisenmenger, 220, 224.

34. Kiszling, 252–253.

35. Information from Professor Wladimir Aichelburg to authors.

36. Eisenmenger, 252.

37. Radziwill, *Court*, 67; Vivian, 119–120; Gribble, 281; Fontenoy, 2: 71–72; Weindel, 145.

38. Larisch, 129–130; Vivian, 118; Gribble, 280; Weindel, 145.

39. Schierbrand, 166; Eisenmenger, 245; Larisch, 130; Gribble, 281; Vivian, 124; Pauli, 216; Bestenreiner, 156.

40. Pauli, 218; Bestenreiner, 156.

41. Bestenreiner, 156.

42. Radziwill, *Secrets*, 117; Radziwill, *Court*, 62–63; Gribble, 287–290; Eisenmenger, 255–256.

43. Eisenmenger, 256; see also Nikitsch-Boulles, 18–19.

44. Franz Josef to Franz Ferdinand, letter of 21 July 1911, in Artstetten Archives, DSCFP

739–742.

45. Information from HSH Princess Sophie of Hohenberg to authors.

46. Radziwill, *Secrets*, 117; Radziwill, *Court*, 62–63; Gribble, 287–290; Eisenmenger, 255.

第七章　态度软化

1. Margutti, 138.

2. *Le Figaro*, Paris, 16 May 1909, no. 136.

3. Brook-Shepherd, *Victims*, 110; Bestenreiner, 186.

4. Pauli, 238; Franz Josef to Franz Ferdinand, letter of 31 July 1909, Nachlass, box 2, cited in Hammond, 157; Kiszling, 167–168.

5. Bestenreiner, 144–145; Pauli, 178.

6. Steed, *Thirty Years*, 1: 235–236; Bridge lecture.

7. Information from Ricardo Mateos Sainz de Medrano to authors.

8. Pauli, 104.

9. Pauli, 236; Hammond, 154–155.

10. Höller, 108.

11. Queen Marie of Rumania, 1: 513.

12. Margutti, 135.

13. Buhman, 111–113.

14. Czernin, 89; Queen Marie of Rumania, 1: 512; Hammond, 154; Nikitsch-Boulles, 130–131; Thiériot, 274–276.

15. Queen Marie of Rumania, 1: 512.

16. King Carol of Rumania to the Countess of Flanders, letter of 31 July 1909, provided to the authors from the collection of John Wimbles.

17. Thiériot, 276–277; Buhman, 111–113.

18. Nikitsch-Boulles, 129.

19. Thiériot, 276–277; Pauli, 237.

20. Aronson, 15–16.

21. Röhl, *Wilhelm II*, 1048.

22. Cecil, 2: 15; Kann, *Erzherzog Franz Ferdinand*, 120.

23. Bülow, 1: 612–614; Kiszling, 147.

24. Pauli, 188.

25. Viktoria Luise, 12.

26. Bestenreiner, 188.

27. Bestenreiner, 189.

28. Thiériot, 277–278.

29. Bestenreiner, 189; Viktoria Luise, 13; Aronson, 70; Gerard, 211.

30. Bestenreiner, 190.

31. Thiériot, 277–278; Brook-Shepherd, *Victims*, 189.

32. Viktoria Luise, 13.

33. Moore, 33.

34. Weissensteiner, 171.

35. Information from HSH Princess Sophie of Hohenberg to authors.

36. Pauli, 238.

37. Thiériot, 274; Bestenreiner, 186, 190.

38. Sophie to Oktavia, Countess von Glauchau and Waldenburg, letter of 13 January 1910, page 4, in the Schloss Hinterglauchau archives.

39. Information from Professor Wladimir Aichelburg to authors.

40. Sophie to Oktavia, Countess von Glauchau and Waldenburg, letter of January 13, 1910, page 2, in the Schloss Hinterglauchau archives.

41. *Le Matin*, 19 January 1910, no. 9458; *La Croix*, 20 January 1910, no. 8228.

42. Brook-Shepherd, *Victims*, 110–111; Bestenreiner, 191.

43. Sophie to Oktavia, Countess von Glauchau and Waldenburg, letter of 13 January 1910, page 2, in the Schloss Hinterglauchau archives.

44. Sir Maurice de Bunsen to British Foreign Office, dispatch of 23 February 1914, in PS/PSO/GV/C/P609/4.

45. Sophie to Oktavia, Countess von Glauchau and Waldenburg, letter of 8 June 1910, page 2, in the Schloss Hinterglauchau archives.

46. Bestenreiner, 190; Brook-Shepherd, *Victims*, 201; Bridge lecture.

47. Aronson, 7.

48. Franz Ferdinand, letter of 13 May 1910, in private collection.

49. Aronson, 1.

50. Bridge lecture; Franz Ferdinand, report on King Edward VII's funeral, 22 May 1910, in Nachlass, box 2.

51. *Reichspost*, 17 January 1911.

52. Tattersall, item no. 102, page 25.

53. Friedrich to Franz Ferdinand, letter of 3 February 1907, in Nachlass, box 3.

54. Friedrich to Franz Ferdinand, letter of 14 November 1910, in Nachlass, box 3.

55. Elisabeth to Franz Ferdinand, letter of 10 June 1911, in Nachlass, box 3.

56. Franz Ferdinand to Thun, letter of 11 November 1906, quoted in Kann, *Erzherzog Franz Ferdinand*, 141.

57. Pauli, 232.

58. Karl to Franz Ferdinand, letter of 7 August 1911, in Nachlass, box 3.

59. Karl to Franz Ferdinand, letter of 13 December 1905, in Nachlass, box 3; Karl to Franz Ferdinand, letter of 22 March 1907, in Nachlass, box 3.

60. Polzer-Hoditz, 56.

61. Karl to Franz Ferdinand, letter of 13 August 1911, in Nachlass, box 3.

62. Brook-Shepherd, *Victims*, 109–110.

63. Moore, 182.

64. Brizi (website).

65. Franz Ferdinand, undated letter to Montenuovo, cited in Nidda, 221–222.

第八章　"科诺皮什捷曾经是我们的家"

1. Thiériot, 255.

2. Aichelburg, *Erzherzog Franz Ferdinand*, 47; Aichelburg, *Der Thronfolger und Architektur*, 23–24; Brožovsky, *Konopiště*, 2–7, 12–14; Brožovsky, *Konopiště Château*, 8, 11–15, 18–21; Thiériot, 256; Mihola, 43, 51–52.

3. Eisenmenger, 129; Brožovsky, *Konopiště Château*, 19.

4. Mihola, 63, 87.

5. Aichelburg, *Attentat*, 62.

6. Eisenmenger, 194.

7. Bestenreiner, 138.

8. Pauli, 193.

9. Franz Ferdinand to Little Sophie, telegram of 24 June 1914, in Aichelburg, *Attentat*, 18; Sophie to Max, telegram of 25 June 1914, in Aichelburg, *Attentat*, 25.

10. Czernin, 51.

11. Brook-Shepherd, *Victims*, 98.

12. Weissensteiner, 146.

13. Franz Ferdinand to his children, telegram of 24 June 1914, in Aichelburg, *Attentat*, 18.

14. Nikitsch-Boulles, 30; Thiériot, 252.

15. Brožovsky, *Konopiště Château*, 47.

16. Eisenmenger, 207; Aichelburg, *Archduke Franz Ferdinand*, 29.

17. Margutti, 111.

18. Eisenmenger, 176–177.

19. Nikitsch-Boulles, 67.

20. Tattersall, item nos. 59 and 61, page 20; information from Professor Wladimir Aichelburg to authors.

21. Brook-Shepherd, *Victims*, 86.

22. Moore, 295.

23. Musil and Hladiková, 6.

24. Sophie to Oktavia, Countess von Glauchau and Waldenburg, letter of 3 May 1910, page 4, in the Schloss Hinterglauchau archives.

25. Sophie to Oktavia, Countess von Glauchau and Waldenburg, letter of 8 June 1910, page 2, in the Schloss Hinterglauchau archives.

26. Bestenreiner, 252; Brožovsky, *Konopiště*, 14; Brožovsky, K*onopiště Château*, 6.

27. Eisenmenger, 211.

28. *La Croix*, 1 July 1914, no. 9600.

29. Information from HSH Princess Sophie of Hohenberg to authors.

30. Information from HSH Princess Anita of Hohenberg to authors.

31. Thiériot, 260.

32. Eisenmenger, 132; Thiériot, 88–89.

33. Schierbrand, 180.

34. Information from HSH Princess Sophie of Hohenberg to authors.

35. Bestenreiner, 251–253.

36. Ketterl, 125–126.

37. Information from HSH Princess Anita of Hohenberg to authors.

38. Brožovsky, *Konopiště*, 28.

39. Nikitsch-Boulles, 30–31.

40. Czernin, 52.

41. Weissensteiner, 146.

42. Brook-Shepherd, *Victims*, 98.

43. Bestenreiner, 138.

44. Sophie to Oktavia, Countess von Glauchau and Waldenburg, letter of 13 January 1910, page 2, in the Schloss Hinterglauchau archives.

45. Information from HSH Princess Sophie of Hohenberg to authors.

46. Franz Ferdinand to Brosch, letter of 15 June 1912, in Chlumecky, *Erzherzog*, 47; de Waal, 183–184.

47. Eisenmenger, 134–135; Brožovsky, *Konopiště*, 18, 21; Aichelburg, *Erzherzog Franz Ferdinand*, 48.

48. Clary-Aldringen, 157.

49. Eisenmenger, 129–130.

50. P. E. Fischer, *Ein Erinnerungsblatt*, 18.

51. Pauli, 232.

52. Macartney, 750.

53. Moore, 24, 35–36; Paget, 222.

54. Eisenmenger, 244–245.

55. Eisenmenger, 243–244; Radziwill, *Court*, 76.

56. Mihola, 63.

57. Eisenmenger, 243–244; Aichelburg, *Attentat*, 91; Bestenreiner, 280–281; Aichelburg, *Erzherzog Franz Ferdinand*, 48.

58. Brožovsky, *Konopiště*, 12–15, 23–24; Zerzan, 4–5; Mihola, 31–32.

59. Margutti, 111.

60. Hohenberg and Scholler, 138; Pauli, 210; Cassels, 48.

61. Brožovsky, *Konopiště Château*, 31.

62. Cassels, 48.

63. Information from HSH Princess Sophie of Hohenberg to authors.

64. Bestenreiner, 139, citing *Neues Wiener Tagblatt*, 2 July 1931; Thiériot, 279.

65. Cassels, 48.

66. Tattersall, item no. 20, page 41.

67. Clary-Aldringen, 156.

68. Tattersall, item nos. 76 and 77, page 22.

69. Musil and Hladiková, 9.

70. Czernin, 40.

71. Eisenmenger, 130.

72. Brook-Shepherd, *Victims*, 98.

73. Mihola, 75.

74. Pauli, 268.

75. Sosnosky, *Erzherzog*, 37–38.

76. Czernin, 40, 47.

77. Cassels, 49.

78. Eisenmenger, 263.

79. Sosnosky, *Erzherzog*, 37–38.

80. Eisenmenger, 129.

81. Czernin, 40; Eisenmenger, 129, 209; Zeepvat, 322; Thiériot, 266.

82. Funder, 189; Sosnosky, *Erzherzog*, 37; Clary-Aldringen, 157; Pless, *What I Left Unsaid*, 145.

83. Czernin, 45.

84. Sophie to Oktavia, Countess von Glauchau and Waldenburg, letter of 13 March 1910, page 4, in the Schloss Hinterglauchau archives.

85. Brook-Shepherd, *Victims*, 86.

86. Levetus, 188; Rumbold, 309; Seton-Watson, 'Archduke Franz Ferdinand,' 290.

87. Hamann, *Hitler's Vienna*, 369.

88. Nikitsch-Boulles, 35.

89. *L'Ouest-Éclair*, Rennes, France, 30 June 1914, no. 5670.

90. Information from HSH Princess Anita of Hohenberg to authors.

91. Sosnosky, *Erzherzog*, 37–38.

第九章 "就连死亡也休想将你我分离"

1. Sophie to Oktavia, Countess von Glauchau and Waldenburg, letter of 25 December 1909, pages 1–2, in the Schloss Hinterglauchau archives.

2. Franz Ferdinand to Brosch, letter of 1 January 1912, in Chlumecky, *Erzherzog*, 37–38.

3. Information from HSH Princess Sophie of Hohenberg to authors; Brook-Shepherd, *Victims*, 93; Pauli, 233–234.

4. Aichelburg, *Der Thronfolger und das Meer*, 38–39; Brook-Shepherd, *Victims*, 93; Bestenreiner, 193.

5. Sophie to Oktavia, Countess von Glauchau and Waldenburg, letter of 13 March 1910, pages 2–3, in the Schloss Hinterglauchau archives.

6. Fabiani, 10–11; Praschl-Bichler, *So lebten*, 97–98.

7. Kiszling, 273.

8. Eisenmenger, 241–243.

9. Pauli, 267; Bardolff, 131.

10. Horthy, 74; Eisenmenger, 143; Czernin, 45.

11. Aichelburg, *Erzherzog Franz Ferdinand*, 3, 6; Aichelburg, *Archduke Franz Ferdinand*, 14.

12. See *Le Figaro*, 8 September 1908, no. 252.

13. Franz Ferdinand to Baron Biegeleben, letter of 6 January 1909, provided to the authors by Professor Wladimir Aichelburg.

14. Bestenreiner, 137; Aichelburg, *Attentat*, 87.

15. Pauli, 189.

16. Information from HSH Princess Sophie of Hohenberg to authors; information from HSH Princess Anita of Hohenberg to authors; Aichelburg, *Erzherzog Franz Ferdinand*, 6–8.

17. Eisenmenger, 202–203.

18. Pauli, 259; Aichelburg, *Der Thronfolger und das Meer*, 65–67; Clary-Aldringen, 157.

19. Brook-Shepherd, *Victims*, 87–88; Nikitsch-Boulles, 36–38; Aichelburg, *Erzherzog Franz Ferdinand*, 48; Aichelburg, *Der Thronfolger und die Architektur*, 109–111.

20. West, 334.

21. Rumbold, 309; Brook-Shepherd, *Victims*, 96; Czernin, 40; Tattersall, 13; Chlumecky et al., 99–102.

22. Information from Professor Wladimir Aichelburg to authors; Aichelburg, *Erzherzog*

Franz Ferdinand, 33.

23. Watson, 21–23.
24. Ruffer, 44–47, 135.
25. Ketterl, 113.
26. Eisenmenger, 141–145, 192–193; Hohenberg and Scholler, 83.
27. Crankshaw, 350; Eisenmenger, 200; Chlumecky et al., 101–102; Praschl-Bichler, *Die Habsburger in Salzburg*, 112–115; Praschl-Bichler, *So lebten*, 120–121; Aichelburg, *Der Thronfolger und die Architektur*, 115–116.
28. Praschl-Bichler, *So lebten*, 103; Aichelburg, *Archduke Franz Ferdinand*, 28; Chlumecky et al., 55–57.
29. Ketterl, 126.
30. Czernin, 40.
31. Information from HSH Princess Sophie of Hohenberg to authors; Ketterl, 126; Eisenmenger, 134–135; Brožovsky, *Konopiště*, 18, 21; Aichelburg, *Erzherzog Franz Ferdinand*, 48.
32. Clary-Aldringen, 58–59.
33. Franz Ferdinand to Brosch, letter of 20 January 1909, in Nachlass, box 5.
34. Bestenreiner, 192.
35. *The Times*, May 29, 1912; Bridge lecture.
36. Franz Ferdinand to Brosch, letter of 15 June 1912, in Chlumecky, *Erzherzog*, 39.
37. King George V, diary, 23 May 1912, in RA/GV/PRIV/GVD/1912.
38. Bridge lecture.
39. Bridge lecture.

第十章　见习皇帝

1. Pauli, 172–173; Hamann, *Hitler's Vienna*, 249.
2. *Wiener Zeitung*, 9 April 1901.
3. Brook-Shepherd, *Victims*, 137; Franz Josef to Franz Ferdinand, letter of 18 April 1901, and letter of 20 April 1901, in Nachlass, box 1; Dedijer, 107–109.
4. Pauli, 174; Weindel, 285–286.
5. Margutti, 124.
6. Hamann, *Hitler's Vienna*, 289–291; Gainham, 90.
7. Cited in Dedijer, 106.
8. Steed, *Habsburg Monarchy*, xxix; Marek, 353–354; Johnston, 202.
9. Polzer-Hoditz, 50.
10. On Brosch, see Chlumecky, *Erzherzog*, 370–371.

11. Margutti, 133.

12. Chlumecky, *Erzherzog*, 355–360.

13. Franz Ferdinand to Brosch, letter of 12 January 1912, in Chlumecky, *Erzherzog*, 38–39.

14. Palmer, 296–297.

15. Kiszling, 104.

16. Aichelburg, *Erzherzog Franz Ferdinand*, 40.

17. Williamson, 'Influence', 418.

18. Margutti, 123.

19. Moore, 211.

20. Conrad, 3: 503.

21. Margutti, 134.

22. Eisenmenger, 220–221.

23. Nikitsch-Boulles, 52–55.

24. Information from HSH Princess Sophie of Hohenberg to authors.

25. Cited in Dedijer, 115.

26. Sosnosky, 'New Light,' 62.

27. Fugger, 225.

28. Margutti, 115.

29. Eisenmenger, 219.

30. Georg, 3rd Duke of Hohenberg, 293.

31. Margutti, 115.

32. Rumbold, 309.

33. Kiszling, 315.

34. Margutti, 263.

35. Eisenmenger, 174–175.

36. Franz Ferdinand to Beck, letter of 28 August 1905, in Kiszling, 83.

37. Conrad, 1: 545–564.

38. Margutti, 123; Gribble, 344–345; Schierbrand, 101–102; Albertini, 2: 13–22; Horthy, 81; Fay, 2: 6–27; Bardolff, 136–179; Kiszling, 87–90; Macartney, 805; Valiani, 9–10.

39. Margutti, 209.

40. Czernin, 57.

41. Albertini, 2: 14.

42. Albertini, 2: 12–14; Chlumecky, *Erzherzog*, 5.

43. Margutti, 118–119, 125.

44. Margutti, 116–121; Crankshaw, 327.

45. Franz Ferdinand to Prince Franz Liechtenstein, letter of 14 November 1897, in Eisenmenger, 171.

46. Czernin, 58.

47. See Fromkin, 115.

48. Weindel, 229; Chlumecky, *Erzherzog*, 217–218.

49. Pauli, 154.

50. Brook-Shepherd, *Victims*, 116.

51. See Vienna *Reichspost*, 28 March 1926; Sosnosky, *Franz Ferdinand*, 79–99.

52. Sulzberger, 380.

第十一章　外交与玫瑰

1. Zweig, 1.

2. Dedijer, 467, fn. 1; see also Chlumecky et al.

3. Nidda, 111.

4. Sophie to Oktavia, Countess von Glauchau and Waldenburg, letter of 29 June 1910, page 2, in the Schloss Hinterglauchau archives.

5. Eisenmenger, 260.

6. Sosnosky, *Erzherzog*, 113; Bestenreiner, 149.

7. Information from HSH Princess Anita of Hohenberg to authors.

8. Bestenreiner, 253.

9. Kaiser Wilhelm II to Franz Ferdinand, telegram of 31 May 1914, in Nachlass, box 5.

10. Franz Ferdinand to Brosch, letter of 15 June 1912, in Chlumecky, *Erzherzog*, 39.

11. Eisenmenger, 283.

12. Dedijer, 103.

13. Brook-Shepherd, *Victims*, 113–114.

14. Aichelburg, *Der Thronfolger und die Architektur*, 104.

15. Information from HSH Princess Sophie of Hohenberg to authors.

16. *La Croix*, 30 December 1911, no. 8829.

17. *L'Ouest-Éclair*, Rennes, France, 30 June 1914, no. 5670.

18. Kiszling, 204–205.

19. Brožovsky, *Konopiště*, 24; Pauli, 261.

20. Franz Ferdinand to Mendsdorff, letter of 23 July 1913, cited in Brook-Shepherd, *Victims*, 205.

21. Quoted in Bridge lecture.

22. Franz Ferdinand to Max, undated letter of November 1913, provided to authors by Professor Wladimir Aichelburg.

23. Nikitsch, 165–166; *The Times*, 18 November 1913.

24. Dugdale, 276.

25. Queen Mary to Augusta, Grand Duchess of Mecklenberg-Strelitz, letter of November 27, 1913, in RA/QM/PRIV/CC26/72.

26. Dugdale, 276.

27. Franz Ferdinand to Max, undated letter of November 1913, provided to authors by Professor Wladimir Aichelburg.

28. King George V, diary, 17 November 1913, in RA/GV/PRIV/GVD/; royal menus, 17 November 1913, in RA/MRH/MRHF/MENUS/MAIN/WC.

29. Queen Mary to Prince Albert, letter of 20 November 1913, in RA/GV/PRIV/RF/11/162.

30. King George V, diary, 18 November 1913, in RA/GV/PRIV/GVD; royal menus, 18 November 1913, in RA/MRH/MRHF/MENUS/MAIN/WC.

31. King George V, diary, 19 November 1913, in RA/GV/PRIV/GVD/; King George V, diary, 20 November 1913, in RA/GV/PRIV/GVD/; King George V, diary, 21 November 1913, in RA/GV/PRIV/GVD/1913.

32. Nikitsch-Boulles, 166–167; Information from Professor Wladimir Aichelburg to authors.

33. Portland, 246–247.

34. King George V, diary, 18 November 1913, in RA/GV/PRIV/GVD/; royal menus in RA/MRH/MRHF/MENUS/MAIN/WC; *The Times*, 22 November 1913.

35. Queen Mary to Augusta, Grand Duchess of Mecklenberg-Strelitz, letter of 20 November 1913, in RA/QM/PRIV/CC26/71.

36. King George V, diary, 21 November 1913, in RA/GV/PRIV/GVD/.

37. Queen Mary to Augusta, Grand Duchess of Mecklenberg-Strelitz, letter of 27 November 1913, in RA/QM/PRIV/CC26/72.

38. Queen Mary to Augusta, Grand Duchess of Mecklenberg-Strelitz, letter of 5 July 1914, in RA/QM/PRIV/CC26/92.

39. *Worksop Guardian*, 21 November 1913.

40. Bridge lecture.

41. Portland, 246–247.

42. *Worksop Guardian*, 28 November 1913.

43. Sir Maurice de Bunsen to Lord Stamfordham, 23 February 1914, in RA/PS/PSO/GV/C/P/609/4.

44. Mensdorff, diary, 24 November 1913, cited in Brook-Shepherd, *Victims*, 208.

45. *The Guardian*, 29 June 1914.

46. Bridge lecture.

47. Cited in Brook-Shepherd, *Victims*, 190.

48. Information from Professor Wladimir Aichelburg to authors.

49. Sir Maurice de Bunsen to British Foreign Office, 23 February 1914, in RA/PS/PSO/GV/C/P/609/4.

50. Undated letter from Lucy Fane Wingfield, 1914, in Artstetten Archive.

51. Brook-Shepherd, *Victims*, 211.

52. Marie Valerie to Franz Ferdinand, letter of 29 April 1914, in Nachlass, box 3.

53. Isabella to Franz Ferdinand, letter of 25May 1914, in Nachlass, box 3.

54. Portland, 331.

55. Kiszling, 273–274; Albertini, 2: 508; cited in Brook-Shepherd, *Victims*, 212.

56. Tattersall, 23.

57. *Neue Freie Presse*, 8 June 1914.

58. Kaiser Wilhelm II to Franz Ferdinand, telegram of 27 November 1913, in Nachlass, box 6; Kaiser Wilhelm II to Franz Ferdinand, telegram of 24 May 1913, in Nachlass, box 6.

59. Kiszling, 277.

60. E. Taylor, *Fall*, 147.

61. Aichelburg, *Attentat*, 107; Brook-Shepherd, *Victims*, 230.

62. Aichelburg, *Attentat*, 107.

63. Kaiser Wilhelm II to Franz Ferdinand, telegram of 14 June 1914, in Nachlass, box 6.

64. Kiszling, 279; Morsey, 486.

65. Sir Maurice de Bunsen to Sir Edward Grey, 19 June 1914, 28011, document no. 1 in Gooch.

66. Mijatović, 247; Steed, 'Pact of Konopischt', 256–271; Kautsky, 53–55; Fay, 2: 37–41; Aichelburg, *Attentat*, 108–109; Albertini, 1: 533–534; Sosnosky, *Erzherzog*, 43–44; Morsey, 486.

67. Gerard, 210.

68. Steed, 'Pact of Konopischt', 270–271.

69. See Brook-Shepherd, *Victims*, 231–232; Sosnosky, *Erzherzog*, 43–44.

第十二章　"我认为战争纯粹是精神错乱！"

1. Crankshaw, 308; Remak, 32–35; MacKenzie, *Apis*, 9–10.

2. Aronson, 75.

3. Ludwig, 67.

4. MacKenzie, Apis, 41–47; MacKenzie, '*Black Hand*', 258–258; West, 11–12; Gedye, 196–197; Cassels, 68; Dedijer, 85–86; Remak, 51.

5. West, 12; Chirol, 8; Sulzberger, 202; Aronson, 81; Remak, 52; Dedijer, 25.

6. Aronson, 81.

7. Remak, 34.

8. Funder, 304.

9. Chlumecky, *Erzherzog*, 98–99.

10. Albertini, 1: 201–207, 1: 281–286.

11. Sulzberger, 203; Williamson, *Austria-Hungary*, 126–142.

12. Asprey, 184; Remak, 43; Fay, 2: 76–85.

13. See Appendix 2, *Austro-Hungarian Red Book*.

14. Remak, 44–49; E. Taylor, *Fall*, 196; Albertini, 2: 82–86; Aronson, 94; MacKenzie, '*Black Hand*', 44.

15. See various Belgrade papers in Appendix 1, *Austro-Hungarian Red Book*.

16. Crankshaw, 377.

17. Würthle, 96.

18. Crown Prince Wilhelm of Germany, 123.

19. Conrad, 1: 33–36.

20. Strachan, 69.

21. Conrad, 1: 142.

22. Weindel, 292.

23. Conrad, 1: 142.

24. Chlumecky, *Erzherzog*, 96.

25. Margutti, 116.

26. Williamson, 'Influence,' 423.

27. Kiszling, 192–193.

28. Margutti, 70.

29. Kiszling, 193–197.

30. Asprey, 260–281; Clary-Aldringen, 161–164; Conrad, 3: 338–380; E. Taylor, *Fall*, 175–176; Marek, 416–419.

31. Asprey, 260–281; Conrad 3: 338–380.

32. Churchill, Reynolds and Miller, 1: 252–256.

33. Kann, *Erzherzog Franz Ferdinand*, 223.

34. Williamson, *Austria-Hungary*, 151–154.

35. Franz Ferdinand to Berchtold, letter of 21 October 1913, in Kann, *Erzherzog Franz Ferdinand*, 233.

36. Conrad, 4: 467–471; Kiszling, 268–269; Kann, *Erzherzog Franz Ferdinand*, 232.

37. Kiszling, 270.

38. Conrad, 3: 406.

39. Conrad, 3: 597.

40. Conrad, 3: 670.

41. Fay, 2: 224.

42. Kiszling, 266.

43. Conrad to Berchtold, telegram of 22 June 1914, cited in Crankshaw, 394.

第十三章　致命的邀约

1. Bestenreiner, 193－194.

2. Quoted in Asprey, 288－289.

3. Conrad, 3: 436.

4. Quoted in Asprey, 289.

5. Conrad, 3: 444.

6. Conrad, 3: 445; Jeřábek, 75.

7. Conrad, 3: 702.

8. Duke Max of Hohenberg in *Paris-Soir-Dimanche*, 4 July 1937.

9. Information from Professor Wladimir Aichelburg to authors.

10. Duke Max of Hohenberg in *Paris-Soir-Dimanche*, 4 July 1937.

11. Dedijer, 286.

12. Margutti, 136.

13. A. J. P. Taylor, *First World War*, 13.

14. Aronson, 100.

15. Dedijer, 203－204; 243; Albertini, 50.

16. Dedijer, 273－276.

17. Seton-Watson, *Sarajevo*, 109－110; Remak, 34; see Jeřábek, chapters 7 and 8.

18. Cassels, 144.

19. Jeřábek, 90.

20. Cassels, 144.

21. Dedijer, 286, 408－409; Remak, 29－30; Conrad, 3: 444－445.

22. Cassels, 161.

23. Jeřábek, 75.

24. Smith, 153; Conrad, 3: 475; Würthle, 179; Cassels, 144.

25. Mijatović, 219－220.

26. Seton-Watson, *Sarajevo*, 110.

27. Brook-Shepherd, *Victims*, 241; Remak, 116; Stojanović, 108.

28. Seton-Watson, *Sarajevo*, 109; Steed, 'Pact of Konopischt', 266; Palmer, 306－307; Margutti, 21; Dedijer, 247, 318, 410; Jászi, 125; West, 348; Remak, 116.

29. Sophie to Oktavia, Countess von Glauchau and Waldenburg, letter of 8 June 1910, page 2, in the Schloss Hinterglauchau archives.

30. See Bilinski to Potiorek, 3 July 1914, in Bittner, 8: 289－391; Albertini, 2: 111－115; Fay, 2: 48－49; Remak, 117, 258; Conrad, 4: 65－66.

31. Seton-Watson, *Sarajevo*, 107; E. Taylor, *Fall*, 8; Cassels, 160.

32. Seton-Watson, *Sarajevo*, 108.

33. Quoted in Chlumecky, *Erzherzog*, 363.

34. Cassels, 161; Seton-Watson, *Sarajevo*, 108; Dedijer, 409.

35. Marek, 430; Remak, 115–116.

36. Smith, 166; Dedijer, 410.

37. Cited in Dedijer, 411.

38. Seton-Watson, *Sarajevo*, 113.

39. Brook-Shepherd, *Victims*, 241; Remak, 116.

40. Cassels, 168.

41. Cited in Dedijer, 484.

42. Quoted in Cassels, 161.

43. Cassels, 162; Polzer-Hoditz, 168; cited in Dedijer, 406–407.

44. Dedijer, 275.

45. *Srbobran*, Chicago, 3 December 1913.

46. Quoted in Höller, 226.

47. Note to Bilinski, 31 May 1914, no. 2213 from Berchtold, in Trivanović, 990.

48. Cited in Seton-Watson, *Sarajevo*, 106.

49. Cited in Dedijer, 406.

50. Czernin, 52–53.

51. Quoted in Sosnosky, *Erzherzog*, 196–197.

52. Nikitsch-Boulles, 210.

53. Eisenmenger, 264.

54. Brook-Shepherd, *Last Habsburg*, 26–27.

55. Palmer, 322; Sir Maurice de Bunsen to Lord Stamfordham, 26 April 1914, in RA PS/ PSO/GV/CP609/6.

56. Palmer, 322.

57. Cited in Dedijer, 407.

58. Brook-Shepherd, *Victims*, 222.

59. Conrad, 3: 700; Kiszling, 290; Corti and Sokol, 3: 408; Morton, *Thunder at Twilight*, 227–228.

60. Brook-Shepherd, *Victims*, 222.

61. Conrad, 3: 700.

62. Bestenreiner, 221.

63. Dugdale, 295; Eisenmenger, 264.

64. Duke Max of Hohenberg in *Paris-Soir-Dimanche*, 4 July 1937.

65. Nikitsch-Boulles, 210–211.

66. Eisenmenger, 264.

67. Duke Max of Hohenberg in *Paris-Soir-Dimanche*, 4 July 1937.

68. Dugdale, 295.

第十四章　密谋

1. On background see MacKenzie, *Apis*, 1‒3; MacKenzie, '*Black Hand*', 257.

2. Remak, 36.

3. Remak, 53.

4. MacKenzie, *Apis*, 125; Remak, 56.

5. Dedijer, 388‒389.

6. Dedijer, 184‒185, 283; Smith, 11; Cassels, 193; Albertini, 2: 78‒79; Remak, 54‒55, 91‒
    92; Magrini, 94‒95; Owings, 46.

7. Remak, 59.

8. Dedijer, 28‒30, 175, 192‒193, 212; Remak, 60‒62; Cassels, 145‒146; Feurlicht, 70‒71;
    Smith, 5‒9, 36‒37, 64‒65; West, 426; *Sarajevski List*, no. 130, 29 June 1914.

9. Dedijer, 28‒30, 175, 192‒193, 212; Remak, 60‒62; Cassels, 145‒146; Feurlicht, 70‒71;
    Smith, 5‒9, 36‒39, 63‒65; West, 426; *Sarajevski List*, no. 130, 29 June 1914.

10. Dedijer, 447.

11. Fromkin, 119.

12. Owings, 56.

13. Fromkin, 119.

14. Remak, 64; Smith, 89; Dedijer, 175‒178.

15. Owings, 56.

16. Dedijer, 175, 283‒284, 289; Owings, 57, 65; Cassels, 193.

17. Remak, 67; Dedijer, 292‒294; Cassels, 148; Smith, 91; MacKenzie, *Apis*, 136, 315.

18. Smith, 95.

19. Remak, 68‒70; Dedijer, 290, 295‒298; *Sarajevski List*, no. 130, 29 June 1914.

20. Remak, 79‒90; Dedijer, 303‒305.

21. Remak, 60‒61, 90, 116; Dedijer, 175, 303‒305, 318.

22. Remak, 93‒97; Owings, 185‒186; Albertini, 2: 78‒79.

23. See Fromkin, 129‒131; Polzer-Hoditz, 163; Morsey, 488‒489; Sulzberger, 381; Balfour,
    344.

24. Williamson, *Austria-Hungary*, 125‒147.

25. Cited in McMeekin, 48.

26. Albertini, 2: 83‒86; Remak, 57; E. Taylor, *Fall*, 197; Dedijer, 433; MacKenzie, *Apis*,
    131; Gavrilović, 410‒411; McMeekin, 47.

27. Gavrilović, 410‒411.

28. Albertini, 2: 83–86; McMeekin, 47.

29. Fromkin, 265.

30. Dedijer, 388–389; MacKenzie, *Apis*, 241–242.

31. Jovanović, 57–58; Albertini, 2: 90.

32. Dedijer, 388–389, 502–503; Albertini, 2: 90, 98, 100–109.

33. Remak, 71–72; Fromkin, 124–125.

34. Albertini, 2: 99–105, 112–113; *New York Herald Tribune*, Paris edition, July 20, 1914; Dedijer, 395.

35. Kiszling, 288; Bestenreiner, 222; Albertini 2: 102–103; Schmitt, 173; Bardolff, 181; *Neue Freie Presse*, 28 June 1924; *Neue Wiener Tagblatt*, 28 June 1924; Fay, 2: 61–74, 2: 152–166.

36. Remak, 77–78; Dedijer, 393–395; MacKenzie, *Apis*, 134; MacKenzie, 'Black Hand', 46.

37. Remak, 77–78, 110; Dedijer, 306–311, 393–395; MacKenzie, *Apis*, 134; MacKenzie, 'Black Hand', 46; Smith, 138–139; Albertini, 2: 49.

第十五章 "我开始爱上波斯尼亚了"

1. Pauli, 277; Brook-Shepherd, *Victims*, 228.

2. Czernin, 57; Funder, 498; Conrad, 3: 700.

3. Brook-Shepherd, *Victims*, 233; Bestenreiner, 226.

4. Kiszling, 290–291; Nikitsch-Boulles, 209–210.

5. Morsey, 490–491.

6. Kiszling, 291; Nikitsch-Boulles, 212.

7. Hohenberg and Scholler, 28.

8. Sophie to Max, telegram of 25 June 1914, in Aichelburg, *Attentat*, 25.

9. Cassels, 163.

10. Franz Ferdinand to Little Sophie, telegram of 24 June 1914, in Aichelburg, *Attentat*, 18.

11. Kiszling, 291–293; Nikitsch-Boulles, 209–210; Conrad, 4: 13; Morsey, 490–491; *Sarajevo Tagblatt*, June 26, 1914; *Sarajevski List*, no. 128, 26 June 1914.

12. *Sarajevski List*, no. 128, 26 June 1914.

13. Sophie to Max, telegram of 25 June 1914, in Aichelburg, *Attentat*, 25.

14. Kiszling, 291–293; Nikitsch-Boulles, 209–210; Conrad, 4: 13; Morsey, 490–491; *Sarajevski List*, no. 128, 26 June 1914.

15. Holbach, 108–110; Munro, 26.

16. Remak, 39; Kiszling, 291; Nikitsch-Boulles, 209–210; Aichelburg, *Attentat*, 26–31; *Sarajevski List*, no. 128, 26 June 1914.

17. Franz Ferdinand to Little Sophie, telegram of 25 June 1914, in Aichelburg, *Attentat*, 24.
18. Holbach, 88, 96‒97; Munro, 14‒16.
19. Kiszling, 292; Morsey, 490‒491.
20. Remak, 101.
21. Munro, 12.
22. *Sarajevski List*, no. 128, 26 June 1914; information from HSH Princess Anita of Hohenberg to authors.
23. *Sarajevski List*, no. 128, 26 June 1914; Nikitsch-Boulles, 209‒210.
24. Fay, 2: 51; Remak, 103.
25. Aichelburg, *Attentat*, 32.
26. Fay, 2: 52; Remak, 103; Seton-Watson, *Sarajevo*, 113.
27. Dedijer, 10.
28. Kiszling, 291‒293; Nikitsch-Boulles, 209‒210; Conrad, 4: 13; Morsey, 490‒491; Albertini, 2: 87.
29. Morsey, 490‒491; Aichelburg, *Attentat*, 32; Kiszling, 291‒293; Nikitsch-Boulles, 211‒215; Remak, 106‒107; Smith, 165; *Sarajevski List*, no. 128, 26 June 1914; *Sarajevski List*, no. 129, 28 June 1914.
30. *Sarajevski List*, no. 129, 28 June 1914.
31. Morsey, 490‒491.
32. *Sarajevski List*, no. 130, 29 June 1914.
33. Remak, 111; Dedijer, 312‒314.
34. Cited in Dedijer, 102.
35. Remak, 108.
36. Dedijer, 10‒11.
37. Pauli, 281‒282.
38. Remak, 108‒109; cited in Dedijer, 10‒11.
39. Nikitsch-Boulles, 213‒215.
40. Nikitsch-Boulles, 215‒216; Remak, 108‒109; Morsey, 491; Bardolff, 182.

第十六章　圣维特日

1. Bestenreiner, 251.
2. Pauli, 152‒153.
3. Bestenreiner, 252.
4. Dedijer, 9; Aichelburg, *Attentat*, 42.
5. Kiszling, 296‒298; Dedijer, 11‒12.
6. Dedijer, 11‒12; Kiszling, 297‒298; Remak, 114; Nikitsch-Boulles, 216‒219; Chlumecky,

Erzherzog, 363-364; Smith, 169. The number of cars in the motorcade has been variously given as four, five, and six. The surviving protocols accurately place the number at seven. See Aichelburg, *Attentat*, 42-43, 47.

7. Dedijer, 11-12; Kiszling, 297-298; Remak, 114; Nikitsch-Boulles, 216-219; Chlumecky, *Erzherzog*, 363-364; Aichelburg, *Attentat*, 42-43, 47; Smith, 169.

8. Brook-Shepherd, *Victims*, 244; Sosnosky, 'New Light', 207; Conrad, 4: 65-66; Seton-Watson, *Sarajevo*, 112-114; Albertini, 2: 111-115; *Sarajevski List*, no. 130, 29 June 1914.

9. Remak, 118; Dedijer, 313; Albertini, 2: 111-115.

10. Feurlicht, 97.

11. Remak, 119.

12. Smith, 175.

13. Remak, 121-122; Dedijer, 12.

14. Dedijer, 12-13.

15. Chlumecky, *Erzherzog*, 363.

16. Remak, 122-123; Dedijer, 13.

17. Remak, 123-124; Dedijer, 12-13.

18. Dedijer, 319; Remak, 124-125.

19. Smith, 183.

20. Remak, 125; Albertini, 2: 46-49; Sosnosky, *Erzherzog*, 215-222; Conrad, 4: 19-20; Chlumecky, *Erzherzog*, 363-364; Morsey, 492-494.

21. Remak, 126-127.

22. Remak, 129; Kiszling, 298; Dedijer, 13; West, 331.

23. *Neue Freie Presse*, 29 June 1914.

24. Kiszling, 289; Dedijer, 14.

25. *Reichspost*, 29 June 1914; Dedijer, 13-14; Kiszling, 289.

26. Kiszling, 290; Holbach, 94; West, 332; Sosnosky, *Erzherzog*, 207; Nikitsch-Boulles, 215.

27. West, 332-333.

28. Sosnosky, *Erzherzog*, 207; Nikitsch-Boulles, 215.

29. Cited in Dedijer, 14.

30. Conrad, 4: 40.

31. Remak, 132; Albertini, 2: 36; Dedijer, 14-15; Kiszling, 199-200.

32. Chlumecky, *Erzherzog*, 363-364.

33. Conrad, 4: 20-21.

34. Sosnosky, *Erzherzog*, 220; Kiszling, 199-200; Dedijer, 15; Albertini, 2: 36.

35. Morsey, 496.

36. *Neue Freie Presse*, 29 June 1914.

37. Remak, 135; Dedijer, 15.

38. Dedijer, 15; Kiszling, 299–301.

39. Cited in Dedijer, 321.

40. Cited in Dedijer, 321.

41. *Sarajevski List*, no. 130, 29 June 1914; Morsey, 496.

42. Dedijer, 15, 346; Smith, 190–191.

43. Seton-Watson, *Sarajevo*, 103.

44. Remak, 138–139.

45. Jeřábek, 85.

46. Jeřábek, 85; Kiszling, 300; Sosnosky, *Erzherzog*, 219.

47. Kiszling, 300; Sosnosky, *Erzherzog*, 219.

48. Jeřábek, 85–86.

49. Sosnosky, *Erzherzog*, 219–220.

50. Information from HSH Princess Sophie of Hohenberg to authors.

51. Information from Nermina Letic to authors.

52. Kiszling, 301.

53. Morsey, 399; Aichelburg, *Attentat*, 60; Jeřábek, 86.

54. Morsey, 498; Aichelburg, *Attentat*, 60.

55. Bestenreiner, 251.

56. Dedijer, 16; Morsey, 399; Aichelburg, *Attentat*, 60.

57. Remak, 143–144; Brook-Shepherd, *Victims*, 2.

第十七章　"悲痛之情难以言表"

1. Brook-Shepherd, *Victims*, 256.

2. Information from Professor Wladimir Aichelburg to authors.

3. *L'Ouest-Éclair*, Rennes, France, 30 June 1914, no. 5670.

4. Sophie Nostitz-Rieneck in *Samstag*, 23 June 1984.

5. Brook-Shepherd, *Victims*, 256.

6. *Reichspost*, 2 July 1914.

7. *La Croix*, 4 July 1914, no. 9603.

8. Ferdinand Karl to Max, telegram of 29 June 1914, in Aichelburg, *Attentat*, 89.

9. Ludwig Salvator to Max, telegram of 29 June 1914, in Aichelburg, *Attentat*, 89.

10. Kiszling, 303.

11. Rumerskirch to Count Paar, telegram of 28 June 1914, in Aichelburg, *Attentat*, 63.

12. Margutti, 138–139.

13. Marie Valerie, diary, 28–29 June, 1914, in Corti and Sokol, 3: 412–413.

14. Aichelburg, *Erzherzog Franz Ferdinand*, 42.

15. Marek, 437–438.

16. Bardolff, 183.

17. Brook-Shepherd, *Victims*, 255.

18. Margutti, 143.

19. Brook-Shepherd, *Last Habsburg*, 2–3.

20. Cited in Remak, 152.

21. Sir Edward Grey to Sir Maurice de Bunsen, telegram of 29 June 1914, cable no. 29072, item no. 14, in Gooch.

22. Sir Edward Grey to Count Mensdorff, 29 June 1914, item no. 15, in Gooch.

23. King George V, diary, 28 June 1914, in RA/GV/PRIV/GVD/.

24. Queen Mary to Augusta, Grand Duchess of Mecklenberg-Strelitz, letter of 2 July 1914, in RA/QM/PRIV/CC26/92.

25. Zweig, 237–239.

26. Dugdale, 290.

27. Quoted in Marek, 435.

28. Eisenmenger, 265.

29. Pauli, 11.

30. Polzer-Hoditz, 54.

31. Windischgraetz, 49; Albertini, 2: 270–272; Remak, 152–153; McMeekin, 47; *The Times*, 30 June 1914.

32. *Novoye Vremya*, St Petersburg, 29 June 1914, no, 1273.

33. Both quoted in *Le Gaulois*, Paris, 30 June 1914, no. 13408.

34. McMeekin, 47–48; Crackanthorpe to Sir Edward Grey, 13 July 1914, no. 129, in Gooch.

35. Churchill, Reynolds, and Miller, 1: 342.

36. Remak, 155–156; Appendix 9, *Austro-Hungarian Red Book*.

37. Akers-Douglas to Sir Edward Grey, telegram of 30 June 1914, cable no. 30386, item no. 30, in Gooch.

38. *Die Fackel*, 10 July 1914.

39. Prince Alphonse Clary to Daisy, Princess of Pless, letter of 29 June 1914, in Pless, *What I Left Unsaid*, 145–146.

40. Chlumecky, *Erzherzog*, 5.

41. Weissensteiner, 31.

42. Ludwig Salvator to Mrs Mary Stuart Boyd, letter of 3 July 1914, from the collection of Ian Shapiro.

43. Countess Elisabeth de Baillet-Latour to Queen Mary, letter of 30 June 1914, in RA/QM/PRIV/CC47/380.

44. Chlumecky, *Erzherzog*, 364; Churchill, Reynolds, and Miller, 1: 260; Remak, 146–148.

45. Remak, 148.

46. Masic, 115–116; Smith, 194; Dedijer, 16; Meysels, 82.

47. Bankl, 145; Aichelburg, *Attentat*, 60; Masic, 117; Dedijer, 16.

48. Dedijer, 16; *Sarajevski List*, no. 132, 30 June 1914.

49. Masic, 118.

50. Smith, 278–279.

51. Information from Professor Wladimir Aichelburg to authors.

52. Bestenreiner, 252.

53. Dienes and Schneider, 34.

54. Aichelburg, *Attentat*, 72; Remak, 146–148, 166; Kiszling, 301–302; Albertini, 2: 118–119; Chlumecky, *Erzherzog*, 364; *Sarajevski List*, no. 132, 30 June 1914.

55. Aichelburg, *Attentat*, 72, 76, 79; Kiszling, 301–302; Albertini, 2: 118–119; Tattersall, 34; Remark, 167; Pauli, 291; Cassels, 182.

56. Aichelburg, *Attentat*, 72, 76, 79; Kiszling, 301–302; Albertini, 2: 118–119; Tattersall, 34; Remark, 167; Pauli, 291–292; Cassels, 182.

57. Remak, 168.

58. Margutti, 140.

59. Information from HSH Princess Sophie of Hohenberg to authors.

60. Jászi, 125.

61. Meysels, 82.

62. Meysels, 82; Pauli, 291; Sosnosky, *Franz Ferdinand*, 226–227.

63. Margutti, 183.

64. Aichelburg, *Attentat*, 80; Remak, 176; Meysels, 86.

65. *L'Osservatore Romano*, Vatican City, 20 June 1914, no. 9600.

66. Remak, 151; Bestenreiner, 253; Akers-Douglas to Sir Edward Grey, telegram of 30 June 1914, cable no. 30386, item no. 30, in Gooch.

67. *L'Ouest-Éclair*, Rennes, France, 30 June 1914, no. 5670; *Le Gaulois*, June 30, 1914, no. 13408; *La Croix*, 5 July 1914, no. 9604.

68. Wilhelm II, 246; Sir E. Goschen to Sir Edward Grey, telegram of 28 June 1914, no. 2967, item no. 12, in Gooch; Sir Horace Rumbold to Sir Edward Grey, telegram of 8 July 1914, no. 30322, item no. 26, in Gooch; Weissensteiner, 37.

69. Kiszling, 304–305; Albertini, 2: 118; Sir Maurice de Bunsen to Sir Edward Grey, telegram of 2 June 1914, no. 29388, item no. 18; Sir Maurice de Bunsen to Sir Edward Grey, 29 June 1914, in Gooch.

70. Brook-Shepherd, *Victims*, 259; Palmer, 322; cited in Dedijer, 407.

71. Sir Maurice de Bunsen to Lord Stamfordham, letter of 28 June 1914, in RA/PS/PSO/GV/

C/P/609/7.

72. Sir Maurice de Bunsen to Sir Edward Grey, telegram of 4 July 1914, no. 30616, item no. 34, in Gooch.

73. Morton, *Thunder at Twilight*, 270.

74. Remak, 171–172; Wilhelm II, 246; Balfour, 343.

75. Remak, 172; Margutti, 141; Nikitsch-Boulles, 221.

76. Windischgraetz, 50.

77. Nikitsch-Boulles, 221; Remak, 172.

78. Brook-Shepherd, *Victims*, 263–264.

79. Reichspost, 5 July 1914.

第十八章　死后的团聚

1. *Reichspost*, 5 July 1914; Aichelburg, *Attentat*, 80; *Neuer Wiener Journal*, July 9, 1914.

2. Sir Maurice de Bunsen to Lord Stamfordham, 3 July 1914, in RA/PS/PSO/GV/C/P/609/9.

3. Aichelburg, *Attentat*, 80–81; Remak, 169–170; undated letter from Lucy Fane Wingfield, 1914, in Artstetten Archives.

4. Aichelburg, *Attentat*, 80–81.

5. *The Times*, 4 July 1914.

6. Undated letter from Lucy Fane Wingfield, 1914, in Artstetten Archives.

7. Hammond, 185–187; *The Times*, 4 July 1914; Weissensteiner, 37; Kiszling, 303; Albertini, 2: 118–119; Remak, 170; Aichelburg, *Attentat*, 81; undated letter from Lucy Fane Wingfield, 1914, in Artstetten Archives.

8. Seemann and Lunzer, 206, 89–92; Hammond, 185–186; Morton, *Nervous Splendor*, 262.

9. Aichelburg, *Attentat*, 80–81; Weissensteiner, 37; *The Times*, 4 July 1914.

10. Undated letter from Lucy Fane Wingfield, 1914, in Artstetten Archives.

11. Aichelburg, *Attentat*, 80–81; Weissensteiner, 37; *The Times*, 4 July 1914.

12. Radziwill, *Court*, 94; Radziwill, *Sovereigns*, 96; Ketterl, 128.

13. Remak, 170.

14. Kiszling, 303–304; Albertini, 2: 118–119; Sir Maurice de Bunsen to Lord Stamfordham, 3 July 1914, in RA/PS/PSO/GV/C/P/609/9, 3 July 1914; The Times, 4 July 1914.

15. Sir Maurice de Bunsen to Lord Stamfordham, 3 July 1914, in RA/PS/PSO/GV/C/P/609/9.

16. *L'Ouest-Éclair*, Rennes, France, 6 July 1914, no. 5676.

17. *The Times*, 4 July 1914.

18. Sir Maurice de Bunsen to Lord Stamfordham, 3 July 1914, in RA/PS/PSO/GV/C/

P/609/9.

19. *The Times*, 4 July 1914; Sir Maurice de Bunsen to Lord Stamfordham, 3 July 1914, in RA/PS/PSO/GV/C/P/609/9.

20. Aichelburg, *Attentat*, 80–81; Remak, 171; Nikitsch-Boulles, 221.

21. Nikitsch-Boulles, 219–220.

22. Nemec, 189.

23. *Reichspost*, 4 July 1914; *Le Matin*, 4 July 1914, no. 11085; *La Croix*, 5 July 1914, no. 9604; *Journal des Debats*, Paris, 5 July 1914, no. 185.

24. Aichelburg, *Attentat*, 81–82.

25. Ketterl, 128.

26. Remak, 173.

27. Windischgraetz, 50.

28. Remak, 173.

29. Windischgraetz, 50; Nikitsch-Boulles, 220; Kiszling, 303–304.

30. Sir Maurice de Bunsen to Sir Edward Grey, 4 July 1914, no. 30616, item no. 34, in Gooch.

31. Margutti, 141.

32. Brook-Shepherd, *Victims*, 261.

33. *L'Ouest-Éclair*, 6 July 1914, no. 5676.

34. *Le Gaulois*, 6 July 1914, no. 13413.

35. Moore, 221.

36. Windischgraetz, 50.

37. Eisenmenger, 265.

38. Ketterl, 127.

39. Margutti, 139.

40. Sir Maurice de Bunsen to Sir Edward Grey, 5 July 1914, no. 30754, item no. 37, in Gooch.

41. Sir Maurice de Bunsen to Sir Edward Grey, 4 July 1914, no. 30616, item no. 34, in Gooch.

42. Sir Maurice de Bunsen to Lord Stamfordham, 3 July 1914, in RA/PS/PSO/GV/C/P/609/9.

43. *Le Matin*, 5 July 1914, no. 11086.

44. *Le Petit Parisien*, Paris, 5 July 1914, no. 13763.

45. *Wiener Zeitung*, 7 July 1914.

46. Nikitsch-Boulles, 221–222.

47. Remak, 178.

48. Remak, 178; Nikitsch-Boulles, 221–222; Kiszling, 305; Albertini, 2: 119–120.

49. *Le Matin*, 5 July 1914, no. 11086.

50. Aichelburg, *Attentat*, 84; Nikitsch-Boulles, 221–225; Eisenmenger, 265–266; Kiszling, 305; Albertini, 2: 119–120.

51. Aichelburg, *Attentat*, 84, 87; Nikitsch-Boulles, 222–224; Eisenmenger, 265–266; Kiszling, 305.

52. Information from Professor Wladimir Aichelburg to authors.

53. Aichelburg, *Attentat*, 85–87; Marek, 437; Eisenmenger, 266.

54. *Le Matin*, 5 July 1914, no. 11086.

55. Remak, 180.

56. Nikitsch-Boulles, 224; Bestenreiner, 263.

57. *Le Matin*, 5 July 1914, no. 11086.

58. Aichelburg, *Attentat*, 87; Nikitsch-Boulles, 225; Eisenmenger, 266; Brook-Shepherd, *Victims*, 269.

59. P. E. Fischer, *Ein Erinnerungsblatt*, 18; *Le Matin*, 5 July 1914, no. 11086; *La Croix*, 7 July 1914, no. 9605.

第十九章　沉入遗忘的深渊

1. Remak, 190–201; Conrad, 4: 82–85; Albertini, 2: 174; Friedrich von Weisner, report, 13 July 1914, in Bittner, 8: 10252, 10253.

2. No. 5 from Jovanović, Minister at Vienna, to Pašić, 30 June 1914, in *The Serbian Blue Book*.

3. Ritter von Storck, Secretary of Austrian Legation, to Count Berchtold, 30 June 1914, no. 2, in *Austro-Hungarian Red Book*.

4. No. 20 from Pašić to all Serbian Legations abroad, 14 July 1914, in *The Serbian Blue Book*.

5. Sir Maurice de Bunsen to Sir Edward Grey, 16 July 1914, no. 32282, item no. 50, in Gooch.

6. Mansergh, 219; Bittner, 8: 9984.

7. Kautsky, 63; F. Fischer, 53–54; Tirpitz, 1: 315–316; Clary-Aldringen, 158; Albertini, 2: 135.

8. Kautsky, 109.

9. Crackanthorpe to Sir Edward Grey, Belgrade, telegram of 17 July 1914, no. 32459, item no. 53, in Gooch; Churchill, Reynolds and Miller, 1: 355.

10. No. 30 from Pašić to all Serbian Missions abroad, 19 July 1914, in *The Serbian Blue Book*.

11. Bittner, 8: 10395.

12. Gooch, 9: 91.

13. Fromkin, 265.

14. No. 37 from Crown Prince Alexander of Serbia to Tsar Nicholas II, 24 July 1914, in *The Serbian Blue Book*.

15. Churchill, Reynolds and Miller, 1: 416.

16. Fromkin, 186.

17. Fromkin, 265.

18. Churchill, Reynolds and Miller, 1: 392–397; Albertini, 2: 364–373; Ludwig, 203–217; Bittner, 8: 10648.

19. No. 18, M. Dumaine, French Ambassador at Vienna, to M. Bienvenu-Martin, Acting Minister for Foreign Affairs, 22 July 1914, in *The French Yellow Book*.

20. Ashley, 278; F. Fischer, 67; no. 29, Count Berchtold to Count Mensdorff at London, 26 July 1914, in *Austro-Hungarian Red Book*.

21. McMeekin, 54–69; Albertini, 2: 294.

22. Conrad, 4: 162.

23. Dedijer, 337; Remak, 243.

24. Remak, 221.

25. Remak, 242; Dedijer, 345.

26. Remak, 243.

27. Dedijer, 346; Owings, 527–530.

28. Armstrong, 704.

29. Feuerlicht, 159–161.

30. Information from Professor Wladimir Aichelburg to authors; information from HSH Princess Sophie of Hohenberg to authors.

31. Dedijer, 245–246.

32. Countess Elisabeth Baillet-Latour to Queen Mary, letter of 30 June 1914, in RA/QM/PRIV/CC47/380.

33. Aichelburg, *Attentat*, 88; *Le Gaulois*, 5 July 1914, no. 13413.

34. Information from HSH Princess Sophie of Hohenberg to authors.

35. Margutti, 139.

36. Inventory of the possessions and assets of Sophie, Duchess of Hohenberg, conducted 15–18 July 1914, provided to the authors by Professor Wladimir Aichelburg; Hauser-Köchert, 274.

37. Aichelburg, *Attentat*, 91; Bestenreiner, 280–281; Aichelburg, *Erzherzog Franz Ferdinand*, 48.

38. Information from HSH Princess Anita of Hohenberg to authors.

39. Bestenreiner, 281.

40. See Brook-Shepherd, *Victims*, 231–232; Sosnosky, *Erzherzog*, 43–44.

41. Information from HSH Princess Sophie of Hohenberg to authors.

42. Aichelburg, *Attentat*, 91; Bestenreiner, 280–281; Aichelburg, *Erzherzog Franz Ferdinand*, 48; Praschl-Bichler, *So lebten*, 58–60.

43. Crankshaw, 411.

44. Brook-Shepherd, *Last Habsburg*, 213; E. Taylor, 352.

第二十章　萨拉热窝事件的涟漪

1. Morsey, 488; Bestenreiner, 282; Meysels, 102.

2. Information from HSH Princess Sophie of Hohenberg to authors; Meysels, 100.

3. Information from HSH Princess Sophie of Hohenberg to authors.

4. Meysels, 101.

5. Treaty of Saint-Germain-en-Laye, September 10, 1919, Part IX, Article 208, at http://www.austlii.edu.au/au/other/dfat/treaties/1920/3.html.

6. Information from HSH Princess Sophie of Hohenberg to authors.

7. Information from HSH Princess Sophie of Hohenberg to authors.

8. Information from HSH Princess Sophie of Hohenberg to authors; Bestenreiner, 282; Meysels, 102.

9. Information from HSH Princess Sophie of Hohenberg to authors.

10. Meysels, 108, 187.

11. Information from HSH Prince Albrecht of Hohenberg to authors.

12. Meysels, 108.

13. Information from HSH Prince Albrecht of Hohenberg to authors.

14. Meysels, 111–112.

15. Bestenreiner, 285.

16. Meysels, 108.

17. Information from Professor Wladimir Aichelburg to authors; Meysels, 188; *Le Figaro*, 24 January 1938, no. 24.

18. Information from Professor Wladimir Aichelburg to authors; Meysels, 188.

19. Meysels, 108.

20. Pauli, 304; Meysels, 108, 116–117; Bestenreiner, 286.

21. Information from HSH Princess Anita of Hohenberg to authors; Pauli, 304; Millard, 135–137.

22. Pauli, 304; *Le Figaro*, 24 January 1938, no. 24.

23. Meysels, 163–164.

24. Information from Professor Wladimir Aichelburg to authors; Meysels, 164–165.

25. Meysels, 176.

26. Millard, 150‒152.

27. Meysels, 175, 189, 194.

28. Pauli, 304; Bestenreiner, 287; Meysels, 177‒179.

29. Quoted in Meysels, 101.

30. Meysels, 176‒178.

31. Millard, 154.

32. Information from Professor Wladimir Aichelburg to authors; Meysels, 169, 181‒182.

33. Meysels, 180.

34. *L'Ouest-Éclair*, Rennes, France, 7 February 1940, no. 15793.

35. Meysels, 189.

36. Meysels, 181‒182, 186‒189, 194.

37. Meysels, 185.

38. Meysels, 189.

39. Meysels, 191‒194.

40. Meysels, 195‒196.

41. Meysels, 203.

42. Meysels, 201‒203.

43. Information from HSH Princess Sophie of Hohenberg to authors.

44. Meysels, 212; Bestenreiner, 285.

45. Information from HSH Princess Sophie of Hohenberg to authors; Meysels, 208, 213, 220.

46. Information from HSH Prince Albrecht of Hohenberg to authors.

47. Information from HSH Princess Sophie of Hohenberg to authors.

48. Information from HSH Princess Anita of Hohenberg to authors.

49. Meysels, 218.

50. Meysels, 244.

51. Bestenreiner, 290‒291.

52. Information from HSH Princess Sophie of Hohenberg to authors; Meysels, 245‒246.

53. Information from HSH Princess Sophie of Hohenberg to authors.

尾　声

1. Bory; information from Avdio Mirsad, Muzejski Sarajctisk, Sarajevo, to authors.

2. Information from Dr Ivan Udovicic, director of the Art Gallery of Bosnia and Herzegovina, to authors; Albertini, 2: 47; Smith, 271; Aichelburg, *Attentat*, 87; DeVoss, 50.

3. Feuerlicht, 165.

4. Smith, 275.

5. De Voss, 45, 52.

6. Churchill, 54.

7. De Voss, 52.

8. De Voss, 45, 52.

9. Information from Avdio Mirsad, Muzejski Sarajctisk, Sarajevo, to authors.

10. Information from Dr Ivan Udovicic, director of the Art Gallery of Bosnia and Herzegovina, to authors; Albertini, 2: 47; Smith, 271; De Voss, 50.

11. *Sarajevo Oslobodjenje*, 24 March 2006.

12. Feuerlicht, 162.

13. Information from Nermina Letic to authors.

14. Information from HSH Princess Anita of Hohenberg to authors.

15. Brožovsky, *Konopiště*, 25.

16. Brožovsky, *Konopiště Château*, 22–23.

17. Information from HSH Princess Sophie of Hohenberg to authors.

18. Information from HSH Princess Anita of Hohenberg to authors.

19. Information from HSH Princess Sophie of Hohenberg to authors.

20. Information from HSH Princess Sophie of Hohenberg to authors.

21. Information from HSH Princess Sophie of Hohenberg to authors.

22. Information from HSH Princess Sophie of Hohenberg to authors; *International Herald Tribune*, 19 February 2007; *New York Times*, 19 February 2007.

23. Information from HSH Princess Sophie of Hohenberg to authors.

24. Information from HSH Princess Sophie of Hohenberg to authors; *Prague Monitor*, 18 April 2011.

25. Information from HSH Princess Sophie of Hohenberg to authors.

26. Chlumecky, *Erzherzog*, 370; Dedijer, 115.

27. Thiériot, 88–89.

28. Dedijer, 397; Remak, 248; MacKenzie, *Apis*, 80; MacKenzie, '*Black Hand*', 259.

29. Albertini, 2: 80–81.

30. Remak, 250, 256; MacKenzie, '*Black Hand*', 391.

31. Beutler, 65.

32. Information from Dr Christoph Hatschek, director of Vienna's Heeresgeschichtliches Museum/Militärhistorisches Institut, to authors; Aichelburg, *Attentat*, 92.

33. Smith, 281; BBC News report, 22 June 2004.

34. Aichelburg, *Attentat*, 92; Brook-Shepherd, *Victims*, 1; Smith, 169, 279.

35. Dedijer, 413.

36. Remak, 227.

37. Duke Max of Hohenberg in *Paris-Soir-Dimanche*, 4 July 1937.

38. See *Neue Freie Presse*, Vienna, 30 June 1914.

39. Jászi, 125.

40. Cited in Remak, 164.

41. Max Müller to Sir Edward Grey, 14 July 1914, item 33049, no. 70, in Gooch.

42. Remak, 257.

43. Bestenreiner, 251.

44. Jászi, 125.

45. Polzer-Hoditz, 165.

46. Steed, 'Pact of Konopischt', 266.

47. Steed, *Through Thirty Years*, 1: 398−403.

48. See Seton-Watson, *Sarajevo*, 111; Seferović, 383.

49. Schiel, 449.

50. Smith, 71; Pauli, 262; West, 384; Remak, 165.

51. Pauli, 262−263.

52. West, 348.

53. West, 348.

54. Remak, 164.

55. Margutti, 308.

56. Remak, 164−165.

57. Information from HSH Princess Anita of Hohenberg to authors.

58. Information from HSH Princess Sophie of Hohenberg to authors.

59. Georg, 3rd Duke of Hohenberg, 293.

60. Information from HSH Princess Anita of Hohenberg to authors.

61. Sulzberger, 381.

62. Williamson, 'Influence', 434.

63. Information from HSH Princess Sophie of Hohenberg to authors.

参考文献

档案资料

本书中摘录并使用的文献材料既来自已经出版的档案资料，也来自未曾出版的档案资料。尾注中使用的档案及缩写如下所列。

阿特施泰滕（Artstetten）：奥地利阿特施泰滕城堡的弗朗茨·斐迪南大公博物馆中的档案。

遗著（Nachlass）：维也纳奥地利家族、宫廷与国家档案馆的弗朗茨·斐迪南大公文件集。

RA：温莎城堡的皇家档案馆。

欣特格劳豪城堡（Schloss Hinterglauchau）：欣特格劳豪城堡位于舍恩堡家族领地（Schönburgische Herrschaften）内的格劳豪镇，城堡的博物馆与艺术品收藏馆存放有霍恩贝格女公爵索菲写给她妹妹格劳豪与瓦尔登堡伯爵夫人奥克塔维亚的亲笔信。

参考书目

Aichelburg, Wladimir. *Archduke Franz Ferdinand and Artstetten Castle*. Vienna: Verlagsbüro Mag. Johann Lehner, 2000.

——. *Der Thronfolger und das Meer, k. u. k. Admiral Erzherzog Franz Ferdinand von Österreich-Este in zeitgenössischen Bilddokumenten*. Vienna: Neuer Wissenschaftlicher, 2001.

——. *Der Thronfolger und die Architektur, Erzherzog Franz Ferdinand von Österreich-Este als Bauherr*. Vienna: Neuer Wissenschaftlicher, 2003.

——. *Erzherzog Franz Ferdinand von Österreich-Este und Artstetten*. Vienna: Verlagsbüro Mag. Johann Lehner, 2000.

——. *Sarajevo: Das Attentat*. Vienna: Verlag Öesterreich, 1999.

Albertini, Luigi. *The Origins of the War of 1914*. Trans. and ed. by Isabella M. Massey. 3 vols. London: Oxford University Press, 1952–1957.

Allmayer-Beck, Johann Christophe. *Ministerpräsident Baron Beck: Ein Staatsmann des alten Österreich*. Munich: Oldenburg, 1956.

Arco-Zinneberg, Ulrich, Graf von. *Erzherzog Franz Ferdinand, Von Mayerling bis Sarajevo*.

Pöchlarn: Erzherzog Franz Ferdinand Museum, Artstetten, 1995.

——. *Meine Reise um die Erde: 100 Jahre Weltreise des Thronfolgers.* Pöchlarn: Erzherzog Franz Ferdinand Museum, Artstetten, 1993.

Aronson, Theo. *Crowns in Conflict.* London: John Murray, 1986.

Ashley, Percy. *Europe, from Waterloo to Sarajevo.* New York: Alfred A. Knopf, 1926.

Asprey, Robert. *The Panther's Feast.* London: Jonathan Cape, 1959.

Austro-Hungarian Red Book. Vienna: Ministerium des K. und K. Hauses und des Äussern, 1915.

Balfour, Michael. *The Kaiser and His Times.* New York: W. W. Norton, 1986.

Bankl, Hans. *Die kranken Habsburger.* Vienna: Verlag Kremayr & Scheriau, 1998.

Bardolff, Karl. *Soldat im altern Österreich: Erinnerungen aus meinem Leben.* Jena: E. Diederichs, 1938.

Beller, Steven. *Francis Joseph.* London: Longman, 1996.

Bestenreiner, Erika. *Franz Ferdinand und Sophie von Hohenberg: Verbotene Liebe am Kaiserhof.* Munich: Piper, 2004.

Beutler, Gigi. *The Imperial Vaults of the PP Capuchins in Vienna.* Vienna: Beutler-Heldenstern, 2007.

Bittner, Ludwig, ed. *Österreich-Ungarns Aussenpolitik von der Bosnischen Krise, 1908 bis zum Kreigsausbruch 1914.* Vienna: Österreichischer Bundesverlag, 1930.

Bled, Jean-Paul. *Francois-Ferdinand d'Autriche.* Paris: Editions Tallandier, 2012.

Bogle, James, and Joanna Bogle. *A Heart for Europe.* Leominster, Herefordshire, UK: Gracewing, 1990.

Bory, Eugena. *Spomen-Crkva Nadvojvode Franje Ferdinanda i Sofijn Dom u Sarajevu.* Privately printed, no date. Copy in Sarajevo City Archives.

Bourgoing, Jean de. *Briefe Kaiser Franz Josephs an Frau Katharina Schratt.* Vienna: Oldenbourg, 1949.

Brook-Shepherd, Gordon. *The Last Habsburg.* New York: Weybright and Talley, 1968.

——. *Uncrowned Emperor: The Life and Times of Otto von Habsburg.* London: Hambledon and London, 2003.

——. *Victims at Sarajevo: The Romance and Tragedy of Franz Ferdinand and Sophie.* London: Harvill, 1984.

Brožovsky, Miroslav. *Konopiště.* Prague: Central Bohemian Institute for the Preservation of Historic Monuments, 1999.

——. *Konopiště Château.* Prague: Central Bohemian Institute for the Preservation of Historic Monuments, 1995.

Buhman, Eugeniu. *Patru decenii in serviciul Casei Regale a Romaniei: Memorii, 1898—1940.* Bucharest: Sigma, 2006.

Bülow, Bernhard von. *Memoirs*. 4 vols. Boston: Little, Brown, 1931–1932.

Cantacuzene, Julia. *My Life Here and There*. Boston: Scribner's, 1923.

Cassels, Lavender. *The Archduke and the Assassin*. New York: Stein and Day, 1985.

Cecil, Lamar. *Wilhelm II: Emperor and Exile*. Chapel Hill: University of North Carolina Press, 1996.

Chirol, Sir Valentine. *Serbia and the Serbs*. Oxford: Oxford University Press, 1914.

Chlumecky, Leopold von. *Erzherzog Franz Ferdinands Wirken und Wollen*. Berlin: Verlag für Kulturpolitik, 1929.

Chlumecky, Leopold von, et al. *Erzherzog Franz Ferdinand unser Thronfolger*. Vienna: Österreichischen Rundschau, 1913.

Churchill, Allen L., Francis J. Reynolds, and Francis Trevelyan Miller, eds. *The Story of the Great War*, vol. 1. New York: Collier, 1916.

Churchill, Winston. *The Unknown War*. New York: Charles Scribner's Sons, 1931.

Clary-Aldringen, Alfons. *A European Past*. London: Weidenfeld & Nicolson, 1978.

Conrad von Hötzendorf, Franz. *Aus meiner Dienstzeit, 1906—1918*. 5 vols. Vienna: Rikola Verlag, 1921–1925.

Cormons, Ernst. *Schicksale und Schatten*. Salzburg: Müller Verlag, 1951.

Corti, Egon Caesar. *Elisabeth, Empress of Austria*. New Haven, CT: Yale University Press, 1936.

Corti, Egon Caesar, and Hans Sokol. *Der alte Kaiser*. Vienna: Syria Verlag, 1955.

Crankshaw, Edward. *The Fall of the House of Habsburg*. New York: Viking, 1963.

Czernin, Count Ottokar. *In the World War*. New York: Harper & Brothers, 1920.

Dedijer, Vladimir. *The Road to Sarajevo*. New York: Simon & Schuster, 1966.

de Waal, Edmund. *The Hare with Amber Eyes*. London: Vintage, 2011.

Dienes, Gerhard M., and Felix Schneider. *Erzherzog Franz Ferdinand von Österreich-Este*. Graz: Stadtmuseum, 2001.

Dugdale, Edgar. *Maurice de Bunsen, Diplomat and Friend*. London: John Murray, 1934.

Edwards, Tudor. *The Blue Danube: The Vienna of Franz Josef and Its Aftermath*. London: Robert Hale, 1973.

Eisenmenger, Victor. *Archduke Franz Ferdinand*. London: Selwyn & Blount, 1928.

Ernst, Otto, ed. *Franz Josef, as Revealed by His Letters*. Trans. by Agnes Blake. London: Methuen, 1927.

Fabiani, Rossella. *Miramar*. Trieste: Bruno Fachin Editore, 2000.

Fay, Sidney. *The Origins of the World War*. New York: Macmillan, 1929.

Feuerlicht, Roberta Strauss. *The Desperate Act: The Assassination of Franz Ferdinand at Sarajevo*. New York: McGraw-Hill, 1968.

Fischer, Fritz. *Germany's Aims in the First World War*. New York: W. W. Norton, 1967.

Fischer, P. Eduard. *Ein Erinnerungsblatt Von P. Eduard Fischer*. Vienna: Buchdruckerei Austria Franz Doll, 1914.

Fontenoy, Mme. La Marquise de. *Secret Memoirs of William II and Francis Joseph*. 2 vols. London: Hutchinson, 1900.

Franz Ferdinand, Archduke of Austria-Este. *Tagebuch meiner Reise um die Welt, 1892—1893*. 2 vols. Vienna: Hölder, 1895⁻1896.

Fromkin, David. *Europe's Last Summer: Why the World Went to War in 1914*. London: William Heinemann, 2004.

Fugger, Princess Nora. *The Glory of the Habsburgs*. London: Harrap, 1932.

Funder, Friedrich. *Vom Gestern ins Heute*. Vienna: Herold Verlag, 1952.

Gainham, Sarah. *The Habsburg Twilight: Tales from Vienna*. London: Weidenfeld & Nicolson, 1979.

Galandauer, Jan, and J. Bruner-Dvořák. *František Ferdinand D'Este*. Brod: Fragment, 1994.

Gedye, G. E. R. *Heirs to the Habsburgs*. Bristol, UK: Arrowsmith, 1932.

Gerard, James W. *Face to Face with Kaiserism*. New York: George H. Doran, 1918.

Gooch, G. P., ed. *British Documents on the Origins of the War, 1898—1914*, vol. 11. London: His Majesty's Stationery Office, 1926.

Gribble, Francis. *The Life of the Emperor Francis Joseph*. London: Eveleigh Nash, 1914.

Hamann, Brigitte. *Hitler's Vienna: A Dictator's Apprenticeship*. Oxford: Oxford University Press, 1999.

———. *Kronprinz Rudolf: Ein Leben*. Cologne: Taschenbuch, 2006.

———. *"Majestät, ich warne Sie": Geheime und private Schriften*. Munich: Piper Verlag, 1979.

———, ed. *Meine liebe, gute Freundin: Die Briefe Kaiser Franz Josefs an Katharina Schratt*. Vienna: Uberreuter, 1992.

Hamilton, Lord Frederic. *The Vanished Pomps of Yesterday*. New York: George H. Doran, 1921.

Hammond, Beate. *Habsburgs grösste Liebesgeschichte: Franz Ferdinand und Sophie*. Vienna: Ueberreuter, 2001.

Haslip, Joan. *The Lonely Empress*. London: Weidenfeld & Nicolson, 1965.

Hauser-Köchert, Irmgard. *Imperial Jewelers in Vienna*. Firenze: Spes, 1990.

Heiszler, Vilmos, Margit Szakács, and Károly Vörös. *Ein Photoalbum aus dem Haus Habsburg*. Vienna: Böhlau Verlag Gesellschaft, 1998.

Hohenberg, HSH Princess Anita of, and Christiane Scholler. *Wilkommen im Schloss: Anita Hohenberg über ihren Usgrossvater Thronfolger Erzherzog Franz Ferdinand von Österreich-Este*. Vienna: Buro Hamtil, 2011.

Holbach, Maude. *Bosnia and Herzegovina*. London: John Lane, 1910.

Höller, Gerd. *Franz Ferdinand von Österreich-Este*. Vienna: Ueberreuter, 1982.

Horthy, Admiral Miklós. *Memoirs*. London: Hutchinson, 1957.

Husslein-Arco, Agnes, ed. *The Belvedere Palace Chapel*. Vienna: Belvedere, 2010.

Husslein-Arco, Agnes, and Katharina Schoeller, eds. *Das Belvedere: Genese eines Museums*. Vienna: Belvedere, 2011.

Jászi, Oscar. *The Dissolution of the Habsburg Monarchy*. Chicago: University of Chicago Press, 1929.

Jerábek, Rudolf. *Potiorek: General im Schatten von Sarajevo*. Vienna: Verlag Styria, 1991.

Johnston, William. *Vienna, Vienna: The Golden Age, 1815—1914*. New York: Clarkson N. Potter, 1980.

Kann, Robert A. *Erzherzog Franz Ferdinand Studien*. Vienna: Verlag für Geschichte und Politik, 1976.

Kautsky, Karl. *The Guilt of William Hohenzollern*. London: Skeffington, 1920.

Ketterl, Eugen. *The Emperor Francis Joseph I*. Boston: Stratford, no date.

Kiszling, Rudolf. *Erzherzog Franz Ferdinand von Österreich-Este*. Graz and Cologne: Hermann Böhlaus, 1953.

Krso, Aida, ed. *Sarajevo, 1878—1918*. Sarajevo: Muzej Sarajeva, 2008.

Kürenberg, Joachim von. *A Woman of Vienna: A Romantic Biography of Katharina Schratt*. London: Cassell, 1955.

Larisch, Countess Marie. *My Past*. London: Eveleigh Nash, 1913.

Leehner, R. *The Newest Plan and Guide of Vienna*. Vienna: Oldenbourg, 1911.

Legdr, Paul. *Austria-Hungary*. Chicago: H. W. Snow, 1910.

Leutrum, Countess Olga. *Court and Diplomacy in Austria and Germany*. London: Fisher Unwin, 1918.

Levetus, Sarah. *Imperial Vienna: An Account of Its History, Traditions and Arts*. London: John Lane, 1905.

Listowel, Judith. *A Habsburg Tragedy: Crown Prince Rudolf*. New York: Dorset Press, 1978.

Ludendorff, General Erich von. *Ludendorff's Own Story*. New York: Harper & Brothers, 1919.

Ludwig, Ernest. *Austria-Hungary and the War*. New York: J. S. Ogilvie, 1915.

Macartney, C. A. *The Habsburg Empire, 1790—1918*. New York: Macmillan, 1969.

MacKenzie, David. *Apis: The Congenial Conspirator*. Boulder, CO: East European Monographs, 1989.

——. *The "Black Hand" on Trial: Salonika, 1917*. Boulder, CO: East European Monographs, 1995.

Magrini, Luciano. *Il dramma di Seraievo*. Milan: Athena, 1929.

Mahaffy, R. P. *Francis Joseph: His Life and Times*. London: Duckworth, 1908.

Mandache, Diana. *Dearest Missy*. Falkoping, Sweden: Rosvall Royal Books, 2011.

Mansergh, Nicholas. *The Coming of the First World War*. London: Longman, 1949.

Marek, George. *The Eagles Die: Franz Joseph, Elisabeth, and Their Austria*. New York: Harper & Row, 1974.

Margutti, Albert, Baron von. *The Emperor Francis Joseph and His Times*. London: Hutchinson, 1921.

Marie, Queen of Rumania. *The Story of My Life*. New York: Charles Scribner's Sons, 1934.

Masic, Izet. *First Hospitals in Bosnia and Herzegovina*. Sarajevo: Library of Biomedical Publications, 2001.

McMeekin, Sean. *The Russian Origins of the First World War*. Cambridge, MA: Belknap Press/Harvard University Press, 2011.

Mension-Rigau, Éric, ed. *L'ami du prince: Journal inédit d'Alfred de Gramont, 1892—1915*. Paris: Fayard, 2011.

Meysels, Lucian. *Die verhinderte Dynastie: Erzherzog Franz Ferdinand und das Haus Hohenberg*. Vienna: Molden Verlag, 2000.

Mihola, Rudolf. *Tajemství Konopiště*. Benesov: Nakladatelstvi Start, 2007.

Mijatović, Count Ghedomille. *The Memoirs of a Balkan Diplomatist*. London: Cassell, 1917.

Millard, Frank. *The Palace and the Bunker: Royal Resistance to Hitler*. Stroud, UK: History Press, 2012.

Miller, William H. *The First Great Ocean Liners in Photographs*. New York: Dover Publications, 1984.

Mirsad, Avdić. *Sarajevo 1878—1918 Guide*. Sarajevo: Museum of Sarajevo, no date.

Moore, George Greville. *Seven Years in Vienna, 1907—1914*. London: Constable, 1916.

Morton, Frederic. *A Nervous Splendor: Vienna, 1888—1889*. Boston: Little, Brown, 1979.

——. *Thunder at Twilight: Vienna, 1913—1914*. New York: Scribner's, 1989.

Müller-Guttenbrunn, Adam. *Franz Ferdinands Lebensroman*. Stuttgart: Verlag Robert Lutz, 1919.

Munro, Robert. *Rambles and Studies in Bosnia-Herzegovina*. Edinburgh: Blackwood and Sons, 1895.

Musil, Miloš, and Dana Hladiková. *Das staatlich Schloss Velké Březon*. Prague: Národni Památkový Ústav, 2008.

Nemec, Norbert. *Erzherzogin Maria Annunziata*. Vienna: Böhlau Verlag, 2010.

Nidda, Roland Krug von. *Der Weg nach Sarajevo*. Vienna: Amalthea, 1964.

Nikitsch-Boulles, Paul. *Vor dem Sturm*. Berlin: Verlag fur Kulturpolitik, 1925.

Nostitz-Rieneck, Georg, ed. *Briefe Kaiser Franz Josephs an Kaiserin Elisabeth, 1859—1898*. Vienna: Herold Verlag, 1966.

100 godina od aneksije. Sarajevo: Muzej Sarajeva, 2008.

Owings, Dolph. *The Sarajevo Trial*. Chapel Hill, NC: Documentary Publications, 1984.

Paget, Lady Walburga. *Scenes and Memories*. New York: Charles Scribner's Sons, 1912.

Paleologue, Maurice. *Three Critical Years*. New York: Robert Speller, 1957.

Palmer, Alan. *Twilight of the Habsburgs: The Life and Times of Emperor Francis Joseph*. New York: Atlantic Monthly Press, 1994.

Pauli, Hertha. *The Secret of Sarajevo*. London: Collins, 1966.

Platt, Owen. *The Royal Governor and the Duchess: The Duke and Duchess of Windsor in the Bahamas, 1940—1945*. New York: iUniverse, 2003.

Pless, Daisy, Princess of. *Daisy, Princess of Pless: By Herself*. New York: Dutton, 1929.

——. *From My Private Diary*. London: John Murray, 1931.

——. *What I Left Unsaid*. London: Cassell, 1936.

Polzer-Hoditz, Count Arthur. *The Emperor Karl*. London: Putnam, 1930.

Portland, William Cavendish-Bentinck, 6th Duke of. *Men, Women and Things*. London: Faber & Faber, 1938.

Pospiślová, M. *Zákupy*. Ćeská Lipa: District National Committee, no date.

Praschl-Bichler, Gabriele. *Das Familienalbum von Kaiser Franz Joseph und Elisabeth*. Vienna: Ueberreuter, 1995.

——. *Das Familienalbum von Kaiser Karl und Kaiserin Zita*. Vienna: Ue- berreuter, 1996.

——. *Die Habsburger in Graz*. Graz: Leopold Stocker, 1998.

——. *Die Habsburger in Salzburg*. Graz: Leopold Stocker, 1999.

——. *So lebten die Habsburger*. Vienna: Pichler, 2000.

Radziwill, Princess Catherine. *Secrets of Dethroned Royalty*. New York: John Lane, 1920.

——. *Sovereigns and Statesmen of Europe*. New York: Funk & Wagnalls, 1916.

——.*The Austrian Court from Within*. New York: Frederick A. Stokes, 1917.

——. *The Royal Marriage Market of Europe*. New York: Funk & Wag- nalls, 1915.

Remak, Joachim. *Sarajevo: The Story of a Political Murder*. New York: Crite- rion, 1959.

Röhl, John, ed. *1914: Delusion or Design?* London: Elek, 1973.

——. *Wilhelm II: The Kaiser's Personal Monarchy, 1888—1900*. Cambridge: Cambridge University Press, 2004.

Ruffer, Jonathan Garnier. *The Big Shots: Edwardian Shooting Parties*. Tisbury, UK: Debrett's Peerage, 2003.

Rumbold, Sir Horace. *Francis Joseph and His Times*. New York: Appleton, 1909.

Rutkowski, Ernst. "Aus den Briefen des Thronfolgers Erzherzog Franz Ferdinand an die Grafin Marie von Thun und Hohenstein." In *Mitteilungen des Osterreighischen Staatsarchivs*, pages 254—270. Vienna: Österreichischen Staatsarchivs, 2007.

Schiel, Irmgard. *Stephanie: Kronprinzessin im Schatten der Tragödie von Mayerling*. Munich: Piper, 1978.

Schierbrand, Wolf von. *Austria-Hungary: The Polyglot Empire*. New York: Frederick Stokes, 1917.

Seemann, Helfried, and Christian Lunzer. *Kronprinz Rudolf*. Vienna: Ueberreuter, 2006.

Seton-Watson, R. W. *Sarajevo: A Study in the Origins of the Great War*. London: Hutchinson, 1926.

Sieghart, Rudolf. *Die letzten Jahrzehnte einer Grossmacht*. Vienna: Ullstein Verlag, 1932.

Sitwell, Sacheverell, ed. *Great Palaces*. London: Weidenfeld & Nicolson, 1964.

Smith, David James. *One Morning in Sarajevo*. London: Weidenfeld & Nicolson, 2008.

Sosnosky, Theodor von. *Franz Ferdinand der Erzherzog Thronfolger*. Munich: Oldenbourg, 1929.

Steed, Henry Wickham. *The Hapsburg Monarchy*. London: Constable, 1919.

——. *Through Thirty Years*. London: Heinemann, 1924.

Stephanie, Princess of Belgium, Archduchess of Austria-Hungary. *I Was to Be Empress*. London: Nicholson & Watson, 1937.

Stojanović, Nikola. *La Serbie d'hier et de demain*. Paris: Berger-Levrault, 1917.

Strachan, Hew. *The First World War*. Oxford: Oxford University Press, 2001.

Sulzberger, C. L. *The Fall of Eagles*. New York: Crown, 1977.

Tate, E. Mowbray. *Transpacific Steam: The Story of Steam Navigation from the Pacific Coast of North America to the Far East and the Antipodes, 1867—1941*. Cranbury, NJ: Cornwall Books, 1986.

Tattersall, Kerry, ed. *Franz Ferdinand: The End of an Era*. Vienna: Austrian Mint, Schloss Artstetten, and Österreichs Haus-, Hof- und Staatsarchiv, 1999.

Taylor, A. J. P. *The First World War*. London: Penguin, 1963.

Taylor, Edmond. *The Fall of the Dynasties*. Garden City, NY: Doubleday, 1962.

Thiériot, Jean-Louis. François-Ferdinand d'Autriche: *De Mayerling à Sarajevo*. Paris: Éditions de Fallios, 2005.

Tirpitz, Grand Admiral Alfred von. *Memoirs*. New York: Dodd, Mead, 1919.

Unterreiner, Katrina. *The Hofburg*. Vienna: Pichler, 2009.

Unterreiner, Katrina, and Werner Grand. *Kaiserzeit vom Alltagsleben der Habsburger*. Vienna: Sutton Verlag, 2008.

Valiani, Leo. *The End of Austria-Hungary*. London: Secker & Warburg, 1973.

Van der Kiste, John. *Windsor and Habsburg: The British and Austrian Reigning Houses, 1848—1922*. Gloucester, UK: Alan Sutton, 1987.

Viktoria Luise, Princess of Prussia. *The Kaiser's Daughter*. New York: Prentice-Hall, 1977.

Vivian, Herbert. *Francis Joseph and His Court*. New York: John Lane, 1917.

Watson, E. T., ed. *King Edward VII as a Sportsman*. London: Longmans, Green, 1911.

Weindel, Henri de. *The Real Francis Joseph*. New York: Appleton, 1909.

Weissensteiner, Friedrich. *Franz Ferdinand: Der verhinderte Herrscher.* Vienna: Österreichischer Bundesverlag, 1984.

West, Rebecca. *Black Lamb and Grey Falcon.* New York: Penguin Books, 1994.

Wilhelm, Crown Prince of Germany. *Memoirs.* New York: Charles Scribner's Sons, 1922.

Wilhelm II. *The Kaiser's Memoirs.* New York: Harper, 1923.

Williamson, Samuel. *Austria-Hungary and the Origins of the First World War.* London: Macmillan, 1991.

Windischgraetz, Prince Ludwig. *My Memoirs.* New York: Houghton Mifflin, 1921.

Wölfling, Leopold. *My Life Story: From Archduke to Grocer.* New York: Dutton, 1931.

Würthle, Friedrich. *Die Spur führt nach Belgrad: Sarajevo 1914.* Vienna, Munich, and Zurich: Molden Verlag, 1975.

Zeran, Zdenek. *Konopiste: Der Rosengarten.* Prague: Sumperk, 1994.

Zweig, Stefan. *The World of Yesterday.* London: Pushkin, 2011.

期　刊

Armstrong, Hamilton Fish. "Confessions of the Assassin Whose Deed Led to the World War." *Current History* 26, no. 5 (August 1927): 699–707.

Binion, Rudolph. "From Mayerling to Sarajevo." *Journal of Modern History* 47, no. 2 (June 1975): 280–316.

Chlumecky, Leopold von. "Franz Ferdinands Aussenpolitik." *Berliner Monatshefte* 12, no. 6 (June 1934): 455–466.

DeVoss, David. "Searching for Gavrilo Princip." *Smithsonian Magazine* 31, no. 5 (August 2000): 42–53.

Gavrilović, Stoyan. "New Evidence on the Sarajevo Assassination." *Journal of Modern History* 27, no. 4 (December 1955): 410–413.

Hohenberg, Georg, 3rd Duke of. "Erzherzog Franz Ferdinand." *Österreichische Monatsblätter für kulturelle Freiheit* no. 28 (June–July 1964): 291–295.

Jovanović, M. Ljuba. "The Murder of Sarajevo." *Journal of the British Institute of International Affairs* 4, no. 2 (March 1925): 57–69.

Kann, Robert A. "Emperor William II and Archduke Francis Ferdinand in Their Correspondence." *American Historical Review* 57, no. 2 (January 1952): 323–351.

May, Arthur J. "The Archduke Francis Ferdinand in the United States." *Journal of the Illinois State Historical Society* 39, no. 3 (September 1946): 333–344.

Meiss, Millard. "Italian Primitives at Konopiště." *Art Bulletin* 28, no. 1, (March 1946): 1–16.

Morsey, Andreas, Freiherr von. "Konopischt und Sarajevo." *Berliner Monatshefte* 12, no. 6 (June 1934): 486–499.

Reid, Peter H. "The Decline and Fall of the Duke of Teschen." *Royalty Digest* (July 1998): 6–11.

Schmitt, Bernadotte. "July 1914: Thirty Years After." *Journal of Modern History* 16, no. 3 (September 1944): 169–204.

Seferović, Anthony V. "The Blame for the Sarajevo Murder Plot." *Current History* 23, no. 3 (December 1924): 383–386.

Sellers, Edith. "The Archduke Franz Ferdinand's Diary." *Fortnightly Review* 94, no. 563 (November 1913): 828–843.

Seton-Watson, Hugh. "The Archduke Franz Ferdinand." *Contemporary Review* 19, no. 11 (August 1914): 288–303.

Sosnosky, Theodor von. "New Light on Franz Ferdinand." *Contemporary Review* 138, no. 6, (July-December, 1930): 58–66.

Steed, Henry Wickham. "The Pact of Konopischt." *Nineteenth Century and After* 65, no. 468 (February 1916): 253–273.

Trivanović, Vaso. "Responsibility for the Sarajevo Assassination." *Current History* 29, no. 6 (March 1929): 987–992.

Williamson, Samuel. "Influence, Power and the Policy Process: The Case of Franz Ferdinand, 1906–1914." *Historical Journal* 17, no. 2 (June 1974): 417–434.

Zeepvat, Charlotte. "Three Months of the King." *Royalty Digest* (May 2003): 319–323.

报　纸

Chicago Tribune

Die Fackel, Vienna

Fremdenblatt, Vienna

The Guardian, London

Illustrated London News, London

International Herald Tribune, Paris

Journal des Debats, Paris

La Croix, Paris

Le Figaro, Paris

Le Gaulois, Paris

Le Matin, Paris

Le Petit Parisien, Paris

Le Temps, Paris

L'Osservatore Romano, Vatican City

L'Ouest-Éclair, Rennes, France

Morning Herald, Sydney

Neue Freie Presse, Vienna

Neuer Wiener Journal, Vienna

Neues Wiener Tagblatt, Vienna

New York Herald Tribune

New York Herald Tribune, Paris edition

The New York Times

Novoe Vremya, St. Petersburg

Paris-Soir-Dimanche

Prague Monitor

Prague Post

Reichspost, Vienna

Sarajevo Oslobodjenje

Sarajevo Tagblatt

Sarajevski List

Samstag, Vienna

Srbobran, Chicago

The Times, London

Wiener Zeitung, Vienna

Worksop Guardian, UK

讲　座

　　弗朗西斯·罗伊·布里奇教授于2012年2月27日在伦敦政治经济学院主讲的题为"弗朗茨·斐迪南大公与英格兰"（Archduke Franz Ferdinand and England）的讲座（引用时简称为"布里奇讲座"［Bridge lecture］）。

网　站

Artstetten Castle Web site. http://www.schloss-artstetten.at/index.php?lang=en.

Belvedere Palace and Museum Web site. http://www.belvedere.at/en/schloss-und-museum.

Brizi, Giovanna. "The Religious Life of Emperor Karl: A Study of the Documents for the Beatification Process." Rome: The Vatican, 1994, at http://emperorcharles.org/English/religiouslife.shtml.

"The Emperor's New Clothes: Joseph II's Break with Tradition." *The World of the Habsburgs.* http://english.habsburger.net/module-en/des-kaisers-neue-kleider-2013-der-bruch-josephs-ii.-mit-den-traditionen.

The French Yellow Book, at http://wwi.lib.byu.edu/index.php/The_French_Yellow_Book.

Heeresgeschichtliches Museum Web site. http://www.hgm.or.at/.

House Law of the Austrian Imperial Family, at http://www.heraldica.org/topics/royalty/hg1839.htm#1900.

Konopiště Castle Web site. http://www.zamek-konopiste.cz/en/.

The Russian Orange Book, at http://wwi.lib.byu.edu/index.php/The_Russian_Orange_Book.

The Serbian Blue Book, at http://wwi.lib.byu.edu/index.php/The_Serbian_Blue_Book.

Sophie von Hohenberg Web site. http://www.sophie-hohenberg-czech-rep.eu/.

Treaty of Saint-Germain-en-Laye, at http://www.austlii.edu.au/au/other/dfat/treaties/1920/3.html.

Velké Březno Web site. http://www.zamek-vbrezno.cz/.

译名对照表

"方尖碑"书系

第三帝国的兴亡：纳粹德国史
　　［美国］威廉·夏伊勒

柏林日记：二战驻德记者见闻，1934—1941
　　［美国］威廉·夏伊勒

第三共和国的崩溃：一九四〇年法国沦陷之研究
　　［美国］威廉·夏伊勒

新月与蔷薇：波斯五千年
　　［伊朗］霍马·卡图赞

海德里希传：从音乐家之子到希特勒的刽子手
　　［德国］罗伯特·格瓦特

威尼斯史：向海而生的城市共和国
　　［英国］约翰·朱利叶斯·诺里奇

巴黎传：法兰西的缩影
　　［英国］科林·琼斯

末代沙皇：尼古拉二世的最后 503 天
　　［英国］罗伯特·瑟维斯

巴巴罗萨行动：1941，绝对战争
　　［法国］让·洛佩　　［格鲁吉亚］拉沙·奥特赫梅祖里

帝国的铸就：1861—1871：改革三巨人与他们塑造的世界
　　［美国］迈克尔·贝兰

罗马：一座城市的兴衰史
　　［英国］克里斯托弗·希伯特

1914：世界终结之年

　　［澳大利亚］保罗·哈姆

刺杀斐迪南：1914 年的萨拉热窝与一桩改变世界的罗曼史

　　［美国］格雷格·金　　［英国］休·伍尔曼斯

极北之地：西伯利亚史诗

　　［瑞士］埃里克·厄斯利

空中花园：追踪一座扑朔迷离的世界奇迹

　　［英国］斯蒂芬妮·达利

（更多资讯请关注新浪微博@译林方尖碑，

　　微信公众号"方尖碑书系"）

　　　方尖碑微博　　　　　　方尖碑微信